# 体育消费

## 发展趋势与政策向导

江小涓 等◎著

中信出版集团 | 北京

图书在版编目（CIP）数据

体育消费：发展趋势与政策导向 / 江小涓等著 . --
北京：中信出版社，2020.1
ISBN 978-7-5217-0996-4

Ⅰ . ①体… Ⅱ . ①江… Ⅲ . ①体育消费—研究—中国
Ⅳ . ① G812

中国版本图书馆 CIP 数据核字 (2019) 第 197304 号

**体育消费——发展趋势与政策导向**

著　　者：江小涓　等
出版发行：中信出版集团股份有限公司
（北京市朝阳区惠新东街甲 4 号富盛大厦 2 座　邮编　100029）
承 印 者：北京楠萍印刷有限公司

开　　本：787mm × 1092mm　1/16　　印　　张：24.5　　字　　数：300 千字
版　　次：2020 年 1 月第 1 版　　印　　次：2020 年 1 月第 1 次印刷
广告经营许可证：京朝工商广字第 8087 号
书　　号：ISBN 978-7-5217-0996-4
定　　价：78.00 元

# 目 录

# 前 言

“我们每个人的梦想、体育强国梦都与中国梦紧密相连”，“体育强则中国强，国运兴则体育兴”，这些表述既高度概括了体育于国家和国民的巨大价值，又深度洞察到国泰民安对体育发展的基础性支撑。我国已经进入发展的新时期，体育提供的健康与快乐，是人民群众美好生活愿望中的重要需求，极具增长潜力和社会价值。当今时代，体育要强要兴，发展体育产业是主要途径。

近年来，促进体育产业发展和扩大体育消费问题受到国家高度重视。2014 年，国务院发布了《关于加快发展体育产业促进体育消费的若干意见》，即业界所称的“46 号文”，此后中央和地方各级政府出台了大量政策措施，体育产业发展明显加速。现在距 46 号文的发布过去了 5 年，这一政策的执行效果如何？体育产业及内部各主要行业的发展环境和条件有多少新变化、面临哪些新挑战、进一步的发展前景如何？是否需要有新的政策出台？这些都是业界关心的重要问题。

基于这些考虑，国家体育总局拟在全面深入研究的基础上，制定新的鼓励体育消费的政策文件，并委托清华大学服务经济与公共政策研究院同步进行研究。为此我们成立了课题组，由江小涓院长担任课题组组长，邀请国内学术界专家、地方政府专家和体育业界专家，共同研究这个问题。研究全过程得到国家体育总局的直接指导和多方面帮助。

研究发现，在这5年中，体育产业发展的环境和条件发生了许多重要变化。根本上看，我国已经进入高质量发展新阶段，创新、协调、绿色、开放、共享的发展理念，更多满足人民群众对美好生活愿望的新型消费观等，都是高质量发展的核心构件。同时，今后5年中，我国人均GDP将超过1万美元，健康和快乐消费的地位日益重要。对体育产业来说，这既是新的发展环境和发展条件，也是更高的发展要求。

研究发现，自46号文出台以来，中央和各级地方政府积极行动，顺应居民体育消费升级大趋势，出台大量政策措施，从供给侧与需求侧两端发力，促进体育产业发展，刺激体育消费行为。研究制定新的政策措施，首先要分析以往政策及其效果，以及部分政策效果不够理想的原因。今后的工作重点，应该首先着眼于落实完善已有政策，并根据新的需求研究制定新的政策措施。特别是现在改革发展进入深水区，推进体制机制创新和更好发挥市场主体的积极主动性，更为紧迫，更加重要。

研究还发现，今后体育产业发展将面临许多新挑战，特别是最近几年新出现并将持续下去甚至继续加压的若干挑战，它们都主要或部分与技术和商业模式的创新有关。网络与数字技术并非只为体育而生。在赋能体育产业的同时，也推动更多娱乐形态产生，并与传统体育产业展开激烈竞争，包括新运动项目争夺传统项目的消费者、跨界平台进入体育转播领域导致的专业性和专注度下降、消费总时间约束和娱乐消费总量停滞等。应对这些挑战，既需要坚守也需要创新，推动体育产业和体育消费适应新时代。

本书共有15章。现将各章内容及撰稿专家简介如下。

第一章《体育消费增长与升级：机遇、挑战与应对》，分析了46号文发布5年后，体育产业发展和体育消费增长环境的“八个新变化”，剖析了同期出现的“四个新挑战”，提出了适应变化应对挑战的“三点新思路”。在这几点分析的基础上，作者提出，把握好机遇做好各方面工作，能促进我国体育消费持续快速增长和消费内容升级，我们有望在不久的将来成为世界体育产业强国。本章作者江小涓。

第二章《与体育消费相关的中国体育产业政策研究》，首先明确了体育消费的定义及相关政策研究的目的。接下来从政策出台的不同层级和部门归类了中国体育产业政策体系并对体育产业政策中与体育消费相关内容进行了梳理与概述。重点分析政策相关内容在落实中存在的问题，主要包括对体育的功能性认知不足；监管权责不明，缺乏部门协同；政策推行发展不均衡；评价指标体系尚未建立完善；促进产业发展的长效激励体系尚未形成等。本章针对以上问题也提出相关政策落实建议。本章作者王雪莉、付群、白宫鼎、尚华。

第三章《我国促进体育消费政策的实施现状与对策研究》：民众的体育消费行为与我国持续颁布的一系列体育消费政策密切相关。本章主要采纳政策文本分析、实地调研、专家咨询等形式，分析我国近期出台的直接促进体育消费政策制度，并对其促进体育消费的实施与完善、推广情况进行深入调研，通过对现行政策的现状与问题进行解析，最后从财政支持、体育消费试点、体育人才、组织建设等方面提出了一些可行性建议，为进一步促进体育产业高质量发展提供实践经验和理论参考。本章作者郑芳、高进。

第四章《体育消费背景最新变化及其政策影响研究》，制定体育消费政策、促进体育消费，激发体育产业内在动能在当下具有重要的社会与经济意义。本章从家庭维度，分析当前我国体育消费经济与社会因素最新变化，指出我国体育消费黏性不强、体育产业发展的弱质性与结构性失衡的问题，并据此给出体育消费具体政策建议。本章作者杨越、王睿。

第五章《借鉴经验深化放管服改革，促进体育产业高质量发展》，对体育产业发展现状进行了梳理，指出体育产业潜力巨大但体制机制问题突出；对文化、旅游、体育三大行业政策与制度做了系统比较，提出了一些可供体育行业学习借鉴的经验；指出了构建体育产业高质量发展体系需要加快推进放管服改革；最后提出了“巩固改革基础、促进公平竞争、鼓励业态创新、综合配套推进”的体育放管服改革总体思路与七大关键举措。本章作者陈伟、徐军委、刘现伟、石颖。

第六章《体育设施领域PPP模式应用及政策研究》，对2014年国家推广PPP模式以来体育设施领域PPP模式的应用数据进行分析，梳理了国家层面及体育部门的PPP相关政策；梳理不同部门对体育设施经营过程中的相关政策，对部门间政策不一致、冲突或论述不明确等情况进行总结，分析问题，提出政策建议，为政府、企业及相关从业人员提供决策参考。本章作者杨永恒、曹蓉。

第七章《针对体育行业大型战略投资者的政策需求》，本章首先对我国体育行业政策现状进行了梳理，并根据大型战略投资者的行为特征及投资案例，提出大型战略投资者具有重塑产业生态的重要作用，而投资环境及政策扶持两个重要因素会对大型战略投资者的决策产生显著影响，进而提炼出引导大型战略投资者行为时的政策需求。本章作者辛洁。

第八章《青少年体育消费政策研究》，青少年体育的显性功能是促进身心健康、培养运动技能与良好品德，在促进体育消费的维度上也存在重要的潜在价值。本章分别探讨了学校体育、校外体育与体育消费的价值关系，并根据我国国情与国内外政策案例借鉴，提出基于促进体育消费的青少年体育政策制定建议，以及基于发展青少年体育的体育消费政策制定建议。本章作者刘波、郭振、傅鸿浩。

第九章《促进体育消费的财税政策的国际比较》，体育消费已经成为人民美好生活需要的一个重要组成部分。消费升级是新时代中国经济发展的主要着力点之一。本文对国外体育消费发展方面的政策进行梳理，特别是体育场馆建造、财税政策、大众体育发展等方面。希望有助于读者把握国外体育消费促进政策的整体情况，同时为中国体育管理及相关政府部门制定政策提供参考。本章作者高照钰、杨升平。

第十章《夯实创新制造基础助力体育产业发展》，从体育用品制造业的概念、统计分类和相关标准的介绍入手，提出行业发展具有的突出特点，并重点分析了2018年体育用品制造业的发展情况。随后，结合近期科技发展和商业模式创新等，指出了体育用品制造业面临的机遇和挑战。最后，在总结前期政府行业管理和引导企业发展的政策措施基础上，指出要在增强基础创新能力、推动商业模式和产品创新、持续提升企业制造能力、不断优化产业结构、大力加强国际合作等方面创新政策支持方式，加大政策保障力度，推动体育用品制造业高质量发展。本章作者樊烨。

第十一章《促进电子体育行业健康发展和扩大消费的政策研究》，科技与商业模式是决定扩大体育消费的方向之一。随着互联互通的科技路径和流量化管理商业模式的演进，体育进入新的发展阶段。电子体育可以成为打开这一通路的有效载体。电子体育不仅是现代体育发展的技术趋势，而且是具有独特战略意义的产业趋势。从国际经验和当代科技发展动态趋势看，未来我国电子体育消费升级的核心推动力是“科技进步” + “政策引导” + “国际化”。本章作者杨越、王睿。

第十二章《网络与数字时代的体育消费》，通过对互联网和数字技术在体育产业中的应用情况研究，总结了新的网络数字技术将在专业赛事、体育制造业、体育传播、创造新项目和新商业模式等方面提升体育产业供给体系质量，也会从需求侧对体育消费产生影响，出现消费结构优化、场景增加、范围扩大等新特点。政府应从顶层设计、社会参与、基础设施、数据共享、法律法规、人才培养等方面着手，充分发挥网络和数字技术对体育产业发展的带动作用。本章作者刘佳昊。

第十三章《职业体育消费及政策研究》，第一部分梳理了职业体育相关消费的发展历程并对其特点进行了分析。第二部分列举了我国职业体育消费目前面临的问题与挑战，最后对进一步促进相关消费提出政策建议。本章作者李锦天、吕宇然。

第十四章《河北省冬奥会与冬季体育项目政策研究报告》，首先对河北省冬奥会与冬季体育项目政策出台的总体情况和鼓励更多人关心参与冰雪运动、鼓励更多投资者参与冬奥会运行和赛后场馆有效利用三方面内容进行了分析；接下来对冬奥会与冬季体育项目政策落实的总体情况和落实过程中面临的政策引领不足、产业链不完整、经营成本高、产品人才技术落后、产业融合发展差等政策困境进行了分析，最后提出了相应的政策措施建议。本章作者唐青。

第十五章《面向未来的 50 条政策建议》，指出当前制定新的促进体育消费的文件，出台新的政策必要、重要而且紧迫。本章首先概括总结了中央及各地方出台的促进体育产业发展的政策及其实施效果，并对部分政策实施效果不够理想的原因进行了分析。在此基础上，从扩大群众体育消费、推动体育供给侧改革、促进职业体育消费等方面提出今后需要制定出台的 50 条政策建议。本章作者江小涓、刘佳昊。

各位作者的简介请见本书后记。

书中不当之处，敬请读者批评指正。

江小涓

2019 年 7 月

# 第一章

# 体育消费增长与升级：机遇、挑战与应对

江小涓

2014 年，国务院发布了《关于加快发展体育产业促进体育消费的若干意见》，即业界所称“46 号文”。此后体育产业发展明显加速，体育消费不断增长。在这 5 年中，体育发展的环境和条件发生了许多重要变化。我国已经进入高质量发展新阶段，强调创新、协调、绿色、开放、共享的发展理念，强调满足人民群众对美好生活愿望的新型消费观，强调以人的融入为中心的新型城市化道路，强调数字技术、智能技术与传统产业的融合发展等。对各类产业来说，这些既是新的发展环境和发展条件，也是更高的发展要求。

对体育产业和体育消费来说，与5 年前相比，现在出现了“八个新变化”和“四个新挑战”。这些变化和挑战表明，体育产业发展有了许多新商业模式，体育活动有了许多新项目，体育消费有了许多新内容，人们观赏体育活动有了许多新载体，中国人口规模在数字和智能技术与体育融合方面有了新优势。与此同时，体育产业发展和体育消费增长也会碰到新问题新挑战。这些变化还表明，今后中国体育产业发展和体育消费的增长路径与先行国家之前路径的可重复性有所降低，今后中国体育发展将呈现既符合一般规律，又具有中国特色和时代特色的鲜明特点。

本章将分析这些变化和挑战对今后 5 至 10 年体育产业发展和体育消费增长的影响。

## “八个新变化”与增长新机遇

近年来，体育产业增长速度一直快于 GDP 的增长速度，特别自 46 号文发布的 5 年来，在 GDP 增速放缓的同时，体育产业增速加快，两者差距继续扩大。2014—2017 年，体育产业增加值年均增长速度达到 16.87%，是同期 GDP 增长速度的 2.4 倍（见图 1.1）。

然而从国际比较和国内消费者需求看，我国体育产业和体育消费仍然处于相对落后的状况。2017 年全国体育产业增加值 6 475 亿元，产业增加值占同期 GDP 的比重达 0.9%。体育产业就业人数 440 余万人，占当年城镇就业总数的 1%。① 与体育产业相对发达的国家相比，产业比重和就业比重都有较大差距（见图 1.2）。

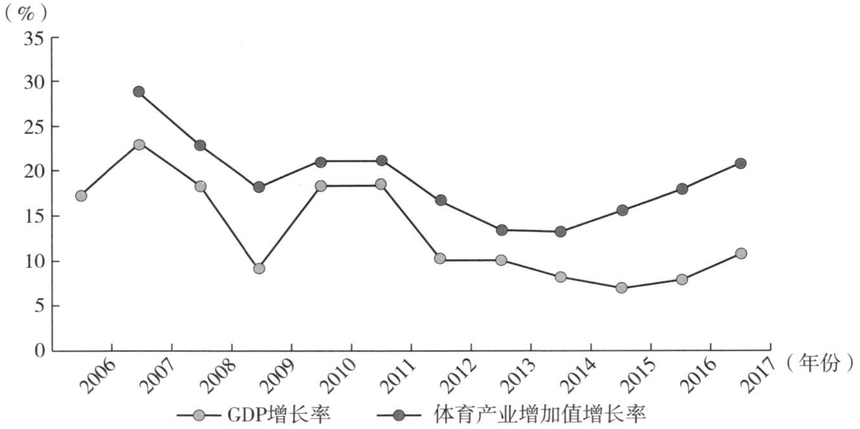


**图 1.1　体育产业增速与 GDP 增速**

资料来源：国家统计局，体育总局。

---

① 产值数据引自国家统计局，国家体育总局《2016 年国家体育产业总规模与增加值数据公告》（2018 年 1 月 13 日），城镇就业数据引自国家人力资源和社会保障部《2016 年度人力资源和社会保障事业发展统计公报》，体育产业就业数据引自 http://sports.people.com.cn/n1/2018/0114/c202403-29763435.html。下面几组数据相同。

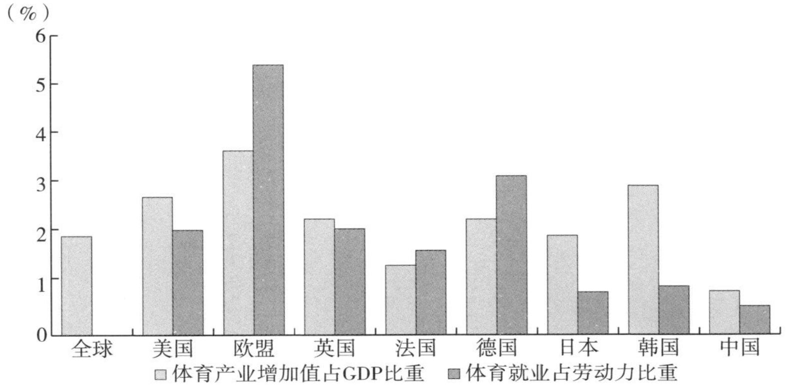


**图 1.2 体育产业增加值比重和就业比重的国际比较**

资料来源：笔者根据多种文献计算而得。

最近几年，体育产业发展和体育消费增长环境出现了若干有利的变化，概括起来有“八个新变化”。

## 新发展理念：凝聚共识形成合力

新发展理念强调以人民为中心的发展，强调质量、绿色、效益和可持续等目标。这些都是体育发展的根本导向。过去几年，有一些投资者和企业跟随46号文发布后的风口进入体育产业，希冀大干快上，迅速获得高回报。这类投资者更多是财务投资者，对体育产业发展和体育消费增长规律以及竞争格局缺乏充分理解和认识，并未做好长期耕耘、培育市场的战略规划，对产业长期发展缺乏持续推动力。

现在社会各方面对体育消费重要性的理解更加全面和理性，谋划发展的思路更清晰更务实更有长期目标。许多投资者和企业认识到，体育需求是综合需求，体育技能培养、体育习惯养成、体育场所扩大和体育观赏群体的增长，都是相对的慢变量，投资体育必须有长期战略，着力于产业链和消费生态的培育。各级政府也更为充分地认识到，体育有经济和社会双重价值，需要政府多方面的支持。这些认识形成后，社会各个方面才会共同发力促进消费增长，体育产业发展才会体现促进增长和就业、推动全民健身和发扬拼搏精神、强化社会凝聚力、鼓励为国争光等多重意义。

## 新发展水平：消费升级和多元化。

2020 年左右，我国人均 GDP 将达到 1 万美元。同时，服务型经济的特点更为突出，服务消费在总消费中的比重继续上升，消费结构从物质消费、必需品消费、发展消费，向舒适消费、健康消费、快乐消费延伸拓展。在这些快速增长的新型消费中，体育消费是重要内容。

随着收入水平提高，大量体育消费从“随意性”转向“专业性”，重视专业技能、装备配置和竞技水平。特别是 4 亿多 90 后迅速成人走向社会，他们更具社交意识和专业健身需求，在路边跑跑步，在街头公园做做操满足不了他们，健身房、户外活动场地、比赛场所才是他们重要的生活场所。2018 年双十一期间，阿里系 2 135 亿元的大盘数据中，体育消费总额突破 60 亿元，占总额的 3%，较前几年有明显上升。3% 正是高收入阶段的体育消费占总消费的“平均”比重，特别是中高端项目用品需求量大，尤以垂钓用品、冰雪、骑行运动、露营、攀岩、马术等运动用品增长最快。这些运动比传统体育项目更“贵”，参与者更多为中产阶层以上人群以及年轻人。

## 以人为中心的新型城市化

最近几年，城市化进程更加重视“人的城市化”，而非以往多年重视的“GDP 的城市化”，其中的关键因素，是强调“外来人口”要更多融入城市、归属社区、拥有更多的市民权益。这个变化对体育产业有强正向影响。国内外经验表明，这些“新市民”特别需要身份认同和融入场合，体育活动是重要选项。

“新市民”人数增长对体育消费增长的影响是多方面的。我国超过千万人口的城市有 16 个，500 万以上人口的城市有 88 个，200 万以上人口的城市有 251 个，可以支撑大量体育项目的发展，特别是职业体育的发展。较大规模的城市，不仅能容纳多个流行项目发展，而且能安放许多非常态项目。今后若干年，社区体育活动和城市间赛事由于地域特点鲜明，市民归属感明确，又适于商业运作体系，在体育产业区域布局中的作用将持续提升。

## 长寿 + 空巢的老龄化

我们已经进入老龄化时期。由于生活方式、社会保障和卫生服务等方面的有利因素，我国人均寿命较长，已经接近高收入国家的平均水平。最近几年，计划生育“一孩政策”开始实行时的那一代人，陆续进入退休群体，老龄空巢家庭的比例较高，并将继续上升，这个过程将延续二三十年。老龄化 + 长寿化 + 空巢化，对体育消费需求产生了多方面的影响。研究发现，在六种类型家庭中，只有空巢家庭在利用闲暇时间进行活动的排序中，将参加体育活动排在第一位，这表明体育提供的健康、娱乐、社交和归属感，符合空巢老人的多元需求，吸引大量老年人参与其中。现在，老年人退休早寿命长，即使从退休开始喜欢一项运动，也将有一二十年的时间成为活跃的体育参与者和观赏者，是体育消费的一支重要力量。[1]

## 新技术使用和体育新业态

我国先进的网络应用技术和庞大用户群体支撑多种形态的互联网 + 体育、数字 + 体育、AI + 体育等新业态。这些规模经济极为显著

---

① 引自杨越、王睿《体育消费背景最新变化及其政策影响研究》，本书第四章。

的应用，是我国体育消费巨大的增长点。特别是我们拥有的10亿级网络用户，提供的市场规模远远超过任何一个国家。一个流行体育项目仅国内收视人数就可以达到上千万甚至过亿，一些国际赛事的中国站或中国赛场收视率全球最高，甚至一些国外赛事，即使在其本土的关注度并不高，一旦被中国观众“盯上”，就可能创造新纪录。2019年5月18日，西班牙人主场2∶0战胜皇家社会，中国球员武磊为西班牙人队打进一球。赛后球迷冲入场内将武磊高高举起。这段视频在中国的播放量超过1 700万次，比西班牙人之前的任何视频播放量都要高得多。

现在，数字技术和智能技术已经在体育多个领域广泛渗透。在运动健身服务业中，数字感应技术可以实时感知人体运动的生物学信息，在大量数据基础上形成更为科学的人体运动能耗规律和运动辅导建议，消费者可以在家庭小型健身设备上健身，并从线上得到科学指导。互联网体育服务社区丰富了运动健身服务的种类，现在体育健身服务类App已有七大类千余种，其社区功能不断为用户创造出个性化的专业服务。体育场馆智慧化的实现使观众不断获得赛前、赛中和赛后的更佳体验。体育数字传播可以利用信息与数据挖掘等技术将场外和场内赛况信息汇集到网络直播平台，调动场内外的互动，提高用户的参与度和娱乐度。这些技术的应用，极大地方便了消费者参与和观赏体育活动，提升了消费者的参与度和娱乐感。

## 新战略投资者：产业生态及可持续发展

46号文刚发布时，部分投资者涌入体育产业，是希望凭借市场风口，通过市场操作将投入短期内增值变现。这类投资者一旦发现行业不景气、IPO（首次公开募股）有难度、退出机制不明朗，就很可能放弃对产业的持续培育。最近几年，大型战略投资者如国家开发银行、中金公司、光大公司、华人文化等大型投资商开始发力，较大规模进入体育行业。大型平台企业也更多地进入体育领域。据统计，这类投资者有长期发展目标，投资规模大，着眼于产业链和消费生态的持续培育，多角度开拓市场。在商业可持续的原则下，谋求稳定可持续的发展。战略投资者增加还是一个明确信号，表明体育产业是一个有发展前景，值得精耕细作，可以谋求长期发展的产业。

## 新转播主体与开拓多层级市场

职业体育市场收益中，转播权收益居首位，转播收益也是其他类型赛事如马拉松的重要收入来源。我们虽然有 1 000 多场顶级职业赛事，但已形成商业化转播模式的不过几百场。近几年来，国内大型视频平台纷纷将目光投向赛事开发，包括增量赛事和存量赛事。特别是有了数据挖掘和 AI 技术，视频平台企业有了更多创新手段，将更多观众“粘”在转播节目上。这些企业有实力打通线上与线下，跨界使用赛事 IP（知识产权）和受众资源，为消费者创新多种体验。

以大学体育为例，我们有数千支高水平学生队伍，关联的师生家长超过 5 000 万人。然而以往多年，为了压缩成本，这些队伍集中到一个地方打比赛，无论是现场球迷还是传播受众都受到极大限制，似乎毫无商业价值。现在各家视频平台都看好这个市场。例如 2019 年的 CUBA 赛事，实行了主客场赛制，转播平台采用多种手段营造主场氛围，大区决赛和总决赛时，整座球场座无虚席。转播也完全不同以往，例如为每场比赛分配了各种各样的直播间，各校学生解说自己学校的比赛。直播数据明显跃升，仅东北大区决赛就有超过 30 万球迷为两队点赞支持。总之，有了新的转播主体和转播技术，更多比赛具有了现实的商业开发价值。

## 新教育理念：培育体育消费技能和消费习惯①

过去多年，我们主要强调学校体育的教育功能和公益性质。最近几年人们越来越多地认识到，体育教育同时也对体育消费具有促进作用。首先，学校体育是体育消费的组成部分，3 亿学生、51 万所学校、65 万个场馆以及学校竞赛，能推动体育消费的增加。其次，学校体育教育是多种体育消费的基础条件，参与型体育消费需要掌握一定程度的体育技能，观赏类消费也需要一定的体育知识。学校体育教育使青少年具备体育技能，奠定良好的终身锻炼基础，促进体育消费习惯养成，成为未来的体育从业者和观赏者。第三，青少年校外体育是体育消费的重要部分，从国际经验看，随着收入水平提高和家长教育水平提高，子女更有可能参与课外体育俱乐部，这也预示着我国青少年校外体育消费的较大增长空间。

表 1.1 是上述变化分析的概括和总结。

表 1.1　新发展阶段的特点与体育消费增长空间

| 发展新阶段 | 对体育消费的影响 |
|---|---|
| 新发展理念：以人民为中心，高质量发展 | 体育消费满足人民美好生活愿望 |
| 新发展水平：消费多元与升级 | 体育消费提供健康与快乐 |
| 新型城市化：以流动人口的市民化为中心 | 体育标识身份，增强认同感，产生凝聚力 |
| 新特点老龄化：老龄 + 长寿 + 空巢 | 体育提供健身、娱乐、社交和归属感 |
| 新技术使用：数字和智能技术快速发展 | 新技术在体育领域广泛应用 |
| 新战略投资者：长期耕耘培育产业生态 | 在体育各个领域中深耕细作培育消费群体 |
| 新转播载体：新的转播载体和转播模式 | 更多体育活动具有了商业开发价值 |
| 新教育理念：终生技能、健康工作、社会融入 | 培育体育技能和体育习惯，青少年体育消费 |

① 这里部分参考了刘波等《青少年体育消费政策研究》，见本书第八章。

## “四个新挑战”：赋能与竞争

体育产业发展和体育消费增长面临一些长期存在的问题与挑战。本章重点分析最近几年新出现并将持续下去甚至继续加压的四个挑战。它们都主要或部分与技术和商业模式的创新有关。网络与数字技术并非只为体育而生。在赋能体育消费的同时，也推动更多娱乐形态产生，并与传统体育产业展开激烈竞争。

### 新运动项目争夺传统体育项目的消费者

最近十多年，依托网络、数字和智能技术，电子竞技产业爆发式增长。电子竞技既有与传统体育赛事类似的特征，如统一的竞赛规则、对抗性比赛、职业化队伍、现场和转播观众等；也有完全不同的特征，主要是没有身体的物理运动；还有很多独特之处，如需借助信息技术为核心的各种软硬件以及由其营造的环境来进行。

目前世界范围内电子竞技项目的参与和观看人群的基数庞大，增长速度很快，已经超过很多传统体育竞赛项目。我国发展电竞产业有巨大潜力。据估算，2018 年我国电竞产业规模达到 84.8 亿元，电竞产业用户规模超过 3 亿人，2020 年电竞产业用户规模可能增长到 3.5 亿人。①无论是市场规模还是用户数量都远远超过很多传统体育项目。

这类新型体育项目对传统体育造成了明显冲击。2017 年国内 16～25 岁年轻人群平均花费 33% 的闲暇时间用于电竞和其他网络游戏活动，挤压和替代了大量传统体育活动的时间，两者有明显的替代关系。一些专家认为，20 年后，传统体育界的粉丝群体将明显老化。现在，美国

---

① 资料来源：企鹅智酷《2018 年中国电竞运动行业发展报告》，http：//www.199it.com/archives/738097.html。

电视台体育节目观众的平均年龄已经在持续增加。

电竞产业的科技含量高。由于其参与者众多、显示度高，谷歌、微软等国际高科技领军企业都纷纷把人工智能开发的首选挑战聚焦在电竞项目，并投入最优秀的团队。不仅是人工智能技术，其他前沿科学技术，如区块链技术、大数据技术、量子通信技术、新型可视化技术、体感技术等，都不约而同地选择了电竞产业作为其首要应用。电子竞技有如此高的参与率和关注度，引起许多传统体育组织的重视。以 NBA 为代表的美国职业体育联盟直接投资组建了自己的电竞产业部门，希望跟上时代发展，吸引观众关注力。

电竞产业对青少年有一些不利影响。首先，是青少年健康问题，玩电竞大大增加青少年的娱乐性屏幕时间，从而强化其不健康的生活方式。其次，电竞产业游戏与网络游戏一样，会给青少年带来逃避现实、空虚，甚至暴力倾向等心理问题。第三，电竞职业化中出现的运动员低龄、收入畸形、开挂作弊等一系列违反体育精神和体育规律的社会问题。这些都需要引起足够重视和有效应对。

最近几年，智能体育开始加快发展，已经成为重要的新体育类型。智能体育是利用智能装备，突破传统健身受空间与时间的约束，实现传统体育的智能化和网络游戏的现实化。参与者可以足不出户，在室内小空间体验山地骑行、滑雪、高尔夫球等对场地要求较高的运动。例如智能骑行通过人、智能骑行台、智能骑行软件的组合，让选手可以在任何时间、地点与任何骑手，一起畅骑世界经典骑行赛道。智能体育需要虚拟现实、物联网、云计算、大数据等高新技术植入，将设备器材数据化、网络化、智能化、娱乐化，并且通过可以量化的数据统计进行排名，开拓个人的体育社交。

智能体育在国外已经很成气候了。创建于 2012 年的 Peloton 公司以智能动感单车起家，如今不仅生产健身硬件设备及配套的平板电脑和软件，还自行制作视频流媒体内容供用户订阅，并建立了自己的零售体验店网络，实现了产品服务生产交付的“垂直一体化”。Peloton 有着较高的用户活跃度，这首先得益于其高质量的流媒体订阅内容，公司在内容制作方面有大手笔投入。提高了用户留存率、互动性和趣味性。其次，得益于平台上的优质教练，美国健身群体迷恋“明星教练”，通过互联网设备将这些教练连接到家用场景，帮助家用场景健身渐成潮流，成为市场增长主力。现在，Peloton 已就 IPO 事宜与高盛、摩根士丹利等进行了接触，上市时其估值有望超 80 亿美元，成为全球家用健身领域估值最高的公司。

智能体育在我国也开始发力。首届全国智能体育大赛于 2018 年 7 月举办，包括智能骑行、智能赛车、智能高尔夫、智能射击、智能滑雪、智能健身、智能跑步、智能足球等 18 个项目，先后在全国 100 余座城市开展共 106 场赛事，吸引了 230 万人报名参赛，完成了 600 万次的预、复赛，有 1 400 名选手晋级总决赛。趋势上看，智能体育刚刚开始发力，方兴未艾，潜力巨大。

### 新型多元素娱乐项目涌现争夺体育消费者

网络与数字技术应用领域广泛，其中与体育活动相竞争的娱乐形式比比皆是。各种电视和网络综艺节目、应用了最新技术的电影、数字音乐、网络游戏等，都会与体育活动争夺消费者。以网络综艺节目为例，近些年来，网络综艺节目档数、总期数和总时长都保持较快速度增长。据统计，2017 年 10 月至 2018 年 10 月，腾讯网、优酷网、芒果 TV 等 21 家网络上线播出的网络综艺节目共 385 档，10 912 期，总时长约 237 400 分钟。节目档数、总期数和总时长分别同比上涨 95%、217% 和 121%。[①] 有了这么

① 国家广播电视总局监管中心,《2018 年网络原创节目发展分析报告》，http：//www. sohu. com/a/278415411_ 692735。

多新的选项，消费者能够为传统体育项目付出的时间难以增长，甚至被分流。2017 年我国泛娱乐产值约为 5 484 亿元，体育竞赛表演业全口径产值为 231. 4 亿元，电影《战狼 2》有 56. 83 亿元票房，而中超收入仅为 14. 8 亿元。

现代技术条件下，体育竞赛业与许多娱乐项目有着高度的相似性，实际上职业体育竞赛就被称为“体育竞赛表演业”，因此竞争普遍而激烈。表 1. 2 列出了体育比赛与演唱会的高度相似性。

表 1. 2　体育竞赛表演与演唱会的高度相似性

| 体育竞赛表演 | | 演唱会 | |
|---|---|---|---|
| 空间聚集 | 场地 | 空间聚集 | 场地 |
| 付费观看 | 门票 | 付费观看 | 门票 |
| 核心要素 | 明星 | 核心要素 | 明星 |
| 观众特点 | 粉丝 | 观众特点 | 粉丝 |
| 业者诉求 | 收入 | 业者诉求 | 收入 |
| 品牌价值 | 跨界 | 品牌价值 | 跨界 |
| 转播收入 | 流量 | 转播收入 | 流量 |

新的竞争性商业模式还在不断涌现。例如，2018 年 5 月 9 日，一款“电影 + 互联网”模式的移动应用 App 上线：移动电影院 V1. 0，其商业模式是通过手机、平板电脑等移动终端或其可控制的其他设备搭载的移动电影院软件系统作为放映设备，让观众“随时随地看电影”，移动电影采用单次收费单次放映的商业模式。上线一年后，移动电影院的总观影人次达到 200 万，票房达 5 000 万元。企业已经做出规划，要在数年内实现移动用户的全覆盖。还有，前面所述的家庭健身成套设施配以网络获得专业指导的商业模式，或许对健身俱乐部形成潜在挑战。

**专业性和专注度下降：跨界转播平台的影响**

由于网络空间信息超载，争夺关注力成为数字时代的竞争焦点。为了吸引用户，出现了许多跨界娱乐模式，目的是吸引更多消费者进入平台。聚集到海量的用户，平台就能开发诸多的商业功能，构建完整的商业生态系统。应用大数据，粉丝还具有了巨大的衍生商业价值，通过挖掘分析，为这些潜在消费者推送应有尽有的全方位消费信息，从而演变出无尽可能的新业务体系和新商业模式。

在这些商业模式中，为了“引流”“吸粉”，多种娱乐因素并存的跨界融合成为流行选项，从而导致体育娱乐化倾向普遍。平台竭力增加趣味性、故事性、消遣性，借此抓住非核心体育粉丝甚至非体育爱好者的注意力，体育活动本身具有的竞争性、专业性和由此而生的敬畏感等都随之下降。网络平台即使在转播职业体育比赛时，也会加入许多非体育因素，包括看点丰富的啦啦队、明星运动员的前世今生、非专业化但极有个性的主播、资深球迷的故事、球场内外的趣事等等。

网络平台的多样化和竞争性还体现在其长尾效应上。当消费者只能在现场观看比赛时，每个区域内能够举办的赛事有限，即使是电视转播，能被转播的赛事也很有限。那些喜欢“小众”“冷门”赛事的消费者无处观看比赛。但在互联网空间，能够点播的视频数量几近无限而且成本很低，因而个性化需求能得到满足。例如中国希望观看印度足球超级杯的人数仅有区区数千人，现场观看或电视转播都没有可能，而网络平台却能够提供点播服务。对平台企业来说，这些“小众”需求虽然每项消费量很小，但种类极多，汇聚而成的市场份额可以和那些少数热播产品相匹敌甚至更大，就好似少数热播产品构成的躯干之后拖了一条细长的尾巴。毫无疑问，这些平台为消费者更符合意愿地观看体育比赛提供了方便。不过，当消费者为体育赛事付出的总观赏时间有限时，多样化的选择就会分流观众，减少原本占据主要市场份额的主流赛事的观众数量。

近几年来，国内以体育元素为主的综艺节目异军突起，吸引了大量非核心体育迷，人气超过绝大多数高水平职业体育比赛。例如，《来吧！

冠军》是浙江卫视借巴西奥运会风口推出的一档大型励志竞技体育综艺节目，由姚明担任体育顾问，李娜、贝克汉姆、乔丹、巴乔等担任嘉宾，贾乃亮、Ella 担任固定明星队队长，率领明星队展开颠覆性真实对抗。全新模式加超强阵容，人气极旺。还有更多为全国人民所熟悉的体育健儿如田亮、杨威、林丹、李娜、孙杨、苏炳添、张继科等都多次参加综艺节目，并成为人气极旺的体育明星。

表 1.3 是近些年来若干以体育元素为主的综艺节目。

表 1.3　以体育元素为主的综艺节目

| 年份 | 体育赛事 | 体育元素为主的综艺节目 | 代表作品（部分） |
|---|---|---|---|
| 2013 年 | | 体育综艺真人秀<br>中国体育综艺节目元年 | 《中国星跳跃》<br>《星跳水立方》 |
| 2016 年 | 巴西奥运会<br>欧洲杯 | 体育娱乐化<br>20 档体育综艺节目 | 《来吧！冠军》<br>《绿茵继承者》<br>《星球者联盟》<br>《非凡搭档》<br>《极速前进 3》 |
| 2018 年 | 俄罗斯世界杯 | 赛事版权衍生<br>互联网巨头体育发力 | 《足球解说大会》<br>《这！就是世界波》<br>《奇谭十一人》<br>《AI 彩》<br>《新三味聊斋》<br>《火星世界杯》 |

资料来源：http：//sports. ifeng. com/a/20180830/59997262_ 0. shtml。

这些综艺节目特别有利于体育明星“吸粉”，一旦这些运动员有了众多粉丝，自带流量，就可以直接转化为商业价值，在商业合作中的谈判力量就更强。由此，这些明星运动员合乎逻辑地开始要求更大的利益分配。这将与我们传统的运动员管理体制发生冲突，与社会公众对顶级运动员的形象定位发生冲突，并将长期影响和重塑体育发展中的诸多商业关系。

新商业模式还有可能带来“赢者通吃”现象与收入差距问题。在体育产业中，创造力和天赋最为稀缺，又有网络将创造力和天赋带来的“供给”低成本送达世界各地，获得极大的市场份额。同时，由于观赏成本很低甚至免费，消费者无论贫富都能随心所欲，观看“最高水平”的比赛。因此，具备特殊天赋的体育明星能够市场通吃，获得巨额收入，成为全社会收入的塔尖。这种状况会产生多方面的经济和社会影响。

图 1. 3 是 2019 年 6 月 10 日某网站的体育明星人气指数排行榜，从中可以看出，体育明星的人气，受到其运动水平和出镜率的双重影响。

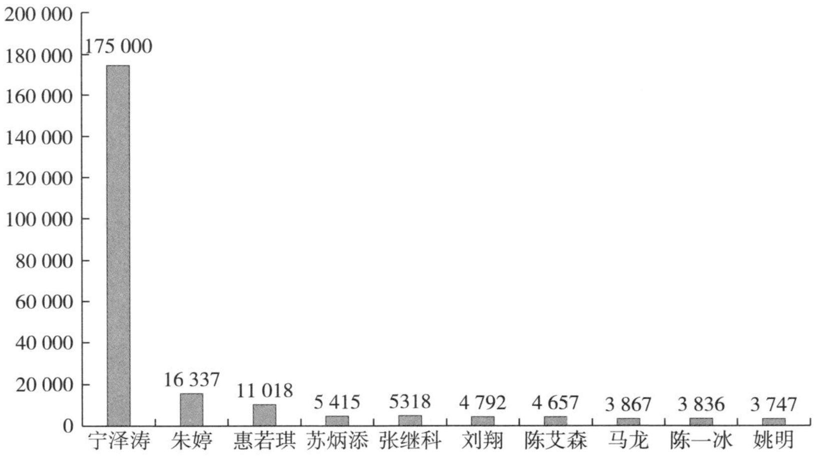


**图 1. 3 体育明星人气指数排行榜**

资料来源：https：//123fans. cn/rank. php？ c =7。

### 消费总时间约束和娱乐消费总量停滞

对包括体育参与和观赏这类体验性消费来说，消费总时间是一个硬约束。

从供给方来看，网络空间能够存放和提供的娱乐服务内容数量巨大，并且一直在增加，消费者的多元消费需求也在不断扩张，看上去增长没有边界。然而，这类产业的发展受到一个极为硬性的约束：时间。时间不可储存、不能创造、不可预支、不可复制，其稀缺性是其他任何资源不能与之相比的。实物产品市场扩张受到的主要约束是购买能力，财力够的消费者可以购买大量产品而无须花时间消费，拥有本身就是享受。富豪们可以同时拥有几十辆豪华车辆，可以拥有世界各地的多套别墅。但网络空间的服务消费是体验式的，消费者必须花费时间亲自参与，无论何人，同一时间内不可能参与两场比赛或观看两部电影，因而这类服务之间竞争的不是财富而是时间，不仅激烈残酷，而且注定有我无你。这类竞争并不限于同类型的消费，所有需要花费时间的消费都是对手，人们花时间看电影还是看比赛或是玩游戏不可兼得。例如游戏行业曾经的名言是："我们之间互抢生意没意思，要去抢体育业和娱乐业的生意。"

人均上网时长经过多年快速增长后，目前增长趋于平缓并相对稳定。可以算一笔账，我国 10 亿网民，如果每人每天上网 5 个小时，那么互联网每年可以利用的国民总时间大概为 18 250 亿小时。然而服务的提供有增无减，竞争激烈可想而知，笔者以前对中超现场观众人数的计量分析有一个令人略感意外的结果：人均收入高的城市，观看体育比赛的人口比重反而较低。一个可能的解释就是这些城市更为多样化的消费选择，抢去了体育消费的时间。总之，体育消费时代，时间成为最为稀缺的资源，财富可以逐年增长和积累，时间永远是个常数。时间约束是一个真正的硬约束。

## 坚守与应变：体育为本与适应新时代

### 传统体育项目的坚守：创新与产业化发展是有效手段

上一节描述的问题与挑战，都是在体育商业化运作和产业化发展中出现的。长期以来有不少质疑的声音，认为商业运作会腐蚀体育的专业性、公益性和文化价值，取而代之的是上座率和经济效益等，将体育推向市场会使体育变味。

然而事实表明，商业化运作和产业化发展极大地促进了体育发展。近半个世纪以来，教育广泛普及，中产阶层成为许多国家人口构成的主要部分，他们的知识结构、生活方式和价值观等已有很大改变，对体育消费既有强身健体、休闲娱乐的诉求，也有减缓压力、心理满足、社会交往的愿望。形式丰富的多种体育产品和服务，从跑步跳操的大众化运动到花样滑冰、高尔夫等各类“高雅”和“高消费”项目，都有众多消费者关注。尤其是平台投资者纷纷进入体育产业，大大降低了许多体育服务的价格，减弱了体育消费中的收入约束，更多人得以参与体育。如此普遍、多元、多层次和多变的需求，只有商业化运作才能不断开拓创新，促进市场的扩张和繁荣。

2016 年美国《快公司》（*Fast Company*）杂志评选的全球 50 家最具创新力的公司中，NFL 名列第 15 位，要知道这份榜单的前三位分别是 Apple、Facebook 和 Google。评选者认为，在如此多的新型娱乐方式下，NFL 仍然保持吸引力，实属不易。2018 年的评选 NBA 位列第 10 名，NBA 是诸多职业体育联盟中，最早建立起电子竞争体系的联盟。2019 年的评选中，健身界超级体 Peloton 位列第 27 位，Peloton 借鉴许多娱乐 App 的商业模式，着眼于争夺消费者的碎片时间，推出众多明星教练的片段教学，如同短视频或直播短片，供消费者随之短时健身，甚至仅为了休闲娱乐，并通过大数据、AI 分析，主动识别消费者感兴趣的项目或教练，或者根据其中的娱乐因素，主动推送相关内容，黏住消费者。总之，在技术如此多变、需求如此多元、竞争如此激烈的时代，传统体育项目仍然具有较强的吸引力和竞争力，但想历久弥新地站稳脚跟并有所发展，必须不断创新再创新。这个任务只有市场主体能够完成。

传统体育项目的坚守和发展需要技术和商业模式的不断创新。一些平台推出线上“全民健身公共积分”账户，让消费者在定点场所消费，按每次消费金额的一定比例返还积分至健身群众的“全民健身公共积分”账户中。例如，阿里体育利用阿里巴巴云平台构建运动银行，将运动数据转化为“卡路里币”，作为用户运动锻炼方式积攒的权益，用户用获得的卡币在运动商城里兑换商品（实物、优惠券、体育赛事门票等）。2017 年 8 月 8 日至 2018 年 8 月 8 日，阿里体育运动银行的用户达到5 000 万人，每天有近 600 万的用户在使用“运动银行”记录自己的运动数据，管理自己的运动行为，大大调动了用户的健身积极性。

技术和商业模式创新几乎被应用在所有传统体育项目上。健身房 + 智能通过门店 + App 的方式吸引消费者。消费者通过人脸识别技术进入健身房，用智能手环打开储物柜，在智能机器上检测身体数据并上传云端，在 App 上购买健身课程，发布社交动态，为传统的健身活动创造了更多具有互动性、分享性、自主性的消费场景与平台。还有职业比赛的智慧场馆建设，使现场观众的体验感大大上升，其中既包括场馆网络覆盖与高清回放等“硬服务”，也包括为观众提供个性化餐饮与特许商品销售的“软服务”。短视频也成为体育观赛新风口，除少数忠诚的体育迷外，多数消费者并不会全程观看比赛，而是用碎片化的时间扫一眼或者赛后看看集锦。再如马拉松比赛直播、钓鱼比赛直播等，通过智能系统为每位参赛者提供定制内容，其亲属和朋友可以在线观看，参赛者本人也可以在赛后观看视频，大大提高了参与活动的乐趣。网络体育社区也是传统体育项目中被普遍采用的交往形态。尤其在健康、攀岩、滑雪、穿越等户外活动中，体育企业与爱好者组成网络社区，通过推送信息和帖子邀集网友，交流和传播各自社团的体育资源和活动信息。

和其他产业相似，体育的产业化和商业化确实也带来一些负面现象，体育市场不乏粗制滥造的产品和服务，时常出现一些价值观不当的言行，职业体育中的“假赌黑”屡治屡犯。但总体上看，产业化和商业化并未导致体育走入歧途，也并未导致体育竞技水平的下降，向上、拼搏、奋斗、团队精神等依然是主流的精神状态，体育的社会形象仍然是正能量、硬功夫。

总之，市场经济在其他领域展现的活力，同样构建着体育产业的创造性、异质性和多样性。市场主体努力开拓创新，传统体育和新型体育消费精彩纷呈，体育产业获得了前所未有的蓬勃发展。

**接纳与主流社会形态相匹配的体育形态**

前面部分，我们分析了诸多依托新技术发展起来的新型体育形态，以及含有“体育元素”的综艺节目。无论我们是否认可和喜欢，它们都将继续存在并发展，并且很可能更多地占有消费者特别是年轻消费者的休闲娱乐时间。这些改变还将延续下去。它们与当下和未来技术及社会主流场景相匹配。尤其是线上成长起来的年轻一代，互联网空间早已是他们工作生活娱乐社交的主要场所，他们自然希望能够从线上获得智力展现机会和精神愉悦，希望一键就能获得合乎需求的服务。他们更喜欢体验式、挑战性的智力活动，因此，电子竞技、智能体育等与他们的消费诉求高度匹配，必然迅速成长为重要的体育行业。综艺节目含有多种娱乐因素，不那么专业，却足够多元，而且参与感强，能满足不同类型受众的好奇心和好强心，可以接纳多种类型的情感投入，因此能够在青年群体中赢得大批忠实粉丝。我们既要尽可能地将传统体育渗透和融入新的载体之中，例如以各种类型的体育明星秀带动更多的线下运动，以线下运动的积分换取参与体育类综艺节目资格等，也要对各种新型体育运动和明星综艺秀持开放和接纳的态度，通过持续的商业模式创新，带动传统和新型体育活动的共同发展，良性互动，为互联网时代的年轻人提供更为丰富的健身休闲娱乐场景。

## 适应新场景：政府要更好地发挥作用

既然提出产业化发展和市场化运作，政府还有必要给予体育产业和体育消费特殊支持吗？

支持有其合理性。体育产业除了创造经济价值外，还带来多方面的社会价值和人文价值，这是体育产业与其他产业最大的不同。体育消费能够促进公民身心健康，体育锻炼和观赏体育比赛，不仅能够强身健体，而且能够舒缓压力，带来愉悦、休闲、刺激、期待、满足等精神感受。身心健康能提高劳动生产率和减少医药费用支出，还能提高生活质量。职业体育俱乐部能够增强当地居民的荣誉感和归属感，能激励更多年轻人从事体育活动。青少年参加体育活动，能强壮体格锻炼意志，增强团队精神。竞技体育取得好成绩，能激励人们的爱国热情和拼搏精神。由于这种种社会功能，体育消费创造 GDP，创造健康生活，创造社会凝聚力，创造向上拼搏的精神。因此，政府对其中公益性突出的部分如公共体育设施建设、全民健身运动开展、人才培养等给予支持，具有充分的合理性。

过去 5 年，中央和各地政府制定了较多的支持鼓励体育产业发展和体育消费增长的政策，落实和完善这些政策是首要的。在这个基础上，要根据形势发展变化提出的新需求，有针对性地制定政策，这里强调以下几个方面。第一，与城市发展新战略相关的政策，主要是通过普惠性措施，引导新市民更多地加入体育活动和体育观赏之中，例如在新市民居住集中的地区建公益性运动场所，以及各类体育活动和职业体育俱乐部球迷组织，为新市民留出适当的位置等。第二，与空巢和老龄化相关的政策。主要是多在社区为老年人组建健身组织，组织体育活动，例如广场舞、健身操以及小型体育比赛等。第三，与大型战略投资者进入体育产业相关的政策，例如与此相适应的新项目审批制度改革、精简规范程序、创新审批模式、完善法律法规等。第四，与青少年体育相关的政策，包括丰富大中小学体育教育培养大纲。引入“+X”机制，即在必考达标项目之外，结合青少年自选X项目方式考核，发挥个体的体育兴趣和特长，提高学生的体育技能，强化体育爱好和体育意识，培养新一代体育消费的参与者和观赏者。要全面推行青少年运动技术等级制度，在各单项运动协会加快工作进度的同时，鼓励地方体育主管部门先行先试并适时推广，激励更多青少年提高体育技能。例如中国篮协以《小篮球规则》和《中国小篮球运动员等级制度》为驱动，举办的小篮球联赛，吸引了大量的小球员参加。此外，要通过购买社会服务的方式，在社区引入市场化青少年体育运动俱乐部，提供多种运动技能的教学培训机会。

政府还要加强宏观引导和市场监管。以往计划体制有较强的约束机制，体育领域中各个方面的规范总体可控。在改革过程中，原有体制的约束弱化，市场的约束力未到位，相关法律法规又不健全。市场主体的法制观念、契约精神、经营理念和企业文化存在不少问题。因此体育产业发展中违反职业道德甚至违法违纪的现象时常发生。政府放权不能“一放了之”，产业化发展也不可能“一化了之”，需要多种举措推进职业道德和体育文化建设。政府还要推动行业协会发挥更大作用，放权具体事务并将其转给行业协会后，要督促其承担起行业自治组织的作用。体育产业特别是竞赛、健身、培训和运动等领域，对规则、标准、等级、认证等行业“公共产品”的要求最为普遍。政府转变职能放手后，需要行业组织有效发挥作用。加强全行业的社会责任意识也是行业组织的职责。2011年以来，欧洲足联数次发布欧洲足球社会责任报告，评价各个国家足球协会和足球俱乐部履行社会责任方面的状况，对俱乐部有明显的引领作用，得到社会的普遍好评，值得我们借鉴。

当前，还要针对新型体育项目，加强行业服务和管理。这里强调两个新的全国性体育运动协会：电竞行业协会和智能体育行业协会。电子竞技和智能体育作为体育项目已经获得广泛认可。应该建立统一的国家级协会，指导和加强行业管理，协调业内各部分各环节的行为。尽快设立并发挥领导协调作用，促进全行业良性发展。其基本职能应该包括：建立赛事联盟，规范市场主体行为，建立合作共赢生态；规范运动员培养和管理，与传统项目运动员管理办法接轨，遵守相同纪律，享有相同权益；多措并举防治青少年沉迷问题，要从未成年人触网管理、企业技术措施、大众观念培养和全社会共同行动等多方面做出更积极有效的努力；为全行业提供公共服务，如培训相关人员、设立考试考核制度、明确从业资质要求、制定赛事 IP 管理办法等。

本章的结论是，体育发展既有规律性趋势，也高度依赖我们的努力。“八个新变化”预示着体育产业供给方和体育消费需求方的巨大潜力和有利条件，“四个新挑战”预示着体育发展面对的竞争与挑战，我们努力的结果决定着两类因素相互作用的结果。我们要全面深刻认识当前体育产业发展和体育消费增长面临的机遇和挑战，不断进行技术和商业模式创新，政府要加大支持力度，深化改革扩大开放。这些有利因素叠加，会促进我国体育产业持续快速发展和体育消费持续增长升级，我们有望在不久的将来成为世界体育产业强国。

# 第二章
# 与体育消费相关的中国体育产业政策研究

王雪莉　付　群　白宫鼎　尚　华

## 研究目的与意义

体育消费是指人们用于体育活动及相关方面的消费，主要包括用于购买体育服装以及运动器材，购买体育期刊、书报等实物型支出，用于观看各种体育比赛、表演、展览等观赏型消费以及用于参加各种体育活动、健身训练、体育健康医疗等参与型消费。体育消费是现代生活消费的一部分，是人们在体育活动方面的个人劳务消费支出。体育消费作为现代生活消费的重要内容，在一定程度上反映了一个国家的民族素质、教育水平和文明程度。

开展我国已出台体育消费相关政策的研究，有助于了解政策的总体情况，对政策的类别、数量、落实程度等情况做到概括性把握；同时梳理并总结当前困扰我国体育消费规模进一步扩大、体育消费升级过程中的难点问题，为制定相关体育消费规范及保障政策提供借鉴与参考，以进一步推动体育产业发展，推动“健康中国”战略目标的实现。

## 我国体育产业政策汇总（2010—2019.3）

体育产业政策是政府权威部门制定的旨在促进、规范体育产业发展的一系列政策的综合。我国体育产业政策可分为四个体系。

一是由中共中央、国务院出台的体育产业相关宏观指导政策，作为产业发展政策的最高层次，高屋建瓴地指明产业发展的重点与目标方向。（政策梳理：两个“2”、三个“3”、一个“7”。）

二是各部委（主要为国家体育总局、发改委等）针对各自管理范围单独或联合制定的体育产业发展指导意见和实施方案，与国家级体育产业政策形成呼应，为宏观政策落地搭建执行通道。（政策梳理：三个“1”、三个“2”、两个“3”、一个“4”、两个“5”。）

三是由国家体育总局及各部委联合制定的以具体运动项目为基础出台的单项运动产业发展规划。运动项目是体育产业发展的核心和基础，体育产业的发展与壮大，始终是建立在单项运动项目的发展之上的。（政策梳理：一个“1”、两个“3”、一个“7”。）

四是各地政府及相关单位（主要为地方体育局）根据工作方案制定本地适用的目标、措施和执行方案。

前三层次的政策均属于在全国范围内统一执行的标准性政策文件，也是本报告汇整梳理的重点。时间自2010年始，至2019年3月止，共计65份。

### 由中共中央、国务院出台的体育产业相关政策

中共中央、国务院一直关心和支持我国体育事业的发展。自2010年至今共计发布20份（表2.1）促进体育产业发展的相关政策文件，以数字归类方式梳理如下：

聚焦两类运动项目：足球是国字号政策文件唯一以单独发文的形式被明确发展的单项运动，从国家层面明确了足球的战略意义，是中国足

球史上一个里程碑式的事件。[《国务院办公厅关于印发中国足球改革发展总体方案的通知》（国办发〔2015〕11 号）。]

2019 年 3 月底，中共中央办公厅、国务院办公厅出台《关于以 2022 年北京冬奥会为契机大力发展冰雪运动的意见》，以筹办 2022 年北京冬奥会为契机，宣传冰雪运动知识，大力普及冰雪运动文化，扩大冰雪运动影响力，推动冬季运动发展。

两个产业发展的标志性文件：2010 年第一份在国家层面对我国体育产业进行规划梳理并提出目标任务的政策性指导意见《国务院办公厅关于加快发展体育产业的指导意见》（国办发〔2010〕22 号）出台；2014 年《国务院关于加快发展体育产业促进体育消费的若干意见》（国发〔2014〕46 号）发布，这是新中国成立以来第一个由国务院颁布的有关促进体育消费的文件。

三个相关学校体育：少年强则中国强，党中央国务院多个政策文件强调要推进学校体育工作，强化体育课和课外锻炼，促进青少年身心健康、强健体魄。[《国务院办公厅转发教育部等部门关于进一步加强学校体育工作若干意见的通知》（国办发〔2012〕53 号）、《国务院办公厅关于强化学校体育促进学生身心健康全面发展的意见》（国办发〔2016〕27 号）、《学校体育工作条例（2017 年修订）》。]

三个相关全民健身：《国务院关于促进健康服务业发展的若干意见》（国发〔2013〕40 号）中强调了要加速发展健康服务业，此后又在 2016 年发布《国务院关于印发全民健身计划（2016—2020 年）的通知》（国发〔2016〕37 号），同年底中共中央、国务院印发的《“健康中国”2030 规划纲要》正式出台，习近平总书记更是指出“没有全民健康，就没有全面小康”，强调了全民健身作为国家战略的重要性。

三个引入社会力量：引入社会资本和政府向社会力量购买公共文化服务，是规范和引导社会组织健康发展、推动公共文化服务社会化发展的重要途径，对于丰富公共文化服务供给，提高公共文化服务效能，满足人民群众精神文化和体育健身需求具有重要意义。[《国务院办公厅关于政府向社会力量购买服务的指导意见》（国办发〔2013〕96 号）、《国务院办公厅转发文化部等部门关于做好政府向社会力量购买公共文化服务工作意见的通知》（国办发〔2015〕37 号）、《国务院办公厅转发财政部发展改革委人民银行关于在公共服务领域推广政府和社会资本合作模式指导意见的通知》（国办发〔2015〕42 号）。]

七个相关体育消费和体育服务相关：自 2014 年 46 号文件始，国务院办公厅共发布 7 份文件直接指向体育消费和体育服务，这充分表明了促进体育消费、发展体育产业在我国经济转型和产业结构调整中的重要地位。“国字号”文件不仅为体育产业、体育消费等方面的体制机制指出了发展路径，也为体育产业中的核心部分——健身休闲产业和竞赛表演业指明了方向，强调要加速发展这两类产业，保障核心产业的快速发展将促进我国体育产业的结构优化和健康发展，最终能促进我国经济健康快速发展。

表 2.1　由中共中央、国务院出台的体育产业相关政策

| 序号 | 时间 | 出台单位 | 政策 |
|---|---|---|---|
| 1 | 2010 年 | 国办 | 《国务院办公厅关于加快发展体育产业的指导意见》（国办发〔2010〕22 号） |
| 2 | 2012 年 | 国办 | 《国务院办公厅转发教育部等部门关于进一步加强学校体育工作若干意见的通知》（国办发〔2012〕53 号） |
| 3 | 2013 年 | 国发 | 《国务院关于促进健康服务业发展的若干意见》（国发〔2013〕40 号） |
| 4 | 2013 年 | 国办 | 《国务院办公厅关于政府向社会力量购买服务的指导意见》（国办发〔2013〕96 号） |
| 5 | 2014 年 | 国发 | 《国务院关于加快发展体育产业促进体育消费的若干意见》（国发〔2014〕46 号） |
| 6 | 2015 年 | 国发 | 《国务院关于积极发展新消费引领作用加快培育形成新供给新动力的指导意见》（国发〔2015〕66 号） |

（续　表）

| 序号 | 时间 | 出台单位 | 政策 |
|---|---|---|---|
| 7 | 2015 年 | 国办 | 《国务院办公厅转发文化部等部门关于做好政府向社会力量购买公共文化服务工作意见的通知》（国办发〔2015〕37 号） |
| 8 | 2015 年 | 国办 | 《国务院办公厅关于印发中国足球改革发展总体方案的通知》（国办发〔2015〕11 号） |
| 9 | 2015 年 | 国办 | 《国务院办公厅关于加快发展生活性服务业促进消费结构升级的指导意见》（国办发〔2015〕85 号） |
| 10 | 2015 年 | 国办 | 《国务院办公厅转发财政部发展改革委人民银行关于在公共服务领域推广政府和社会资本合作模式指导意见的通知》（国办发〔2015〕42 号） |
| 11 | 2016 年 | 国办 | 《国务院办公厅关于强化学校体育促进学生身心健康全面发展的意见》（国办发〔2016〕27 号） |
| 12 | 2016 年 | 国发 | 《国务院关于印发全民健身计划（2016—2020 年）的通知》（国发〔2016〕37 号） |
| 13 | 2016 年 | 国办 | 《国务院办公厅关于加快发展健身休闲产业的指导意见》（国办发〔2016〕77 号） |
| 14 | 2016 年 | 国办 | 《国务院办公厅关于进一步扩大旅游文化体育健康养老教育培训等领域消费的意见》（国办发〔2016〕85 号） |
| 15 | 2016 年 | 中共中央、国务院 | 《“健康中国 2030”规划纲要》 |
| 16 | 2017 年 | 国办 | 《学校体育工作条例（2017 年修订）》 |
| 17 | 2018 年 | 中共中央、国务院 | 《中共中央国务院关于完善促进消费体制机制进一步激发居民消费潜力的若干意见》 |
| 18 | 2018 年 | 国办 | 《国务院办公厅关于印发完善促进消费体制机制实施方案（2018—2020 年）的通知》（国办发〔2018〕93 号） |
| 19 | 2018 年 | 国办 | 《国务院办公厅关于加快发展体育竞赛表演产业的指导意见》（国办发〔2018〕121 号） |
| 20 | 2019 年 | 中共中央办公厅、国务院办公厅 | 《关于以 2022 年北京冬奥会为契机大力发展冰雪运动的意见》 |

## 由中央各部委出台的促进体育产业发展的相关政策

在中共中央、国务院政策指引下，国家体育总局及其他部委对我国体育产业的发展做出了更为具体的规划和设计。自2011年始我国共计发布了31份（表2.2）关于促进体育产业发展的相关文件。

政策中的三个“1”：从引入投资的角度，2012年国家体育总局出台《关于鼓励和引导民间资本投资体育产业的实施意见》，重点在激发社会资本热情、切实鼓励和引导民间资本投资体育产业。从政府支持产业发展的角度，2013年财政部和国家体育总局联合印发《中央集中彩票公益金支持体育事业专项资金管理办法》的通知，规范和加强中央集中彩票公益金支持体育事业专项资金使用管理，做到取之于民、用之于民。从监管保障的角度，2018年印发《体育市场黑名单管理办法》的通知，强化市场监管、净化产业运营环境。

政策中的三个“2”：先后发布两个促进体育产业基地发展的政策，即2011年《关于印发〈国家体育产业基地管理办法（试行）〉的通知》（体经字〔2011〕466号）和2016年《国家体育总局关于进一步加强国家体育产业基地建设工作的通知》。两个促进体育消费的政策强调指出，通过促进体育消费拉动经济发展，即2016年由国家发改委等多部门联合发布的《关于印发促进消费带动转型升级行动方案的通知》（发改综合〔2016〕832号）和2019年国家发改委与总局联合发布的《关于印发〈进一步促进体育消费的行动计划（2019—2020年）〉的通知》（体经字〔2019〕13号）。另外还有两个“十三五”规划，指明了我国体育和体育产业五年阶段性发展重点与目标。

政策中的两个“3”：关注三类人群。国家体育总局和其他部委以联合发文的形式出台了针对特定人群的指引性政策，特别关注老年人、青少年和农村体育这三类群体体育工作的推进和发展。（针对老年人的：2015年《关于进一步加强新形势下老年人体育工作的意见》；针对农村体育的：2017 年《关于进一步加强农民体育工作的指导意见》；针对青少年的：2013 年《体育传统项目学校管理办法》、2016 年《青少年体育“十三五”规划》、2018 年《北京 2022 年冬奥会和冬残奥会中小学生奥林匹克教育计划》。)

出台三个促进“全民健身”发展的政策。2013 年《关于印发〈国家体育锻炼标准施行办法〉的通知》，为公民体育锻炼效果监测提供了评价标准。2014 年体育总局发布《关于加强和改进群众体育工作的意见》，明确加强和改进群众体育工作是建设体育强国的必然选择。2014 年发改委及多部门联合出台《关于加快推进健康与养老服务工程建设的通知》，督促加快体育健身设施建设，营造健康与养老服务业健康发展的良好环境。

政策中的一个“4”：四个体育赛事相关政策，分别从赛事审批改革、强化赛事管理与服务支持社会力量办赛的角度推动体育竞赛表演产业的发展，打造精品赛事 IP（知识产权）。[《体育总局关于推进体育赛事审批制度改革的若干意见》（体政字〔2014〕124 号）、《关于印发体育赛事管理办法的通知》（体竞字〔2015〕190 号）、《支持社会力量举办马拉松、自行车等大型群众性体育赛事行动方案（2017 年）》、《关于进一步加强体育赛事活动监管和服务工作的通知》。]

政策中的两个“5”：在 31 项部委出台的政策中，比重最高的当属促进体旅休闲发展的政策和体育场馆相关的政策，分别有五项政策与此相关。2016 年国家体育总局联合国家旅游局先后出台《关于推进体育旅游融合发展的合作协议》《关于大力发展体育旅游的指导意见》两个文件，明确体育是发展旅游产业的重要资源，旅游是推进体育产业的重要动力。大力发展体育旅游是丰富旅游产品体系、拓展旅游消费空间、促进旅游业转型升级的必然要求，同时也是盘活体育资源、实现全民健身和全民健康深度融合、推动体育产业提质增效的必然选择。2017 年国家旅游局和国家体育总局联合发布《“一带一路”体育旅游发展行动方案（2017—2020 年）》，提出以“一带一路”为突破口，加快国内沿线地区体育旅游融合发展。在推动体育小镇建设方面，国家体育总局又先后印发《关于推动运动休闲特色小镇建设工作的通知》《运动休闲特色小镇试点项目建设工作指南》，明确提出要扶持建设一批体育特征鲜明、文化气息浓厚、产业集聚融合、生态环境良好、惠及人民健康的运动休闲特色小镇，促进体育消费拉动经济发展。

当前我国人均体育场地面积相对不足已成为社会共识。部委的政策指出，从优化场地管理，以税收及土地政策优惠、政府补贴和学校场地向社会大众开放的方式，多角度加快运动空间的增加，为体育产业发展保驾护航。［2014 年《关于印发〈大型体育场馆基本公共服务规范〉〈大型体育场馆运营管理综合评价体系〉的通知》、财政部 2015 年《关于体育场馆房产税和城镇土地使用税政策的通知》、2016 年《“十三五”公共体育普及工程实施方案》、2016 年《关于推进学校体育场馆向社会开放的实施意见》（教体艺〔2017〕1 号）、2017 年《大型体育场馆免费低收费开放补助资金管理办法》。］

另外，由于体教分离的现状，教育部针对中小学和普通高校的学校体育工作、学生体育运动赛事开展、学生体质健康监测、体育卫生条件和风险防控均有多份单独的政策发文予以指导，在本报告政策梳理中不再单独呈现。

表 2.2　由中央各部委出台的促进体育产业发展的相关政策

| 序号 | 时间 | 出台单位 | 政策 |
|---|---|---|---|
| 1 | 2011 年 | 国家体育总局 | 《关于印发〈国家体育产业基地管理办法（试行）〉的通知》（体经字〔2011〕466 号） |
| 2 | 2012 年 | 国家体育总局 | 《关于鼓励和引导民间资本投资体育产业的实施意见》（体经字〔2012〕204 号） |
| 3 | 2013 年 | 国家体育总局、教育部 | 《关于印发〈体育传统项目学校管理办法〉的通知》 |

（续　表）

| 序号 | 时间 | 出台单位 | 政策 |
| --- | --- | --- | --- |
| 4 | 2013 年 | 财政部、国家体育总局 | 《关于印发〈中央集中彩票公益金支持体育事业专项资金管理办法〉的通知》 |
| 5 | 2013 年 | 国家体育总局、教育部、全国总工会 | 《关于印发〈国家体育锻炼标准施行办法〉的通知》 |
| 6 | 2014 年 | 国家体育总局 | 《关于印发〈大型体育场馆基本公共服务规范〉〈大型体育场馆运营管理综合评价体系〉的通知》 |
| 7 | 2014 年 | 国家体育总局 | 《体育总局关于推进体育赛事审批制度改革的若干意见》（体政字〔2014〕124 号） |
| 8 | 2014 年 | 国家体育总局 | 《关于加强和改进群众体育工作的意见》（体群字〔2014〕135 号） |
| 9 | 2015 年 | 国家体育总局 | 《关于印发体育赛事管理办法的通知》（体竞字〔2015〕190 号） |
| 10 | 2014 年 | 国家体育总局等 10 部门 | 《关于加快推进健康与养老服务工程建设的通知》（发改投资〔2014〕2091 号） |
| 11 | 2015 年 | 国家体育总局等 12 部门 | 《关于进一步加强新形势下老年人体育工作的意见》 |
| 12 | 2015 年 | 财政部、国家税务总局 | 《关于体育场馆房产税和城镇土地使用税政策的通知》 |
| 13 | 2016 年 | 国家发展改革委等多部门 | 《关于印发促进消费带动转型升级行动方案的通知》（发改综合〔2016〕832 号） |
| 14 | 2016 年 | 国家体育总局 | 《体育发展“十三五”规划》 |
| 15 | 2016 年 | 国家体育总局 | 《关于进一步加强国家体育产业基地建设工作的通知》 |
| 16 | 2016 年 | 国家体育总局、国家旅游局 | 《关于推进体育旅游融合发展的合作协议》 |
| 17 | 2016 年 | 国家体育总局、国家旅游局 | 《关于大力发展体育旅游的指导意见》 |
| 18 | 2016 年 | 国家体育总局 | 《青少年体育“十三五”规划》（体青字〔2016〕92 号） |
| 19 | 2016 年 | 国家发展改革委、国家体育总局 | 《关于印发〈“十三五”公共体育普及工程实施方案〉的通知》（发改社会〔2016〕2850 号） |

（续　表）

| 序号 | 时间 | 出台单位 | 政策 |
|---|---|---|---|
| 20 | 2017 年 | 教育部、国家体育总局 | 《关于推进学校体育场馆向社会开放的实施意见》 |
| 21 | 2017 年 | 国家体育总局 | 《体育产业发展“十三五”规划》 |
| 22 | 2017 年 | 国家体育总局 | 《大型体育场馆免费低收费开放补助资金管理办法》 |
| 23 | 2017 年 | 农业部、国家体育总局 | 《关于进一步加强农民体育工作的指导意见》 |
| 24 | 2017 年 | 发改委、国家体育总局等 9 部门 | 《支持社会力量举办马拉松、自行车等大型群众性体育赛事行动方案（2017 年）》 |
| 25 | 2017 年 | 国家旅游局、国家体育总局 | 《“一带一路”体育旅游发展行动方案（2017—2020 年）》 |
| 26 | 2017 年 | 国家体育总局 | 《关于推动运动休闲特色小镇建设工作的通知》（体群字〔2017〕74 号） |
| 27 | 2018 年 | 国家体育总局 | 《关于印发体育市场黑名单管理办法的通知》 |
| 28 | 2018 年 | 教育部、国家体育总局、北京冬奥组委 | 《北京 2022 年冬奥会和冬残奥会中小学生奥林匹克教育计划》 |
| 29 | 2019 年 | 国家体育总局、发改委 | 《关于印发〈进一步促进体育消费的行动计划（2019—2020 年）〉的通知》体经字〔2019〕13 号 |
| 30 | 2019 年 | 国家体育总局 | 《关于进一步加强体育赛事活动监管和服务工作的通知》 |
| 31 | 2019 年 | 国家体育总局 | 《运动休闲特色小镇试点项目建设工作指南》 |

### 由国家体育总局联合各部委出台的促进单项运动发展的规划性政策

体育产业的发展需要成规模的体育消费，而体育消费又是以运动项目为依托和载体的。因此，针对重点运动项目，国家体育总局联合各部委相继出台了多个规划性政策。从 2013 年到 2018 年年底，国家体育总局联合各部委共计发布了 14 份（表 2.3）有关促进单项运动项目发展的规划性政策，不仅涵盖了足球这样的大众运动项目，也包括了山地户外和击剑这类较为小众的项目。

促进足球和冰雪运动发展的相关政策文件最多（两个“3”）。其中，与足球相关的政策涉及青少年校园足球、足球场地建设和我国足球中长期的三份发展规划。为实现“三亿人上冰雪”的目标，成功举办2022年北京冬奥会，国家体育总局出台了有关冰雪运动发展规划、冰雪运动场地设施建设规划和群众冬季项目的普及计划等三份政策文件，以保障冰雪运动和冰雪产业在有限时间内尽快发展到较高水平。

第三类政策（七个“1”）是针对马拉松、自行车等近年来高速发展的群众性运动产业发展的行动方案。此外，针对新兴的、具有良好市场前景的运动产业，如山地户外运动产业、航空运动产业、水上运动产业和击剑运动产业等，也都出台了相应文件予以指导和规划，针对航空运动的特殊性还出台了《全国航空体育竞赛活动管理办法》。

第四类政策（一个“1”）是2013年国家体育总局出台的《关于做好经营高危险性体育项目管理工作的通知》，其后又经过2014年和2016年两次修订完善。该政策明确规定了游泳、高山滑雪、自由式滑雪、单板滑雪、潜水和攀岩六项运动的经营活动管理，以保护运动参与者的生命安全与合法权益。

表2.3　国家体育总局联合各部委出台的促进单项运动发展的规划性政策

| 序号 | 时间 | 出台单位 | 政策 |
| --- | --- | --- | --- |
| 1 | 2012年 | 国家体育总局、民航局、总参谋部 | 《全国航空体育竞赛活动管理办法》 |
| 2 | 2013年 | 国家体育总局 | 《关于做好经营高危险性体育项目管理工作的通知》 |
| 3 | 2013年 | 国家体育总局、教育部 | 《关于加强全国青少年校园足球工作的意见》 |
| 4 | 2016年 | 国家发展改革委、国务院足球改革发展部际联席会议办公室（中国足球协会）、体育总局、教育部 | 《关于印发中国足球中长期发展规划（2016—2050年）的通知》（发改社会〔2016〕780号） |

（续 表）

| 序号 | 时间 | 出台单位 | 政策 |
| --- | --- | --- | --- |
| 5 | 2016 年 | 发展改革委、体育总局、教育部、国务院足球改革发展部际联席会议办公室（中国足球协会） | 《全国足球场地设施建设规划（2016—2020 年）》 |
| 6 | 2016 年 | 国家体育总局 | 《冰雪运动发展规划（2016—2025 年）》 |
| 7 | 2016 年 | 国家体育总局等 7 部门 | 《全国冰雪场地设施建设规划（2016—2022 年）》 |
| 8 | 2016 年 | 国家体育总局等 23 部门 | 《群众冬季运动推广普及计划（2016—2020 年）》 |
| 9 | 2016 年 | 国家体育总局等 8 部委 | 《山地户外运动产业发展规划》 |
| 10 | 2016 年 | 国家体育总局等 9 部委 | 《航空运动产业发展规划》 |
| 11 | 2016 年 | 国家体育总局等 9 部委 | 《水上运动产业发展规划》 |
| 12 | 2018 年 | 国家体育总局、发展改革委等 11 部委 | 《马拉松运动产业发展规划》 |
| 13 | 2018 年 | 国家体育总局、发展改革委等 11 部委 | 《自行车运动产业发展规划》 |
| 14 | 2018 年 | 国家体育总局、发展改革委等 8 部委 | 《击剑运动产业发展规划》 |

## 我国体育产业政策中有关体育消费内容的梳理与概述

针对前文 65 个体育产业政策，提炼其中与体育消费相关的政策表述，同时以国家体育总局和发改委 2019 年联合发布的《进一步促进体育消费的行动计划（2019—2020 年）》中推进体育消费持续提质扩容的主要任务为依据，可将我国已出台的体育消费相关政策概括为丰富体育消费需求、培育体育消费理念、提升体育运动技能、拓展体育消费空间、刺激体育消费行为和健全体育消费保障六大类。

## 丰富体育消费需求的相关政策

体育市场的开发与体育消费密切相关，开拓和发展体育市场，并建立完善的相关政策法规制度，是发展体育消费的前提。提倡健身休闲消费、引导参与竞赛观赛消费和推动体育用品消费，成为现阶段我国丰富体育消费需求的主要目标。

（1）政策内容概述

可概括为三个主要方面：1）推进体育竞赛改革，取消商业性和群众性体育赛事活动审批，通过丰富赛事供给，打造一批有吸引力的国际性、区域性品牌赛事，增加体育消费参与和观赛选择。2）大力发展休闲健身，丰富和完善全民健身活动体系，完善业余体育竞赛体系。3）大力发展体育制品、运动服装、器材设施、纪念品的研发设计、生产制造和销售推广，打造若干龙头企业和国际品牌等。

（2）政策落实情况概述

赛事活动逐年丰富，众多单项运动协会牵头组织开展群众性业余赛事。如：中国篮球协会出台“小篮球”计划，推行“小篮球规则”，开展“篮协杯”小篮球联赛，为不同年龄、不同能力的孩子提供运动机会，提高其参与篮球运动的热情。中国乒乓球协会举办多届全国青年乒乓球锦标赛、全国少年乒乓球锦标赛，并与中央电视台联合主办了中国乒乓球俱乐部超级联赛，积极组织“李宁·红双喜杯”2018 年中国业余乒乓球锦标赛，为人民群众体验和参与乒乓球运动创造了更广阔的平台。中国滑雪协会在 2018 年 9 月正式宣布推出中国滑雪公开赛和中国青少年滑雪大奖赛两项全新赛事，面向全国 17 周岁及以下青少年，鼓励业余选手参与冰雪运动，为青少年认识冰雪、体验冰雪、爱上冰雪、感受冰雪赛事创造了新的契机。

同时，大众 IP 赛事、地方性赛事也如火如荼地开展，进一步丰富和完善了全民健身活动体系。如：新浪 3×3 黄金联赛作为新浪体育打造的首个自主知识产权的 IP 体育赛事，不仅获得了 FIBA（国际篮球联合会）的官方认证，更已成为中国顶级的三人制篮球赛事之一。马拉松作为大众群众性运动，其赛事数量和参赛人数不断增加，赛事质量不断提升，这满足了人民群众不断高涨的跑马需求。更具特色的城市马拉松赛事，让更多跑者加入体育旅游的行列中。

全民健身理念的培养及体育+科技的发展，也直接推动了民众体育用品的消费。2018 年《中国体育产业发展前景预测与投资战略规划分析报告》中的统计数据显示，2017 年直接与公众体育消费相关的体育竞赛表演活动、体育健身休闲活动较上一年度增长突出，增速分别达到 39.2% 和 47.5%。

体育产业示范基地的评定，发挥引领作用，助推着体育产业的发展。2018 年底，国家体育总局已在全国范围内命名和认定了 45 个示范基地、73 家示范单位和 58 个示范项目，全面覆盖了全国 31 个省（区、市）和 5 个计划单列市。国家体育产业示范基地、示范单位、示范项目的发展有利于汇集体育产业资源，推动产业融合发展，同时对促进地方经济的转型升级，丰富群众的体育消费需求具有重大的意义。

表 2.4　我国已出台的体育消费相关政策分类（一）（摘要整理）

| 大类 | 文件名称 | 主要政策 |
| --- | --- | --- |
| 丰富体育消费需求 | 《国务院关于加快发展体育产业促进体育消费的若干意见》（国发〔2014〕46 号） | 1. 取消商业性和群众性体育赛事活动审批。<br>2. 发展健身休闲项目和传统体育项目。<br>3. 加强与国际体育组织等专业机构的交流合作，积极引进和打造一批有吸引力的国际性、区域性品牌赛事。<br>4. 在各地区和机关团体、企事业单位、学校等单位广泛举办各类体育比赛，引导支持体育社会组织等社会力量举办群众性体育赛事活动。 |

（续　表）

| 大类 | 文件名称 | 主要政策 |
|---|---|---|
| 丰富体育消费需求 | 《国务院办公厅关于加快发展生活性服务业促进消费结构升级的指导意见》（国办发〔2015〕85号） | 1. 推动专业赛事发展，探索完善赛事市场开发和运作模式，实施品牌战略，打造一批国际性、区域性品牌赛事。<br>2. 有条件的地方可利用自然人文特色资源，举办汽车拉力赛、越野赛等体育竞赛活动。<br>3. 推进政府购买服务，鼓励有条件的地区购买养老、健康、体育、文化、社区等服务，扩大市场需求。 |
| | 《北京2022年冬奥会和冬残奥会中小学生奥林匹克教育计划》 | 开展青少年冰雪普及活动。举办青少年冰雪冬夏令营、青少年公益冰雪系列等活动，弘扬奥林匹克精神，普及冰雪运动项目。 |
| | 《进一步促进体育消费的行动计划（2019—2020年）》 | 1. 大力发展健身休闲消费。重点支持消费引领性强的健身休闲项目发展，推动水上运动、山地户外、航空运动、汽摩运动、马拉松、自行车、击剑等运动项目产业发展规划的细化落实，形成新的体育消费热点。借助2022年北京冬奥会契机，持续实施“冰雪运动南展西扩东进”战略，促进冰雪旅游、冰雪场馆建设、冰雪培训、冰雪器材装备等相关产业发展。<br>2. 支持社会力量举办各级各类赛事活动，打造一批有影响力、高质量的品牌赛事。加快足球、篮球等职业赛事改革进程，发挥其作为体育消费龙头的带动作用。丰富节假日体育赛事供给，将更多赛事向二三线城市拓展，满足群众的观赛需求。鼓励各地因地制宜，充分发挥自身资源禀赋优势和民族传统体育文化优势，培育地方特色赛事活动。研究推动体育赛事电视转播市场化运作和新媒体传播技术发展。<br>3. 持续推动体育用品消费。鼓励体育用品制造企业加大研发投入，提升产品科技含量和个性化设计水平，结合可穿戴式设备、虚拟现实技术、物联网管理平台等，研发多样化、智能化的体育产品，更好地满足群众不断升级的消费需求。完善中国冰雪产业联盟，研制《冰雪装备器材产业发展行动计划》。 |

## 培育体育消费理念的相关政策

体育观念是制约大众体育消费市场培育和发展的主要因素之一，加强体育文化宣传、普及日常体育锻炼和加大体育消费引领，是我国积极引导体育消费观念，养成体育消费习惯的主要工作方向。

（1）政策内容概述

政策可总结为三个方面：1）加大宣传力度，鼓励制播国产健身休闲类节目，普及科学健身知识。2）鼓励日常健身活动。政府机关、企事业单位、社会团体、学校等都应实行工间、课间健身制度，倡导每天健身一小时。3）发挥体育明星和运动达人的示范作用，树立全民健身榜样，讲述全民健身故事。对有突出贡献的组织机构和个人予以表彰。

（2）政策落实情况概述

近几年来，多样化的内容形式结合立体化的传播平台为全民健身、科学健身营造了良好的舆论氛围。国家体育总局开立的专业健身频道即将推出，中央电视台体育频道推出《健身动起来》大众健身栏目，以展示和教授大众健身方式中的健身舞蹈为节目主要内容，迎合各年龄段的健身需求。同时，“体育＋综艺”结合，以“体育”“健身”“冒险”“挑战”等为主题，以明星或普通人为主体的电视节目受到了人民群众的喜爱和欢迎。2018 年，河北卫视打造了《君畅·加油向前跑》栏目，集综艺游戏、互动访谈、知识分享等于一体，一期一个主题。邀请各行各业中奔跑的普通人，分享他们的梦想与追求，全景展示奔跑中的中国，传递积极向上的心态与坚持不懈的精神，激发大众对体育事业的热爱与激情。《极速前进》（第三季）紧密贴合奥运主题，将环球比赛地点选在 10 座奥运会举办城市，且节目中的游戏设置也与奥运项目直接相关，如跨栏、标枪、花样游泳等。网络平台方面，腾讯体育出品的《超新星全运会》邀请近 150 位艺人在节目中跨界变身运动员，由刘国梁、李小鹏、苏炳添等金牌教练进行培训，参加田径项目、水上项目和综合项目三大类比赛的备战、比拼。除此之外，《武林风》《这！就是灌篮》《奔跑吧兄弟》等众多节目都较好地融合了体育元素，促进了体育消费理念的传播。

挖掘身边的先进典型，充分发挥大众榜样对运动的引领带动作用。中国田径协会在2018年至2022年针对大众业余马拉松选手推出“我要上奥运”系列活动，公开选拔男、女各一名大众选手参加2020年东京奥运会马拉松比赛。同时，中国田径协会为“万人跑团”入围跑者搭建各级荣誉体系，包括直通参加“我要上奥运”指定赛事、专属马拉松护照、专属参赛号码布等特殊礼遇。该活动不仅是四年一次的奥运参赛选手选拔活动，更是一项行之有效的大众跑者奖励计划和精英培养计划。针对全民健身榜样，一些地区给予了表彰激励，如：湖南湘潭在2017年“万步有约”职业人群健走激励大奖赛总结暨2018年大奖赛动员会上表彰了108名健走达人、51名健走先锋、10名减重达人和3个健走之家，真正实现了借助榜样的力量推广全民健身。

表2.5　我国已出台的体育消费相关政策分类（二）（摘要整理）

| 大类 | 文件名称 | 主要政策 |
|---|---|---|
| 培育体育消费理念 | 《国务院关于加快发展体育产业促进体育消费的若干意见》（国发〔2014〕46号） | 1. 鼓励日常健身活动。政府机关、企事业单位、社会团体、学校等都应实行工间、课间健身制度，倡导每天健身一小时。确保学生校内每天体育活动时间不少于一小时。<br>2. 积极引导广大人民群众培育体育消费观念、养成体育消费习惯。 |
| | 《国务院关于印发全民健身计划（2016—2020年）的通知》（国发〔2016〕37号） | 1. 树立全民健身榜样，讲述全民健身故事，传播社会正能量，发挥体育文化在践行社会主义核心价值观等方面的独特价值和作用。<br>2. 推进体育社会组织品牌化发展并在社区建设中发挥作用，鼓励基层文化体育组织依法依规进行登记。<br>3. 全面实施青少年体育活动促进计划，积极发挥“青少年阳光体育大会”等青少年体育品牌活动的示范引领作用，使青少年提升身体素质、掌握运动技能、培养锻炼兴趣，形成终身体育健身的良好习惯。<br>4. 对支持和参与全民健身、在实施全民健身计划中做出突出贡献的组织机构和个人进行表彰。 |

（续　表）

| 大类 | 文件名称 | 主要政策 |
| --- | --- | --- |
| 培育体育消费理念 | 《国务院办公厅关于加快发展健身休闲产业的指导意见》（国办发〔2016〕77号） | 1. 发挥体育明星和运动达人的示范作用。<br>2. 加大宣传力度，普及科学健身知识。<br>3. 鼓励制作和播出国产健身休闲类节目，支持形式多样的体育题材文艺创作。 |
| | 《关于以2022年北京冬奥会为契机大力发展冰雪运动的意见》 | 积极开展冰雪运动宣传报道，充分发挥各级各类新闻媒体特别是新媒体作用，办好冰雪运动节目和专栏，组织创作一批冰雪题材影视作品，加强对冰雪运动知识、冰雪赛事活动的宣传，传播冰雪运动正能量。 |
| | 《马拉松运动产业发展规划》 | 1. 发挥跑者示范效应。以跑者为主线来挖掘故事，传播和宣传参与享受奔跑的乐趣。发挥核心跑者、荣誉跑者的示范效应，发掘路跑主播。<br>2. 大力挖掘和发展马拉松赛事新看点、传播新途径。实现转播与内容制作的升级、全方位赛事传播方式，从传统的媒体到直播互动平台、网络直播、语音平台和其他个人社交自媒体平台形式，将马拉松赛事信息传导到不同圈层，实现传播效果最大化。<br>3. 弘扬马拉松精神，打造马拉松文化。鼓励各级各类媒体加强对马拉松文化、马拉松运动健康知识和赛事活动的宣传和展示，扩大人民群众对马拉松运动的了解、鼓励群众多方面参与体验，继续深入倡导和弘扬“挑战自我、超越极限、坚韧不拔、永不放弃”的马拉松精神。开展结合城市特点的各种马拉松文化节，使马拉松精神与城市精神完美融合，进一步丰富举办城市的文化内涵。 |
| | 《自行车运动产业发展规划》 | 加大自行车运动文化普及力度，进一步扩大群众消费基础。 |

## 提升体育运动技能的相关政策

掌握运动技能是实现健身锻炼的前提基础，人们只有具备运动技能才能产生运动兴趣，从而培养运动习惯，最终促成体育运动消费。

（1）政策内容概述

政策集中体现为：1）明确提出大力发展的运动项目，包括足、篮、排等集体项目，积极推进田径、游泳、体操等基础项目及冰雪运动等特色项目，广泛开展乒羽球和武术等优势项目。2）引导和支持社会力量开发适合不同人群的体育技能培训课程，充分借助互联网、大数据等手段，提供形式多样、更有针对性的运动处方和健身指导。3）推广运动水平等级标准和业余赛事等级标准。4）完善体育课程，提高教学水平，研究制定运动项目教学指南，让学生熟练掌握一至两项运动技能，逐步形成“一校一品”“一校多品”教学模式。

（2）政策落实情况概述

在竞技体育和全民体育消费融合的潮流之下，运动健身群体的需求呈多元化发展。除较为普及的足、篮球运动项目外，马术、击剑、棒球、冰球等小众高端运动快速崛起，显现出巨大的市场价值。在国家政策的支持下，体育教育培训市场蓬勃发展。《2018 年教育投资趋势分析》的数据显示，有 18 家体育培训机构获得融资，市场发展活跃，市场规模达 1 000 亿元。除足、篮、羽球等大众体育运动外，培养青少年运动兴趣和促进健身运动的培训项目包括游泳、跆拳道、击剑、网球、滑冰、体育舞蹈、马术、冰球、高尔夫等十余种类型。而针对成年消费人群的帆板、潜水、攀岩、滑翔、卡丁车、射箭等高端小众培训项目也在悄然兴起。

在体育运动进校园方面，以 2022 年北京冬奥会举办为契机，各地把冰雪运动作为推动学校体育改革发展的重要突破口。教育部在正式印发的《教育部 2018 年工作要点》（教政法〔2018〕1 号）中明确提出，推进冰雪运动进校园，遴选一批全国青少年冰雪运动特色学校。北京作为 2022 年冬奥会举办城市之一，其“冰雪运动进校园”的开展因地制宜，重视打造区域特色。截至 2018 年 5 月，怀柔区开展冰雪运动的学校有 13 所，开设冰雪运动课程的学校有 4 所。延庆区有近千名教师经过培训，可以为学生参加冰雪运动提供服务保障。区内多所学校修建了冰场，城区5所小学组建了校级滑雪队和区级冰雪轮滑队。海淀区积极开展青少年短道速滑业余训练工作，组建区级短道速滑队伍。北京市青少年冰球联赛进入第7年，联赛让更多大众了解冰球知识，逐步了解冰雪项目，带动更多青少年参与冰球项目和冰雪项目。

无论是校园体育，还是体育培训市场，运动项目的种类都更加多样，运动形式更为丰富。但后续校园体育教育培养大纲如何更新完善，体育培训机构如何规范治理，建立行业标准，推动职业认证等，都是我们仍需面对和解决的重要问题。

表2.6　我国已出台的体育消费相关政策分类（三）（摘要整理）

| 大类 | 文件名 | 主要政策 |
|---|---|---|
| 提升体育运动技能 | 《国务院办公厅关于强化学校体育促进学生身心健康全面发展的意见》(国办发〔2016〕27号) | 1. 完善国家体育与健康课程标准，建立大中小学体育课程衔接体系。<br>2. 高等学校要为学生开好体育必修课或选修课。科学安排课程内容，在学生掌握基本运动技能的基础上，根据学校自身情况，开展运动项目教学，提高学生专项运动能力。<br>3. 大力推动足球、篮球、排球等集体项目，积极推进田径、游泳、体操等基础项目及冰雪运动等特色项目，广泛开展乒乓球、羽毛球、武术等优势项目。进一步挖掘整理民族民间体育，充实和丰富体育课程内容。<br>4. 整合各方资源支持学校体育。支持学校与科研院所、社会团体、企业等开展广泛合作，提升学校体育工作水平。 |
| | 《国务院关于印发全民健身计划(2016—2020年)的通知》(国发〔2016〕37号) | 1. 推进老年宜居环境建设，支持社区利用公共服务设施和社会场所组织开展适合老年人的体育健身活动，为老年人健身提供科学指导。<br>2. 加快发展足球运动。<br>3. 加快发展冰雪运动。<br>4. 研究制定并推广普及健身指导方案、运动处方库和中国人体育健身活动指南。 |

（续　表）

| 大类 | 文件名 | 主要政策 |
| --- | --- | --- |
| 提升体育运动技能 | 《以2022年北京冬奥会为契机大力发展冰雪运动》 | 1. 扩大冰雪运动社会体育指导员队伍，支持社会力量兴办冰雪运动培训机构。<br>2. 发展校园冰雪运动。推动全国中小学校将冰雪运动知识教育纳入学校体育课教学内容，制订并实施冰雪运动教学计划。鼓励中小学校采购使用安全系数高、训练效果好的普及型冰雪装备，与冰雪场馆或冰雪俱乐部合作，促进青少年冰雪运动普及发展。鼓励高等学校组建高水平冰雪运动队，构建“冰雪运动特色学校＋冬季奥林匹克教育示范学校＋高等学校高水平冰雪运动队＋冰雪运动试点县（区）”协同推进的校园冰雪运动新格局。制订冰雪运动后备人才培养计划，积极引导学校、企业、社会组织共同参与冰雪运动后备人才队伍建设，形成多元化培养模式。 |
| | 《自行车运动产业发展规划》 | 1. 加强自行车运动相关行业人才队伍建设。构建完备的自行车运动教育培训体系。建立专业运动员良性发展机制。<br>2. 积极开发青少年市场，广泛开展青少年自行车运动活动。制订“青少年自行车运动促进计划”，构建学校、家庭和社区相结合的青少年自行车运动网络，丰富和完善青少年自行车运动培训体系。 |

## 拓展体育消费空间的相关政策

体育场馆和公共体育设施建设是发展体育产业和全民健身运动的基础条件和重要依托，也是我国在出台政策中涉及内容最多的方面，是加快体育强国建设的重要保障。拓展体育消费空间主要从打造各类体育综合体、加强便民设施和延伸体育消费三方面发力。

（1）政策内容概述

主要包括：1）以体育设施为载体，打造城市体育服务综合体，促进智能场馆运营。2）多渠道增加全民健身场所和设施，增量存量齐发，努力实现企事业单位、学校体育场资源共享；充分利用闲置资源，改造建设为全民健身场地设施；积极扩大增量供给，目标是至 2020 年，城市社区建设 15 分钟健身圈，人均体育场地面积达到 1.8 平方米；新建社区的体育设施覆盖率达到 100%，按照“室内人均建筑面积不低于 0.1 平方米或室外人均用地不低于 0.3 平方米”的标准配建全民健身设施；推进实施农民体育健身工程，在乡镇、行政村实现公共体育健身设施 100% 全覆盖。3）发展体育旅游，促进健身休闲与文化、养老、教育、健康、农业、林业、水利、通用航空、交通运输等产业融合发展。鼓励发展多媒体广播电视、网络广播电视、手机应用程序（App）等体育传媒新业态，促进消费者利用各类社交平台互动交流。

（2）政策落实情况概述

46 号文件提出打造城市体育服务综合体的主要任务，2016 年发布的《体育产业发展“十三五”规划》又将场馆服务业归为重点行业。随后各地方政府也纷纷提出打造综合体，并对体育综合体的建设和发展提供大力支持。在这样的背景下，五棵松文化体育中心、上海万国体育中心、北京国瑞城购物中心 LG 层体育公园等体育综合体大批涌现，不仅有文化休闲娱乐等衍生服务，还能开展体育培训项目、大小赛事。同时，场馆建设也向低碳环保、多功能、智能化、多元化方向发展，利用互联网、大数据等先进技术减少运营成本，提高管理水平和观赛体验，促进场馆营销推广，进而获得社会或经济效益。

各省市相继出台全民健身实施计划，着力实施体育惠民工程，统筹建设全民健身公共服务体系和产业链、生态圈建设。由国家体育总局群体司发布的《中国群众体育发展报告（2018）》显示，截至 2017 年我国体育场地已超过 195.7 万个，人均体育场地面积已经达到 1.66 平方米，全国各市、县、街道（乡镇）、社区（行政村）已经普遍建有体育场地，配有体育健身设施。

“体育小镇”作为近年火热的体育新概念，是体育产业发展的重要载体与抓手，是推动“体育 +”模式发展的新路径。2017 年 5 月国家体育总局发布《关于推动运动休闲特色小镇建设工作的通知》，并在全国公布96个体育小镇示范性试点。2019年3月，为更好地指导和规范国家级运动休闲特色小镇试点项目建设，体育总局又印发了《运动休闲特色小镇试点项目建设工作指南》，这将进一步指导和规范体育小镇的建设，更好地引导体育小镇的发展。各地有关体育产业的实施意见，也体现出都在不断探索体育小镇这一形态的发展，浙江省、江苏省率先发布了体育特色小镇相关的规划意见。京津冀地区也借力2022年冬季奥运会，打造冰雪特色小镇。以承德市为例，该市将在未来十年打造冰雪旅游特色小镇集群，构建冬季体育旅游之都。这些都将为体育特色小镇的建设积累经验。

表2.7　我国已出台的体育消费相关政策分类（四）（摘要整理）

| 大类 | 文件名 | 主要政策 |
| --- | --- | --- |
| 拓展体育消费空间 | 《国务院关于加快发展体育产业促进体育消费的若干意见》（国发〔2014〕46号） | 1. 创新体育场馆运营机制。增强大型体育场馆复合经营能力，拓展服务领域，延伸配套服务。盘活存量资源，改造旧厂房、仓库、老旧商业设施等用于体育健身。积极推动各级各类公共体育设施免费或低收费开放。<br>2. 积极拓展业态。以体育设施为载体，打造城市体育服务综合体，推动体育与养老服务、文化创意和设计服务、教育培训等融合，促进体育旅游、体育传媒、体育会展、体育广告、体育影视等相关业态的发展。<br>3. 发挥体育锻炼在疾病防治以及健康促进等方面的积极作用。大力发展运动医学和康复医学，积极研发运动康复技术，鼓励社会资本开办康体、体质测定和运动康复等各类机构。发挥中医药在运动康复等方面的特色作用，提倡开展健身咨询和调理等服务。<br>4. 支持金融、地产、建筑、交通、制造、信息、食品药品等企业开发体育领域产品和服务。<br>5. 鼓励可穿戴式运动设备、运动健身指导技术装备、运动功能饮料、营养保健食品药品等研发制造营销。<br>6. 引导发展户外营地、徒步骑行服务站、汽车露营营地、航空飞行营地、船艇码头等设施。<br>7. 各级政府要重点建设一批便民利民的中小型体育场馆、公众健身活动中心、户外多功能球场、健身步道等场地设施。<br>8. 在城市社区建设15分钟健身圈，新建社区的体育设施覆盖率达到100%。<br>9. 推进实施农民体育健身工程，在乡镇、行政村实现公共体育健身设施100%全覆盖。 |

（续　表）

| 大类 | 文件名 | 主要政策 |
| --- | --- | --- |
| 拓展体育消费空间 | 《国务院关于印发全民健身计划（2016—2020 年）的通知》（国发〔2016〕37号） | 1. 统筹建设全民健身场地设施，方便群众就近就便健身。着力构建县（市、区）、乡镇（街道）、行政村（社区）三级群众身边的全民健身设施网络和城市社区 15 分钟健身圈，人均体育场地面积达到 1.8 平方米。<br>2. 继续实施农民体育健身工程，实现行政村健身设施全覆盖。建设县级体育场、全民健身中心、社区多功能运动场等场地设施。<br>3. 新建居住区和社区要严格落实按“室内人均建筑面积不低于 0.1 平方米或室外人均用地不低于 0.3 平方米”的标准配建全民健身设施的要求。<br>4. 老城区与已建成居住区无全民健身场地设施或现有场地设施未达到规划建设指标要求的，要因地制宜配建全民健身场地设施。<br>5. 充分利用旧厂房、仓库、老旧商业设施、农村“四荒”（荒山、荒沟、荒丘、荒滩）和空闲地等闲置资源，改造建设为全民健身场地设施，合理做好城乡空间的二次利用，推广多功能、季节性、可移动、可拆卸、绿色环保的健身设施。<br>6. 合理利用景区、郊野公园、城市公园、公共绿地、广场及城市空置场所建设休闲健身场地设施。<br>7. 进一步盘活存量资源，做好已建全民健身场地设施的使用、管理和提档升级。完善大型体育场馆免费或低收费开放政策，研究制定相关政策鼓励中小型体育场馆免费或低收费开放。<br>8. 确保公共体育场地设施和符合开放条件的企事业单位、学校体育场地设施向社会开放。<br>9. 鼓励发展健身信息聚合、智能健身硬件、健身在线培训教育等全民健身新业态。充分利用“互联网 +”等技术开拓全民健身产品制造领域和消费市场，使体育消费在居民消费支出中所占比重不断提高。<br>10. 推动移动互联网、云计算、大数据、物联网等现代信息技术手段与全民健身相结合，建设全民健身管理资源库、服务资源库和公共服务信息平台。<br>11. 利用大数据技术及时分析经常参加体育锻炼的人数、体育设施利用率，进行运动健身效果综合评价，提高全民健身指导水平和全民健身设施监管效率。<br>12. 推进全民健身场地设施创新，促进全民健身场地设施升级换代，为群众提供更加便利、科学、安全、灵活、无障碍的健身场地设施。<br>13. 完善规划与土地政策，将体育场地设施用地纳入城乡规划、土地利用总体规划和年度用地计划，合理安排体育用地。 |

（续　表）

| 大类 | 文件名 | 主要政策 |
|---|---|---|
| 拓展体育消费空间 | 《关于推进学校体育场馆向社会开放的实施意见》 | 学校应当在课余时间和节假日向学生开放体育场馆，公办学校要积极创造条件向社会开放体育场馆。鼓励民办学校向社会开放体育场馆。 |

**刺激体育消费行为的相关政策**

以优惠、引领的方式促进消费者参与体育活动，通过政府财政补助、优惠券、创新激励机制，树立锻炼标准，从而刺激消费频率是目前主要的体育消费激励性政策。

（1）政策内容概述

此类政策可概括为：1）将全民健身经费纳入财政预算，并保持其与国民经济增长相适应；安排一定比例的体育彩票公益金等财政资金，通过政府购买服务等多种方式，积极支持群众健身消费。2）通过试行向特定人群或在特定时段发放体育健身消费券等方式，建立多渠道、市场化的全民健身激励机制。3）创新全民健身激励机制，推行《国家体育锻炼标准》，颁发体育锻炼标准证书、证章。4）在马拉松运动中建立跑者积分体系，打造个人马拉松护照。

（2）政策落实情况概述

政府补助方面，《国家体育总局2017年度本级体彩公益金使用情况公告》显示，彩票公益金的76.88%用于开展群众体育工作，23.12%用于资助竞技体育工作。用于群众体育的部分中，61%的比重资助全国性体育社团、各省（区、市）和体育总局相关单位开展全民健身活动。彩票公益金支持体育场馆基建建设、装修，改善体育场地和购买、维护体育健身器材，资助群众体育组织、队伍建设和全民健身活动开展，补贴体育场馆向公众免费低收费开放。

江苏、浙江、河北、四川、北京等地相继推出体育消费券，并引入“全民健身 + 互联网 + 金融”的理念，同时注重向一些收入水平相对较低和生活困难的家庭，以及残疾人等特定人群发放体育消费券，这在一定程度上刺激了体育消费行为的转化。

阿里体育启动“运动银行”，在线上为运动人群开设“运动账户”，将运动消耗的卡路里转换为金融货币——卡币。用户可以在卡币商城里购买电商平台的实物和非实物类泛体育商品，包括运动装备、培训课程、赛事或演出门票等等。“运动银行”嫁接在支付宝、淘宝和阿里体育的互联网健身 App 乐动力上，以“互联网 +”建立运动换积分、积分换礼品的激励机制，号召全民不断拓展时空，让运动健身成为日常生活中不可或缺的部分。

为进一步激发广大人民群众参加体育锻炼的积极性和主动性，不断增强体育意识，提高全民族的身体素质，2013 年底国家体育总局修订并发布了新的《国家体育锻炼标准施行办法》。该标准对于推动群众，特别是青少年和儿童积极参加体育锻炼，增强体质，提高自我健身能力和健身水平有积极引导作用。

在单项运动中，中国田径协会推出马拉松跑者护照，授权中国马拉松赛事联盟颁发具有收藏价值和实用价值的官方认证书。持照跑者，如参加中国田协共办赛事，在完赛后都会获得主办方发放的贴纸并在护照上加盖印章。中国马拉松护照不但象征跑者荣誉，是每个跑者的跑步见证，而且持照跑者未来还可在购买跑步装备、参赛交通、食宿等多方面享有优惠，甚至会有机会抽签获得竞争激烈的马拉松赛事的直通名额，这无疑是刺激体育消费频次增加的有益尝试。

表2.8 我国已出台的体育消费相关政策分类（五）（摘要整理）

| 大类 | 文件名 | 主要政策 |
| --- | --- | --- |
| 刺激体育消费行为 | 《国务院办公厅关于加快发展体育产业的指导意见》（国办发〔2010〕22号） | 1. 拓宽体育产业发展资金来源渠道，政府可以通过安排补助资金等方式促进体育产业发展。<br>2. 鼓励社会力量捐资设立体育类基金会。<br>3. 享受企业所得税相关优惠政策。 |
| | 《国务院关于加快发展体育产业促进体育消费的若干意见》（国发〔2014〕46号） | 1. 各级政府要将全民健身经费纳入财政预算，并保持与国民经济增长相适应。<br>2. 安排一定比例的体育彩票公益金等财政资金，通过政府购买服务等多种方式，积极支持群众健身消费。<br>3. 进一步研究鼓励群众健身消费的优惠政策。 |
| | 《国务院关于印发全民健身计划（2016—2020年）的通知》（国发〔2016〕37号） | 1. 加大对国家全民健身助残工程的支持力度，采取优惠政策，推动残疾人康复体育和健身体育广泛开展。<br>2. 县级以上地方人民政府将全民健身工作相关经费纳入财政预算，并随经济发展逐步增加全民健身投入。<br>3. 安排一定比例的彩票公益金等财政资金，通过设立体育场地设施建设专项投资基金和政府购买服务等方式，鼓励社会力量投资建设体育场地设施，支持群众健身消费。<br>4. 创新全民健身激励机制，调动城乡基层单位和个人的积极性，推行《国家体育锻炼标准》，颁发体育锻炼标准证书、证章。<br>5. 有条件的地方可通过试行向特定人群或在特定时段发放体育健身消费券等方式，建立多渠道、市场化的全民健身激励机制。 |
| | 《体育产业发展“十三五”规划》 | 1. 支持各地建立体育消费个人或家庭奖励机制，鼓励有条件的地区面向特定人群或在特定时间发放体育消费券。<br>2. 加强与金融企业合作，创新体育消费支付产品，试点发行“全民健身休闲卡”，落实相关优惠政策，实施特惠商户折扣。 |
| | 财政部 国家体育总局《关于印发〈中央集中彩票公益金支持体育事业专项资金管理办法〉的通知》 | 彩票公益金纳入政府性基金预算管理，专款专用。补助范围包括群众体育和竞技体育，其中：用于群众体育的比例不低于70%，用于竞技体育的比例不高于30%。群众体育部分，主要用于：援建公共体育场地、设施和捐赠体育健身器材；资助群众体育组织和队伍建设；资助或组织开展全民健身活动；组织开展全民健身科学研究与宣传。 |

（续　表）

| 大类 | 文件名 | 主要政策 |
| --- | --- | --- |
| 刺激体育消费行为 | 《马拉松运动产业发展规划》 | 建立一套规范的马拉松跑者积分体系，打造属于跑者个人的马拉松护照，鼓励更多跑友参与不同层次的赛事活动。从参赛次数、参赛成绩、不良反应次数、身体状况等多方面对跑者进行积分。 |

## 健全体育消费保障相关政策

推动体育消费保障制度的建立与完善，增强居民的体育消费信心，在健全体育消费保障方面，我国主要通过建设体育消费领域标准化、加强市场监督、完善体育消费保险和维权方式，营造良好的消费制度环境。

（1）政策内容概述

政策主要体现：1）建立全民健身评价体系，形成多层级主体的立体评估；把全民健身公共服务体系建设纳入当地国民经济和社会发展规划及基本公共服务发展规划，把相关重点工作纳入政府年度民生实事加以推进和考核。2）加强监管和监督，完善防控体系和赛事安全预案。3）引导保险公司根据体育运动特点和不同年龄段人群，开放场地责任保险、运动人身意外伤害保险；鼓励引导企事业单位、学校、个人购买运动伤害类保险。

（2）政策落实情况概述

在树立标准方面，2017 年国家标准化管理委员会发布了由国家体育总局制定的体育领域的 18 项国家标准，从基础通用标准到器材装备、从健身指导到设施配建，涉及内容广泛，包括《运动竞赛场所基本术语》《健身器材和健身场所安全标志和标签》，提高了大众使用健身设施的便利性和安全性；《健身运动安全指南》对指导大众科学健身，降低运动损伤风险起到了至关重要的作用；《全民健身活动中心分类配置要求》《全民健身中心管理服务要求》《公共体育设施室外健身设施应用场所安全要求》《公共体育设施室外健身设施的配置与管理》的发布完善了全民健身中心、城市社区多功能场地和室外健身设施的配建和管理服务要求，这些标准的制定全方位支撑全民健身国家战略和体育产业的发展。

在强化监管方面，2018 年体育总局《关于印发〈体育市场黑名单管理办法〉的通知》发布，通过诚信体系对体育市场中具有特殊性的问题进行治理，对体育产业市场的经营主体或从业人员的行为进行有效引导，营造诚信、健康的市场运行环境。

在赛事活动监管方面，2019 年国家体育总局发布了《关于进一步加强体育赛事活动监管和服务工作的通知》，明确提出对体育赛事活动应按照“谁主办、谁负责”“谁审批、谁负责”“谁主管、谁负责”的原则进行。各级体育主管部门对辖区内的体育赛事活动负有领导责任；各级运动项目管理中心、单项体育协会对本项目赛事活动负有监管责任；各类体育赛事活动主办、承办单位对赛事活动负有主体责任。这进一步加强了体育赛事活动的监督管理，保护了赛事活动参与者的合法权益。

在推进社会监督方面，针对一些政策的落实采用开放第三方督查方式。如为进一步规范大型体育场馆的免费低收费开放工作，国家体育总局委托中国体育场馆协会组成的督查组深入地方，就大型体育场馆免费低收费开放、补助资金落实、资金使用和运营管理等情况进行现场督查，确保补助资金执行落实到位并见成效。

在体育保险方面，与蓬勃发展的体育事业相比，体育保险的覆盖面小、保障程度低、险种少等问题依然突出。在常见的体育运动中，如足球、篮球、跑步、游泳等，如果发生了擦伤、摔伤、骨折等意外事故，可以通过意外险赔付，但是被保险人从事潜水、跳伞、攀岩运动、探险活动、武术比赛、摔跤比赛、特技表演、赛马、赛车等高风险运动期间发生的意外事故，均不在保障范围内。通过对我国十大保险公司体育保险产品的统计可以看到，综合保险公司的体育保险产品业务种类较少，甚至是公司业务的空白。

表 2.9　我国十大保险公司体育保险产品统计

| 序号 | 保险公司名称 | 体育保险名称 | 承保年龄 |
|---|---|---|---|
| 1 | 中国人寿 | 无 | — |
| 2 | 中国平安 | 无 | — |
| 3 | 太平洋保险 | 全民运动意外保险产品计划［可选择跑步、健身房、登山、滑雪潜水（游泳）类别］ | 18～55 周岁 |
| 4 | 中国人民保险 | 境内滑雪运动保险 | 4～70 岁 |
| | | 境外滑雪运动保险 | 4～70 岁 |
| | | 高风险运动意外保险 | 16～70 岁 |
| 5 | 新华保险 | 无 | — |
| 6 | 泰康保险 | 无 | — |
| 7 | 友邦保险 | 无 | — |
| 8 | 中国太平 | 无 | — |
| 9 | 阳光保险 | 悦动保定期寿险（微信运动数达标，可享保费优惠） | 22～50 周岁 |
| 10 | 生命人寿 | 无 | — |

近年来，大众对体育保险需求的提升，催生了互联网保险平台。如体育保险定制平台——保准体育，目前有 200 种体育保险产品为体育企业/机构、场地方、平台方、体育大众等提供在线保险服务，品种涉及针对单项运动意外险、领队责任险、场地责任险、履约险等，保障了 2 000 多家 B 端客户，覆盖 1 000 多万 C 端人群，这充分说明民众对于专项体育保险业务的旺盛需求。

表 2.10　我国已出台的体育消费相关政策分类（六）（摘要整理）

| 大类 | 文件名 | 主要政策 |
|---|---|---|
| 健全体育消费保障 | 《国务院关于加快发展体育产业促进体育消费的若干意见》（国发〔2014〕46号） | 1. 完善国民体质监测制度，为群众提供体质测试服务，定期发布国民体质监测报告。<br>2. 鼓励引导企事业单位、学校、个人购买运动伤害类保险。 |
| | 《国务院办公厅关于加快发展生活性服务业促进消费结构升级的指导意见》（国办发〔2015〕85号） | 1. 完善健身教练、体育经纪人等职业标准和管理规范，加强行业自律。<br>2. 营造全社会齐抓共管改善消费环境的有利氛围，形成企业规范、行业自律、政府监管、社会监督的多元共治格局。<br>3. 健全标准体系。制定实施好国家服务业标准规划和年度计划。实施服务标准体系建设工程，加快家政、养老、健康、体育、文化、旅游等领域的关键标准研制。<br>4. 完善居住（小）区配套公共设施规划标准，为生活性服务业相关设施建设、管理和服务提供依据。 |
| | 《国务院办公厅关于加快发展健身休闲产业的指导意见》（国办发〔2016〕77号） | 体育保险业务。引导保险公司根据健身休闲运动特点和不同年龄段人群身体状况，开发场地责任保险、运动人身意外伤害保险。积极推动青少年参加体育活动相关责任保险发展。 |
| | 《体育产业发展“十三五”规划》 | 1. 引导保险公司根据体育运动特点和不同年龄段人群，开放场地责任保险、运动人身意外伤害保险。<br>2. 健全学校体育活动责任保险制度。 |
| | 《体育市场黑名单管理办法》 | 发生重大兴奋剂违规行为、重大安全事故、具有“被人民法院列为失信被执行人”等八类情形的经营主体或从业人员将被列入体育市场黑名单。 |
| | 《国家体育总局发布关于进一步加强体育赛事活动监管和服务工作的通知（2019）》 | 1. 对体育赛事活动应按照“谁主办、谁负责”“谁审批、谁负责”“谁主管、谁负责”的原则进行。各级体育主管部门对所辖区域内的体育赛事活动负有领导责任；各级运动项目管理中心、单项体育协会对本项目赛事活动负有监管责任；各类体育赛事活动主办、承办单位对赛事活动负有主体责任。<br>2. 对体育赛事活动监管不力、发生违规事件未及时处理或处置不当而造成不良社会影响的，要按照管理权限，对责任单位和责任人追责问责，严肃处理。 |

（续 表）

| 大类 | 文件名 | 主要政策 |
| --- | --- | --- |
| 健全体育消费保障 | 《水上运动产业发展规划》 | 建立安全防护设施和救助设施检查、修理、更换制度。制定完善的应急预案，健全应急措施，组织专业水上救援队伍，鼓励组建水上救援志愿者队伍，强化应急培训、演练等日常管理，合理布设救援站点和救生船艇等专业救援设施设备。 |

## 我国体育产业政策中与体育消费相关内容落实中存在的问题

### 对于体育的功能性认知不足

#### 典型案例 1：体育与社会保障服务体系的关系

伴随时代的发展，体育锻炼的功能已从最初的强身健体、保家卫国，到之后的竞技体育为国争光，发展到现阶段的群众体育保障身心健康。2006 年苏州作为国内首个开拓医保健身功能的城市，医保卡余额可用于本人在定点健身场馆进行规定项目和范围内的健身消费。2017 年 6 月，国务院办公厅印发《国务院办公厅关于进一步深化基本医疗保险支付方式改革的指导意见》，明确提出“公共卫生费用、体育健身或养生保健消费等不得纳入医保支付范围”。允许医疗保险个人账户用于健身消费的做法因与国务院意见不符，此举被叫停。从体育部门的角度，体育锻炼具有前置性特点，消费前移到运动场景中，可以提升人民身体素质，减少身体疾病，从而降低医保负担。虽然从决策层角度强调专款专用，让医保卡最大程度发挥其医疗救治功能，但体育与医疗融合还是值得探索和鼓励的，从重治疗走向重预防，将竞技体育科学成果运用到全民健身上，应用到大众的普通健康服务指导和运动康复领域中。

加强“残健融合”，一方面要通过兴建基础设施，让残疾人有更多体育健身、康复的去处，另一方面要让更多残疾人了解体育对残疾人健康的作用，借助体育助残券的发放，引导、鼓励更多残疾人养成科学健身、康复的习惯。

## 典型案例2：《中华人民共和国2018年国民经济和社会发展统计公报》并未包含非竞技体育数据统计

2019年2月国家统计局发布了《中华人民共和国2018年国民经济和社会发展统计公报》，在第11条“文化旅游、卫生健康和体育”类目中，文化、旅游、卫生健康均包含种类、数目、人次、覆盖率、增长率、人均数、收入等具体统计数据，而体育类仅有与竞技运动相关的冠军数目，直接体现出相关部门对体育的认知仍限于狭义的竞技体育范畴。

国家体育总局于2015年发布《国家体育产业统计分类》，这为行业统计提供了分类依据，但并未像文化、旅游、教育、卫生等部门有年鉴公布，同时对于已有的数据，其信息的公开度不够。

## 典型案例3：营业税设计体系与《国家经济行业分类》中体育业界定不一致

2017年《国民经济行业分类》新标准颁布实施，其中明确体育分类为体育组织（包含体育竞赛组织、保障组织和其他体育组织）、体育场馆设施管理（包含体育场馆管理、其他体育场地设施管理）、健身休闲活动和其他体育（包含体育中介代理、体育健康服务、其他体育活动等）。

但在我国营业税税目分类中，体育业被定义为举办各种比赛和为体育比赛或体育活动提供场所的业务。而体育健身娱乐业如台球、高尔夫、保龄球等由消费者自身参与的项目活动，则被定义为“娱乐业”，在税费及日常能源消耗收费方面均执行较高的标准。

## 监管责权不明，缺乏部门协同

### 典型案例4：“取消商业性和群众性体育赛事活动审批”的两面性

早在46号文中就提出要“全面清理不利于体育产业发展的有关规定”，2017年《关于印发〈支持社会力量举办马拉松、自行车等大型群众性体育赛事行动方案（2017年）〉的通知》，提出加快制定赛事审批取消后的服务管理办法，研究建立多部门联合“一站式”服务机制。2018年《国务院办公厅关于印发完善促进消费体制机制实施方案（2018—2020年）的通知》，又提出“加快制定赛事审批取消后的服务管理办法，建立体育、公安、卫生等多部门对商业性和群众性大型赛事活动联合‘一站式’服务机制”。2019年国家体育总局发布《关于进一步加强体育赛事活动监管和服务工作的通知》，明确了对体育赛事活动按照“谁主办、谁负责”“谁审批、谁负责”“谁主管、谁负责”的原则进行。

赛事审批制度是特定历史阶段体育行政部门行使治理责任的重要体现，取消商业性和群众性体育赛事审批制度的实质是简政放权，转变体育行政部门的职能，同时改善体育赛事“供不应求”的社会现状，丰富群众的消费需求。针对体育赛事活动审批制度，重复性政策的相继出台反映出政策的落实受到阻碍。“一站式”办公缺乏规范明确的起止流程，相关协同部门因缺乏出台相配套的体育赛事审批改革政策，亦不愿意承担大型赛事中观众聚集带来的潜在风险，从而直接导致政府部门之间的工作联动机制不足，出现大型集会活动报备与审批互相推诿的情况。

### 典型案例5：城市体育发展相关指标并未列入全国文明城市评比体系

《国务院关于印发全民健身计划（2016—2020年）的通知》明确提

出“把全民健身评价指标纳入精神文明建设以及全国文明城市、文明村镇、文明单位、文明家庭和文明校园创建的内容，将全民健身公共服务相关内容纳入国家基本公共服务和现代公共文化服务体系”。

全国文明城市评比现行的考评体系中，明确将文化供给作为考量指标，并将文化培育作为社会主义核心价值观建设的重要内容。然而对于体育相关评比指标仅在“基础文化设施”中规定人均体育场地面积大于1.8平方米，公共体育场地设施状况良好，且对于全民健身理念培养、发展情况、民众参与率、人均体育社会指导员数量等均无考核要求。缺乏全民健身评价的城市考核指标是不完整的，也是不科学的。

**政策推行发展不均衡**

### 典型案例6：全民健身人群发展不均衡

从国家层面到中央部委相继推出了多个针对学校体育、青少年体育发展的政策性文件，倡导青少年更多地参与体育运动，掌握体育运动技能。但国民体质监测结果显示，近三十年来，孩子的耐力、力量、速度等体能指标有明显下降趋势，肺功能持续降低。中考加试体育，本是为了督促学生重视体育锻炼，增强身体素质，但现实中很多学校和家长为了短期内提高成绩，突击参加培训班，盲目加大运动量。这种简单粗暴的解决问题方式不仅会破坏学生对体育锻炼的兴趣，还有可能给学生身心成长造成伤害，违背了体育运动规律，扭曲了政策制定的初衷。

职工体育活动开展仍很薄弱。积极引导广大人民群众培育体育消费观念，养成体育消费习惯，是近年发布的各类体育消费相关政策中不断强调的内容。政策提出要“鼓励日常健身活动。政府机关、企事业单位、社会团体、学校等都应实行工间、课间健身制度，倡导每天健身一小时”。但在具体执行中，企事业单位职工的健身意识相对薄弱，又受时间、场地、精力制约，很难将体育健身活动要求落于行动。

## 典型案例7：设施空间发展不均衡，新建居住区配套健身设施非住宅项目强制性标准

体育消费空间拓展是促进体育消费，推进体育事业发展的先决条件。国办出台的政策文件，反复强调新建居住区和社区要按照相关标准，修建群众体育用地，打造身边的健身圈。在政策导向上要鼓励社区体育设施的完善和建设，设立以居民小区和核心办公区为圆心，半径1、3、5公里的运动设施和空间规划，减少体育消费的交通时间成本。但现实中仍有一些居民区住宅未按政策要求，而住建部门《住宅项目规范》中并未以硬性指标对体育健身配套设施用地面积加以规范，中间环节缺乏监管，这使社区体育用地的落实仅停留在政策的不断重复阶段。同时一些老社区改造增加体育设施又受场地限制，全民健身设施的定点和建设面临不少困难。

在地理分布上，城乡体育场馆建设发展不均衡。西部地区总体落后于东部和中部；一线城市体育综合场馆建设如火如荼，二线城市的体育场馆建设投入还未被完全激发，而乡镇的场地数量、种类又与城市存在明显差距。《第六次全国体育场地普查数据公报》显示，占我国国土面积近60%的乡村中，体育场地面积仅占31%，特别是室内体育场地，占比仅有8.5%。这说明农村行政乡除有一些简单场地设施外，几乎没有专用体育场馆，甚至无法开展游泳、羽毛球之类的普及性项目。

表2.11 《第六次全国体育场地普查数据公报》室内外体育场地城乡分布情况

| 室内外体育场地 | 城镇体育场地 | | 乡村体育场地 | |
|---|---|---|---|---|
| | 数量（万个） | 场地面积（亿平方米） | 数量（万个） | 场地面积（亿平方米） |
| 合计 | 96.27 | 13.37 | 67.97 | 6.12 |
| 室内体育场地 | 12.87 | 0.54 | 2.73 | 0.05 |
| 室外体育场地 | 83.40 | 12.83 | 65.24 | 6.07 |

### 典型案例8：土地政策限制了体育消费空间的进一步拓展

46号文明确提出“盘活存量资源，改造旧厂房、仓库、老旧商业设施等用于体育健身”。2019年国家体育总局和发展改革委发布的《关于印发〈进一步促进体育消费的行动计划（2019—2020年）〉的通知》中又明确“鼓励和引导利用废旧厂房等现有设施，改造成健身休闲与商业服务融合发展的体育综合体”。但在现实执行中，按照我国城市用地分类标准，体育及场馆、训练用地属于C3类别，而废旧厂房等属于M1类工业用地范畴。变更土地性质，需规划局、国土局审批通过，再进行土地评估、补交土地出让金，最后换发土地证方可改建。而工业用地通常又和城市规划有关，牵一发而动全身。故工业用地要变更为体育商业用地，审批方面会遭遇极多关卡，往往因审批手续繁杂、环节多、时间长而最终停滞。

## 评价指标体系尚未建立完善

### 典型案例9：需要建立业余体育技能的评价体系

现行的《运动员技术等级标准》只针对专业运动员。针对青少年运动、群众业余运动技能的衡量也需要一套完善、权威、有效的评价标准。

单项运动协会应发挥引领作用，根据大众业余运动能力情况和技术需求的提升，研究建立合理的、符合项目发展规律的大众运动标准、业余等级锻炼标准、段位制和业余裁判员、教练员、社会体育指导员认证体系，夯实项目发展基础。当前，我国已推出全国游泳锻炼等级标准、业余羽毛球等级评定标准、全国篮球业余锻炼等级标准实施办法、马拉松大众选手等级评定实施办法等，这些标准对指导民众能够科学、合理地评价及检验自己的锻炼成果，合理地评价并提高自身的成绩水平有积极的指导作用，其他水上、山地、击剑等项目也应建立和完善相关运动评价体系。

## 促进产业发展的长效激励体系尚未形成

### 典型案例10：体育产业发展缺乏金融重点支持政策

农业和文化产业均有金融支持的具体政策文件出台。由人民银行、银保监会、证监会、财政部、农业农村部联合印发《关于金融服务乡村振兴的指导意见》，明确要重点做好新型农业经营主体和小农户的金融服务，有效满足其经营发展的资金需求。由中央宣传部、中国人民银行、财政部等九部委出台的《关于金融支持文化产业振兴和发展繁荣的指导意见》（银发〔2010〕94号）指出，推动多元化、多层次的信贷产品，开发和创新探索适合文化产业项目的多种贷款模式，将文化与金融相结合，发展形成文化金融产业，积极探索互联网金融、“文创债”、文化资产管理、文化产业融资租赁等先进理念和方式，并开展文化与金融合作示范区的创建。

体育产业的金融支持政策相对分散。46号文发布后，体育产业投资基金作为发展体育产业的一种重要融资工具迎来了持续两年的发展热潮。据不完全统计，2013年至2017年，共有35只体育产业基金成立，基金投资总规模超1 370.56亿元。其中，2015年有11只，2016年有14只，而在2017年仅有6只成立，这也说明体育产业市场正由“狂热”逐步走向“理性”。目前市场上已经成立的体育产业基金整体运作情况也并不理想，面临赛道难选、早期项目多、项目变现难、受政策影响海外跨境投资放缓等问题，另外投资机构对于体育行业的了解更深，投资也渐趋理性。

### 典型案例11：缺乏先行先试项目的长效激励

国家体育产业基地是我国重点扶持的体育产业主力军和国家队，2018年底，国家体育总局已在全国范围内命名和认定了45个示范基地、73家示范单位和58个示范项目，全面覆盖了全国31个省（区、市）和5个计划单列市。这些示范基地及项目对充分发挥产业集群的聚集效应、规模效应和区域辐射效应，全面带动全国体育产业的发展起到了积极的引领和示范作用。但除了最初的授牌及红红火火宣传之外，主管部门缺乏长期的指导与关注，也未能建立起激励创新永动发展的激励机制。

## 我国体育消费相关政策落实建议

### 促进体育发展上升为国家战略，提升全社会对体育功能的认识水平

（1）提升体育产业的战略层级。体育应立足高远格局，承载经济发展大任，充分发挥体育在中华民族伟大复兴中的重要作用，将体育作为我国“一带一路”、京津冀协同发展、长江经济带建设和深度扶贫的重要抓手。

（2）从顶层设计上统一体育业的界定标准。将营业税设计体系与国民经济分类标准保持一致，健身休闲业应明确体育产业身份，享受体育产业企业的税收及营业能源收费标准。

（3）拓宽医保卡在健身领域的适用。鼓励消费创新，探讨医保卡全面开放适用于体育健身领域，通过体育运动促进全民健康达成全面共识。通过大数据面部识别技术确保医保卡资金的使用专属性及安全性。

（4）统一对体育统计数据的认识。明确体育产业发展在国民经济中的贡献，国家体育总局应联合统计局在《中华人民共和国国民经济和社

会发展统计公报》中增加非竞技体育运动数据统计的类别，包括全年体育赛事活动场次、全国体育人口、公民的体育运动频率、城乡各类体育项目的参与人次、国民体质监测数据及变化趋势、体育消费调查等其他各类体育数据。

**加强制度的顶层设计与落实方面的统筹安排**

（1）明确体育赛事审批流程起始。明确赛事审批取消后多部门联动的“一站式”服务管理流程细则，列明体育局、公安、消防、市政等部门配合行进路线图。

（2）完善“全国文明城市”评选体系维度。从现有的14个维度之外增加全民健身发展程度评价维度，将全民健身理念的宣传引导、城市参加体育锻炼的人数比例、群众性体育活动开展情况、国民体质监测合格率、人均体育场地面积、人均体育社会指导员数量作为指标落实情况纳入评比。

（3）将体育健身场地和健身器材配置以强制执行标准列入《住宅项目规范》。新建小区需经过国家体育总局相关部门或第三方机构针对体育健身场地和体育健身器材执行情况进行验收，达标合格方可承认验收通过。

（4）拓宽体育保险供给主体并研发创新保险产品。将体育保险纳入国家体育制度，为体育健身者、体育团体和体育产业从业者开展体育活动提供有力保障。体育保险发展应以客户的需求为前提，为运动场景定制保险产品与服务，鼓励商业保险机构健全体育保险所涉及的项目和门类。如通过公众责任险、场地责任险等险种的普及，建立健全公共场馆和学校的免责机制，促进场地向公众开放、提高存量设施的使用率。

（5）有针对性地出台体育场馆及健身休闲企业经营性用地及税费政策。解决厂房等工业用地转变为体育经营性用地时，土地政策转变中的过程冗长问题，通过减免土地出让金和土地税方式降低体育企业运营成本。

**从政策执行的角度，进一步根据目标对象细化落实方案**

（1）学校体育应更新陈旧的中小学体育教育培养大纲。从根本上丰富化、多样化体育运动项目教学内容，因地制宜选择重点项目开展，满足中小学生的个性发展和兴趣爱好，通过购买社会服务方式，市场化引入青少年体育运动俱乐部，提供多种运动技能的教学培养。

（2）学校体育考核建议引入“＋X”机制。以必考达标项目，结合青少年自选 X 项目方式考核，通过必考达标项目考核学生基本的体能锻炼指标，通过 X 项目发挥个体的体育兴趣和特长，增加考核的全面性、多样性和灵活性。

（3）发布《进一步加强在职在岗人员体育工作的指导意见》。用人单位需积极组织和引导员工参与健身计划，把工间操活动落到实处，并为在职在岗人员健身锻炼提供场地空间、时间和技能培训支持。修订《基层工会经费收支管理办法》，原规定“用于基层工会举办政治、法律、科技、业务等专题培训和职工技能培训所需的教材资料、课酬”，建议加入“健身技能”培训。应在工会经费文体活动支出中明确体育健身支出的比例。

（4）以奖罚机制促进社区体育发展。增加社区体育专项经费，支持以社区为阵地，以社区居民为对象，以体育为载体，以适宜的运动项目为抓手，有计划、有目的地开展体育赛事和活动，并将社区体育的发展落实情况、社区群众的参与人次等作为指标列入地方党政领导干部绩效考核评价等体系当中。

## 完善各项体育运动业余运动技能评价指标体系

（1）在体育总局的统一部署与安排下，依托单项运动协会，针对青少年和社会大众出台《青少年运动等级标准》和《业余运动员运动等级标准》。

（2）在全国范围推广统一的《运动等级标准》，确保单项运动发展的规范性与专业性。

## 建立和完善促进体育产业发展的长效激励体系

（1）《关于金融服务体育产业振兴和发展繁荣的指导意见》，明确释放支持体育产业企业上市的信号，建立分层分类的体育经营金融支持体系。

（2）针对体育产业不同领域建立发展专项资金，如“体育赛事发展专项基金”“体育场馆发展专项基金”等，支持有条件的体育企业通过发行债券、股票及资产重组、股权置换等方式筹措发展资金。

（3）对先行先试的引领企业、项目、产品和服务予以长期关注，不搞终身制。实行定期复查，摘牌动态管理，对始终评优的企业提供奖励表彰。激发企业持续创新引领示范的动力。

# 第三章

# 我国促进体育消费政策的实施现状与对策研究

郑芳　高进

## 问题的提出

我国经济发展进入新常态时期，高附加值、低消耗、低排放的产业占工业比重不断提高。体育提供的健康与快乐，是人民群众美好生活愿望中的重要需求①，人民对体育持久、广泛且不断增长的需求，使体育产业这种关联性强、渗透力深、绿色环保的产业必定成为支柱产业，并将带来广泛的社会效应。资料显示，体育产业日益成为融资新宠，2015年融资65亿元，2016年为199亿元，2017年为90亿元，2018年为204亿元，其中2018年204亿元的融资中，苏宁体育融资41亿元，阿里体育融资12亿元，斗鱼直播融资40亿元，虎牙直播融资29亿元，占融资总额约60%。发展较好的省市体育消费已经越过人均2 000元大关。以2017年为例，深圳市居民人均体育消费为2 568. 54元②，2017年江

① 江小涓．体育产业的经济学分析［M］．北京：中信出版集团，2018：28.

② 深圳人年体育消费319亿元［EB/OL］．［2014 - 04 - 29］．http：//wtl. sz. gov. cn/xxgk/qt/gzdt/201812/t20181224_ 14937328. htm.

苏省城乡居民体育消费支出总额人均2 028元[①]，2017年上海市民体育消费中位数达到2 030元，比2016年提高了530元。[②] 金融资本的青睐与人均体育消费的持续向好，与我国近些年持续颁布的一系列促进体育产业和体育消费的政策密切相关。本章主要采用政策文本分析、实地调研、专家咨询等形式，对我国近期已有促进体育消费政策的实施与完善、推广情况进行深入调研，通过对政策现状、问题的解析，为进一步促进体育产业高质量发展提供实践经验和理论参考。

## 我国直接促进体育消费政策制度的分析

### 资金政策制度

#### 体育产业发展引导资金

体育产业引导资金是指政府为了培育、引导、扶持体育产业的发展，根据相关体育产业发展规划和政策，通过财政预算安排设立的专门用于资助、补贴、奖励体育产业相关企业或项目发展的专项资金。[③] 它既具有政策性资金的公共属性，又具有政府引导资金的拉动社会资本投资、改善产业结构、解决资源配置市场失灵的目的。[④] “政府可以通过安排补助资金等方式促进体育产业发展”（国办发〔2010〕22号）[⑤]，

---

① 省体育局公布《2017年江苏省城乡居民体育消费调查及全省体育产业统计数据》[EB/OL].[2018-11-14].http://www.jiangsu.gov.cn/art/2018/11/14/art_60085_7932776.html.

② 上海发布2017年全民健身报告，三大指数持续增长[EB/OL].[2018-11-16].https://baijiahao.baidu.com/s?id=1617301906393923421&wfr=spider&for=pc.

③ 刘远祥，孙冰川.政府体育产业发展引导资金运行现状分析[J].南京体育学院学报（社科版），2017，31（06）：104-105.

④ 葛小雨.体育产业资本市场投融资中体育产业引导资金的评价管理研究[D].西安体育学院，2016：9-10.

⑤ 国务院办公厅.关于加快发展体育产业的指导意见[Z].2010.

“有条件的地方可设立体育发展专项资金”（国发〔2014〕46 号）①。截至 2018 年底，全国有 12 省市设立了省级体育产业发展引导资金，据不完全统计，累计发放 84.371 9 亿元人民币（见表 3.1），在一些经济条件较好的市县级层面，也陆续出现了体育产业引导资金，如 2015 年浙江省温州市就有 10 个县（市、区）设立专项扶持资金，总金额达 1 500 万元；2019 年浙江省绍兴市安排 2 000 万元体育产业发展专项引导资金。

资助的政策手段主要有项目补贴/补助、以奖代补、先建后补、偿还性资助等方式（31.71%），其次是贷款贴息（21.95%）和政府购买/政府重点采购（17.07%），最少的是专项一般转移支付(2.44%)(见表 3.2)。②

具体的资助对象，主要涉及体育赛事、装备制造、产业基地、健身休闲与场馆服务、体育培训、体育旅游、职业体育等。以江苏省近几年的资助项目及金额为例（参见表 3.3），体育产业发展引导资金呈现以下几个方面的转变：体育服务业的资助力度逐渐增大；由注重全产业链到关注重点行业发展方向的转变，其中竞赛表演业、职业体育、体育旅游备受各地政府青睐；小型、专项体育场地设施建设进入地方政府重点扶持的名录库（参见表 3.4）。

总体而言，体育产业发展引导资金效果明显，但也存在对扶持效果和拉动影响尚未进行合理评估、资金信息公开程度低③、资金用于政府投资项目比较严重④的现象，此外还存在项目跟踪管理难以实现、申报时间与资金执行时间矛盾等问题。

① 国务院．关于加快发展体育产业促进体育消费的若干意见［Z］．2014.

② 叶金育．体育产业发展中的财税政策工具：选择、组合与应用［J］．体育科学，2016，36（6）：73－83.

③ 成会君，徐阳．我国体育产业发展引导资金的管理现状、问题及对策［J］．沈阳体育学院学报，2015，34（01）：9－14.

④ 刘远祥，孙冰川．政府体育产业发展引导资金运行现状分析［J］．南京体育学院学报（社科版），2017，31（06）：104－105.

表 3.1　北京等 12 省市体育产业发展引导资金设立时间及金额（万元）

| 年份 | 北京 | 江苏 | 广西 | 福建 | 云南 | 安徽 | 山东 | 浙江 | 青海 | 天津 | 广东 | 湖北 | 合计 |
|---|---|---|---|---|---|---|---|---|---|---|---|---|---|
| 2007 | 50 000 | | | | | | | | | | | | 50 000 |
| 2008 | 50 000 | | | | | | | | | | | | 50 000 |
| 2009 | 50 000 | | | | | | | | | | | | 50 000 |
| 2010 | 50 000 | | | | | | | | | | | | 50 000 |
| 2011 | 50 000 | 6 000 | 3 000 | 4 500 | 2 000 | | | | | | | | 65 500 |
| 2012 | 50 000 | 6 000 | 3 000 | 4 500 | 2 000 | 1 000 | | | | | | | 66 500 |
| 2013 | 50 000 | 6 000 | 3 000 | 4 500 | 2 000 | 1 000 | 4 000 | | | | | | 70 500 |
| 2014 | 50 000 | 8 000 | 3 000 | 4 500 | 2 000 | 1 000 | 3 000 | 5 000 | 3 000 | | | | 79 500 |
| 2015 | 50 000 | 10 000 | 3 000 | 4 500 | 2 000 | 1 000 | 3 000 | 5 000 | 3 000 | 5 000 | 2 000 | | 88 500 |
| 2016 | 50 000 | 10 000 | 3 000 | 4 500 | 2 000 | 1 000 | 3 665 | 5 000 | 3 000 | 5 000 | 2 000 | | 89 165 |
| 2017 | 50 000 | 10 000 | 3 000 | 4 500 | 2 000 | 1 000 | / | 10 000 | / | 4 085 | 6 172 | | 90 757 |
| 2018 | 50 000 | 10 000 | 3 000 | 4 500 | 2 000 | 1 000 | / | 10 000 | / | 5 197 | / | 3 600 | 89 297 |
| 总计 | 600 000 | 66 000 | 24 000 | 36 000 | 16 000 | 7 000 | 13 665 | 35 000 | 9 000 | 19 282 | 10 172 | 3 600 | 839 719 |

资料来源：各省市财政局、体育局官方网站。

表 3.2　北京等 10 省市地方政府财政支持体育产业发展的政策承诺

| 省市 | 财政政策工具 | 财政政策工具运用率 |
|---|---|---|
| 北京 | 贷款贴息、项目补贴、政府重点采购、后期购买 | 1 项目补贴/补助、以奖代补、先建后补、偿还性资助:31.71%<br>2 贷款贴息：21.95%<br>3 政府购买/政府重点采购：17.07%<br>4 项目奖励/后期奖励、业绩奖励、绩效奖励:14.63%<br>5 后期购买：7.32%<br>6 股权投资：4.88%<br>7 专项一般转移支付：2.44%<br>总计：100% |
| 山东 | 项目资助、贷款贴息、以奖代补、政府重点采购、后期购买、股权投资 | |
| 江苏 | 项目资助、贷款贴息、政府奖励、政府重点采购、偿还性资助 | |
| 浙江 | 专向性一般转移支付 | |
| 福建 | 项目补贴、贷款贴息、政府奖励、政府购买、股权投资 | |
| 甘肃 | 项目补贴、贷款贴息、以奖代补、政府购买 | |
| 青海 | 贷款贴息、先建后补、政府购买、业绩奖励、项目补贴 | |
| 重庆 | 项目补贴、贷款贴息 | |
| 云南 | 项目补贴、贷款贴息、后期奖励、政府重点采购 | |
| 广西 | 项目补贴、贷款贴息、绩效奖励 | |

表 3.3　江苏省体育产业引导资金资助项目及金额统计表（单位：项、万元）

| 年份 | 数量 | 类别 | | | | | | | | |
|---|---|---|---|---|---|---|---|---|---|---|
| | 金额 | 体育赛事 | 装备制造 | 基地 | 健身休闲场馆服务 | 体育培训 | 体育旅游 | 职业体育 | 其他 | 总计 |
| 2011 | 数量 | 19 | 19 | 12 | 21 | 4 | 3 | — | 11 | 89 |
| | 金额 | 1 310 | 1 440 | 1 060 | 1 150 | 180 | 210 | — | 650 | 60 00 |
| 2012 | 数量 | 16 | 28 | 3 | 24 | 7 | 10 | — | 9 | 97 |
| | 金额 | 1 320 | 1 870 | 160 | 1 360 | 380 | 440 | — | 460 | 5 990 |
| 2013 | 数量 | 21 | 23 | 3 | 24 | 7 | 13 | 4 | 28 | 123 |
| | 金额 | 1 630 | 1 550 | 240 | 1 650 | 440 | 580 | 700 | 1 210 | 8 000 |
| 2014 | 数量 | 15 | 28 | 3 | 29 | 10 | 13 | 7 | 39 | 144 |
| | 金额 | 1 300 | 1 800 | 200 | 2 020 | 500 | 750 | 1 430 | 2 000 | 10 000 |
| 2015 | 数量 | 15 | 18 | — | 23 | 7 | 12 | 8 | 33 | 116 |
| | 金额 | 1 450 | 1 600 | — | 2 250 | 550 | 900 | 1 450 | 1 800 | 10 000 |
| 2018 | 数量 | 23 | 22 | — | 20 | 8 | — | 2 | 24 | 99 |
| | 金额 | 2 170 | 2 130 | — | 1 820 | 850 | — | 350 | 1 940 | 9 260 |

表 3.4　体育产业发展引导资金政策案例

| 时间 | 省市 | 文件 | 内容摘要整理 |
| --- | --- | --- | --- |
| 2015 | 北京市 | 《2015 年度北京市体育产业发展引导资金职业体育俱乐部项目征集公告》 | 参加国际性或全国性职业联赛、巡回赛的职业体育俱乐部；事后补贴。 |
| 2016 | 江苏省 | 《江苏省健身俱乐部促进计划（2016—2020 年）》 | 对符合申报条件，年拉动体育消费 500 ~ 800 万元的单位给予 30 万元补助，年拉动体育消费 800 万元以上的单位给予 50 万元补助。 |
| 2016 | 北京市 | 《2016 年度北京市体育产业发展引导资金足球场地建设类项目征集公告》 | 向由社会资本投资运营的面向公众开放的新建足球场地给予一定程度的事后补贴。 |
| 2017 | 北京市 | 《北京市新建体育场馆补助管理办法》 | 鼓励社会力量建设小型化、多样化活动场所和健身设施；补助资金专项用于补助投资方的建设费用和后续运行维护费用。 |
| 2016 | 深圳市 | 《关于促进体育产业发展的若干措施》 | 2015—2020 年，深圳市财政每年将安排 2 亿元，设立体育产业发展专项资金，主要采取项目资助、贷款贴息和奖励等扶持方式。 |
| 2017 | 浙江省 | | 浙江省体育产业发展引导资金 1 亿元中的 5 000 万元用于品牌赛事的培育。 |
| 2017 | 福建省 | 《福建省体育产业发展专项资金体育竞赛表演业项目资助扶持办法》 | 国际甲级赛事补助 80 ~ 100 万元；国际乙级赛事补助 50 ~ 70 万元；全国性赛事补助 30 ~ 50 万元；海峡两岸传统特色赛事补助 20 万元；地方特色赛事补助 10 万元。 |

资料来源：各省市政府网。

## 体育消费券制度

著名经济学家弗里德曼曾就美国公共教育提出所谓的“教育券”

制度，国内也有地区推出一些关于公共服务的“消费券”，以促进居民消费，并带动相关私人产品和服务的消费。这一思路也值得应用于促进体育消费，可以选择部分城市作为试点，选择消费关联性比较强的公共体育服务，通过向居民发放“体育消费券”，鼓励大众参与体育消费，并带动其他体育相关产品和服务的消费。

消费券为电子代金券，每张券具有唯一性，采用数字串码和二维码形式，设定相应券面金额、有效期和使用规则，面值可自行设定，比如可分别设为每张 10 元、30 元、50 元、80 元、100 元（满减）等，逾期未使用的消费券自动过期回笼。消费者在消费券线上平台实名注册后领取消费券，在定点场所购买产品或服务，按规定用券比例，使用消费券抵扣。消费券使用抵扣额一般是单笔文化消费成交额的20%~40%。[①]

消费券在文化、旅游等行业较为常见，自 2015 年开始，各地市积极响应“创新财政资金支持方式和途径，由补贴体育企业向补贴群众体育消费转变”的政策。浙江省温州市首创依托市民卡推行健身消费金额 15% 的补贴；2016 年江苏省安排 5 000 万元体育消费券；2017 年北京市政府通过惠动平台向个人发放全民健身消费补助资金（以满减的方式，每个用户每年补助金额不超过 2 000 元）；2019 年，河北省体育局安排省级体彩公益金 1 500 万元体育消费券专项预算（见表 3.5）。

总体来看，体育消费券的预算额度还是偏低，媒体宣传力度不足，定点场所的错误选择会干扰市场的公平与活力，对弱势群体发放对象的兼顾也还不够。

---

① 宁波市文广新闻出版局. 宁波市惠民文化消费电子券发放及使用实施细则（试行）[Z]. 2018-10-15.

表3.5　文化、旅游、体育消费券发放情况表

| 文化、旅游消费券 | 体育消费券 |
| --- | --- |
| 1. 杭州市2009年发放2.5亿元旅游消费券，净增70亿元旅游消费：杭州共回收消费券288.10万张，直接消费总额1.79亿元，回收率达17.15%。根据消费券使用的调查分析，每张杭州旅游消费券拉动289.45元的在杭消费，按照每张杭州旅游消费券投入5元的财政资金计算，拉动效应为1∶57.89。1～9月份全市共接待国内游客3 935.06万人次，同比增长13.1%，增幅比上年同期还高出5个百分点；实现旅游收入502.13亿元，比上年同期净增70亿元，同比增长15.9%，增幅高于上年同期4.2个百分点。1～9月杭州入境旅游市场的增幅位列全国主要旅游城市第一名。①<br>2. 成都市政府为扩大内需，针对2008年12月1日至12月20日前登记在册的城乡低保对象、农村五保对象、城乡重点优抚对象等三类人员约37.91万人，在2008年12月29日前向每人发放等值为100元人民币的消费券。<br>3. 浙江省在2016年G20峰会期间向杭州周边11市发放超100亿元旅游消费券。<br>4. 2018年北京市出台《关于推进文化创意产业创新发展的意见》，提出加快推进北京文化惠民卡功能升级，连续5年，每年安排不低于5 000万元用于北京惠民文化消费电子券的发放。② | 1. 2016年江苏省级体彩公益金安排5 000万元体育消费券专项预算，在定点场所按每市不超过30个分配名额。<br>2. 2017年北京市级财政资金通过惠动平台向个人发放全民健身消费补助资金（以满减的方式使用，每个用户每年补助数额不超过2 000元）；2015年8月至2018年7月，惠动平台已发放全民健身消费补助资金1.29亿元，直接拉动百姓健身消费3.32亿元。<br>3. 2014年温州市依托市民卡推行健身消费金额15%的补贴；每年每人最多补贴450元；2017年之后调整为每人每年最多补贴750元；2017年补贴100万元，2018年补贴500万元。<br>4. 2017年杭州市依托市民卡针对健身房月卡实施补助，每人次补助100元，限定享受1次。<br>5. 2018年苏州市安排市彩票公益金600万元发放苏州市体育惠民卡；2019年补贴800万元。<br>6. 2019年，河北省体育局安排省级体彩公益金1 500万元体育消费券专项预算，在石家庄、张家口、承德、沧州等4个城市试点；每个消费者每年补助金额不超过2 000元。截至2019年3月15日，平台接入场馆67家，注册用户4.94万人，累计发放710万元，使用340万元，累计消费4万张消费券，惠及3.5万人，带动个人健身直接消费923.96万元，其中滑雪消费券235.66万元，体育消费券带动总消费比达1∶11.3。 |

① 王维玲，余婷婷，周晓婷，俞慎诚，施诗嘉．杭州旅游消费券对杭州经济的影响的调查分析［J］．金融经济，2010（22）：29－31.

② 中共北京市委，北京市人民政府. 关于推进文化创意产业创新发展的意见［Z］. 2018－6－21.

## 健身积分制度

全民健身公共积分是一种符合金融规范和银联标准的货币化数字资产，是“先消费后补贴”的全民健身激励机制创新，可以精准拉动全民健身消费。全民健身公共积分首次尝试引入科技金融创新手段，搭建了一套具有金融标准的公共服务云平台，利用金融创新工具和产品，对体育人群精准发放积分形式的体育消费补贴，杠杆化撬动各类体育消费。①

消费者通过线上平台获得“全民健身公共积分”。消费者在定点场所消费，按每次消费金额的一定比例返还积分至健身群众的“全民健身公共积分”账户中。每人返还的积分累计不超过一定数额，返还的积分可直接在定点场所继续消费。

运动银行是阿里体育在阿里巴巴云平台大数据的基础上，打造的全民健身大数据服务平台。运动银行将市民的运动数据进行智能采集后，将运动数据转化为“卡路里币”，进行运动数据的存储，为市民开设“运动账户”。“运动账户”存储的卡路里币作为用户通过运动锻炼方式积攒的权益，打通线上线下各种使用场景。

全民健身公共积分和运动银行在概念上相近，此类新形式有利于精准把握消费需求。

2016 年 10 月，《2016 年江苏省体育消费券发放方案》提出向自愿办理“全民健身公共积分卡”的健身群众发放 2 000 万元，连续 5 年，每次消费金额 20% 的积分返到卡里，每人全年累计不超过 300 元。2017 年 1 月 13 日到 7 月 13 日，江苏省第一期“全民健身公共积分卡”活动发放 1 900 多万元，带动 7 万人在健身场馆参加运动健身，直接拉动定

① 国家体育总局．江苏体育局深化体育改革实施两项惠民措施［EB/OL］. http：// www. sport. gov. cn/n316/n338/c773499/content. html. 2016 －11 －02.

点场馆的健身消费超过1.15亿元。2017年江苏推行全民健身（冰雪）公共积分，从地方财政体彩公益金中拨付500万元，向到张家口崇礼参与冰雪健身消费的江苏籍消费者发放“全民健身（冰雪）公共积分”，开展“江苏万人上冰雪”的精准补贴。消费者可获得消费额50%的积分补贴（每人每年最高获得500元积分补贴）；冰雪积分可以通过“积分通”App，在张家口旅游、餐饮、购物、娱乐等定点商户被直接消费使用，实现冰雪体育与冰雪旅游的精准融合。2018年江苏国旅同步推出张家口冰雪旅游线路，并向江苏冰雪运动爱好者捐赠500万元冰雪权益红包，每人最高100元。

2017年8月8日，阿里体育正式推出“全民健身狂欢节”，以“运动攒卡币，卡币当钱花”激励全民参与运动。至2018年8月8日，阿里体育运动银行的用户达到5 000万人，每天有近600万的用户在使用“运动银行”记录自己的运动数据，管理自己的运动行为。

总体而言，全民健身公共积分的方式还处在初步探索阶段，各个城市对此较多处于观望状态，政府的补贴额度不足，宣传力度不大，线上平台还有待进一步优化，积分使用步骤较为烦琐。而运动银行作为企业推行的一种促进全民健身的制度，尽管许多城市对此都很认可，但企业与城市之间的合作仍处于起步阶段，还未能有突破性的发展。

## 体育场馆扶持政策

据不完全统计，2017年我国经常参加体育锻炼的20岁以上人口达到4.24亿人，健身人口正以每年10%的增长速率递增，健身需求持续扩张。人民群众日渐增长的健身需求与体育场地设施少且利用不足的矛盾已成为阻碍我国体育事业发展的主要矛盾。随着全民健身活动的广泛开展，体育场馆对外开放日益成为社会和百姓关注的焦点话题。

自2013年起，国家体育总局会同中央其他部门制定并发布了一系列政策性文件，支持、鼓励大型体育场馆完善其公共服务职能，保障人民群众对健身场地的基本需要。《“健康中国2030”规划纲要》中明确提出，为提高国民身体素质，不断完善全民健身公共服务体系，推动公共体育场地、设施免费低收费开放是重要举措（参见表3.6）。

表3.6　国家体育总局会同中央其他部门制定的一系列场馆免费低收费政策

| 文件、政策名称 | 文号 | 内容摘要整理 |
| --- | --- | --- |
| 《关于加强大型体育场馆运营管理改革创新提高公共服务水平的意见》 | 体经字〔2013〕381号 | 明确场馆改革政策的指导思想，坚守基本原则，以及确立五年短期目标；就体制机制、运营效能、服务能力、利用水平、配套政策、持续发展动力等方面存在的问题提出针对性意见。 |
| 《大型体育场馆免费低收费开放补助资金管理办法》 | 财教〔2014〕54号 | 为鼓励场馆开放，设立专项补助资金；并在《办法》中要求界定补助范围和标准，规定资金申报和审批流程，严格资金管理和使用范围，建立健全监督检查和绩效评价机制。 |
| 《关于推进大型体育场馆免费低收费开放的通知》 | 体经字〔2014〕34号 | 第一次以正式文件下发各省体育局督促推进场馆免低开放，并做出具体而清晰的开放要求、开放职责以及保障落实措施。 |

（续　表）

| 文件、政策名称 | 文号 | 内容摘要整理 |
|---|---|---|
| 《关于印发〈大型体育场馆基本公共服务规范〉〈大型体育场馆运营管理综合评价体系〉的通知》 | 体经字〔2014〕411号 | 《大型体育场馆基本公共服务规范》明确了基础设施、基本服务、基本管理以及满意度等十大指标的标准。《大型体育场馆运营管理综合评价体系》涵盖开放情况、管理情况、综合效益、特色加分四个方面，并确定了19个导向性指标标准及分值权重。 |
| 《国家体育总局关于印发〈体育场馆运营管理办法〉的通知》 | 体经字〔2015〕36号 | 36号文件对体育场馆的运营内容和方式、经营管理、监督管理做出更加规范、合理、科学的要求。 |
| 《关于进一步加强大型体育场馆免费低收费开放规范化管理的通知》 | 体经字〔2015〕606号 | 明确各省、自治区、直辖市等免低工作开展程序，严格规范管理流程，科学制定监督检查方案。 |
| 《体育总局办公厅关于开展大型体育场馆免费低收费开放自查工作的通知》 | 体经字〔2016〕538号 | 对包括湖北在内的9个省市进行免低开放工作督查，明确督查时间、范围、内容、方式。 |
| 《财政部国家体育总局关于〈大型体育场馆免费低收费开放补助资金管理办法〉的补充通知》 | 财文〔2016〕41号 | 敦促各单位严格遵守补助资金申报、审核、分配规则，避免违法乱纪现象。 |
| 《体育总局办公厅关于开展大型体育场馆免费低收费开放监督检查和总结评估工作的通知》 | 体群字〔2017〕209号 | 对大型体育场馆免低开放状况进行现场监督检查，并对相关政策文件展开适用性调研。 |

资料来源：孙娟娟（2018）。

2016 年，全国接受免费低收费开放补助资金的场馆达 1 260 家，中央财政投入资金 9. 5 亿元。2017 年接受补助资金的场馆有 1 253 家，中央财政投入 8. 447 亿元。[①] 2018 年，全国各地共有 1 277 家大型体育场馆免费低收费向社会开放，接受补助资金 9. 3 亿元，补贴方式由看“座位”数量转向考量群众日常健身和参加体育赛事活动的“绩效”转变。

总体看，多数受补贴的大型体育场馆属于事业单位性质，存在员工服务意识不足、积极性不强的现象[②]；现行政策补贴依据单一，补贴范围受限；补贴资金到位不及时，管理使用不太规范[③]；场馆开放管理制度不完善，过程管理不严谨；监督评价机制尚需完善，政府监管水平亟待提高；场馆运营管理能力较差，政策执行环境有待优化。

## 体育人才扶持政策

### 青少年体育人才扶持政策

最新资料显示，2017 年我国体育培训与教育总产出为 314. 2 亿元，增加值为 266. 5 亿元，分别占体育总产值和总增加值的比重为 1. 6% 和 3. 4% 。2017 年我国体育培训与教育总产出和增加值的年均复合增长率为 17. 39% 和 17. 88% 。

各省市地区主要从两个维度推动青少年人才培养。一是大力推进青少年俱乐部、联赛的发展，2016 年国家体育总局评选出 150 所“国家示

---

① 孙娟娟．湖北省大型体育场馆免费低收费开放政策实施效果分析研究［D］．华中师范大学，2018.

② 王钊，谭建湘．广州市公共体育场馆公益性开放财政补贴措施研究［J］．体育学刊，2018，25（06）：73－78.

③ 孙娟娟．湖北省大型体育场馆免费低收费开放政策实施效果分析研究［D］．华中师范大学，2018.

范性青少年体育俱乐部”，国家对这些俱乐部每年资助 10 万元，资助 3 年；2017 年河北省出台《河北省冬季项目青少年体育俱乐部认定管理办法（试行）》，规定从 2017 年到 2022 年，对该类俱乐部每两年认定一次。河北省体育局将在每个周期择优扶持 8 ~ 10 家该类俱乐部，每年给予每家俱乐部 8 万元扶持资金，用于改善俱乐部体育设施、购置体育器材、组织开展青少年冬季体育活动等；2014 年北京市向 129 支学生球队（含 18 所高校）和 460 所基层网点校投入扶持资金 5 040 万元，形成了较为完善的大、中、小学三大球后备人才培养体系。

二是大力推行青少年运动技能等级制度。2017 年 11 月，由国家七部委联合制定出台的《青少年体育活动促进计划》，明确提出了“研究建立青少年运动技能等级评定标准”，并要求各级教育部门应将运动技能等级纳入学生综合素质评价体系。2011 年，《全国游泳锻炼等级标准实施办法》颁布，其中包含小学生、中学生的五等级标准（金海豚、银海豚、粉海豚、绿海豚、蓝海豚）；2015 年推行的“武术段位制”规定年龄在 6 周岁以上的青少年，可申请晋升段前一至三级，年龄在 11 周岁以上可以申请武术一段；2017 年，中国篮协以“小篮球联赛”为引领，以“小篮球规则”和“中国小篮球运动员等级制度”为驱动，2018 年篮协举办的“小篮球联赛”也在全国 25 个省市和 5 个计划单列市开展，该联赛走进了 100 多座城市，吸引了共计 15 365 支球队的 100 443 名小球员、9 674 名教练和 3 542 名领队参与其中。

体育培训市场蓬勃发展，但低门槛、缺乏政府监管等问题，导致为“利”而来的“三流”培训机构越来越多；家长缺乏专业性认识，对培训机构的诉求模糊，导致培训机构“乱象丛生”；培训市场供需双方存在选择困扰；培训服务同质化严重，家长和机构之间存在沟通壁垒。

### 体育经营管理人才政策

当前，中国已进入体育产业发展的黄金时期，体育行业也已成为当前最热门的行业之一。然而，人才匮乏已经成为制约我国体育产业快速发展的主要障碍。据媒体报道，预计到2025年，中国体育产业从业人员的缺口将高达500万人，尤其是那些既懂体育又懂经营的复合型专业人才将更加稀缺。

为了解决这一问题，目前主要有三种途径能够促进体育人才政策的落地。首先是政府部门通过落户、政府补贴等非市场化行为，引进体育人才（参见表3.7），为国家或地方体育产业赋能。

表3.7　四省市体育人才引进政策一览表

| 省市 | 政策条目摘要整理 | 政策文件 |
|---|---|---|
| 北京市 | 《关于印发〈北京市引进人才管理办法(试行)〉的通知》(京人社调发〔2018〕38号) | 加大体育人才引进力度，符合以下条件之一的人员可申请办理人才引进：（一）具有国际影响力的重大赛事策划人和组织人、著名运动员和教练员、国际级和国家A级裁判员、知名体育解说员和体育节目主持人；（二）具有良好发展趋势和培养前途的优秀体育后备人才。 |
| 广东省 | 《中共广东省委印发〈关于我省深化人才发展体制机制改革的实施意见〉的通知》（粤发〔2017〕1号） | 在文化、体育、艺术等领域有卓越贡献，在国内外有重大影响力的四类20种人才，可以享受人才引进的绿色通道。 |
| 诸暨市 | 《中共诸暨市委诸暨人民政府印发〈关于加快推进人才强市工作的若干政策意见〉的通知》（市委〔2018〕31号） | 引进紧缺专业人才，对引进的培养过世界冠军或全运会冠军的教练员、具有近5年国家队执教经历的教练员给予购房和生活补贴。 |
| 上海市 | 《上海市引进人才申办本市常住户口试行办法》（沪府发〔2010〕28号） | 本市文化艺术、体育、传统医学、农业技术及其他特殊行业紧缺急需的专门人才。 |

其次是高校利用其雄厚的师资开设相关体育专业，为社会培养和输送体育人才。截至2018年底，我国共有12所体育院校、14家财经院

校、5 家综合类院校开设体育经济与管理专业，另有多所学校在一些新的专业与方向上努力创新，如北京体育大学于 2017 年增设冰雪产业管理专业；上海体育学院增设数据科学与大数据技术专业（参见表 3.8）。

表 3.8 各体育院校新专业开设情况

| 学校名称 | 新设专业名称 |
|---|---|
| 北京体育大学 | 冰雪产业管理(2017年)、旅游管理(2017年)、体能训练(2017年)、体育赛事资源制作(2018年)、体育赛事解说(2018年)、人工智能(2018年) |
| 上海体育学院 | 数据科学与大数据技术（2017 年） |
| 哈尔滨体育学院 | 冰雪运动（2017 年） |
| 天津体育学院 | 数字媒体技术（2016 年）、文化产业管理（2014 年） |
| 山东体育学院 | 健康服务与管理（2015 年） |

第三，地方政府与各个高校、社会人士组成体育智库，以弥补体育产业中人才不足的现状。如 2017 年，55 位高校教授、科研人员、企事业高管、部门领导及行业代表受聘成为河北体育智库首批专家；2017 年由上海体育学院牵头，国家体育总局经济司、上海市体育局、海南省文化广电出版体育厅、上海发展战略研究所、江苏省体育产业研究院、上海久事体育产业集团、莱茵体育、美帆俱乐部等单位共同组建上海体育学院运动与健康产业协同创新中心，它同时也是上海市教委批准筹办的第三批高校知识服务平台；包含清华大学、浙江大学在内的首批 16 个国家体育产业研究基地也于 2017 年由国家体育总局经济司揭牌成立。

第四，社会智库在培养体育人才方面做出了有益的探索，如体银商学推行的“体育产业工商管理硕士班”“国际体育管理与法律全球高阶硕士课程”“剑桥大学体育管理与法律周课程”等；维宁体育推行的“全球文化体育娱乐产业领袖 EDP（高级经理人发展课程）项目”（与法国里昂商学院合办）、“体育经理人培训与测评项目”等。

### 社会体育指导员政策

近年来，我国国民对于身体健康的重视程度逐渐提高，对于强身健体的锻炼活动的需求不断上升，其中以娱乐性活动为主，不以竞技为目标的社会体育更呈现蓬勃发展的趋势。在社会体育活动中具有重要指导地位的社会体育指导员就成为我国社会体育的中坚力量，指导员质量的好坏直接关系到我国社会体育发展的效果，影响大众在体育上的消费投入。

目前，中国经济的不断提升以及高等学校教育改革的不断深化，也带动社会体育管理与指导专业迅速发展，2000 年开设该专业的高校就已经达到 30 所，到 2017 年为止，开设社会体育管理与指导专业的高校达 286 所。全国社会指导员总人数 182 万人，地方社会指导员协会数达 1 774 个。《2017 中国滑雪产业白皮书》介绍，截至 2017 年，全国从事滑雪教学工作的滑雪指导员为 20 000 人，有社会指导员证书的 9 177 人，占比 46%；而获得境外国家滑雪指导协会（美国、加拿大、新西兰、英国、奥地利及日本等）执照的人数快速增长，2015 年约 300 人，2016 年约 700 人，2017 年累计 900 人。但是现阶段我国社会体育指导员在发展上仍面临诸多问题。

社会体育指导员以兼职为主，全职岗位稀少。现下社会对于社会体育指导员是非常需要的，特别是基层单位和企事业单位等，但是由于编制限制问题，需要的大部分都是兼职社会体育指导员。以江苏省为例，江苏省社会体育指导员注册人员数量位居全国之首，但实际在基层一线从事社会体育指导工作的人员严重不足，且大部分以兼职为主。这就直接导致社会体育指导员缺乏必要的精力与投入度，指导的比率和品质都不高。多方面的调查显示，我国社会体育指导员在社会上的指导率只有 59. 11%，而其他发达国家的指导率可以达到 98% 以上。

社会体育指导员培训机制不完备。我国虽建立了有关的社会体育指导员培训及评定机制，但仍不完善。首先培训时间较短，通常为9天，学员需在短短几天时间内学习有关的10门科目，因此社会体育指导员即使取得资格证，其专业水平仍处于较低阶段；其次，国家安排培训次数有限，参与培训的人员数量有限，这直接导致高级别的社会体育指导员紧缺；最后，在对人员进行培训时，开设的课程更偏向于理论知识的传授，而非实践技能的培养和提升，从而导致社会体育指导员在取得相关证书后还是难以将理论知识与实践指导相结合，这和我国当前的社会体育现实需要相差甚远。

社会体育指导员人才紧缺。近年来，尤其是全民健身计划实施以后，各省在群众体育上的支持力度、经费投入等都大幅提高，但是社会体育指导员所占比例依然没有达到国家的要求。社会体育指导员虽可以进行有偿的体育方面的服务，但由于现阶段青少年及儿童在运动需求旺盛的年龄段可以用于体育运动的时间较少，而中老年的运动需求普遍偏低，从事社会体育指导员的人员竞争压力巨大，就业难，得到的回报与付出的精力不成正比，大多年轻人并不愿意从事相关职业，这直接导致社会体育指导员的人才紧缺。

社会体育指导员分类需求混乱。可按等级将我国社会体育指导员划分为四个不同的级别，并且仅粗略地将社会体育指导员分为两种类型：组织管理型和锻炼指导型，不能完全满足我国国民对于运动锻炼的不同需求。发达国家对于社会体育指导员的类型划分非常有指向性，借鉴发达国家对社会体育指导员类型的划分，有利于使我国社会体育指导员的划分类型更加丰富。细化社会体育指导员分类，就要求指导人员具有专业的体育技能与理论知识，这也应该成为高校培养社会指导人才的目标。

## 医保卡健身制度

运动经济学的已有研究表明，运动投入和节约医疗支出的关系是1:8或者1:10的关系，即运动投入1，节约的医疗支出是8到10。医保卡健身制度，是指通过将医保个人账户余额按规定条件办理医保资金划转至健身卡，并在指定健身场馆进行体育锻炼，从“治已病”到“治未病”。用较低的成本预防疾病的发生，同时引导广大社会民众养成终身体育锻炼的习惯。

在此背景下，2003年苏州市劳动保障、体育等部门联合拟订方案，苏州市政府发布了《关于调整完善苏州市区2006年度医保政策的意见》的政府令（苏府〔2005〕133号），提出试行阳光健身卡工程。持卡人可以在苏州市全民健身中心所属的定点场馆中使用医保卡消费，并享有一定的优惠。调查结果显示，大众对可以“刷医保卡健身”的模式具有很高的热情。“苏州模式”试点成功后，其他城市开始纷纷效仿推出符合各地省情、市情的医保卡健身制度。①

## 制度推行过程

自2003年苏州市推出医保卡健身制度以后，全国多地市推广开展了此项制度，分别有南通市(2010)、常州市(2013)、德清县(2014)、徐州市(2014)、连云港市(2014)、郑州市(2014)、成都市(2015)、泰安市(2016)、重庆市(2016)、龙岩市(2016)、威海市(2016)、烟台市(2016)、日照市(2016)、杭州市(2016)、潍坊市（2016）等地区。医保卡健身制度的实施，有效地促进了全民健身活动的推广，使大众对健身的观念有了

---

① 高斌，井志侠，戴俭慧，秦纪强．苏州市职工医疗保险金用于体育健身消费的个案分析［J］．牡丹江师范学院学报，2011.

一定的改善，使我国国民体质的改善迈出了全新的一步，缓解了一定的医疗压力。但是，当前的医保卡健身制度仍存在一些缺陷和不足：首先，存在扩大范围支出、扩大个人账户用途、挤占挪用医保基金的问题；其次，制度不健全时，长期刷医保卡健身，会造成医保卡个人账户中没有结余，生病时没有保障；部分医保覆盖率不高的地区，政策实施不公平；部分地区中小型健身场馆的基础设施还不完善，可以刷医保卡的定点健身房过少。鉴于以上不足，这项原本有很好促进效果的政策于2017年6月被叫停。①

## 制度实施效果

撇除医保卡健身制度存在的种种缺陷，调研发现，该项制度在促进体育消费方面存在较大的推动作用，主要表现在以下几个方面：第一，可以有效改变健身“两头热中间冷”的现象。据统计，在常州市区141万个个人医保账户中，个人医保卡结余金额超过3 000元的约12万人，年龄主要集中在35岁至45岁。② 在常州市推行医保卡健身制度期间，41岁至50岁的消费人群比重最高，为41.2%，之后依次为40岁以下的32.5%，51岁至60岁的18%，60岁以上的8.3%。这表明该制度在很大程度上有效推动了中青年人群的消费行为。

第二，可以持续扩大体育消费水平。调研显示，作为苏州全民健身领域的创新标志之一，苏州市的阳光健身卡首创于2003年，2006年开始允许医保划转，历经10余年的运作，初步形成场馆网络化、运作品

---

① 2017年6月，《国务院办公厅关于进一步深化基本医疗保险支付方式改革的指导意见》（国办发〔2017〕55号）出台，明确要求公共卫生费用、与疾病治疗无直接关系的体育健身或养生保健消费等，不得纳入医保支付范围。

② 常州市医保卡变身“健康储蓄卡”防病于未然［EB/OL］. http：//www.sport.gov.cn/n16/n299469/5863693.html.

牌化、管理智能化、服务人性化、推广一体化的健身网络服务体系，定点场馆超过 100 家。该制度被叫停之后，尽管阳光健身卡依然可以继续使用，但消费金额从 2017 年的 830 万元，降至 2018 年的 363 万元。

## 体育组织创新扶持制度

### 体育产业联席会议制度

联席会议一般是指由某个团体或组织自愿发起、自由参与的会议。联席会议旨在通过召开联席会议的形式，加强联系与沟通，相互学习借鉴经验，研究探索新经验、新方法。体育产业作为新兴事物，牵涉面广，需要各个行政部门之间精诚合作。

通常情况下，体育产业联席会议制度由分管体育工作的副市长、副省长、副县长牵头，召集发改、商务、文旅等部门，围绕该区域范围内的体育产业决策问题进行协商与决议。北京市体育产业部门联席会议成立最早，于 2008 年 6 月 25 日举行了第一次全体会议，会议由联席会议召集人、市政府副秘书长、市体育局局长孙康林主持。市发展改革委、市财政局、市体育局等联席会议成员单位的相关负责人和联络员出席了会议。会议批准了联席会议办公室提交讨论的《北京市体育产业工作部门联席会议议事规则（讨论稿）》和《北京市体育产业工作部门联席会议工作方案（草案）》，审议了市财政局提交讨论的《北京市体育产业发展引导资金管理办法（试行）（送审稿）》。2015 年上海市由分管体育工作的副市长牵头，共有 28 个部门组成上海市体育产业联席会议，以建设全球著名体育城市为发展目标，加强协同创新，加快指标任务的落实与推进。

从目前来看，体育产业联席会议是推动一个区域体育产业发展的关键组织制度。

### 区域协同发展制度

如前所述，体育产业具有非常强的关联效应、波及效应。跨区域联合、跨行业整合、跨产业发展的区域协同发展，充分利用区域特色资源，发挥独特的资源优势，拓展区域范围内的信息交流、产品交易和项目合作，打造有竞争力的体育产业集群。目前，长三角、京津冀、粤港澳区域协同发展较为紧密。2017 年由京津冀三地体育局联合主办，北京体育产业协会承办，以“开放、合作、共享”为主题的第一届京津冀国际体育产业大会顺利举行；2019 年由北京市体育局、天津市体育局、河北省体育局联合创建，北京产权交易所与北京华奥星空科技发展有限公司共同运营的京津冀体育平台上线；长三角作为中国经济的“出海口”之一，通过区域协同发展已成为中国体育产业版图中举足轻重的支柱。2012 年浙江、江苏、上海两省一市首次召开长三角体育产业协作会议；2017 年安徽省加入其中。2019 年第六届长三角运动休闲体验季活动在首战时，重点讨论了长三角地区体育产业统计一体化建设的相关事宜、《长三角地区体育产业一体化发展规划（2021—2025 年）》以及《长三角地区体育产业发展报告（2018—2019）》等相关内容。

## 推广完善体育消费政策的经验与问题

### 财税政策工具体系基本形成

2010 年以后，22 号文开启了我国体育产业运用财税政策促进体育消费的文本实践，而 46 号文更加注重财税政策工具的运用。除“完善税费价格”专项财税政策措施之外，46 号文多处提及利用财税政策工具促进体育产业发展。与此相对应的，以北京市、江苏省等为代表的省市地方政府通过体育产业引导资金的形式，以项目补贴（补助、以奖代补、先建后补、偿还性资助）、贷款贴息、政府购买（政府重点采购）、项目奖励（后期奖励、业绩奖励、绩效奖励）、后期赎买、股权投资、专项性一般转移支付等形式促进体育企业提高供给水平与供给质量，采用政府资金引导，激发社会力量加大对体育产业的投资。

### 跨部门协同创建的组织制度创新有效

无论是22号文、46号文，还是77号文、121号文均指出，要落实体育产业发展，促进体育消费，就必须将体育置于一个更高的层面，比如上海要实现建设全球著名体育城市的发展目标，就需要当地政府多部门的协同配合，需要部门之间扩大开放、注重融合、加强协作、整合资源，才能切实推动各项政策文件中的指标、任务的实质性落实，实现增加体育人口、扩大体育消费、营造全民运动的好氛围。从现在地方政府推动各项体育消费政策落实的情况看，一个有效的产业联席会议制度至关重要。

而在县市区一级，体育部门与文化、旅游等部门合并办公，编制较少，而文化与旅游结合得较好，也更受当地政府的重视。相比较而言，文体、体旅结合还处于起步阶段，体育产业要发展，一个有效的组织机构就显得尤为重要。以浙江省衢州市柯桥区为例，衢州市灵鹫山国家森林运动小镇成立了由区委书记任组长，区委副书记、区长为常务副组长，区政府分管领导担任副组长，区委办、区府办、区教体局等21个相关部门、乡镇主要领导为成员的领导小组，负责小镇规划建设的统筹协调和重大事项的决策工作，还在全区范围内遴选抽调教体局、旅委、发改委、国土分局、规划分局、林业局、九华乡等重点部门单位的9位专业人才组建小镇建设推进办公室，负责小镇建设的各项日常工作。

### 市场的决定性配置作用日益凸显

纵观体育消费市场的活跃区域，有一个共同特征，那就是社会力量逐渐成为体育产业发展的主力军。以上海为例，2014 年 3 月 27 日，上海东浩兰生赛事管理有限公司正式成立，上海马拉松这个由上海体育局培育了 18 年的本土品牌赛事将整体移交给这家新成立的专业赛事公司。由此，上海呈现全新的 3 + X 的赛事运营格局，“3”指久事、东亚、东浩兰生三大专业赛事公司，“X”为其他若干赛事公司和社会单项协会等办赛主体；而连续举办三年的上海城市业余联赛在 2018 赛季动员 809 476 名市民、250 万人次参与，在 2019 年共吸引 300 多家企业、协会，共 500 多人参与推介会。简政放权和放管结合，切实有效地推进了民间办赛主体和体育社会组织的健康成长，使政府、社会组织和企业间的职能分工更加明确，合作更密切，经济效应与社会效应更为高效。

2018 年，广东省体育局根据省政府领导的要求，组织专家团队面向全省体育主管部门、行业协会、体育企业（含俱乐部）等单位调查 2015 年 7 月省政府颁布的《关于加快发展体育产业促进体育消费的实施意见》的落实情况，结果显示，50.12% 的调查者表示体育行业协会和服务组织在促进体育产业发展中起到很强的推动作用（参见图 3.1）。

## 场馆结构性矛盾与运营管理效率问题突出

场地设施薄弱一直是制约我国体育产业发展的关键，其主要体现在两个方面，一方面是数量上远不能满足日益增长的体育消费需求，而另一方面是已有大型体育场馆面临两改的困境，即功能改造与机制改革问题。

就前者而言，伴随着政策红利的释放，各级地方政府加大了体育基础设施的建设，如浙江省 2018 年就把建设 3 个省级全民健身中心和 30 个乡镇（街道）全民健身中心作为十大民生实事推行。各级地方政府也积极盘活存量资源，鼓励和吸引社会资本特别是民间投资参与建设和运营体育场地和设施。但在实际调研中发现，主要存在两类问题，一类

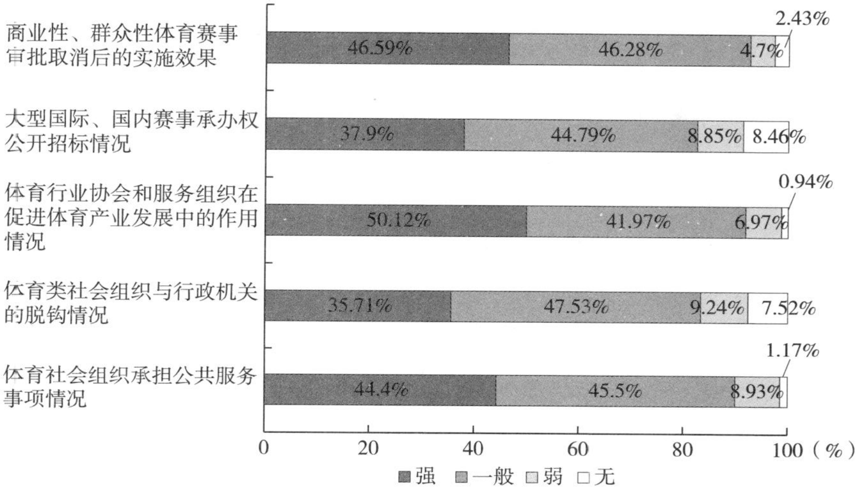


**图 3.1　广东省政府职能转变情况调查**

问题是存量资源的所有权不确定，例如 2016 年杭州南罗马营区由上城区人民政府划分给紫阳街道，并将其规划成为体育用地，建成南罗马营体育文化公园，有效缓解了上城区体育场馆资源非常稀缺的难题。但随着 2019 年新的规划出台，南罗马营将被拆除另作他用，之前有若干体育社会组织签订的场馆运营权也被迫中止。另一类问题是体育产业用地政策不明确，且规划较为滞后。《土地管理法》未对体育产业用地做出明确定义，国家标准《土地利用现状分类》（GB/T 21010—2017）只对公共管理和公共服务用地做了明确定义，没有对体育产业用地做出明确定义。体育产业用地有其特殊性，目前的规划缺乏类似工业、旅游规划用地的前瞻性和整体性，与土地、城建、林业、环保、文物等相关规划不衔接。

就后者而言，绝大多数的大型体育场馆面临功能改造的问题。以 2000 年建成的浙江省黄龙体育中心为例，2017 年该体育中心的总支出是 17 359. 66 万元，其中能源成本支出为 4 178. 12 万元，占总支出的

24%，仅低于场馆改造支出的4 806.83 万元，属于第二大支出（参见图3.2）。而采纳了智能工艺＋建筑结构的浙江省丽水市青田乐园室内滑雪场，一年的能源支出仅为70 万元左右，比同类型的滑雪场馆每年花费400～500 万元的能源成本，要节约许多。2017 年，中央财政设立补助资金，用于支持和鼓励体育部门所属大型体育场馆向社会免费或低收费开放，补助资金也强调了绩效与考核的标准。但总体而言，由于补助的场馆大多由各级地方政府所属的事业单位运营，其场馆服务的效率与民营机构存在一定的差距，这在某种程度上也导致不公平的竞争。

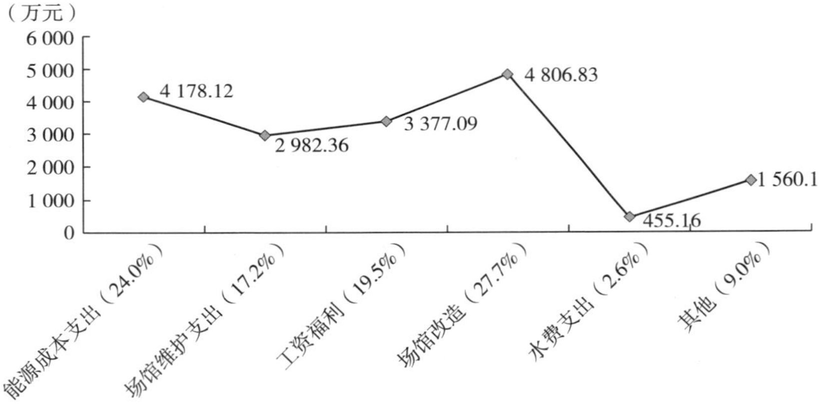


**图3.2 浙江省黄龙体育中心主要支出情况分布**

## 有效需求不足与有效供给不足并存

体育消费与一般消费存在一定差异，从体育参与消费角度看，参与主体不仅需要有一定的经济实力，需要掌握一门运动技能，还必须拥有闲暇时间。资料显示，剔除农村人口，我国城市人口的健身会员渗透率为0.4%（健身会所会员数占总人口的比例），而加拿大、美国、新西兰、英国、澳大利亚和德国的会员渗透率分别为17.9%、17.6%、14.8%、12.9%、11.4%和11.1%。2018 年，隶属上海市晃动体育文化传播有限公司的 YBDL（青少年篮球发展联盟）培训对象资料显示，3～7 岁的培训对象占到41%，8～12 岁的占到46%，12 岁以上的占到13%。这在一定程度上反映了我国青少年课程学业重的事实，当孩子迈入小学高年级阶段，其用于体育培训方面的时间就不那么充裕了。

除了有效需求不足之外，我国的体育产业还存在有效供给不足的问题。尽管各级地方政府也会推出一些直接促进体育消费的政策，如体育消费券、健身公共积分等，但调研结果显示，推行体育消费券、健身公共积分的运营场馆的服务能力、产品供给创新性不足，无法形成黏性。相比较而言，有些俱乐部非常具有创新意识，如上海美帆俱乐部在成立之初的服务对象主要是跨国机构外派到中国的家庭，其外籍会员达到50%左右。为了吸引上海本地客户，美帆俱乐部首先采用家庭会员入会制度，每个家庭只需要支付8 000 元会费，在这一年里，全家都可以到美帆俱乐部无限次免费玩小帆船，在孩子或者家长的学习过程中，逐渐解决了用户黏性问题。此外，该俱乐部还与教育机构和学校合作，从最初的与推行户外教育的国际学校合作，到现在已经为上海 12 所学校建立帆船队，美帆俱乐部在提供有效供给的过程中稳健发展。

竞赛表演市场作为体育产业的核心行业，在近几年发展得非常迅猛，但与发达国家相比，我国体育竞赛表演产业无论是在项目数量、队伍数量还是市场成熟度方面都比较低。比如我们目前有影响力的竞赛还仅有中超和 CBA（中国职业篮球联赛），我国的竞赛表演业较多仍停留在竞赛层面，还无法从观众视角提供沉浸式的赛场环境、赛场服务以及赛事体验。例如人们熟知的 NBA（美国职业篮球联赛），除了比赛本身，球队通过为球员设计独特的形象、技术、绰号和庆祝动作等，大大突出了比赛的观赏性；在赛制上，通过各种促进竞争实力均衡的制度设计，强化比赛的戏剧性和悬念性，与时下社会关注的热点相联系，以提高观众的欣赏兴趣；在比赛暂停期间的文艺演出、啦啦队表演以及精心设计的观众互动活动，与比赛本身相得益彰，让观众能够在比赛中同时得到竞技体育和娱乐休闲的双重精神享受。

## 促进体育消费政策的对策建议

政策不在于多，而重在政策的连贯性，打破行业壁垒，进行顶层政策调整；重在现有政策能实实在在地落地执行，并保证其权威性和持续性。故首要建议是完善现有政策制度，如创新财政支持体育消费方式、提升场馆运营效率政策、丰富体育人才政策等等。

### 财政支持政策

拓宽投融资渠道。逐步增加省级扶持体育产业发展专项资金规模，并创新体育产业发展专项资金扶持方式，由直接资助项目向以引导资金作为融资杠杆转变，多以“配套投入”“转移支付”“贷款贴息”等方式扶持项目，以撬动更多社会资本流入体育产业。同时，建立健全体育产业项目评价与筛选机制，将“是否实际促进体育产业发展，带动体育消费”作为重要的考核指标。

### 体育消费试点政策

建议在全国范围内开展引导城乡居民扩大体育消费试点工作，选择有条件的城市成为国家体育消费试点城市，指导试点城市创新开发试点模式，建议采取体育消费券、体育消费平台、全民健身公共积分、体育惠民卡、运动银行等措施促进体育消费，涵盖竞赛表演、健身休闲、体育场馆、体育培训、体育用品、体育媒体、体育旅游等领域。国家层面可联合财政部等多部委出台类似《关于开展引导城乡居民扩大体育消费试点的通知》等政策。建议有条件的省市推行“医保健身卡”政策，可以考虑在参保率比较高的部分省市试行。

### 体育场馆政策

在保证公共体育场馆公益性质的前提下，探索实行所有权和经营权分离，明确所有权和经营权主体各自的权利和义务，支持社会力量举办和经营体育场馆。鼓励采取参股、合作、委托等方式，引入企业、社会组织等各种主体，以混合所有制等方式参与场馆运营。

依托公共场馆“改造功能、改革机制”试点，鼓励各类体育场馆运用物联网等信息技术，优化场馆建筑结构，拓展服务内容，提高场馆运营网络化服务和信息化管理水平，增强场馆经营能力。在此基础上，加强体育场馆与旅游、商业娱乐等业态的融合，推动体育场馆多元化商业经营，实现场馆行业的可持续发展。

落实场馆能源政策，体育行政部门应积极协调发改、物价等政府部门，与水务、电力和天然气公司等深入沟通，以促成能源价格优惠政策的落实，降低体育场馆运营成本；鼓励各级政府结合城镇化发展统筹规划体育设施建设，盘活存量资源，改造旧厂房、仓库、老旧商业设施等用于体育健身，进一步促进大型公共体育场馆向社会免费或低收费开放政策的完善。

### 扩大体育人口政策

强化体育各行业协会的协调功能，壮大协会力量，引领体育产业快速规范发展。鼓励各单项运动协会，依据各项目市场发展特点，推出单项运动政策，如《青少年运动技能等级制度》以及《青少年体育活动促进计划》，进一步扩大和规范体育培训市场，激发青少年学习运动技能的乐趣，促进青少年体育消费。鼓励政府通过购买公共体育服务的形式，从资金、场地设施和技术等方面入手，促进青少年培训机构升级，引导更多青少年接触并参与到体育活动中。

## 体育人才政策

鼓励政府重视引进体育人才政策的出台，加大人才引进福利；建立与企业沟通的常设机制，健全劳动力市场的数据收集发布工作，促进劳动力市场供需双方的匹配；鼓励政府通过购买服务的方式开展体育产业各类研究、决策咨询，刺激高校成立体育产业研究院，加强体育人才的培养；鼓励和引导国内创新人才和团队加强与全球顶尖智能体育研究机构合作互动，打造全球化的高水平、高素质、跨学科体育人才；鼓励政府、高校和企业三方的协同合作，解决就业难、福利差、水平低等问题，实现社会体育指导员职业化及专业化发展。

## 组织建设制度

建立体育产业联席会议制度，协调在体育相关政策实施过程中有可能制约体育发展的各个非体育部门之间的关系；鼓励各省市可根据自身的体育产业与其他产业的资源特点，构建“体育+”联盟，实现各产业间优势互补，互惠共赢，实现融合发展。另外，突出统筹兼顾和跨产业融合，推动体育产业与体育事业协调互动，积极培育体育中介市场，辐射和拉动体育传媒、体育广告、旅游休闲、文化创意、金融服务等相关产业的联动与融合，促进体育产业与经济社会协调发展。

## 参考文献

[1] 李震，郭敏. 基于DEA的大型体育场（馆）免费低收费对外开放效率研究[J]. 体育科学，2017，37（08）：90－97.

[2] 严慧，向秋子，肖莹. 公共体育场馆免费开放困境及其对策研究[J]. 当代体育科技，2015，5（30）：193－194.

［3］郝海亭. 困境与突破：大型体育场馆免费低收费开放财政补助政策分析［J］. 沈阳体育学院学报，2017，36（04）：42－48＋83.
［4］孙娟娟. 湖北省大型体育场馆免费低收费开放政策实施效果分析研究［D］. 华中师范大学，2018.
［5］王钊，谭建湘. 广州市公共体育场馆公益性开放财政补贴措施研究［J］. 体育学刊，2018，25（06）：73－78.
［6］何天皓. 上海市大型体育场馆公益开放时段服务质量评价研究［D］. 上海体育学院，2016.
［7］刘佳. 大型体育场馆免费低收费开放补助资金的应用探析——以重庆市大田湾全民健身中心为例［J］. 行政事业资产与财务，2016（09）：23＋22.
［8］葛小雨. 体育产业资本市场投融资中体育产业引导资金的评价管理研究［D］. 西安体育学院，2016.
［9］刘远祥，孙冰川. 政府体育产业发展引导资金运行现状分析［J］. 南京体育学院学报（社科版），2017，31（06）：104－109.
［10］吴映雪，朱菊芳. 江苏省十二五期间体育产业发展引导资金分布的研究［J］. 南京体育学院学报（自然科学版），2016，15（06）：151－155.
［11］陈元欣，杨金娥，王健体育场馆运营支持政策的现存问题、不利影响与应对策略［J］. 上海体育学院学报，2016，40（06）：24－29.
［12］唐炎.《青少年运动技能等级标准》的研制背景、体系架构与现实意义［J］. 上海体育学院学报，2018，42（03）：2－7.
［13］薛明扬. 上海市青少年体育迈入标准时代［J］. 质量与标准化，2018（06）：42－43.
［14］王冲. 关于国内小篮球低篮板推广的研究［D］. 北京体育大学，2011.
［15］刘晓平、付豪. 浅析国内小篮球运动的发展［J］. 当代体育科技，2018，8（05）：206＋208.
［16］杨炎柱. 青少年足球运动技能等级评价现状及发展创新分析［J］. 少林与太极（中州体育），2009（06）：51－53.
［17］孙萍，黄俊亚. 我国青少年艺术体操运动技能等级标准构建理论研究

[C] //2015第十届全国体育科学大会论文摘要汇编（二）. 2015.
[18] 毛振明，杨多多，李海燕.《“健康中国2030”规划纲要》与学校体育改革施策（2）目标：《国家学生体质健康标准》达标优秀率25%以上[J]. 武汉体育学院学报，2018，52（04）：75－80.
[19] 邹明宇，闫冬雪，李晓东. 湖南省社会体育指导员队伍建设与长效管理机制研究[J]. 当代体育科技，2018，8（35）：175－177.
[20] 黄恩洪，全民健身视域下高校社会体育指导员培养的“冲突”与“共融”[J]. 体育世界（学术版），2018（12）：54＋58.
[21] 赵若倩，薛小建. 社会体育专业职业技能培训与鉴定必要性研究——基于法规文本的辨析[J]. 体育科学研究，2018，22（06）：21－26.
[22] 胡孝安. 我国社会体育指导员的现状分析及发展趋势[J]. 才智，2016（32）：247.
[23] 杨洪. 我国社会体育指导员发展的困惑与对策研究[J]. 体育世界（学术版），2018，（10）：83＋66.
[24] 程琦元. 我国社会体育指导员制度的研究与创新[J]. 才智，2018（19）：203－204.
[25] 杜长东. 对苏州市定点健身俱乐部“刷医保卡健身”的调查研究[D]. 云南师范大学，2017.
[26] 何畅，袁国俊. 从苏州市“阳光健身卡”的一卡通功能看政府在体育产业发展中的地位和作用[J]. 网络财富，2009（12）：232－233.
[27] 赵彤. 我国体医结合健身模式现状与对策——以苏州“阳光健身卡为例[D]. 北京体育大学，2014.
[28] 高斌，井志侠，戴俭慧，秦纪强. 苏州市职工医疗保险金用于体育健身消费的个案分析[J]. 牡丹江师范学院学报（自然科学版），2011（02）：48－49.
[29] 张裕. 我国医疗保险账户（医保卡）支付健身服务现状及发展对策研究[D]. 河南大学，2017.
[30] 庞文华. 郑州市推行社保健身一卡通的可行性及运行模式研究[D]. 郑州大学，2017.

［31］徐和庆．“医保”对职工健身运动的影响——华东与城市职工健身运动状况的调查报告［J］．成都体育学院学报，2001，27（05）：19－22.
［32］杜颖梅，许雯斐．南通健身可刷医保卡的喜与忧［N］．中国江苏网－江苏经济报，2012.
［33］黄竹岩，张鑫．徐州已有3199人刷医保卡健身大部分市民赞同［N］．中国徐州网－彭城晚报，2016.
［34］常州市医保卡变身“健康储蓄卡”防病于未然［J/OL］. http://www. sport. gov. cn/n16/n299469/5863693. html.
［35］叶金育．体育产业发展中的财税政策工具：选择、组合与应用［J］．体育科学，2016，36（06）：73－83.

# 第四章

# 体育消费背景最新变化及其政策影响研究

杨 越　王 睿

## 分课题说明

本课题关注经济学意义上的体育消费端研究，与研究体育产业概念不同，消费位于一个产业的末端，是指消费者有能力、有意愿，并且只有从市场中才能购买获得的产品，因此暂不涉及学校体育、公共赛事、公共场馆建设等体育公共产品的内容。为使研究更加聚焦，本研究更加关注能够实现体育消费的“增量”部分，更加关注在中短期内，能够通过政策引导快速取得效果，具有较大增长潜力的体育增量消费。以往政策能够覆盖、执行效果良好、增长空间不大的体育产业部分，则不是本文重点。

从体育经济学意义上看，居民体育消费主要取决于可支配收入、消费时长（闲暇时间）和体育消费偏好。以往大部分研究是以居民个人收入增长水平为研究起点，但我们认为这种角度过于宏观，难以反映体育消费的真实情况和正在发生的变化。因此，我们换了一个更加准确的角度，即重点观测以家庭为单位的收入分配社会分层情况、家庭成员（包括子女和父母）闲暇利用情况，以及青少年消费者消费偏好的变化情况。以此作为分析体育消费的背景基础。

## 体育消费概念的辨析与特征

### 体育消费概念辨析

体育消费作为体育消费政策研究的逻辑发端，需要对其概念进行辨析。我们可以列举不同时期的学者对于体育消费概念的界定。作为体育学者，于振峰、叶伟与许高航（1999）研究认为体育消费是大众生活的一个方面，是社会生产力发展到一定阶段的产物，因为它是在人们的物质生活条件满足基本生活需要的前提下，为了追求个体的发展和享受而引发的为适应更高层次需要而做出的一种选择，是在对体育功能作用的主观认识基础上的新型消费类型。它也是个人在完成正常工作和必要家务劳动等时间之外的闲暇时间里的个人消费行为。张若（2014）则从经济学角度先定义“体育需求”，再定义“体育消费”。她认为“体育消费”是一种体育派生需求，反映了消费者在体育产品或服务上的支出。而体育消费需求则是消费者在一定时期内，为满足精神或物质（身体）的需要，通过参与体育活动，在各种市场产品/劳务价格水平以及时间成本下，愿意且能够消费的体育活动数量。

辨析上述学者对于体育消费的定义，我们不难发现体育消费需求属于一种高端需求，体育商品并非经济学意义中缺乏弹性的必需品。根据新古典经济学分析框架，体育消费是消费者在其个体消费偏好支配下，在既定的收入水平与闲暇约束中，完成满足个体效用最大化的体育消费选择。我们的研究也将从分析体育消费的约束与偏好入手，分析体育消费的选择过程，对当下的体育消费政策进行解读，最终给出未来体育消费政策的制定构想与具体政策建议。需要强调的是，虽然体育消费的表现形式是个人消费，但是体育消费决策受到家庭的重要影响。个人作为家庭成员，其收入与闲暇必须优先用于完成家庭设定的角色任务，剩余的收入与闲暇方能用于体育消费。因此，将家庭维度引入体育消费以及体育消费政策的研究十分必要。

## 体育消费的约束与偏好

发达国家产业经验表明，人均 GDP 超过 7 000 美元，体育产业将出现爆发式增长。可见，收入对于体育消费具有门槛效应。已有研究表明，在实际收入、名义收入、可支配收入、收入预期等诸多收入概念中，体育消费主要与可支配收入紧密相关（黄泽民，2008；李伟平和权德庆，2015）。体育消费研究文献数据显示：2000 年一线城市上海与二线城市西安的可支配收入相差一倍，体育消费亦相差一倍。相同时期，重庆下辖农村人均可支配收入相当于城市人均可支配收入的 1/4，农村年人均体育消费不足 20 元，仅有的体育消费主要是购买体育服装、鞋帽为主的体育用品消费。与可支配收入提高的作用相一致，体育商品价格也对体育消费起到了约束作用。2000 年以后，中国人均可支配收入大幅上升，我国体育制造业产能不断扩大，体育用品价格相对于体育服务价格迅速走低，体育用品消费迎来爆发式增长。

与其他类型消费相比，体育消费的一大特征是消费者需要在一定程度上掌握体育运动技能，特别是参与型体育消费，相较于体育观赏类消费对于个体体育技能的要求更高。体育技能的习得需要大量闲暇的投入。学生时期是习得体育技能的黄金时期；工作之后闲暇时间的成本上升，消费者通常因为预期闲暇投入过高而放弃学习体育技能。譬如：健身房开卡率高而续卡率低，以及 HITT（高强度间歇训练法）的流行，在一定程度上反映了改变消费者体育消费闲暇预期的重要性。与此同时，高铁、地铁、共享单车，包括修建便民体育场地都降低了体育闲暇投入；互联网信息技术的应用，如通过 App 在线预约场地，直播体育视频教学都成为极大减少体育闲暇消耗的重要手段，起到了刺激体育消费的作用。从拥有闲暇的绝对数量上看，劳动经济学的研究结论指出劳动生产率的提高并不能换来闲暇时间数量的提升。因此，在个体单位劳动生产率上升、经济增长的同时，居民闲暇时间不仅不会上升，相反有轻微缩减的趋势。随着信息化社会的到来，消费者拥有的闲暇时间呈现碎片化趋势。消费者闲暇碎片化给需要较为连续、完整时间进行的体育运动和体育消费带来了新的约束，在后续家庭消费选择调查中体现得越发明显。

萨缪尔森认为：作为人的主观愿望，偏好是无法观测的，只能观察行为，然后通过行为再倒推偏好。体育学者对于体育消费者偏好的描述也是基于显示偏好理论。通过问卷调查研究发现：青年人选择体育项目进行消费主要以娱乐、竞技成就以及社交为目的。而老年人选择体育项目进行消费主要希望达成强身健体的愿望。这间接验证了格罗斯曼的健康资本理论。健康资本理论认为：健康资本类似固定资产的开发和折旧费提取，个人可以在总体效用最大化的前提下，选择每一阶段的健康资本投入。随着年龄的增长，个人的健康资本折旧率提高，消费者的健康资本存量将会降低，但体育需求会增加。对我国居民健康资本存量拐点的调查显示：我国居民一般在 40 岁左右时，以保持身体健康为目的的体育运动需求会明显上升。家庭经济学的理论分析框架仍然沿用新古典经济学研究假设，即消费者长期消费偏好稳定。对于上述体育消费现象的解释是：一方面，不同年龄段的人群面临的消费约束不同，这导致他们选择不同的体育项目进行消费。另一方面，虽然个体消费偏好稳定，但不同代际群体体育消费偏好存在较大差异，特别对于互联网时代出生的年轻一代，他们的消费偏好具有明显的代际效应。

目前应用期望效用理论，可以对消费者长期的体育消费行为进行有效解释。但值得关注的是，对于特定情境下不确定性反应的普遍特征，可以借助行为经济学理论做出更为有效的解释。行为经济学理论认为消费者偏好异质且存在情景依存。这似乎说明偏好不仅受客观效用的影响，而且也受主观效用的影响。体育运动 + 直播（如：钓鱼比赛直播、电子竞技比赛直播等）就是借助互联网信息技术，营造出的新型体育消费场景，在短时期内极大地增强了消费者的短期效用，通过直播打赏的形式激发相关体育消费。目前，这种通过营造新型消费场景增强消费者消费体验（主观效用）的商业模式已经被广泛使用。这似乎也验证了神经元经济学理论，即长期反复刺激将改变消费者的消费偏好。虽然本文出于研究目的，仍将假设个体消费偏好不变，但微观体育消费偏好与消费行为的有关问题将有待使用经济学的创新理论做进一步研究与解释。

## 家庭维度体育消费分析

家庭是经济决策的基本单位，体育消费作为一种经济决策也不例外（张若，2014）。体育消费者作为家庭成员扮演一定的家庭角色，如何支配自己的收入与闲暇势必受到家庭整体安排的影响。野口间（Nomaguchi，K. M.，2006）就以日本女性为研究对象，其研究发现日本女性婚后将大量闲暇分配到养育子女中，这将导致其自身用于消费的闲暇大量萎缩。

贝克尔的研究将家庭看作一个经济单位，并给出经济学的研究分析框架。对于家庭而言，收入可以存在差异，但是可用时间的总量是有限的，时间的不同使用方式之间是竞争性的。家庭使用时间生产出产生效用的“商品”，尽可能最大化家庭效用，主要为：在劳动市场上出售以获得货币收入；用于家庭生产（家务等）；用于物品和服务的实际消费（消费时间）。体育消费本质上需要与其他消费项目共同竞争家庭时间。

## 体育消费的商品特征与分类

按照体育商品的性质，早期将体育消费分为体育实物（用品）消费与体育劳务消费。为突出体育运动自身的特点，后期又将体育劳务消费进一步分为体育观赏类消费与体育参与类消费（于振峰、叶伟与许高航，1999）。2000 年以来，互联网的兴起使体育消费的载体变得更为多种多样，如体育电子杂志、赛事光盘等，而体育彩票一度被单列为体育博弈消费（欧阳柳青、胡学莲与何国民，2002）。目前，更多学者习惯将它们统称为体育信息消费。由此可见，体育消费分类具有明显的时代特征，科技进步将创新与创造出更多的体育消费新形式。

为统一研究逻辑，这里将结合家庭消费理论，对体育消费已有分类进行重新描述与解释。依据家庭经济学理论，从家庭时间的分配与劳动供给决策角度入手，考察体育消费具有商品的两个消费特征。据此可将体育消费按商品特征分为时间密集型和物品密集型两种。（1）时间密集型体育消费，指该类体育消费需要大量的时间和少量的物品。例如，观看体育赛事、参与体育运动。（2）物品密集型体育消费，该类体育消费需要大量的物品和少量的时间。例如，购买体育用品、体育杂志与彩票。需要说明的是，消费者购买体育用品与器材是从事体育运动的前提条件，但是否进行体育运动仍然受到闲暇的约束。同时，已有研究表明：消费者购买的体育用品，主要以体育服装与鞋帽为主。这与资产专用性更高的体育设备、器材不同，更多是作为日常服饰风格中的一种选择，归入耐用品消费（蔡军，1999；杨爱华、李英与韩正清，2002）。

为进一步研究时间密集型体育消费，我们引入时间承诺度的概念。消费者在不同娱乐项目间进行选择时，不仅需要考虑“闲暇时间的长度”，还需要考虑“闲暇时间的强度”。譬如：观看 1 小时篮球比赛与进行 1 小时的篮球运动，两者花费闲暇时间的长度相同，但闲暇时间的强度相差甚远。据此，表4.1将现有体育消费类型根据家庭消费商品特征进行了重新分类：

表4.1　体育消费类型重新分类

| 消费的商品特征 | 时间密集型（时间承诺度） | 物品密集型 |
| --- | --- | --- |
| 体育用品消费 | | √ |
| 体育观赏性消费 | √（时间承诺度低） | |
| 体育参与性消费 | √（时间承诺度高） | |
| 体育信息消费（杂志、彩票） | | √ |

表4.1对于体育消费类型的重新区分，从家庭消费决策的角度来看有着如下体育消费经济分析的意义。首先，随着劳动市场上的时间变得更昂贵（如工资率提高），家庭将放弃时间密集型体育消费，特别是优先放弃时间承诺度高的参与型体育消费，而倾向选择更多的物品密集型体育消费，以获得更多的时间用于劳动市场的工作。其次，时间密集型体育消费与物品密集型体育消费，在一定情况下是可以相互替代的。譬如：受到收入约束的家庭，往往通过电视或者网络免费观看体育赛事；受到闲暇约束的家庭，往往选择在节假日集体外出观看现场体育赛事。

## 家庭体育消费选择

我们将在依据家庭消费商品特征对体育消费类型进行重述的基础上，将“家庭在寻求效用最大化过程中将如何选择体育消费”分解成以下几个具体问题：家庭想要消费何种类型的体育消费商品？家庭面临约束时如何生产体育商品？也就是说，消费者在什么程度上会选择体育商品市场来提供，而不是在家中自行生产？另外，单个家庭成员将如何在劳动市场工作，家庭生产、消费和其他可能的方面分配时间？这直接决定了家庭的体育消费选择。当然，我们还需要讨论代际体育消费偏好是否存在变化，这将更好地反映未来家庭体育消费的变化趋势。

新中国成立以来，我国社会与家庭的关系以及经济发展发生了巨大变化。市场经济的引入，使公共物品的供给边界在不断调整。公共物品的供给主体逐渐从政府与集体向市场主体转变，体育产品也不例外。据此，我国体育消费经历了如下变迁过程：改革开放以前，家庭收入水平较低，电视与有线网络尚不普及。体育用品属于配给制消费，而体育赛事供给以及体育运动更多是作为公共物品由政府提供。该阶段工厂体育、学校体育十分发达。体育更多作为一种社会福利存在。改革开放以后，家庭收入上升，电视与有线网络开始普及。商品市场放开，开始出现体育耐用品消费。观看体育赛事成为消费者为数不多的娱乐方式之一，主要通过电视或到现场观看。但囿于职业赛事规模小，所以体育观赏消费整体规模较小。体育服务尚未商业化，体育技能学习以师徒制社会化维系，无法观测参与性体育消费。该阶段，民营经济异军突起，工厂体育走向完结，但学校体育依然十分发达。2000 年以来，家庭收入增速不断加快，家庭闲暇成本变得昂贵，政府对于公共体育的供给由免费转变为部分收费。本阶段，体育用品消费保持上升趋势，但增速放缓。大众体育消费群体更多通过互联网直播的方式获取体育赛事信息，观赏性体育消费越来越带有互联网消费特征。对于有钱有闲的小众群体而言，新型小众体育参与性消费（击剑、登山、摩托艇等）开始爆发。未来，科技与商业模式的创新将持续改变体育消费的类型与模式。

## 体育消费的背景变化

改革开放以来我国经济社会环境发生了巨大变化。中国经济在经历了一轮爆发式增长之后，已经进入“减速换挡”、结构调整的“新常态”时期。体育消费面临可支配收入与闲暇约束的新变化。承接前文的分析逻辑，本部分将首先分析家庭消费决策面临的总体压力：可支配收入与闲暇时间的变化。再着重分析家庭体育消费面临的其他娱乐消费选择替代问题。

## 家庭可支配收入增长趋缓下消费流动性的极速萎缩

图 4. 1 是我国 1978—2018 年家庭平均可支配收入与恩格尔系数的变化图。由图可知，我国家庭平均可支配收入呈逐年上升趋势且升速较快，2018 年较 1978 年增长近 100 倍，反映了我国经济发展带来的居民收入的增长；与此同时，我国家庭恩格尔系数呈下降趋势，由 1978 年的 57. 5% 下降至 2018 年的 28. 4% ，这反映了我国居民收入带来居民消费重心转移，居民生活水平不断提高。综合来看，伴随着我国经济增长、家庭可支配收入增加，居民在满足温饱支出的同时更多转向其他生活消费支出，居民生活水平不断提高。

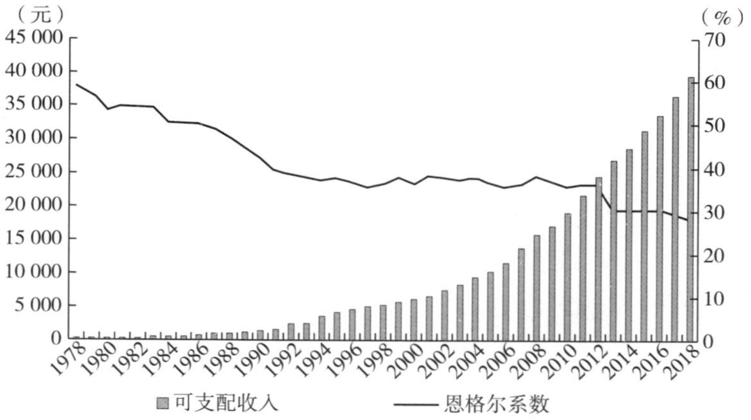


**图 4. 1　1978—2018 年家庭平均可支配收入与恩格尔系数变化**

图 4. 2 是我国 2010—2020 年家庭可支配收入结构变化图。由图可知，2010—2020 年，我国家庭可支配收入结构中 5 200 ~ 12 500 元及 12 500 元以上部分的占比不断上升，合计占比升至 78% ，5 200 元以下

占比降至 22%；家庭可支配收入结构中自 2015 年占比最大部分开始变为 5 200 ~ 12 500 元，反映了我国家庭收入上升较为均衡，低收入家庭占比不断降低。

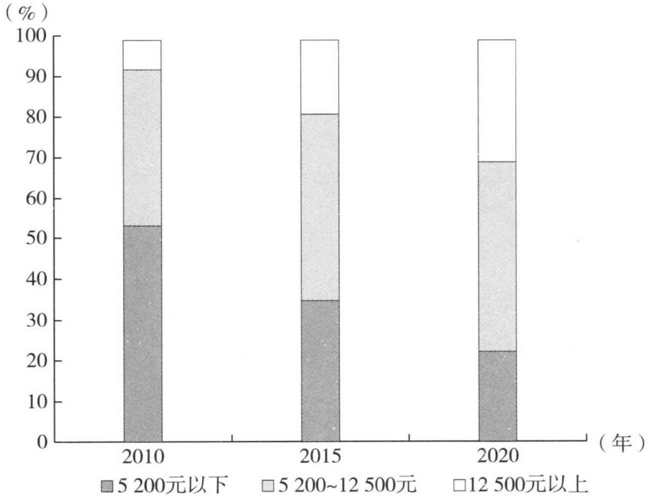


**图 4.2　2010—2020 年家庭可支配收入结构变化**

据统计，2018 年我国人均 GDP 约 1 万美元。然而，参照国际发达国家经验，我国体育产业的爆发式增长并没有如期而至。目前我国体育产业 GDP 占比仍然在 1% 左右徘徊，与发达国家仍有一定差距。与此同时，调查显示，体育消费占可支配收入的比重也没有显著增加。究其原因，或许可以从图 4.3 与图 4.4 中获得答案。

图 4.3 显示了 2012—2017 年我国家庭债务占可支配收入及 GDP 比重的变化。由图可知，我国家庭债务占可支配收入的比重由 2012 年的 71.7% 上升至 2017 年的 107.2%；家庭债务占 GDP 的比重由 30% 上升至 48.4%；债务比重呈不断上升趋势。这意味着大部分的中国家庭都处于债务崩溃的边缘。债务比重的上升不仅挤占了家庭可支配收入，关键是其消耗了家庭消费现金流，并且债务的刚性支出改变

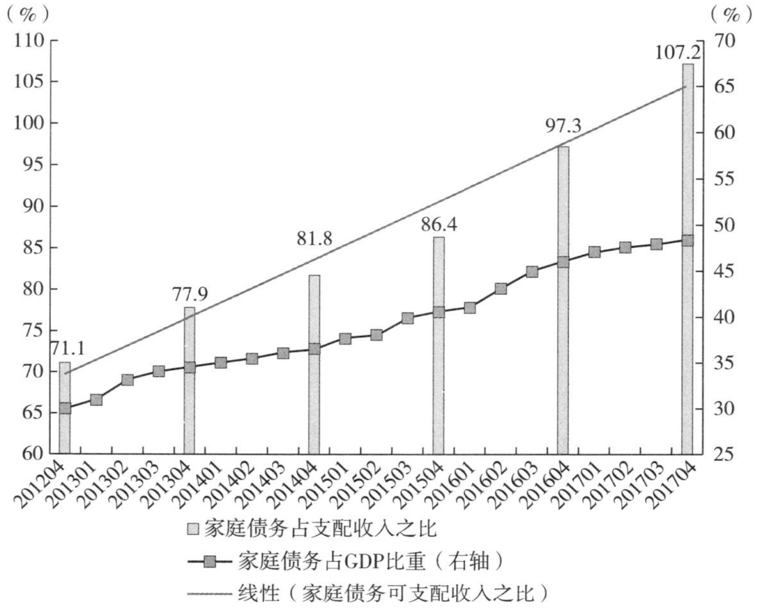


**图 4.3　2012—2017 年家庭债务占可支配收入及 GDP 比重变化**

了家庭可消费支出的预期。与此同时，更为有意思的是，可支配收入越高的家庭其负债能力越强，确实负债水平也越高。图 4.4 是 2017 年我国各省家庭债务、可支配收入及家庭债务可支配收入比。由图可知，我国各省份家庭债务与可支配收入比并不均衡，家庭债务可支配收入比大于 1 的省份占样本省份的 40%，家庭债务占比较高成为普遍现象。特别是家庭可支配收入较高的省份，如广东、江苏、浙江，均呈现家庭债务较高的特征。

正如统计显示，近年来我国家庭可支配收入依然保持上升势头，但上升趋势放缓。由于房地产政策调控，以购买房地产为代表的家庭债务问题不断被放大。家庭债务支出使家庭消费流动性萎缩较快。因此，家庭可支配收入上升的同时，体育消费的收入约束并未真正得到缓解。家庭可支配收入提高带来的体育消费红利释放受到严重压制。

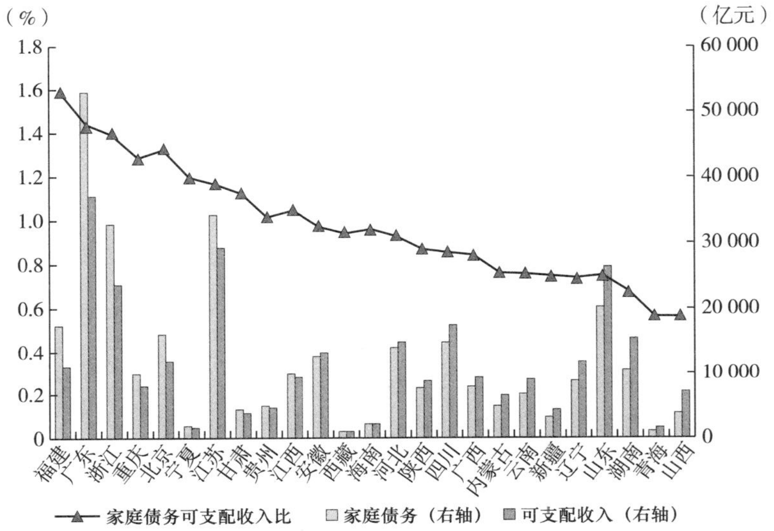


**图 4.4　2017 年各省份家庭债务、可支配收入及家庭债务可支配收入比**

## 家庭类型结构性变迁导致家庭消费目标人群急速缩减

我们将从家庭类型结构变迁入手分析家庭闲暇变化。比较优势原理认为，家庭成员分配自己的时间，应该依据比较效率最大的原则。家庭应对其每一成员在生产商品时的各种市场和非市场活动的劳动生产率进行比较。基本准则是，某一个家庭成员在某项活动中比其他家庭成员更有效率或更熟练，那么他用于这项活动的时间就应该更多。因为每一个家庭成员通常在年龄、性别、受教育程度，以及在市场和非市场经验方面具有不同的特征，任何一方面的差异都将使他们在市场和非市场活动中“生产”商品（效用）的效率有相当大的不同。很明显，家庭规模越大，家庭成员越多，则越有可能从家庭成员调配中获取额外的家庭闲暇时间。

## 我国家庭规模趋势

现在我们来考察家庭规模的决定因素以及分析我国家庭规模的未来趋势。图 4. 5 是1987—2017 年全国结婚登记对数及结婚率变化图。由图可知，我国结婚登记对数有较大幅度的增长，但结婚率从 1987 年的 17. 2‰下降到 2017 年的 7. 7‰。结婚对数增长的原因主要是人口绝对数的增加，但自 2013 年后也明显开始下降，同时结婚率连续四年下滑。直接导致结婚率下降的是适龄人口的不婚或未婚人口的不断增加。

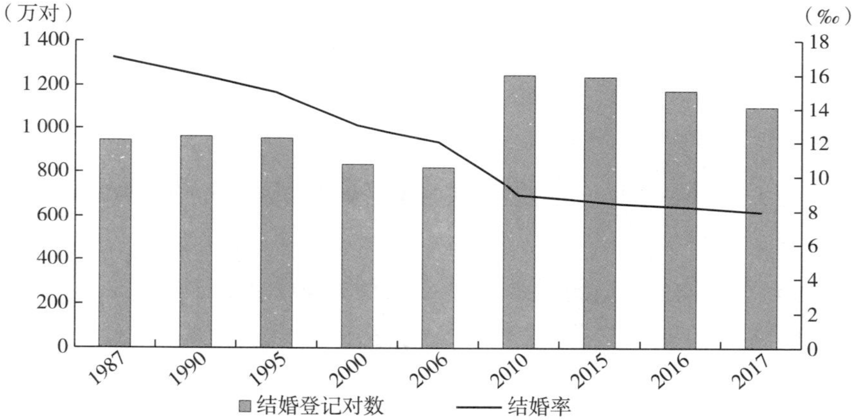


**图 4. 5　1987—2017 年全国结婚登记对数及结婚率**

图 4. 6 是 1985—2017 年全国离婚登记对数及离婚率变化图。由图可知，我国离婚率呈不断上升趋势。1985 年的统计显示我国的离婚率为 0. 44‰，2000 年离婚率翻了一番多，达到 0. 96‰。截至 2017 年，我国离婚率已达 3. 2‰。

图 4. 7 是 1982—2017 年全国 0 ~ 14 岁及 65 岁以上人口占总人口比重图。由图可知，我国 65 岁以上人口数占总人口的比重呈不断上升趋势，0 ~ 14 岁人口占总人口的比重呈总体下降趋势且降幅较大，因此我国家庭人口老龄化趋势不断上升。老龄化对家庭经济、健康水平及养老

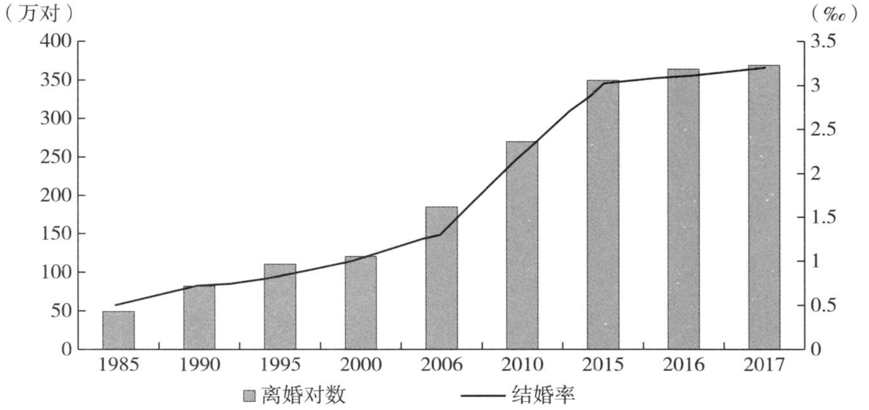


**图 4.6　1985—2017 年全国离婚登记对数及离婚率**

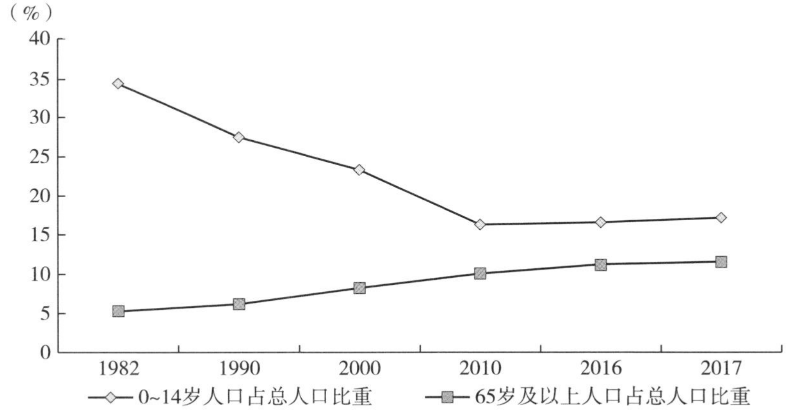


**图 4.7　1982—2017 年全国 0～14 岁及 65 岁以上人口占总人口比重**

负担均会带来不利影响。

结婚年龄推迟、离婚率上升、育龄夫妇生育推迟，使中国人口老龄化严重。劳动力全国化配置，使家庭规模不断缩小。图 4.8 是 2002 年和 2016 年全国人口抽样调查家庭户人数占全部家庭户数的比例图。由图可知，2002 年一人户占全部家庭户数的 7.7%，到 2016 年时几乎翻了一番，达到 14.09%；二人户 2002 年占比为 18.41%，到 2016 年时已高达25.77%。与此同时，2002年到2016年，四人户和五人户的家庭数量明显下降，三人及以下家庭占比显著增长。结合图4.5至图4.8可知，我国家庭规模呈现微型化的趋势。这反映了现代社会中个体主义的崛起，它极大地挑战了原有的家庭观念，特别是一人户（单身家庭）的增多，体现了传统的大户家庭观念瓦解的趋势。

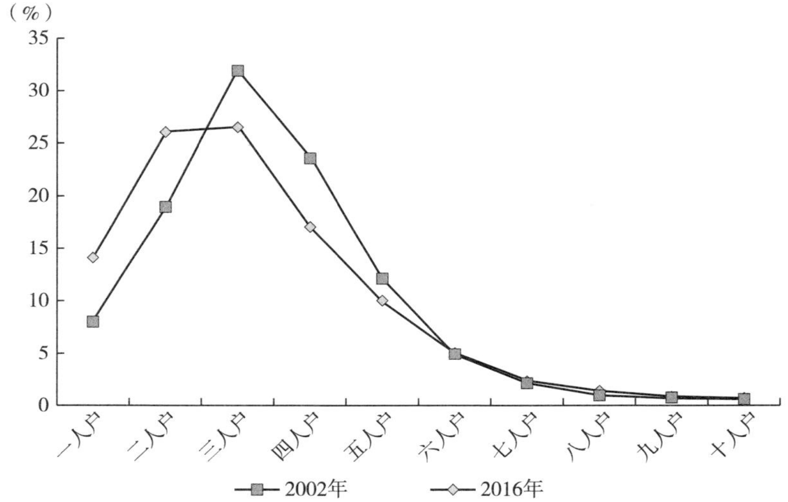


**图4.8　2002年和2016年全国人口抽样调查家庭户人数占全部家庭户数的比例**

## 家庭类型与闲暇分配

在探讨了我国家庭规模未来趋势的基础上，下面我们进一步分析我国的家庭结构。根据通用分类方法，可将我国家庭分为以下几种类型：单身家庭，指目前或将来无婚姻规划且独身居住的男人或女人；核心家庭，指一对夫妇及其未婚子女组成的家庭；主干家庭，指由一对夫妇与其父母（或父母中的一方）和未婚子女聚居生活的家庭；空巢家庭，指由于儿女在外学习、工作或已各自成家等原因使家中只剩一对老年夫妇的家庭；单亲家庭，指由于离异、丧偶或两地分居等原因使核心家庭父母中的一方与子女共同生活而组成的家庭；其他家庭，有隔代家庭、丁克家庭、多代家庭和联合家庭等等。

图 4.9 显示的是对于北京市 6 种家庭类型平均每天可自由支配的闲暇时间的调研结果。由图可知，空巢家庭每天可自由支配的闲暇时间达 3 小时以上的比重最大，单身、未育、核心及单亲家庭平均每天可自由支配的闲暇时间为 1～2 小时的比重较大，即空巢家庭闲暇时间较为充足，主干及单亲家庭闲暇时间较少，未育及核心家庭闲暇时间次之。这表明伴随着家庭结构的逐步建立及稳定，同单身家庭相比，主干及单亲家庭在时间总量一定的前提下，其成员面临着更多的制约和压力，如为缓解生活压力，家庭中的年轻夫妇往往会选择牺牲更多的闲暇时间去加班和学习等，这使他们的闲暇时间相对减少。

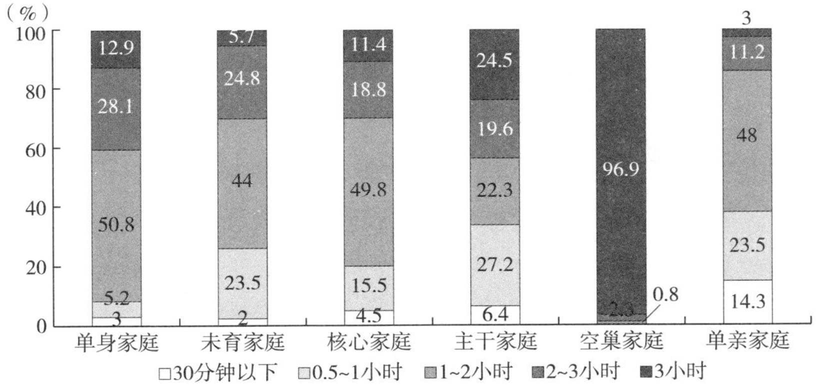


**图 4.9　北京市 6 种家庭类型平均每天可自由支配的闲暇时间比重**

图 4.10 是 2008 年与 2018 年各类型家庭比重变化图，由图可知，相较于 2008 年，2018 年我国主干家庭及核心家庭比重明显下降；主干家庭与核心家庭占比由近六成下降为不足五成。与此同时，与之前数据相印证，单亲家庭、空巢家庭、未育家庭及单身家庭占比均有不同比例的上升。

核心家庭与主干家庭是消费的核心群体，而家庭类型结构性变迁导

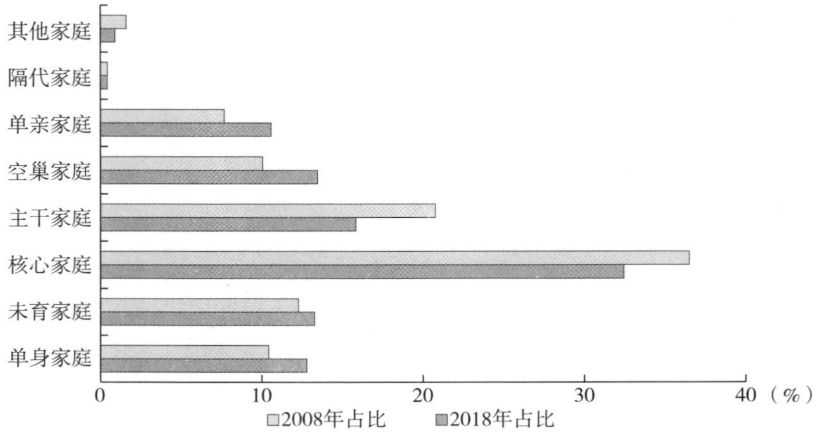


**图 4.10　2008 年及 2018 年各类型家庭比重变化**

致家庭消费目标人群急速缩减，这成为压制体育消费的又一重要因素。

## 体育消费的年龄效应与代际效应

根据生命周期假说，理性经济人会在其预期生存周期范围内对个人消费进行总体规划与平滑，从而实现其生命周期消费效用的总体最优。在不同年龄阶段，个体的消费品需求不尽相同，这称之为消费的年龄效应。年龄效应反映了个体内生的消费变化，与“生命周期”密切相关。体育消费的调研问卷结果也体现出消费的年龄效应：青年人主要选择对抗激烈、具有较强社交属性且单体消费成本低廉的体育项目消费；而老年人主要选择体育康养类项目消费。

消费的代际效应是指：同一时代出生的人群有着相同的社会变迁经历，从而形成类似的社会性格特征与相似的行为。国家消费政策和制度安排作为嵌入制度社会变迁中的一部分，使同时期出生的居民的消费行为趋同。加之我国社会变迁转型剧烈，不同时代出生人群的消费行为及偏好选择存在系统性差异。一方面，不同时期出生的人群面临的必要消费支出压力不同。与计划经济时期出生的人群相比，市场化改革时期出生的人群面临更大的医疗、教育、住房等消费支出压力，从而抑制了包括体育消费在内的其他消费，扩大了消费的代际差异。另一方面，年轻一代显示出不同的消费偏好。就体育消费而言，年轻人对于跑酷、滑板、电子竞技等新型体育运动的积极参与显示出年轻一代特殊的体育消费偏好。这些新型体育项目与产业业态具有社交黏性强、单体成本低廉、国际化潜力巨大的特点，越来越受到年轻人的青睐。以电子竞技运动为例，2018 年统计显示，我国参与电子竞技运动的人数已近 3.5 亿人，基本覆盖了 8 岁至 35 岁的年轻人群。

## 家庭体育消费选择

表 4.2 是 2018 年北京市 6 种家庭类型利用闲暇时间从事活动情况调查表。由表可知，单身家庭利用闲暇时间进行活动排前三位的是：上网、参加体育活动及看电视；未育家庭利用闲暇时间进行活动排前三位的是：上网、看电视及参加体育活动；核心及主干家庭利用闲暇时间进行活动排前四位的是：教育子女、上网、看电视及参加体育活动；空巢家庭利用闲暇时间进行活动排前三位的是：参加体育活动、读书看报及聚友聊天；单亲家庭利用闲暇时间进行活动排前三位的是：教育子女、上网及看电视。

表 4.2　北京市 6 种家庭类型利用闲暇时间从事活动情况调查表

| | 单身家庭 | | 未育家庭 | | 核心家庭 | | 主干家庭 | | 空巢家庭 | | 单亲家庭 | |
|---|---|---|---|---|---|---|---|---|---|---|---|---|
| | 占比（%） | 排序 | 占比（%） | 排序 | 占比（%） | 排序 | 占比（%） | 排序 | 占比（%） | 排序 | 占比（%） | 排序 |
| 上网 | 30.2 | 1 | 23.7 | 1 | 15.5 | 2 | 14.7 | 2 | 8.8 | 5 | 18.4 | 2 |
| 看电视 | 12.6 | 3 | 18.8 | 2 | 12.6 | 3 | 14.2 | 3 | 5.2 | 7 | 14.0 | 3 |
| 读书看报 | 7.1 | 7 | 13.7 | 4 | 9.4 | 5 | 9.0 | 6 | 19.9 | 2 | 12.6 | 4 |
| 教育子女 | 0.0 | / | 0.0 | / | 24.5 | 1 | 19.7 | 1 | 0.0 | / | 28.0 | 1 |

（续　表）

| | 单身家庭 | | 未育家庭 | | 核心家庭 | | 主干家庭 | | 空巢家庭 | | 单亲家庭 | |
|---|---|---|---|---|---|---|---|---|---|---|---|---|
| | 占比（%） | 排序 | 占比（%） | 排序 | 占比（%） | 排序 | 占比（%） | 排序 | 占比（%） | 排序 | 占比（%） | 排序 |
| 参加体育活动 | 18.7 | 2 | 17.3 | 3 | 11.8 | 4 | 12.0 | 4 | 27.0 | 1 | 9.2 | 5 |
| 走亲访友 | 2.1 | 8 | 7.5 | 6 | 7.2 | 7 | 6.9 | 8 | 2.8 | 8 | 2.4 | 8 |
| 聚友聊天 | 8.2 | 6 | 5.7 | 7 | 4.4 | 9 | 6.5 | 9 | 18.2 | 3 | 1.4 | 9 |
| 逛商场 | 12.4 | 4 | 8.0 | 5 | 7.6 | 6 | 9.9 | 5 | 10.3 | 4 | 6.5 | 7 |
| 其他 | 8.7 | 5 | 5.3 | 8 | 7.0 | 8 | 7.1 | 7 | 7.8 | 6 | 7.5 | 6 |
| 总计 | 100.0 | | 100.0 | | 100.0 | | 100.0 | | 100.0 | | 100.0 | |

总体而言，伴随家庭人口数的上升，教育子女逐渐成为家庭闲暇时间活动的中心，参加体育运动成为以老年人为主的空巢家庭闲暇时间的主要活动。

## 家庭体育消费潜力

可见，在家庭可支配收入增速趋缓、收入增长预期下降、闲暇下降的背景趋势下，不仅是体育消费，家庭总体消费也承担着很大的压力。体育消费需求作为高层次需求，还面临其他消费项目的替代压力。特别是移动端互联网+的娱乐方式对体育消费的冲击巨大。该类消费的娱乐产品生产成本巨大但生产边际成本几乎为零，可以依靠网络外部效应，让消费者低成本甚至零成本进入；消费者只需要利用碎片化的闲暇即可在短时间内获得快乐体验（效用）。人工智能和大数据分析方法的使用，使该类消费娱乐项目具有主动识别消费者偏好的功能，不断主动推送内容以满足需求。消费者判断效用，理性成瘾。因此，要让更多家庭选择进行体育消费，体育消费自身需要改变。体育消费在借鉴已有成功消费模式的基础上，发挥体育对于家庭关系的塑造功能，从而有效争夺家庭消费者。

首先，从家庭类型占比的角度来看，核心家庭与主干家庭在一段时间内仍然是我国家庭的主要形态，从家庭财富积累以及闲暇两方面看都是体育消费首要争取的主力人群。目前，亟须通过改变传统体育形态，充分发挥体育对子女教育的功能，留住体育消费的主力人群。其次，单身家庭与未育家庭的家庭成员身体素质好，消费多以猎奇、寻求刺激为目的，敢于尝试新型消费项目，传统的体育项目难以满足该类人群要“酷”与社交的消费需求。应该通过开发小众体育新业态，在满足其体育娱乐需求的同时，将其纳入长期体育消费习惯培育的重要潜在人群。最后，空巢家庭具有最为强烈的体育运动偏好，但受收入约束最为严重。单亲家庭则受到可支配收入与闲暇的双重约束，参与体育运动严重不足，难以进行体育消费。因此，这两类人群需要通过体育产业的发展进行反哺，由政府供给公共体育产品，促进这两类人群进行体育运动。如果发生相关体育消费支出，可以通过政府补贴的方式给予减免。这将为空巢家庭晚年生活注入新的体育精神内涵。将体育作为家庭黏合剂能够为单亲家庭提供更多的休闲娱乐场景。

## 当前体育消费政策的意义与挑战

政府作为政策的主要供给方，一直以来都在鼓励更多人民群众参与到体育运动中来，强身健体、提高国民身体素质。通过发展群众体育，培养一定规模的体育人口方能有效保障体育消费，促进体育产业的发展。依据前文对于体育消费行为的分析逻辑，我们将现有体育消费政策分为两类：其一，促进体育消费的长期政策。该类政策一方面旨在改变当下消费者对于体育消费的认知，譬如，对于体育消费预算与时间的投入预期以及体育运动带来的效用预期。另一方面，即不断大力宣传全民健身，体育强国的理念，从代际上改变体育消费偏好，特别是要强化学校体育的重要作用，从青少年阶段就赋予其体育技能。通过促进体育的长效政策将体育消费注入社会消费心理中。其二，促进体育消费的短期政策，这也是本文研究讨论的重点政策。该类政策的主旨为放松体育消费中的可支配收入以及闲暇的诸多约束。经过对政策的梳理，可以列举以下几类体育消费政策进行分析。

第一类体育消费政策的制定主要通过加大体育基础设施供给，针对解决体育运动中体育运动场地的约束问题。该类政策执行成果显著，有效降低了体育消费过程中无效闲暇的浪费。目前，我国体育基础建设成就巨大，满足了包括举办大型国际赛事在内的阶段性战略要求。然而，体育场馆运营顶层制度设计的不匹配使场馆运营成本始终居高不下，并且体育运动锻炼的时间特征性使体育场馆运营效率难以提高。总体上，体育场馆运营赢利性较差，如果依靠财政补贴，地方财政将一直承压。与此同时，实体体育场馆与碎片化的体育消费时间无法匹配，由此产生体育消费需求难以满足的情况。

第二类体育消费政策的制定针对体育产业发展特质，通过“体育+”和“+体育”的方式鼓励战略投资者进入体育产业。通过产业间的深度融合，降低体育服务价格。特别是在互联网经济中，体育战略投资者通常看中体育对于消费者的“引流”与“吸粉”作用，从而围绕体育赛事或体育明星建立消费生态，这确实起到了有效降低体育商品价格的作用，放松了体育消费中的收入约束。然而，目前市场中体育战略投资者的主营业务并非体育，其势必通过“消费生态”带来的垄断优势挤压体育商品供应商，从而提高消费生态的整体赢利性。目前来看，这不利于传统体育用品制造行业的发展。

第三类体育消费政策的制定则通过短期财政补贴培育长期体育消费习惯。依托大型体育赛事或指定体育场馆，捆绑发放体育消费券，直接精准降低特定体育用品与服务价格。体育消费券作为精准直补政策，毫无疑问对于特定时期的特定体育项目消费具有直接、快速且显著的政策效果。但这间接扭曲了体育市场：一方面，体育消费券的发展面临财政可持续性问题；另一方面，长期发放体育消费券将弱化体育企业在市场中的生存本领。此外，依靠体育消费券培养消费者体育消费习惯十分困难，毕竟体育消费与打车消费、外卖消费相比刚性太低。

## 未来体育消费政策的制定：思路与建议

从体育消费的长期发展来看，势必从改善群众体育认知入手，继续加强全民健身的宣传与推广，保证长期体育消费政策的供给。而制定短期体育消费政策则首先需要把握以下几点：(1) 体育消费黏性不强，导致体育产业发展的弱质性与结构性失衡。(2) 体育产业急需转型升级以适应新型消费端口升级。体育消费政策制定的初步构想：进一步降低体育服务消费价格的同时，以体育用品科技创新拉动体育消费增长。重视以家庭体育为纽带，打造家庭互联网体育消费端口，刺激体育消费升级。

基于上述政策制定思路，下面给出具体的体育消费政策制定方向与建议：

**进一步降低体育服务消费价格，以体育重塑家庭闲暇消费结构的同时，增强体育消费的黏性**

目前，我国大中型城市已经完成了人与人之间的高度联通。在通过互联网降低体育服务价格并保证体育服务盈利的基础上，降低体育服务消费价格具备现实基础。相较于普通社交关系，以家庭为单位参与体育服务消费能够有效增强体育服务消费黏性。与此同时，能够将体育的精神内涵注入家庭，满足家庭的健康与精神需求。

据此我们提出建议：依托人工智能、5G 通信技术等新科技，鼓励家庭级体育服务应用的开发。

## 短期看，体育用品消费仍然是拉动体育消费增长的核心增长点

作为制造业大国，我国具有完整的体育用品制造产业链以及巨大的体育用品制造能力。我国消费者一直以来具有体育用品消费基础与习惯，体育用品可以配合体育服务成为体育消费的最终出口，从而带动互联网体育服务经济的健康发展。

建议：那些掌握核心技术与关键技术，能够抓住科技机遇，提高体育用品科技含量与经济附加值的民族品牌，仍然是保障我国体育消费升级与增长的重要力量，对其应重点增强支持力度。

## 体育消费政策取向：从“走向户外”到“走向户外与回归家庭并重”

家庭可支配收入上升、公共假期增加以及人口老龄化使“走向户外”的体育消费政策取向获得成功。体育与休闲、体育与康养、体育与旅游产业相结合获得了阶段性成功。目前来看，以公共假期为主的整块闲暇时间不再增长，这使“走向户外”的体育消费政策受到刚性制约。挖掘家庭碎片化闲暇时间，“走向户外与回归家庭并重”将成为下一阶段体育消费政策的新取向。

建议：重新审视并高度重视以家庭为核心的体育业态塑造，搭建适应科技趋势的家庭体育消费新场景。

## 进一步深入了解新一代青年家庭的体育消费行为与消费偏好

新中国成立以来，我国经济社会文化发生了翻天覆地的剧烈变化。不同年代出生的消费者具有巨大的消费偏好与行为差异。在体育消费中也是这样，对于新一代青年家庭而言，他们的消费偏好正在被当前的互联网时代改变。进一步深入了解新一代青年家庭体育消费行为与消费偏

好，将更加有助于体育消费政策的制定并保证政策的长期效果。

建议：借鉴互联网消费模式，譬如“打赏”等，创新体育消费激励模式，重点促进体育产业与新型消费端口的融合发展，培育体育新业态。

### 明确构建新型“体育消费－收入”政策的长期均衡稳定预期

体育消费既是体育产业的终端出口，也是体育产业的发端入口。体育消费对于增加收入、创造就业机会具有不可估量的作用，特别是基于当前互联网经济构建的新型“体育消费－收入”政策。

建议：建立国家政策执行的监督与反馈机制，保障政策的长期有效性。其目的是稳定居民体育消费预期，促进更多年轻人投身体育新兴产业并获得长期职业发展，保护与鼓励年轻人群由体育消费者向体育从业者转变。

## 参考文献

[1] 任海．论体育产业对中国体育发展的影响[J]．体育科学，2015(11)：13－18.

[2] 江小涓．高度联通社会中的资源重组与服务业增长［J］．经济研究，2017(3)：6－19.

[3] 田国强，黄晓东，宁磊，王玉琴．警惕家庭债务危机及其可能引发的系统性金融风险．

[4] 林晓珊．改革开放四十年来的中国家庭变迁：轨迹、逻辑与趋势［J］．妇女研究论丛，2018，149（5）：52－69.

[5] 于振峰，叶伟，许高航．对我国体育消费现状的研究［J］．体育科学，1999，19（3）：23－25.

[6] 骆秉全，孙文．北京市不同家庭类型体育消费特征研究［J］．体育科学，2008，28（11）：22－29.

［7］贝克尔著，彭松建译．家庭经济分析［M］．华夏出版社，1987.

［8］代刚．体育消费形成与生长的微观机理解读[J]. 体育科学,2011,31(10).

［9］刘运转．持久性收入与中国居民消费需求［J］．工业技术经济，2018，v. 37；No. 297（7）：40－46.

［10］王甫勤，章超．中国城镇居民的阶层地位与消费偏好（2003—2013）［J］．社会科学，2018（4）．

［11］韦倩，孙瑞琪，姜树广．神经过程的替代性互动：人类决策的神经元经济学分析［J］．江海学刊，2018（3）：88－94＋239.

［12］张少哲，周长城，曹亚娟．分享经济与消费行为变迁：网络社会背景下的体验式消费逻辑［J］．广东社会科学，2018（2）．

［13］刘义圣，何英．玛格丽特·里德对家庭经济学和消费行为学的贡献——著名女性经济学家学术贡献评介［J］．经济学动态，2018（3）．

［14］李倩倩，薛求知．消费行为的意义建构模型及主客观诠释比较：一项质性研究［J］．管理评论，2018，30（11）：110－120.

# 第五章

# 借鉴经验深化放管服改革，促进体育产业高质量发展

陈 伟　徐军委　刘现伟　石 颖

体育产业是重要的幸福产业和国民经济的新增长点。党的十八大以来，国家高度重视体育产业发展，先后出台了一系列政策文件，并取得了显著成效。但妨碍体育产业高质量发展的关键体制机制障碍并没有完全破除，迫切需要通过放管服改革加快优化体育营商环境，科学界定政府、市场与社会的分工，实现体育治理体系与治理能力的现代化。文化产业、旅游产业改革发展先行一步，其中一些政策和改革经验值得体育部门借鉴。本文将在政策对比分析的基础上，聚焦新时代体育产业高质量发展，提出若干政策建议。

## 快速发展的体育产业潜力巨大但问题同样突出

党的十八大以来，特别是《国务院关于加快发展体育产业促进体育消费的若干意见》（国发〔2014〕46 号）发布以来，我国体育产业快速发展。2013—2017 年，全国体育产业增加值从 3 563.69 亿元增长到 7 811.4 亿元；2017 年，产业增加值占同期 GDP 的比重达 0.94%；体育产业增加值年均增长率为 16.23%，远高于 GDP 7.1% 的年均增长率。

表 5.1　2014—2017 年体育产业实现增加值及占当年 GDP 比重表

| 年份 | 体育产业总规模（万亿元） | 实现增加值（亿元） | 增加值占 GDP 比重（%） |
| --- | --- | --- | --- |
| 2014 | 1.35 | 4 041 | 0.64 |
| 2015 | 1.70 | 5 494 | 0.80 |
| 2016 | 1.90 | 6 475 | 0.90 |
| 2017 | 2.20 | 7 811 | 0.94 |

资料来源：国家统计局网站，http：//www.stats.gov.cn/tjsj/zxfb/201901/t20190108_1643790.html。

近年来体育产业出现一些新苗头、新趋势、新业态。例如，健身培训需求的快速增长；中高端的小众项目加速发展，电子竞技和智能体育等新体育项目受到众多关注；职业体育商业价值提高；网络和数字技术向体育产业深度渗透；社会资本密集涌入体育产业；体育与其他领域的融合渗透不断加深；地方政府对体育产业重视程度明显提高等。

从国际比较看，我国体育产业蕴含着巨大的发展潜力。我国体育产业增加值占 GDP 的比重仅有不到 1%，而全球平均水平为 2%，美国为 2.75%，欧盟为 1.8%，日本为 2%，韩国为 2.75%；体育就业人口占劳动力的比重方面，我国为 0.56%，美国为 2.13%，欧盟为 2.12%，日本为 0.90%，韩国为 1.00%。

当前，我国经济已经进入发展的新常态，需要进一步扩大内需特别是促进消费，其中就包括扩大体育消费。据预测，我国体育消费增长空间巨大，2020 年体育消费有望达到 1.5 万亿元，并仍将保持快速增长。这为体育产业发展带来了新机遇，同时也提出了新的更高的要求，体育产业只有提质增效、高质量发展，才能有效解决人民对体育消费日益增长的需要和不平衡不充分发展之间的矛盾，并在 2035 年前后成为支柱性产业。

我国体育产业在快速发展的同时，也逐渐暴露出质量效益不高、发展不平衡不充分的问题。例如，体育制造业普遍处于价值链中低端，利润水平不高，创新能力不足，缺乏国际竞争力；体育服务业占比较低，与体育制造业之比为3∶7，与发达国家7∶3的结构形成鲜明对照；发展区域结构不均衡，城乡之间、中西部地区之间的体育发展差距总体在扩大；体育产业与体育事业尚未形成良性互动等。

## 文化、旅游、体育三大行业政策与制度的比较

在产业规划、扶持政策、规制政策、创新政策等制度设计方面，文化和旅游产业都具有一些可供借鉴的地方。

### 体育产业发展规划层级有待提升

在战略定位方面，体育产业被描述成经济转型升级、推动经济社会发展的重要力量；文化产业则成为国民经济支柱性产业；旅游产业为国民经济重要的战略性支柱产业。通过比较发现，国家对体育产业的战略定位不够清晰，战略高度有待提升，体育产业的产业能级亟待提高。

在产业规划方面，《体育产业发展“十三五”规划》由国家体育总局发布施行，《“十三五”旅游业发展规划》由国务院发文，《国家“十三五”时期文化发展改革规划纲要》则由中共中央、国务院联合印发，可见体育产业规划还没有上升到国家级。此外，体育产业的专项规划体系也不够完备，缺乏类似文化和旅游等行业的人才、信息化、标准化、质量发展等方面的专项规划。

### 体育产业扶持政策体系有待明确

在财政政策方面，我国出台了一系列促进体育产业发展的引导政策，例如，《国务院办公厅关于加快发展体育产业的指导意见》（国办发〔2010〕22号）、《国务院关于加快发展体育产业促进体育消费的若干意见》（国发〔2014〕46号）、《国务院办公厅关于加快发展健身休闲产

业的指导意见》（国办发〔2016〕77号）等，但这些文件对体育产业的资金支持要求相对不够具体。对于文化产业，国家出台一系列财政支持政策，并由中央财政安排文化产业发展专项资金，用于支持文化产业发展；另外，为解决文化产业发展中面临的市场活力不足、企业融资困难、投资渠道不畅等问题，由中央财政注资，吸纳社会资本加入，设立了中国文化产业投资基金，为文化产业发展提供有力的金融支撑。由于旅游产业启动市场化较早，市场化程度较高，市场规模较大，虽然财政支撑政策较少，但发展资金充裕。体育产业尚处于起步期，国家层面应考虑成立专门的产业发展专项支持资金或体育产业发展投资基金，来支持体育产业的快速发展。

在税收政策方面，体育产业享受一定的税收政策支持。例如：将体育服务、用品制造等内容及其支撑技术纳入国家重点支持的高新技术领域，对经认定为高新技术企业的体育企业，减按15%的税率征收企业所得税；提供体育服务的社会组织，经认定取得非营利组织企业所得税免税优惠资格的，依法享受相关优惠政策。但相比较而言，文化产业的税收激励政策最为丰富完善，而且对动漫、文化创意和设计服务等行业细分领域也有专门的税收优惠。未来针对体育产业的税收激励应进一步细化，尤其是梳理落实一些已经适用于文化产业的税收政策。

在金融政策方面，文化、旅游产业都有金融支持产业发展的专门政策文件，而体育产业目前还没有。体育和旅游产业的金融支撑政策相对比较传统，主要是上市、债务融资、投资基金、保险等传统方式。而文化产业的金融和投融资工具创新性强，例如，将文化与金融相结合发展形成文化金融产业，积极探索互联网金融、“文创债”、文化资产管理、文化产业融资租赁等先进理念和方式，并开展文化与金融合作示范区的创建。这些新的理念和方式值得体育产业学习借鉴。

在空间规划和土地政策方面，体育、文化、旅游产业的产业用地都被要求纳入城乡规划和土地利用总体规划。其中，支持体育产业发展的相关规划和土地政策都散见于不同的文件，而旅游产业由国土资源部、住房和城乡建设部、国家旅游局三个主管部门联合发文，集中明确旅游业发展用地政策。今后在体育用地方面，也应制定更加细化的支持措施。

在消费政策方面，旅游产业由于市场程度较高，产业基础较好，除了门票优惠等少量措施外，没有太多全国性的消费促进政策。体育和文化产业的消费促进政策较为明确具体，尤其是文化产业，例如将促进文化消费作为一项试点，已经在全国范围内确定了 45 个国家文化消费试点城市。各地都在试点体育消费促进政策，今后应该加快推出相关政策，发挥体育发展的多重效益。

## 体育产业规制与治理能力有待完善

在法律法规方面，《文化产业促进法》已经提出近十年，也被列入十二届全国人大常委会的五年立法规划，即《文化产业促进法》最晚将于 2022 年出台，然而在国务院 2019 年立法工作计划中，并没有《文化产业促进法》的相关内容，目前仍在讨论阶段。《中华人民共和国旅游法》于 2013 年 4 月 25 日由第十二届全国常委会第二次会议通过，根据 2016 年 11 月 7 日的《全国人大常委会关于修改 < 中华人民共和国对外贸易法 > 等十二部法律的决定》进行了第一次修订。《中华人民共和国体育法》（1995 年 10 月 1 日起施行）及相关法律法规已出台 20 多年，只在 2013 年和 2016 年做了两次修订，之前没有经过较大修改和修订，已无法满足新形势和新要求，其中一些条款没有结合产业的特殊性，从而无法做出细致的规范。

在主体关系方面，文化体制改革已经启动十多年，政府、事业、企业、协会（社会组织）的关系相对明确，各方面改革力度大，取得了显著成效。旅游行业由于市场化程度高，几方关系明确，监管与被监管主体的权责也比较明确。体育行业则相对封闭，改革步伐较慢，几方关系尚未完全理顺，但也在局部领域启动了改革，取得了一定成效，以足球、篮球为代表的体育项目协会加快推进实体化改革，但这些改革往往缺乏配套措施，引发了一些问题。今后需要在加快推进改革的同时，完善配套措施。

在行业标准方面，文化部制定了《文化标准化中长期发展规划（2007—2020）》，对文化领域的标准化建设做出了全面部署和安排，这是我国文化领域颁行的第一部文化标准化发展规划。旅游行业在实施《全国旅游标准化发展规划（2009—2015）》的基础上，制定《全国旅游标准化发展规划（2016—2020）》。2017 年 10 月，体育总局印发《体育标准化管理办法》，确定了体育标准化工作的主要内容：制定体育标准化发展规划和标准体系，组织制定和修订体育标准，宣传贯彻与实施体育标准，监督体育标准的实施结果等。但体育产业的标准化工作起步相对晚一些，有些方面的规定不够完善合理，亟须加快优化。

在信用监管方面，文化产业推出了文化市场黑名单制度，正在不断完善守信激励、失信惩戒机制。旅游行业则建立健全旅游诚信体系，并形成了严格的曝光惩戒机制。国家体育总局于 2015 年全面启动体育信用体系建设工作，成立了工作领导小组和三个课题组，制定了《国家体育总局推进社会信用体系建设工作方案》，但体育产业的信用监管政策和执行体系亟待建立。

在准入监管方面，文化产业发布了《文化部关于鼓励和引导民间资本进入文化领域的实施意见》（文产发〔2012〕17 号），旅游行业建立了公开透明的市场准入标准和运行规则，打破行业、地区壁垒，推动旅游市场向社会资本全面开放。体育产业在推进体育赛事审批制度改革方面取得一定的突破，但也存在放管服不配套的问题，缺乏相应的市场准入负面清单和投资指导目录，这方面应加快完善。

## 构建体育产业高质量发展体系需要加快放管服改革

为实现新时代体育产业的高质量发展，首先要做的就是通过简政放权，激发市场与社会的活力。2013 年以来推行的放管服改革契合了这一目标，放管服改革是处理好政府与市场关系的重大改革之举，对于体育营商环境打造和体育产业发展的新旧动能转换具有重要意义。

### 新时代体育产业高质量发展的六方面内涵

体育产业实现高质量发展的关键是贯彻落实新发展理念，坚持质量第一、效益优先，在转变发展方式、优化产业结构、转换增长动力等三个方面下功夫，其核心内涵包括以下六个方面。

一是投入要素的高水平。这是高质量发展的基础条件。要努力创造条件为体育产业源源不断地提供良好的人才、资金、设施、管理、技术等要素，关键是要培育一批复合型体育人才和致力于体育创新发展的企业家，促进体育设施建设的小型化、实用化，加快体育科技领域的创新。

二是产业结构的高质量。这是高质量发展的必然要求。只有持续不断地对体育产业的细分行业结构、组织结构、空间结构、市场结构等进行引导和调整，才能激发发展动力、提高发展效益，关键是提高体育服务业占比，培育一批合格的体育市场主体。

三是产品服务的高品质。这是高质量发展的直观体现。以需求升级为导向，充分发挥市场的决定性作用，促进资源的合理配置与有效利用，最终产出高品质的体育用品和服务，从而满足人民对新时代美好生活的向往。关键是优化体育产品和服务的标准体系，打造一批标杆示范项目，通过标准和标杆来引领发展。

四是产业发展的高效益。这是高质量发展成效的成果检验。体育产业发展的高效益既体现为产值规模的持续较快增长，逐渐成为拉动我国经济增长的重要动力，也体现为人均效益的不断提高，让体育成为一个受到尊重的较高收入行业；既体现为经济效益的不断改善，也体现为增强人民健康福祉的社会效益以及民族自豪感和国际影响力。

五是产业事业的有效协调。这是体育自身公益特性的内在要求。体育除了具有产业属性，其公益属性同样重要。应该以体育产业发展促进体育事业建设水平的不断改善，产业事业互动，为广大人民提供更多、更好、更均衡的体育基本公共服务。关键是要区分市场化服务、准公共服务、基本公共服务，建立起不同类型服务体系协同发展的有效机制。

六是体育发展的良好外部性。这是发挥体育自身良好融合性和支撑性的重要方向。体育正日益发展成为一种基础性产业要素，与农业、文化、旅游等产业形成日益紧密的关联。关键是通过“体育 +”“ + 体育”等新业态的不断发展和融合渗透，为我国消费经济、服务经济的发展持续注入创新动力。

## 放管服改革是优化政府与市场关系的重大举措

2013 年，新一届政府在成立之际，把政府职能转变作为该届政府的工作重心，此后，如何深化行政体制改革成为有关政府工作的热议问题。从简政放权，到放管结合，再到优化服务，这既是对政府职能转变认识的深化过程，也是政府改革走向成熟和体系化的过程。2019 年 6 月 25 日，国务院在召开全国深化放管服改革优化营商环境电视电话会议时指出，放管服改革是处理好政府与市场关系的重大改革之举，对扩大就业、壮大新动能、经济稳中向好起到了重要支撑作用。据统计，2013 年到 2017 年，放管服改革取得以下成效：

- 减少行政审批事项。分 9 批取消下放国务院部门审批事项 618 项，占原有 1 700 多项的 40%，全面清理 453 项非行政许可审批事项，非行政许可审批彻底终结；
- 改革商事制度。工商登记由“先证后照”改为“先照后证”，前置审批事项压减 87% 以上，注册资本由“实缴制”改为“认缴制”，推行“多证合一、一照一码”改革，启动企业简易注销登记改革；
- 削减职业资格。分 7 批取消国务院等部门设置的职业资格许可和认定事项 434 项，占原总数 70% 以上，减少了就业资格限制；
- 实行减税降费。出台营改增、中小微企业税收优惠等结构性减税政策，全面清理涉企收费，中央和省级政府取消、停征和减免收费 1 100 多项，其中涉及行政事业性收费项目减少 69%，政府性基金减少 30%，2013—2017 年累计减轻市场主体负担 3 万多亿元；
- 清理审批中介。分 3 批清理国务院行政审批中介服务事项 323 项，占原总数的 74%，实行中介服务机构与审批部门彻底脱钩，规范了中介服务；
- 放开政府定价。中央政府定价项目减少 80%，31 个省市区定价项目平均减少 80% 左右，余下的定价项目限定在重要公用事业和自然垄断行业，价格管制大幅减少；
- 压缩专项转移支付。中央对地方专项转移支付项目的数量，已由 2013 年的 220 个大幅压减到 2017 年的 94 个，压减率达 57%，一般性转移支付的比重提升到 60%，扩大了地方自主权。

## 体育放管服改革取得进展而问题更突出

体育产业存在的问题，很大程度上是改革长期滞后造成的。在国家大力推进放管服改革的背景下，体育产业迫切需要通过改革激发市场活力，增强内生动力。体育产业的放管服改革，有利于充分发挥市场对资源配置的作用，有利于激发各类市场主体的活力，培育新动能，增强内生动力，有利于构建统一开放、竞争有序的现代体育市场体系，有助于推动体育与经济社会的协调发展。

普遍认为，体育产业改革分为三个阶段。1986 年 4 月，国家体委制定的《关于体育体制改革的决定（草案）》出台，拉开了体育改革的序幕。2008 年北京举办奥运会之后，我国体育产业开始进行战略转型。2014 年出台的《国务院关于加快发展体育产业促进体育消费的若干意见》（国发〔2014〕46 号），将体育产业定位成拉动国民经济的重要产业，标志着体育产业改革进入深水区，体育产业放管服改革正式开始。这个阶段的主要任务有：研究如何通过行政审批制度改革推进体育行政领域的“简政放权”；以体育赛事审批为重点推进体育行政审批制度改革；降低体育产业市场主体门槛，探索体育产业“宽准入、严监管”的改革思路；通过对体育类国家强制标准的制定和完善，加强对危险性体育项目经营的管理。

46 号文件还明确指出，要优化市场环境，创新市场运行机制，推进赛事举办权、赛事转播权、运动员转会权、无形资产开发等具备交易条件的资源公平、公正、公开流转；放宽赛事转播权限制，除奥运会、亚运会、世界杯足球赛等其他国内外各类体育赛事，各电视台可直接购买或转让；加强安保服务管理，完善体育赛事和活动安保服务标准，积极推进安保服务社会化，进一步促进公平竞争，降低赛事和活动成本；完善税费价格政策和健身消费政策。

《国务院关于印发 2016 年推进简政放权放管结合优化服务改革工作要点的通知》（国发〔2016〕30 号）颁布后，体育行业积极贯彻，放管服改革进入深化期和拓展期，工作重心转向如何完善配套措施，如何增强改革的实效性。

在体育赛事申办和管理审批方面，国家体育总局印发了《体育赛事管理办法》，并于2016年3月1日起施行该办法；2017年，体育总局又印发了《国家体育总局关于印发行政审批管理文件的通知》（体政字〔2017〕131号），旨在规范行政审批行为、改进行政审批工作，精简行政审批材料、优化行政审批流程，提高工作效率；之后，体育总局又相继印发实施《关于进一步加强体育赛事活动监督管理的意见》、《关于进一步规范体育赛场行为的若干意见》、《体育市场黑名单管理办法》以及《境外非政府组织在境内开展体育活动管理办法》，加强了对体育赛事活动的监督管理。

在放管服改革的推动下，体育产业的发展格局得到了优化，但体育放管服改革仍存在一些突出的问题。

一是放得不够。这主要体现在对教育、文化、科技、医疗卫生、工青妇等部门放得不够，不能有效发挥上述部门在体育产业中的人才培养、体育文化建设、科技支撑助力、医疗服务保障等方面的重要作用，而且向各类体育社会组织和体育市场组织的赋能和支持力度不足。

二是管得不足。这主要体现在对体育产业市场的有效监管不足，对体育产业中的虚假投资、不公平竞争以及保护广大体育消费者权益工作做得不到位。

三是服不到位。服不到位主要体现在只放不管，不能确保放得有效，尤其是赛事审批等权力下放后，在市场办赛遇到困难时，主管部门没能及时跟进，做好跟踪服务，协调解决相关问题，进而影响市场机制在促进体育产业发展中的推动作用。

因此，如何借鉴文化、旅游产业的相关政策，完善体育产业的放管服改革，充分发挥市场机制在体育产业发展中的作用，已成为体育产业亟待解决的问题。

## 体育产业加快推进放管服改革的思路与关键举措

深化体育放管服改革、优化体育营商环境，要按照国务院最新指示要求，坚持市场化、法制化、国际化原则：市场化就是要破除不合理体制机制的障碍，更多激发市场活力和社会创造力；法制化就是要做到规则公开透明、监管公平公正、依法保护各类所有制企业权益；国际化就是要持续扩大开放，对接国际通行的经贸规则，提高国际竞争力。①

### 总体思路

深化体育产业放管服改革需要遵循“巩固改革基础、促进公平竞争、鼓励业态创新、综合配套推进”的思路开展。

巩固改革基础。巩固十八大以来体育产业改革发展的成果，是体育放管服改革深化的基本立足点。过去几年，在推进体育放管服改革过程中，我们确实遇到了一些困难和挑战，要在巩固阶段性成果的基础上，加快落实已出台的各项政策；要在体育产业实施更大规模的减税降费，降低体育营商成本；将体育设施建设纳入基础设施补短板的范畴，优化建设与运营管理制度，推动体育设施的现代化、便利化、人性化。

促进公平竞争。这是体育放管服改革取得成效的关键。要以完善体育领域各类产权制度和要素市场化配置为重点，实现产权有效激励和企业优胜劣汰。建立公平、开放、透明的市场规则和法制化营商环境，全面实施并不断完善体育市场准入负面清单制度，鼓励市场主体大胆作为，大有可为。

---

① 李克强：深化放管服改革优化营商环境［EB/OL］.［2019－06－25］http：//finance. sina. com. cn/china/gncj/2019－06－25/doc－ihytcitk7626965. shtml.

鼓励业态创新。提升体育产业链水平，鼓励新技术创新、新领域开拓、新业态发展，是放管服改革的重要突破口。要以推进体育制造大国向体育产业强国转变为目标，强化体育科技创新，依托龙头企业和骨干科研机构实施一批体育关键技术突破工程，推动体育产业优化升级。通过放管服改革，创造良好的制度环境，推动体育制造业和体育服务业深度融合，促进体育新技术、新组织形式、新业态模式、新产业集群的形成和发展，提升我国在全球体育产业价值链中的地位。

综合配套推进。通过综合施策，畅通体育经济大循环，是提高体育供给体系质量和效率、推动体育产业高质量发展的基本条件。要加快建立统一开放、竞争有序的现代体育市场体系，激发体育内需和国内体育市场的潜力，为畅通体育经济大循环提供原动力。要加快建设产品服务和金融、人才、创新等要素协同发展的产业体系，消除各类障碍，形成国内体育市场与供给主体、产值增长与就业扩大、金融供给与体育发展、体育和其他经济社会发展之间的良性循环。

## 关键举措

体育具有较强的公共服务属性和外部性，体育放管服改革是一项系统工程，在推进改革的过程中，应该聚焦难点痛点，提出一些关键举措。

第一，增强各界对体育产业高质量发展和改革重大意义的认识，凝聚改革共识，汇聚改革力量，增强改革动力，破除改革阻力。建议设立“中国体育产业高质量发展与改革论坛”，为包含放管服在内的各项改革造势，为决策者提供咨询建议，最终为体育产业高质量发展提供智库支撑。特别是加强社会各界、政府各部门对体育产业发展重要性的认识，提高跨部门协调推进机制的有效性，聚焦若干改革重点难点问题集中研究、重点突破。

第二，围绕培育产业主体推进放管服改革，推动形成爱体育、研体育、做体育、投体育的产业发展洪流。以高质量发展为导向的体育产业所需投资体量较大，回报周期长。加快各类体育产业主体培育，深化体育国资国企改革，放权给这些企业，赋予这些企业真正的自主权，推动体育产业“国家队”建设和发挥其示范引领作用，同时，支持民营、外资体育企业发展。以产业基金等为纽带，鼓励各类资本有序投入体育产业，推动体育产业并购重组。培育一批致力于推动中国体育产业长期可持续发展的企业家，对那些长期从事体育产业或长期赞助体育的功勋企业和企业家进行表彰。

第三，围绕优化体育高质量发展的规划体系推进放管服改革，明确方向，抓住重点。将体育设施建设指标更精细地纳入城乡规划体系中，特别是抓住城市更新的契机，规划建设一批社区体育公园和嵌入社区的小微设施（场所），积极推动校园体育设施的对外开放，实现体育基本公共服务便利化、普及化，有效降低大型体育设施的利用率不足和高成本问题。体育高质量发展离不开标准的支撑，要充分考虑体育产业发展的需要及特性，高度重视体育标准体系的完善。加快研究制定科学健身的指导体系，最大限度地减少运动伤害；出台政策促进体医结合，大力发展体育保险，构建完整的健身服务体系。鼓励各个地区因地制宜地制定体育产业发展规划，确定本地特色体育项目，实现体育产业发展“百花齐放”。

第四，围绕培育和壮大体育消费群体推进放管服改革，从需求侧发力，重视体育教育，培育体育习惯，扩大体育人口基数，为体育产业高质量发展奠定坚实基础。从长期看，体育需求侧的核心工作是体育教育，要根据新时代体育高质量发展的新要求制定体育教育战略规划，把体育运动变成民众尤其是青少年受益终身的习惯，形成爱运动、爱健康的积极向上的运动文化氛围。短期内，要加快调整政府对体育产业发展的支持重心，加快解决供给侧补贴效率不高的问题，加快推进扩大体育消费试点工作，明确地方购买公益性体育服务的规模、领域和途径，条件成熟时出台购买目录，通过体育消费券等方式将政府补贴重点转移到需求侧。

第五，围绕促进重点领域发展推进放管服改革，支持体育产业重大项目建设，通过重点突破带动全局发展。出台政策促进冰雪项目、休闲健身、智能体育等新兴运动发展，鼓励新技术突破、新业态培育。加快推进体育媒体传播的多元化和市场化，积极引入竞争机制，打破现有体育传媒一家独大、高度垄断的局面，构建可竞争的市场格局，为老百姓提供更多的比赛转播。促进体育产业与文化、旅游、康养、教育、互联网等产业深度融合，拓宽体育产业增长空间，增强体育产业辐射力。加快赛事审批制度改革，集中打造一批精品赛事，大力培育赛事经济，释放体育赛事发展所衍生的明星经济和巨大正能量。在严格规范的基础上，加快培育一批标杆性、示范性的体育服务综合体、体育特色小镇、运动休闲小镇、体育产业基地等，发挥其对体育产业的整体带动作用。

第六，将落实国家税费及相关减负政策作为体育放管服改革的“先手棋”，研究提出体育产业发展的局部性、阶段性、引导性优惠政策。积极落实国务院关于扩大内需、促进新产业发展的相关政策措施。在税费减免、版权保护、无形资产评估交易、金融支持、土地支持、城乡规划、水电气热价格、体育社会组织培育等方面给予一些有针对性的政策支持。特别是加快解决大众健身设施租金成本过高、设施经营者逐利动机过强等问题，将其纳入准公共服务范畴，政府与市场协同发力。

第七，围绕改善体育产业治理现代化推进放管服改革，进一步明确政府定位、加强政府引导，充分发挥市场在资源配置中的决定性作用，积极培育体育类社会组织，优化体育产业发展的治理环境。政府要进一步推进简政放权，让市场主体、行业协会、民间体育组织等力量更多地发挥作用，促进各主体自主决策、自主运营。加强对行业协会改革的监管，坚决避免脱钩后的行业协会利用既有地位形成新垄断，确保实现行业协会服务行业发展的长期根本目标。加强体育产业发展的社会监督，倾听广大民众的声音和诉求，增强民众参与体育治理的积极性、可及性和获得感。

# 第六章
# 体育设施领域 PPP 模式应用及政策研究

杨永恒　曹　蓉

摘要：体育基础设施作为城乡居民参与体育锻炼的重要载体，在保障群众体育健身权益、满足群众体育健身需求方面发挥着日益重要的作用。作为城市主要的公共服务设施，体育场馆的投资规模大，建设周期长，运营维护成本高。国发〔2014〕60 号文出台后，为调动社会力量的积极性，拓宽政府融资渠道，PPP 模式越来越多地被应用到体育设施建设中。在体育设施项目的执行过程中，由于政府部门间工作体系相对独立，部门间政策不一致、冲突或论述不明确等情况时有发生。本文将对体育设施领域引入 PPP 模式进行介绍，对体育设施相关政策进行梳理，分析问题，提出政策建议，为政府、企业及相关从业人员提供决策参考。

## 体育设施领域的社会参与

### PPP 基本概念及体育设施领域的应用背景

#### PPP 模式基本概念

PPP 是“Public – Private Partnership”的英文缩写，起源于英国“公共私营合作”的融资机制，指公共部门和私营部门在基础设施和其他服务方面一系列的合作关系，以特许权协议为基础，双方通过签署合同明确权利和义务，从而形成一种合作伙伴关系，彼此能互相监督，最终实现互利共赢的效果。20 世纪 70 年代，英美国家为解决经济萧条情况下财政资金不足的问题，积极引入私人部门参与公共项目的建设运营，同时将 PPP 模式运用于公共服务领域，并为规范、推进该模式出台了一系列政策，极大地促进了 PPP 模式的发展。

中国通过学习和借鉴国外先进的投融资方式，结合国情，提出了符合中国实际情况的 PPP 模式概念，即政府和社会资本合作，指政府在基础设施和公共服务领域，采取竞争性方式选择具有投资、运营管理能力的社会资本，双方按照平等协商的原则订立合同，明确责权利关系，由社会资本提供公共服务，政府依据公共服务绩效评价结果向社会资本支付对价，保证社会资本获得合理收益，形成风险共担、利益共享的长期合作关系。我国的“政府和社会资本合作”，强调的是政府和各种类型的社会资本主体之间的合作，这里所言的“社会资本”，包括民营企业、外资企业、混合所有制企业，也包括各种国有企业。与西方市场经济国家的逻辑思路不同，我们没有把投资活动严格划分为公共部门和私人部门，而是分为政府投资活动和企业投资活动。

《国家发展改革委关于开展政府和社会资本合作的指导意见》（发改投资〔2014〕2724 号）将 PPP 的概念进一步具体化，即政府和社会资本合作模式是指政府为增强公共产品和服务供给能力、提高供给效率，通过特许经营、购买服务、股权合作等方式，与社会资本建立的利益共享、风险分担及长期合作关系。

财政部《关于规范政府和社会资本合作合同管理工作的通知》（财金〔2014〕156 号）指出：PPP 模式是在基础设施和公共服务领域政府和社会资本基于合同建立的一种合作关系。PPP 从行为性质上属于政府向社会资本采购公共服务的民事法律行为，构成民事主体之间的民事法律关系。

## PPP 模式的分类

《国务院办公厅转发财政部发展改革委人民银行关于在公共服务领域推广政府和社会资本合作模式指导意见的通知》（国办发〔2015〕42 号）中指出，PPP 运作模式主要包括：转让 - 运营 - 移交（TOT）、改建 - 运营 - 移交（ROT）、建设 - 运营 - 移交（BOT）、建设 - 拥有 - 运营（BOO）等。

（1）BOT（Build - Operate - Transfer，建设 - 运营 - 移交）是指由社会资本或项目公司承担新建项目的建造、运营、维护和用户服务职责，合同期满后项目资产及相关权利等移交给政府的项目运作方式。BOT 适用于新建项目。

（2）BOOT（Build - Own - Operate - Transfer，建造 - 拥有 - 运营 - 移交）是指项目公司对所建项目设施拥有所有权并负责经营，经过一定期限后，再将该项目移交给政府，是由 BOT 演变来的一种投资方式。

（3）DBFOT（Design - Build - Finance - Operate - Transfer，设计 - 建造 - 融资 - 运营 - 移交）是指由社会资本或项目公司承担新建项目设计、融资、建造、运营、维护和用户服务职责，合同期满后项目资产及相关权利等移交给政府的项目运作方式。DBFOT 适用于新建项目。

（4）DBROT（Design - Build - Rent - Operate - Transfer，设计 - 建造 - 租用 - 运营 - 移交）是指由社会资本或项目公司承担新建项目设计、建造、租用、运营、维护和用户服务职责，合同期满后项目资产及相关权利等移交给政府的项目运作方式。DBROT 适用于新建项目。

（5）TOT（Transfer - Operate - Transfer，转让 - 运营 - 移交）是指政府部门将存量资产所有权有偿转让给社会资本或项目公司，并由其负责运营、维护和用户服务，合同期满后资产及其所有权等移交给政府的项目运作方式。TOT 适用于存量项目。

（6）ROT（Renovate－Operate－Transfer，改扩建－运营－移交）是指政府在TOT模式的基础上，增加改扩建内容的项目运作方式。ROT适用于存量项目。

（7）BOO（Build－Own－Operate，建设－拥有－运营），由BOT方式演变而来，二者主要区别是BOO方式下的社会资本或项目公司拥有项目所有权，但必须在合同中注明保证公益性的约束条款，一般不涉及项目期满移交。BOO适用于新建项目。

（8）TOO（Transfer－Own－Operate，收购－运营－拥有），即由投资者投资收购已建成的项目并承担项目的运行、维护、培训等工作，资产的产权归属于为项目专门设立的项目公司，而由企业负责宏观协调、创建环境、提出需求。TOO适用于存量项目。

《政府和社会资本合作模式操作指南》把委托运营（O&M）、管理合同（MC）也归结为PPP模式。

（1）O&M是Operations & Maintenance的缩写，即委托运营，是指政府保留存量公共资产的所有权，而仅将公共资产的运营维护职责委托给社会资本或项目公司，并向社会资本或项目公司支付委托运营费用，社会资本或项目公司不负责用户服务的PPP运作方式。O&M适用于存量项目。

（2）MC，Management Contract，是指政府保留存量公共资产的所有权，将公共资产的运营、维护及用户服务职责授权给社会资本或项目公司的项目运作方式，政府向社会资本或项目公司支付相应管理费用。MC适用于存量项目。

## 体育设施领域PPP的应用背景

体育设施按照权属分为政府（包括事业单位）所有、企业所有、个人所有及其他系统所有，这里的“其他系统所有”主要指居委会或村委会等基层群众性自治组织管理的全民健身路径和社区乒乓球场等免费开放的小型体育场地。此外还有学校、军队、铁路、体育等系统所拥有的体育设施。PPP 模式发展以前，社会资本对体育设施的参与主要以向上述体育场馆所有者提供服务为主，主要参与类型为：规划、咨询、勘察设计、施工、监理、项目管理、设施设备供应、检测、场馆运营、赛事引入等，各个阶段有不同的社会资本介入，而服务结束又各自退场，每个参与者在体育设施的生命周期中以“散点”形式存在，又各自对业主负责，互不沟通，这就造成“可研不管规划的事”“设计不管运营的事”“施工不管赛事的事”等不可持续发展的问题。

《第六次全国体育场地普查数据公报》显示，截至 2013 年 12 月 31 日，全国共有体育场地 164.24 万个，累计投入体育场地的投资金额 16 872.26 亿元,其中财政拨款 11 703.8 亿元，占总投资的 69%；单位自筹 4 199.3 亿元，占总投资的 25%；社会捐赠和其他来源仅占 6%。可见我国体育场地资金来源主要为财政拨款和单位自筹（主要为国有企事业单位）。这些体育场馆基本采用政府投资建设 + 政府补贴运营的模式，这不仅加重了政府的财政负担，且由于运营的后劲不足，在全国形成了大大小小的“僵尸”场馆。虽然有些大型体育场馆，如鸟巢，率先尝试了 PPP 模式，但大部分场馆建设仍然依靠政府的财政投入。

体育设施领域 PPP 模式的应用和发展，受近年来几个重要文件的影响，如《国务院关于加快发展体育产业促进体育消费的若干意见》（国发〔2014〕46 号）指出，鼓励社会资本进入体育产业领域，建设体育设施，开发体育产品，提供体育服务。推广和运用政府和社会资本合作等多种模式，吸引社会资本参与体育产业发展。政府引导，设立由社会资本筹资的体育产业投资基金。有条件的地方可设立体育发展专项资金，对符合条件的企业、社会组织给予项目补助、贷款贴息和奖励。《国务院关于创新重点领域投融资机制鼓励社会投资的指导意见》（国发〔2014〕60 号）指出，鼓励社会资本加大社会事业投资力度。通过独资、合资、合作、联营、租赁等途径，采取特许经营、公建民营、民办公助等方式，鼓励社会资本参与教育、医疗、养老、体育健身、文化设施建设。《国务院办公厅转发财政部发展改革委人民银行关于在公共服务领域推广政府和社会资本合作模式指导意见的通知》（国办发〔2015〕42 号）指出，广泛采用政府和社会资本合作模式提供公共服务。在能源、交通运输、水利、环境保护、农业、林业、科技、保障性安居工程、医疗、卫生、养老、教育、文化等公共服务领域，鼓励采用政府和社会资本合作模式，吸引社会资本参与。《国务院办公厅关于进一步激发社会领域投资活力的意见》（国办发〔2017〕21 号）强调，引导社会资本以政府和社会资本合作（PPP）模式参与医疗机构、养老服务机构、教育机构、文化设施、体育设施建设运营，开展 PPP 项目示范。《体育发展“十三五”规划》在“扩大体育产品供给”章节中提出，推广运用政府和社会资本合作模式，加大财政金融扶持力度，支持社会力量进入体育产业领域，建设体育设施，开发体育产品，提供体育服务。

通过引入 PPP 模式，充分发挥社会资本的资金、专业、技术和管理优势，以提升公共服务的质量和效率，实现公共利益最大化。PPP 模式已经成为我国在公共服务领域引入市场机制、创新供给模式的重大举措。

## 体育领域引入 PPP 模式的必要性

### 拓宽融资渠道，缓解财政压力

作为城市主要的公共服务设施，体育场馆的投资规模大，建设周期长，运营维护成本高。采用 PPP 模式可以拓宽此类项目的融资渠道，缓解政府的短期财政支出压力，加快推进城市公共服务设施建设，激发城市活力、促进城市发展。

### 提高公共服务效率，降低项目全生命周期成本

PPP 模式提倡“专业的人做专业的事”，体育场馆项目对投融资和运营管理专业化要求较高，适宜引入专业化的社会资本来负责投融资和运营维护，与政府共同参与项目全周期管理，发挥政府和社会资本的各自优势。同时，在风险最优分配和激励约束机制下，社会资本有足够动力来统筹考虑项目的运营维护成本，在保障服务质量的前提下切实降低项目全生命周期的成本，提高自身收益水平。

### 有利于提高政府治理能力

PPP 模式要求政府在与社会资本的合作中“既不越位也不失位”，一方面要遵循市场规则和契约精神，切实履行义务、承担相应风险；另一方面在加强项目规划、筛选和评估的同时，通过建立和落实基于绩效的考核机制，加强对社会资本的监管，切实保障公共产品和服务质量得到改善，实现政府治理模式和能力的优化与转变。

### 创新体育场馆建设运营机制

国家体育总局发布的《体育发展“十三五”规划》提出，要积极推进体育场馆管理体制改革和运营机制创新，引入和运用现代企业制度，激发场馆活力，推行场馆设计、建设、运营管理一体化模式，将办赛需求与赛后综合利用有机结合。通过 PPP 模式引入社会资本负责体育场馆的建设及运营管理，可以形成对“十三五”规划很好的呼应。

## 体育设施领域 PPP 模式应用现状

本部分运用财政部政府和社会资本合作中心 PPP 项目库信息公开系统，以 2018 年清库后的数据为研究对象对体育行业 PPP 项目信息进行

统计，分别从地区分布、实施阶段、回报机制、运作方式、投资金额、合作期限和中标社会资本等方面进行分析，为地方政府、社会资本和中介机构提供决策参考。

从项目库总量上看，截至 2017 年年底项目库中体育 PPP 项目共有 246 个。由于清退库，截至 2018 年年底，体育 PPP 数量减少为 182 个（2017 年减少 122 个，2018 年新增 58 个），其中项目管理库 111 个，项目储备清单 71 个，总投资 1 568 亿元。

## 项目地区分布

相较其他行业，体育 PPP 项目有 3 个中央本级项目，都是由国家体育总局直接实施的。其他 179 个项目分布于 26 个省份，其中贵州省数量最多，为 29 个（见图 6.1）。

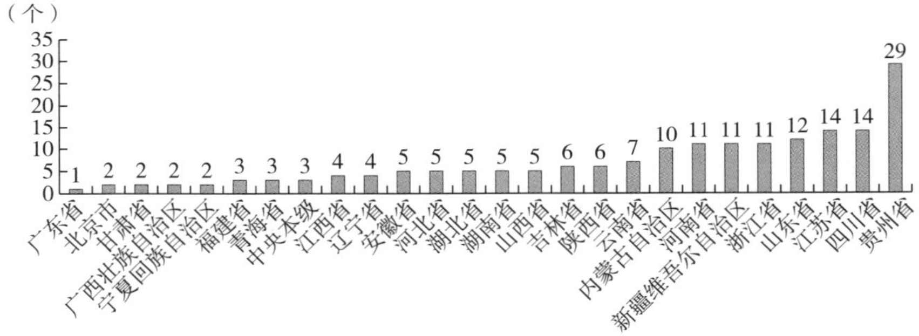


**图 6.1　2018 年项目库体育 PPP 项目的地区分布**

## 项目实施阶段

处于识别阶段的项目最多，占比约 39%；其次是处于执行阶段的项目，占比约 31%（见图 6.2）。

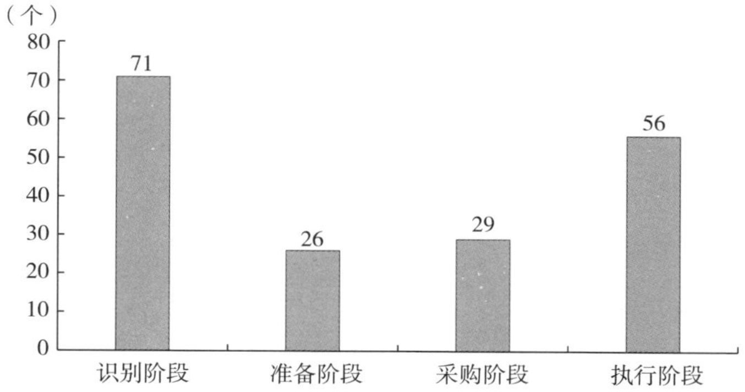


**图 6.2　2018 年体育 PPP 项目实施阶段**

**项目回报机制**

体育行业 PPP 项目大部分为准经营性项目，采取可行性缺口补助的回报机制的项目有 117 个，占比约 64.29%；其次是使用者付费项目 44 个，占比约 24.18%；政府付费项目 21 个，占比约 11.54%（见图 6.3）。

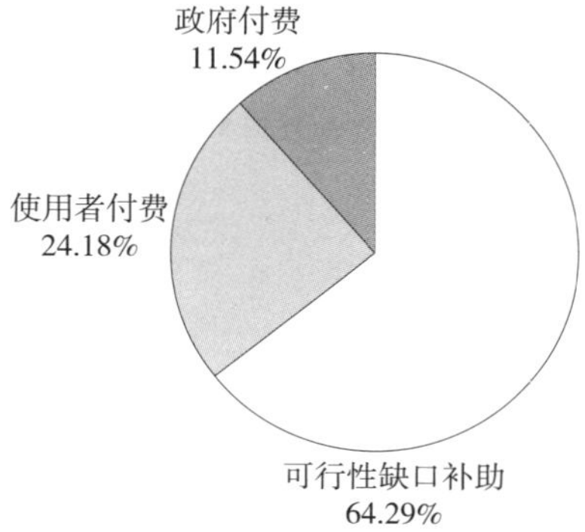


**图 6.3　2018 年体育 PPP 项目付费方式**

（1）政府付费类

政府付费类项目 21 个，其中处于执行阶段的 11 个，这 11 个项目的发起时间全都是 2015 年和 2016 年；处于识别和准备阶段的有 10 个项目。

a. 政府付费类项目的地区分布

该类项目的地区分布如图 6.4 和图 6.5 所示，在贵州省所有的 29 个项目中，政府付费类项目有 3 个，分别来自贵州省黔南布依族苗族自治州和黔西南布依族苗族自治州，均为 2016 年发起，目前均处于识别阶段。吉林省的3 个项目均来自长春市。

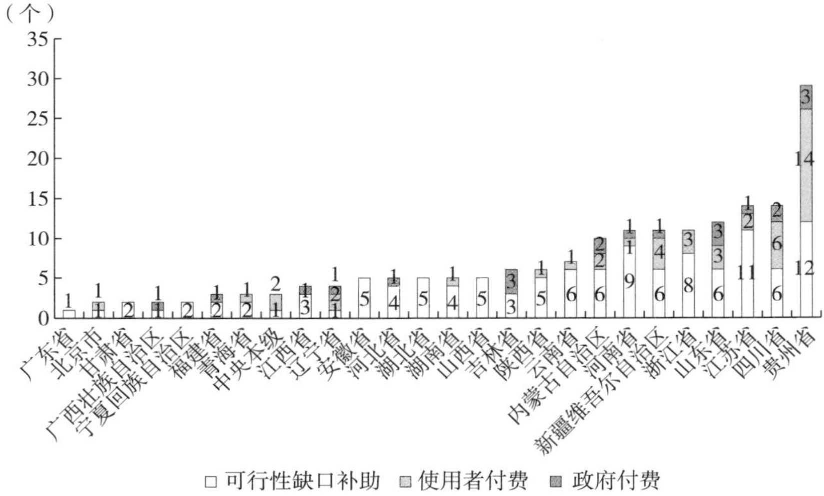


**图 6.4　付费方式与地区分布**

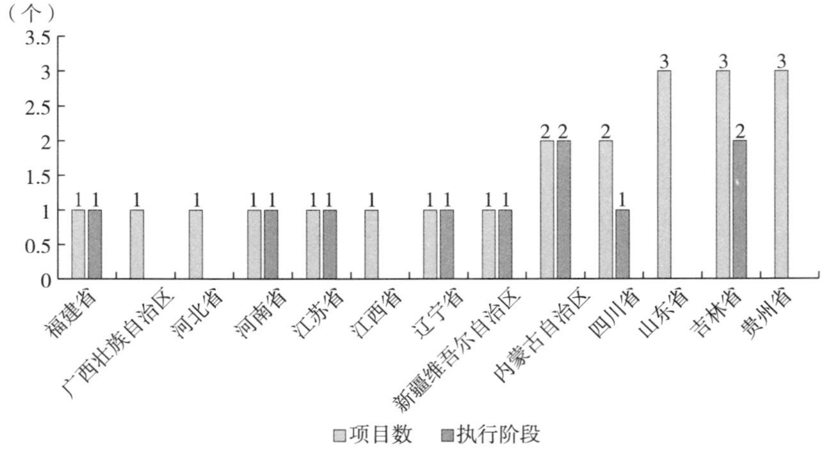


**图 6.5　政府付费方式的地区分布**

b. 政府付费类项目的年份分布

如图 6.6 所示，政府付费项目主要集中在 2017 年之前，主要受 2017 年 5 月 28 日《关于坚决制止地方以政府购买服务名义违法违规融资的通知》（财预〔2017〕87 号）和 2017 年 11 月 10 日《关于规范政府和社会资本合作（PPP）综合信息平台项目库管理的通知》（财办金〔2017〕92 号）影响，87 号文禁止的是不规范的政府购买服务，与以政府付费为回报机制的 PPP 不应混为一谈，但确实有一些地方政府因此叫停了政府付费类项目。而 92 号文则明确提出优先支持存量项目，审慎开展政府付费类项目，确保入库项目质量。

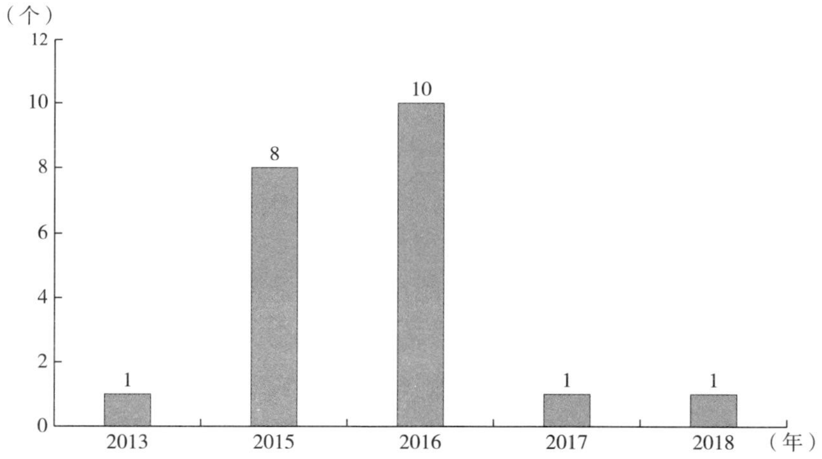


图 6.6　政府付费方式的发起年份分布

c. 政府付费类项目的类型分布

将体育项目的场馆类型进行分类，可分为体育中心、全民健身中心、训练基地、体育公园、文体中心、体育场单体和体育馆单体七类，将可对外经营且具备省市级以上赛事级别的多于“一场一馆”的纯体育功能的 PPP 项目归入体育中心。政府付费类体育项目的类型分布如图 6.7 所示。

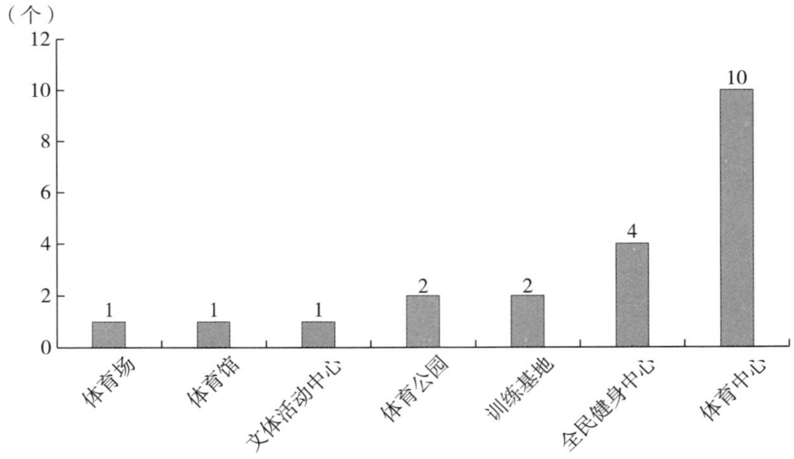


**图 6.7　政府付费方式的场馆类型分布**

d. 政府付费类项目的规模分布

如图 6.8 所示，在所有政府付费类项目中，总投资在 1 亿元 ~5 亿元之间的项目占大多数。

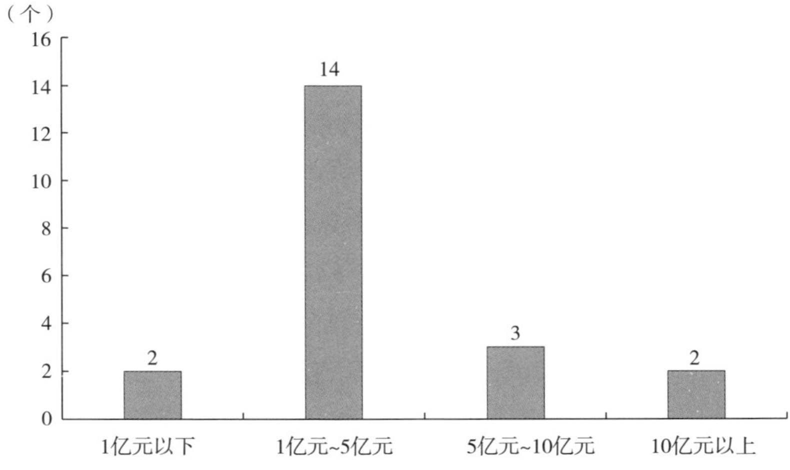


**图 6.8　政府付费方式的投资规模分布**

（2）使用者付费类

使用者付费类项目 44 个，处于采购和执行阶段的仅为 9 个，地区分布如图 6.9 所示。

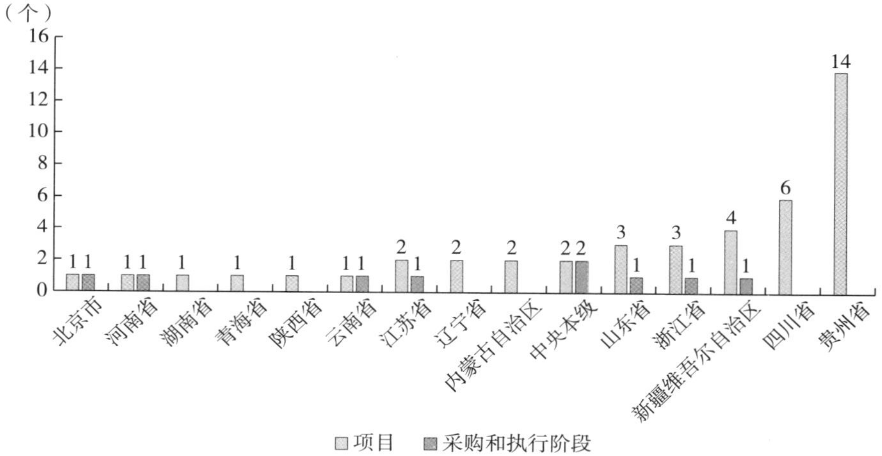


**图 6.9　使用者付费项目的地区分布**

使用者付费项目对地方政府的优势在于无须安排预算，没有财政负担，完全依靠社会力量达到提供公共体育设施的目的，但此类项目与当地的经济发达程度、体育场馆的地理位置、群众的消费水平和体育消费倾向有着密切的关系，未来的现金流充满不确定性，广大社会资本方持谨慎态度。

在处于采购和执行阶段的 9 个项目中，开展了招投标工作并明确了中标单位的有 5 个，且均存在一定的特殊性：1）2022 年冬奥会延庆赛区 PPP 项目，总投资 33.4 亿元，捆绑了商业资源，商业用地出让与 PPP 项目招标合并进行，实现项目的自我造血。2）江苏省高邮市文体中心建设 PPP 项目，总投资 10.5 亿元，由江苏省服装企业波司登集团独家中标。3）山东省菏泽市牡丹区体育场升级改造项目，总投资 5 亿元，由当地企业菏泽亿特房地产开发有限公司独家中标，持股 100%。

4）河南省周口市游泳馆，总投资1.68亿元，由当地企业周口市东越秀体育宾馆有限公司独家中标。5）云南省曲靖市会泽县体育场附属设施PPP项目，总投资2 979万元，投资小，由当地企业曲靖市会泽县通顺建工集团有限公司独家中标。

服装零售企业、房地产开发企业和施工企业跨界从事场馆投资建设运营，其专业程度有待商榷。

（3）可行性缺口补助类

如图6.10所示，可行性缺口补助项目作为体育场馆PPP项目的主要回报机制，与体育类PPP项目的地区分布呈现正相关。

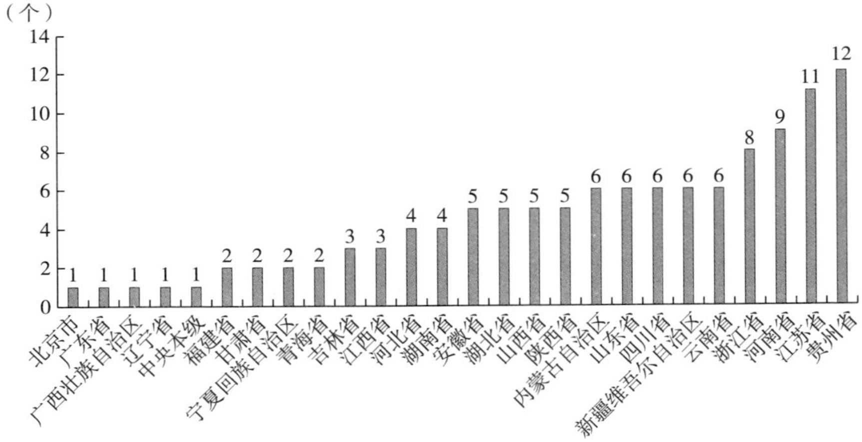


**图6.10　可行性缺口补助项目的地区分布**

## 项目运作方式

2018年，项目库中处于识别阶段的71个项目中有44个未明确项目运作方式，在本部分仅对已经明确了运作方式的138个项目做统计。138个PPP项目中采用BOT运作方式的有110个，数量最多，占比79.71%（见图6.11）。

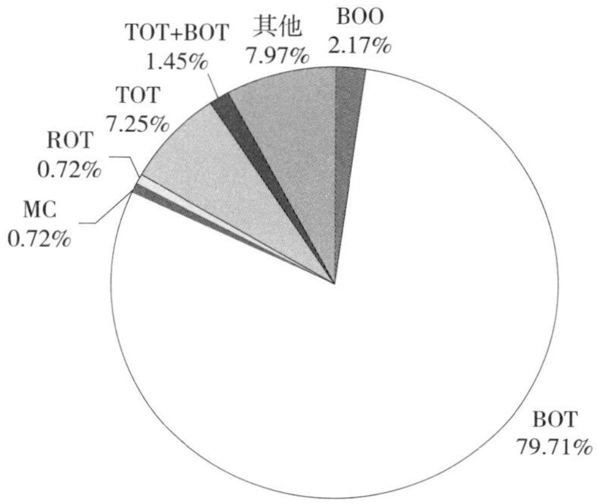


**图 6.11　2018 年体育 PPP 项目运作方式分布**

### 项目投资金额

一个普通意义上的体育中心应包含“一场两馆”，即体育场、体育馆、游泳馆。一些规模比较大的体育中心有“一场三馆”，即再包含综合训练馆或全民健身馆。如果体育中心坐落在体育公园内，则还需要包含体育公园的一部分室外设施；需要承载专业训练任务的体育中心还需要包含运动员宿舍、食堂等设施。投资额随着设施的丰富程度和复杂程度相应提高。在 2018 年体育行业的 182 个 PPP 项目中，投资额在 1 亿元～5 亿元之间的占最大比重，即 42.31%。在这个区间内的体育场馆项目一般以全民健身中心为主，这也体现了各省市体育部门在申请项目时以民为本、因地制宜的原则（见图 6.12 和图 6.13）。

### 项目合作期限

2018 年项目库 182 个项目中，处于识别阶段的 71 个项目中有 45 个未明确合作期限，本部分仅对已经明确了合作期限的 137 个项目做统计（见图 6.14）。

**体育消费**

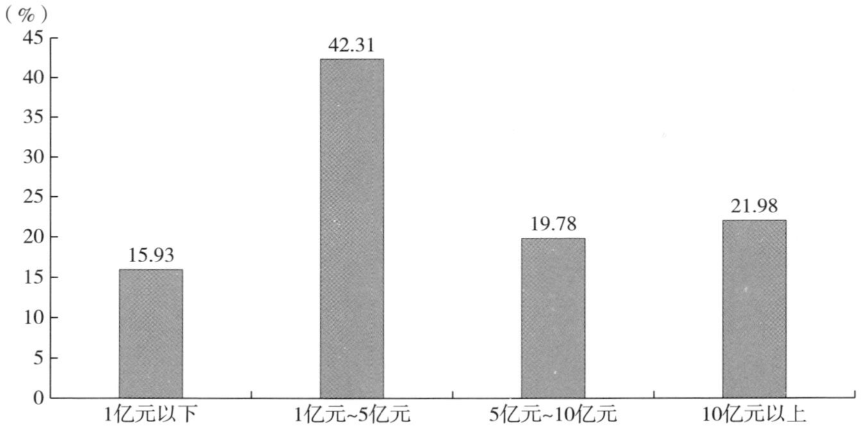


**图 6.12　2018 年体育 PPP 项目投资金额**

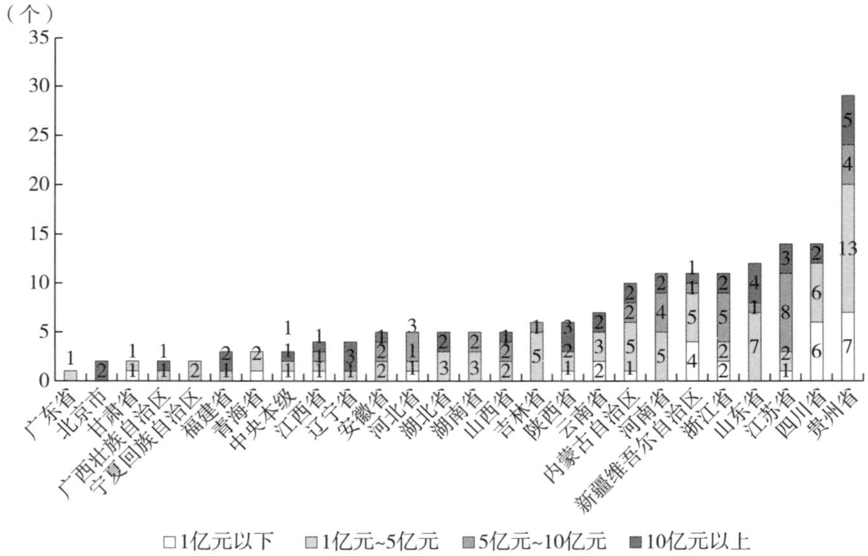


**图 6.13　各地区的投资金额分布**

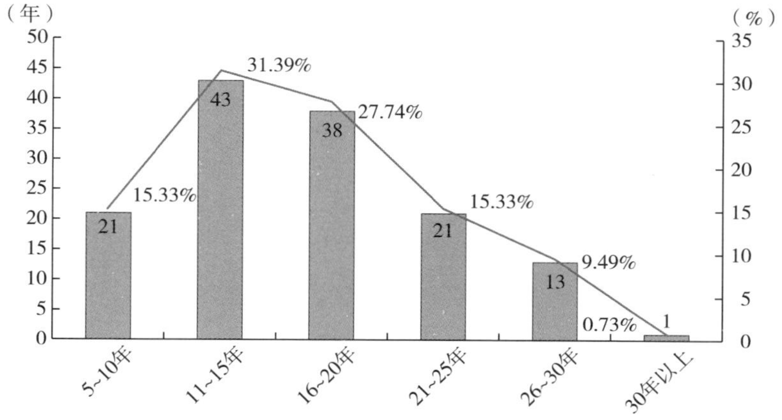


**图 6.14　2018 年体育 PPP 项目合作期限**

## 中标社会资本情况分析

在财政部 PPP 中心综合信息平台中，2018 年处于采购阶段和执行阶段的项目共有 85 个，其中有 19 个项目的社会资本遴选工作尚未开展或并未公布招标结果。本部分仅分析有中标信息的 66 个项目。

（1）中标企业组合情况

以单一企业形式中标的项目有 36 个，以联合体形式中标的项目有 30 个（见图 6.15）。

（2）中标企业类型分析

因为考虑到同一个企业有两次以上中标的情况，所以本部分的分析按照企业中标次数统计。金融投资类企业 14 次，建筑类企业 64 次，运营类企业 23 次，设备供应类企业 3 次，房地产开发企业 8 次，勘探设计院 3 次，地方城投公司 2 次，电子科技类企业 2 次，服装零售类企业 1 次（见图 6.16）。

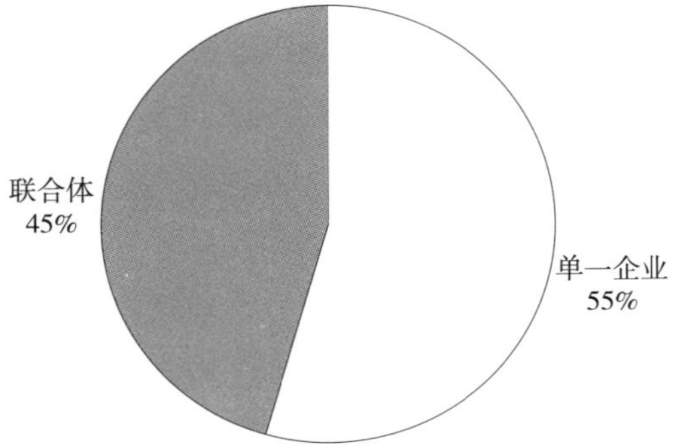


**图 6.15　中标企业组合情况**

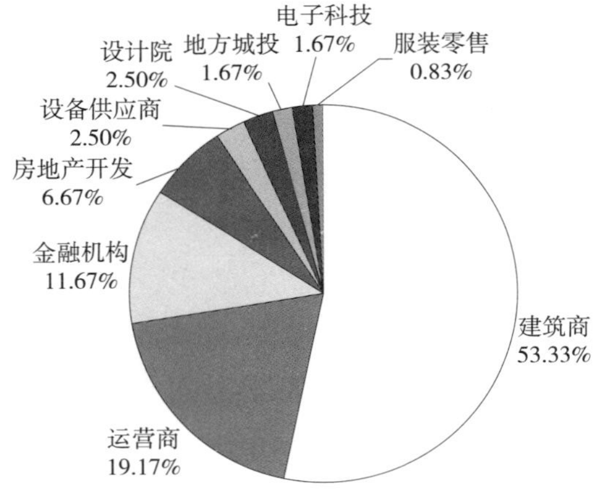


**图 6.16　中标企业类型**

（3）单一企业中标项目中的企业分类情况

在单一企业中标的 36 个项目中，建筑工程类企业 24 个，运营类企业 5 个，房地产开发类企业 4 个，电子科技类企业 2 个，服装零售类企业 1 个。其中建筑工程类企业数量最多，占比 66.67%（见图 6.17）。

（4）建筑企业参与项目情况

在单一企业中标的 36 个项目中，建筑商中标 24 个，占比约 66.7%；而在以联合体形式中标的 30 个项目中，有建筑商参与的项目

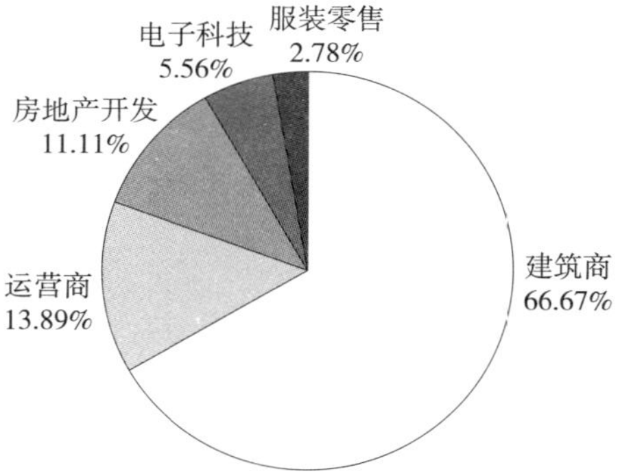


**图 6.17　单一企业中标项目中的企业分类**

有 29 个，占比约 96.67%。

在建筑类企业中标的 64 次中，截至 2018 年 12 月 31 日，已经明确了股权比例的有 40 次。股份区间分布如图 6.18 所示。

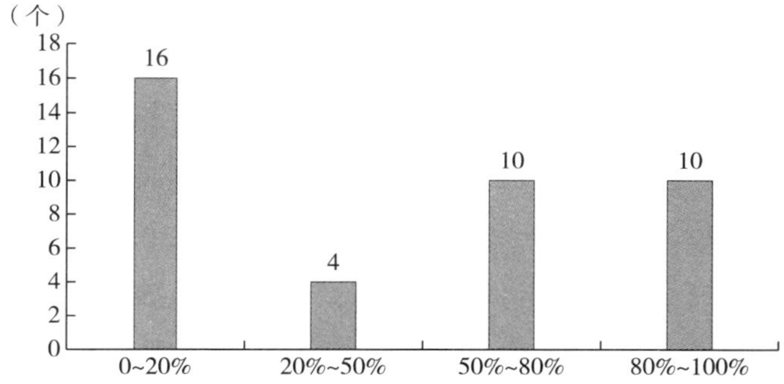


**图 6.18　建筑企业参与项目的股权比例分布**

建筑企业的股权分布出现两极化的现象，即要么充当占股 20% 以下的小股东，适当出资占股以实现避免“二次招标”的目的；要么在项目中出资最多做大股东以提升话语权。

（5）运营企业参与项目情况

在运营类企业中标的 23 次中，截至 2018 年 12 月 31 日，已经明确了股权比例的有 14 次。股份区间分布如图 6.19 所示。

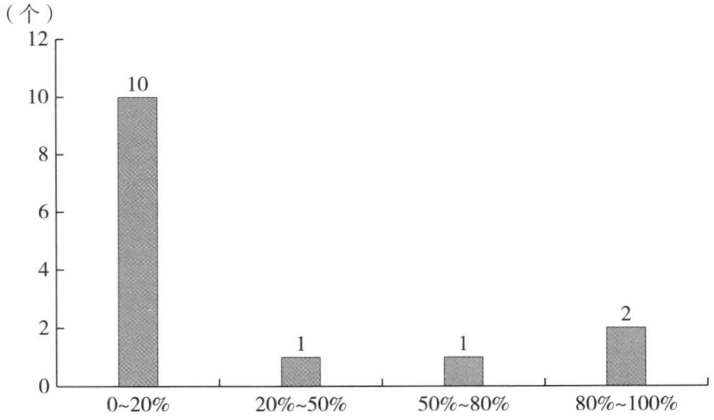


**图 6.19　运营企业参与项目的股权比例分布**

运营企业股权比例主要集中在 0 ~ 20%，其中有 5 个都是占股 5% 以下。这是与运营企业长期从事轻资产运营服务业务，缺乏投资实力的特点分不开的。

## 体育设施领域相关政策梳理

### PPP 方面

截至目前，体育部门共有 94 项政策（含规划）涉及 PPP 的内容。《体育产业发展“十三五”规划》《冰雪运动发展规划（2016—2025 年）》《全国冰雪场地设施建设规划（2016—2022 年）》《群众冬季运动推广普及计划（2016—2020 年）》《击剑运动产业发展规划》《“十三五”公共体育普及工程实施方案》《全国足球场地设施建设规划（2016—2020 年）》《山地户外运动产业发展规划》《航空运动产业发展规划》等国家体育总局现行规划中都提到推广运用政府和社会资本合作模式（PPP）。在国家级规划的指导下，黑龙江、辽宁、内蒙古、北京、河北、山东、甘肃、陕西、江苏、安徽、上海、浙江、湖北、四川、重庆、江西、贵州、云南、广西、海南等地的“十三五”体育事业发展规划都提到推广 PPP 模式的内容；内蒙古、浙江、湖南、福建等地的《全民健身实施计划（2016—2020 年）》提到积极推广和运用政府和社会资本合作等多种模式，促进社会资本参加公共体育设施的建设和运行管理，提升公共体育设施建设和运行管理的水平等内容。另外，还有一些单项规划和行动计划，如《天津市冰雪运动发展规划（2016—2025 年）》《河北省“十三五”公共体育普及工程实施方案》《甘肃省足球场地设施建设规划（2016—2020 年）》《青海省加快发展健身休闲产业行动计划》《湖北省体育产业跨越发展四年行动计划（2018—2021 年）》也都有推广 PPP 模式的内容。

除规划外，国家还将 PPP 模式列入很多指导意见和行动指南中，如前面提到的《国务院关于加快发展体育产业促进体育消费的若干意见》（国发〔2014〕46 号）、《国务院办公厅关于加快发展生活性服务业促进消费结构升级的指导意见》（国办发〔2015〕85 号）、《体育总局等 12 部门关于印发〈关于进一步加强新形势下老年人体育工作的意见〉的通知》（体群字〔2015〕155 号）、《国务院办公厅关于加快发展健身休闲产业的指导意见》（国办发〔2016〕77 号）、《关于印发〈加大力度推动社会领域公共服务补短板强弱项提质量促进形成强大国内市场的行动方案〉的通知》（发改社会〔2019〕0160 号）和《体育总局办公厅关于印发〈运动休闲特色小镇试点项目建设工作指南〉的通知》等。同规划一样，在国家级政策的指导下，各省均发布了《关于加快发展体育产业促进体育消费的实施意见》和《关于加快发展健身休闲产业的实施意见》，沿袭了指导意见中对于 PPP 模式推广的说法。很多省市针对本地具体情况制定了很多专项措施意见，如《陕西省人民政府办公厅关于加快县级公共体育场建设的通知》（陕政办发〔2015〕85 号）、《广东省人民政府办公厅关于印发广东省足球改革发展实施意见的通知》（粤府办〔2016〕71号）、《山东省人民政府办公厅关于贯彻国办发〔2016〕85号文件进一步扩大旅游文化体育健康养老教育培训等领域消费的实施意见》（鲁政办发〔2017〕42号）、《新疆维吾尔自治区人民政府办公厅关于加快发展生活性服务业促进消费结构升级的实施意见》（新政办发〔2017〕4号）、《江苏省体育局关于加快体育服务综合体建设的指导意见》（苏体经〔2017〕6号）、《上海市人民政府印发〈关于加快本市体育产业创新发展的若干意见〉的通知》（沪府发〔2018〕31号）、《河北省人民政府办公厅关于创新冰雪运动发展体制机制的实施意见》（冀政办字〔2018〕32号），同样鼓励开展政府和社会资本合作。

因此，除港澳台之外的31个省、自治区、直辖市，实现了对PPP内容的引入和推广政策全覆盖。

在政策深度上，以上94项政策文件中均使用了“推广/推进/推动/推行/促进/引入PPP模式，支持/引导/吸引/鼓励社会资本参与”的措辞。《黑龙江省体育改革发展“十三五”规划》《陕西省“十三五”体育事业发展规划》《四川省体育事业发展“十三五”规划》《江西省体育发展“十三五”规划》除了“推广、运用政府和社会资本合作等多种模式，吸引社会资本参与体育产业发展”等相关论述外，还提到“建立健全政府和社会资本合作机制”。

在支持力度方面，《国务院办公厅关于加快发展健身休闲产业的指导意见》（国办发〔2016〕77号）、《江西省发展改革委江西省体育局关于印发“十三五”公共体育普及工程行动计划的通知》（赣发改社会〔2017〕1029号）、《福建省人民政府关于印发福建省全民健身实施计划（2016—2020年）的通知》（闽政〔2016〕43号）、《吉林省人民政府办公厅关于加快发展健身休闲产业的实施意见》（吉政办发〔2019〕7号）、《上海市人民政府印发〈关于加快本市体育产业创新发展的若干意见〉的通知》（沪府发〔2018〕31 号）、《云南省人民政府办公厅关于加快发展健身休闲产业的实施意见》（云政办发〔2018〕46 号）等文件提到对 PPP 项目予以专项补助/基金支持/奖励。

**用地相关**

我国体育设施用地的获得途径分为划拨和出让两种，除北京五棵松体育馆、上海梅赛德斯奔驰体育馆等场馆以出让的方式取得外，大部分体育场馆以划拨用地为主，例如首都体育馆，尤其是以 PPP 方式建设的体育场馆项目均以划拨为土地取得方式。

目前，国务院和自然资源部专门提到与体育设施用地相关的政策法规文件有 5 个，即《公共文化体育设施条例》、《国务院关于加快发展体育产业促进体育消费的若干意见》（国发〔2014〕46 号）、《国务院办公厅关于进一步激发社会领域投资活力的意见》（国办发〔2017〕21 号）、《划拨用地目录》、《中华人民共和国城镇国有土地使用权出让和转让暂行条例》。

《划拨用地目录》中规定，非营利性体育设施用地可通过划拨的形式取得。何为“非营利性体育设施”？《江苏省划拨用地目录》中对“非营利性”做了界定，即“本目录中所称非营利性，是指不是以营利为唯一或主要目的、项目具有为公共利益服务性质”。但除江苏省外，其他省市在执行《划拨用地目录》的文件中，均未对“非营利性”进行相应的定义。《国务院关于加快发展体育产业促进体育消费的若干意见》（国发〔2014〕46 号）中指出，对符合划拨用地目录的非营利性体育设施项目可继续以划拨方式使用土地；不符合划拨用地目录的经营性体育设施项目，连续经营一年以上的可采取协议出让方式办理用地手续。

《中华人民共和国城镇国有土地使用权出让和转让暂行条例》第四十四条规定，划拨土地使用权，除本条例第四十五条规定的情况外，不得转让、出租、抵押。那么，如果体育设施项目是通过划拨方式取得的土地使用权，应遵守此项规定。

各省市对划拨土地进行经营活动有不同的规定，基本上分为两种。

1. 如果进行经营活动或出租，必须补缴土地出让金。

《北京市房屋土地管理局关于对利用划拨国有土地开发建设的经营性项目土地使用权处理的意见》第二条就明确指出：利用划拨国有土地开发建设的商业、金融、综合、娱乐等经营性项目及高档房地产项目（包括城区高档平房开发项目），均应按有关规定办理土地使用权出让手续，其用地不再按划拨用地管理。《银川市划拨土地使用权管理暂行办法》第六条规定，未交付土地使用权出让金的土地使用者，不得转让、出租及处分抵押土地用权；第十六条规定，划拨土地使用权转让、出租、抵押应缴纳出让金。《西宁市城镇国有土地使用权划拨管理办法》《四川省转让、出租、抵押国有土地使用权（划拨部分）补交抵交出让金暂行办法》《福建省划拨土地使用权管理办法》《青岛市划拨国有土地使用权转让、出租、抵押管理暂行办法》等都有类似规定。

2. 在划拨土地上可以搞经营，但要上交收益。

《海口市划拨土地收益征收规定》（2012 年修正）第三条指出，划拨土地收益是指划拨土地使用权人利用划拨土地从事经营活动应当依法向国家缴纳的土地资源使用费。第五条禁止擅自利用划拨土地从事经营活动。确需改变用途从事经营活动的，划拨土地使用权人应当向市土地行政主管部门提出申请，经依法批准后按本规定缴纳划拨土地收益。《南宁市国有划拨土地使用权出租管理办法》《西宁市国有划拨土地使用权租赁管理办法》《江西省城市国有土地使用权出让和划拨管理条例》《湖南省城镇划拨土地使用权管理条例》等均有类似规定。

### 税务相关

国家税务总局共发布了 4 个与体育场馆相关的财税政策，《国务院关于加快发展体育产业促进体育消费的若干意见》（国发〔2014〕46 号）对高新技术企业的体育企业税费优惠、捐赠的税前扣除、体育场馆自用房产和土地的房产税与城镇土地使用税优惠、体育场馆等健身场所的水电气热价格按不高于一般工业标准执行等做了规定。其实对于高新技术企业的税费优惠、捐赠的税前扣除、自用房产和土地的房产税与土地税费优惠等优惠政策早已有之，体育场馆的水电价格也早已按照一般工商业的标准执行，46 号文更多的是明确了各个有针对性的税费优惠政策也同样适用于体育行业。

《财政部国家税务总局关于体育场馆房产税和城镇土地使用税政策的通知》（财税〔2015〕130 号）提出，针对体育场馆自用房产和土地有关房产税和城镇土地使用税，区别场馆所属不同主体进行不同的税收优惠。《财政部税务总局关于冬奥会和冬残奥会企业赞助有关增值税政策的通知》（财税〔2019〕6 号）和《财政部税务总局海关总署关于北京 2022 年冬奥会和冬残奥会税收政策的通知》（财税〔2017〕60 号）则是对冬奥会的相关税费进行减免，与 46 号文不同的是，这两项政策涉及增值税部分，金额较大，针对性强。

### 国有资产相关

国资委对体育行业并没有特别的法规约定，国资委的部门规章都是针对国有企业这个群体进行约束，国有体育企业应遵守国家对国有企业的相关法律法规。

2017 年底，国资委发布《关于加强中央企业 PPP 业务风险管控的通知》（国资发财管〔2017〕192 号），旨在对国有企业参与 PPP 项目的风险进行管控。在体育产业方面，存量体育场馆项目的股权处理、体育场馆 PPP 项目期满移交的股权处理，只要有国有资产参与，就应该遵守国有资产交易的相关办法。

## 能源相关

体育场馆的经营不可缺少水、电、燃气等能源，场馆运营方需遵守能源部门的相关规定，依据国家颁布的能源价格标准缴费，体育场馆经营成本中的能源费用大部分为水、电费用，能源部门对体育场馆水、电价格的取费标准，即是对体育经营行业本身是否属于经营性性质的认定问题。

能源行业的相关政策一般为价格政策和价格认定标准。与体育相关的能源价格优惠政策主要有：《国务院关于加快发展体育产业促进体育消费的若干意见》（国发〔2014〕46 号）中提到，体育场馆等健身场所的水、电、气、热价格按不高于一般工业标准执行；《国家发展改革委、教育部关于学校水电气价格有关问题的通知》中提到，对学校教学和学生生活用电、用水、用气价格分别按居民用电、用水、用气价格执行。因此，体育学校的水电气价格按照居民标准执行，山西、湖南、四川、云南等省又在地方性文件中予以重申和明确；辽宁省则更强调了居民区内的体育馆按照居民水电气价格执行；海南和贵州在地方性文件中明确体育场馆的水电气价格按照一般工商业执行；优惠力度最大的是新疆，《新疆维吾尔自治区关于加快发展体育产业促进体育消费的实施意见》中指出，体育学校、体育场馆等公共健身场所的水、电、气、热价格按居民生活收费标准执行。

1. 水

根据《城市用水分类标准（CJ/T 3070－1999）》和《城市供水价格管理办法》，城市供水实行分类水价。根据使用性质可分为居民生活用水、工业用水、行政事业用水、经营服务用水、特种用水等五类。用水价格由各省市人民政府价格主管部门会同同级城市供水行政主管部门根据《国家计委、建设部关于印发〈城市供水价格管理办法〉的通知》（计价格〔1998〕1810 号）和国家发展改革委、住房和城乡建设部《关于加快建立完善城镇居民用水阶梯价格制度的指导意见》（发改价格〔2013〕2676 号）结合本地实际情况制定具体方案。

2. 电

我国的销售电价按用电的性质，可分为四大类：居民、农业、大工业、一般工商业。各个行业根据《行业用电分类标准》进行细分归类，一般工商业电价主要涉及中小企业，体育场馆包含其中。四大类的销售电价，根据不同电压等级进行阶梯收费。各省（区、市）价格主管部门负责制定当地的具体方案，经省级人民政府同意后实施，并报国家发展改革委（价格司）备案。

近年来，国家发展改革委颁布《国家发展改革委关于降低一般工商业电价有关事项的通知》（发改价格〔2018〕500 号）、《国家发展改革委关于电力行业增值税税率调整相应降低一般工商业电价的通知》（发改价格〔2018〕732 号）、《国家发展改革委关于电网企业增值税税率调整相应降低一般工商业电价的通知》（发改价格〔2019〕559 号），下调了一般工商业电价标准，对体育场馆经营是重大利好。

## 社会力量参与体育设施的主要问题

### 体育行业 PPP 应用的主要问题

#### 入库量锐减，存量场馆资源有待开发

受 92 号文影响，以往盲目上马大体量场馆设施的现象得以改善，希望规范 PPP 市场的政策初衷起到了积极作用，但也让市场表现出供给

紧缩的局面。2018 年新入库体育 PPP 项目 58 个，截至 2018 年底，处于执行阶段的项目有 12 个。

新建场馆数量减少的同时，存量市场的供给情况与群众的日常需求仍存在一定差距。第六次（到目前为止没有第七次）全国体育场地普查数据显示，截至 2013 年 12 月 31 日，全国大型体育场馆对外开放状况如表 6. 1 所示。

表 6. 1　第六次全国体育场地普查场地开放情况表

| | 不开放 | 限时开放 | 全天开放 | 合计 |
|---|---|---|---|---|
| 场馆数量（个） | 135 | 483 | 475 | 1093 |
| 占比（%） | 12. 35 | 44. 20 | 43. 45 | 100 |

不开放和限时开放的场馆占到场馆总数的 56. 55%，场馆不开放的原因，无非有两个，一是“仅供内部使用，不予对外开放”；二是“收入难以弥补成本，不如停业省钱”。按照传统的体育场馆建设模式，体育场馆隶属于当地体育部门，大部分由体育部门成立事业单位直接运营，少部分会委托给社会资本运营。事业编制的体育场馆工作人员的工作时间一般是朝九晚五，但老百姓对体育场馆的使用时间主要在下班后和周末。受体制影响，工作人员的积极性调动不起来，影响了体育场馆对公众的开放性。另外，剖析体育场馆的运营成本，其中能源和维修费用占比最大，此外还有人力成本、管理成本等等。如果不能实现有效“开源”，运营收入将难以弥补运营成本。百姓健身“无处可去”与大型体育场馆结构性闲置浪费一直是全民健身发展的一大矛盾。

## 施工企业占主导地位，运营仍是难点课题

通过对 2018 年财政部 PPP 信息库入库的体育设施 PPP 项目中标的社会资本进行分析，可知施工企业由于施工利润的驱动，参与 PPP 项目

的积极性很高，中标率为 53.33%，而运营商为 19.17%；施工企业的股权比例大部分分布在 50% ~100%，而运营企业股权比例主要集中在 0 ~20%。大部分运营企业为轻资产服务企业，资产规模和投资额度与施工企业比相差甚远，除了 SPV 公司中的大股东——施工企业外，政府方出资代表由于先天优势，虽然出资不多，但有时甚至充当了话语权最重的一方，这就从一定程度上导致了运营企业的话语权较轻，对 PPP 项目的很多重大决策起不到主导作用，在 PPP 项目的生命周期中处于弱势地位。

2018 年初某地足球小镇项目建成，2018 年世界杯期间政府要求小镇的足球场免费向公众开放，6 月 14 日至 7 月 15 日期间日均接待量 3 万人次，只有副食零售业务向公众收费。运营方透露，在热点事件的助推下，整个世界杯期间小镇净利润仅约 3 000 元人民币。世界杯期间尚且如此，如果全年持续这种免费开放策略，社会资本面临亏损是肯定的。政府在保障公众利益的同时，似乎让社会资本过于让利。

**为中标而恶意竞争，项目后期留隐患**

体育场馆类 PPP 项目被定义为准经营性项目，即存在一定的使用者付费基础，但使用者付费额度往往不足以支撑社会资本的投资回收。体育类 PPP 项目的回报机制依然以可行性缺口补贴为主。2018 年，很多地方政府的 PPP 项目支出已经突破了一般公共预算支出 10% 的天花板，在地方政府债务问题及 92 号文的影响下，政府开支收紧。一方面，不管政府是以节省开支为目的，还是以发挥社会资本能动性、挖掘社会资本潜力为目的，可行性缺口补助额都会被用来作为竞标的条件，这本无可厚非，但有些社会资本为了中标会给出一个很乐观的预期，从而导致中标后兑现不了承诺、中标的补助额不足以支撑项目运营成本。另一方面，政府对自己的项目条件预期过高，制定严苛的绩效考核标准；有的则盲目抬高使用者付费预测金额，以达到降低补助额的目的。这就为项目的后期实施留下了巨大的隐患。“东方园林”的教训犹在耳畔，而有的所谓“聪明”的社会资本低价中标后违背承诺，给政府“撂挑子”。尤其自2018年以来，陆续有PPP项目进入运营期，也会有更多的类似问题相继暴露。

## 政策落实不足，统筹规划不到位

体育行业PPP政策在细化和落实方面还有不足。每个政策都提到“鼓励引入社会资本”，但整个PPP政策环境还未成熟，部门间的规则无法贯通，甚至同部门的规章还出现相互矛盾的情况。在项目执行过程中，体育部门与其他部门的沟通和协调能力很有限，如果再遇到部门间政策不一致的情况，落地就更难了。

通过项目数量分析，贵州省的29个项目中，某自治州项目数为14个,约占48.3%，而2017年底该州常住人口328万人，城镇人口人均可支配收入28 565元，农村常住居民人均可支配收入9 746元。按照如此的建设规模，同质化严重，运营期竞争激烈，很难保证运营收益。全国这样的情况还有很多，“过于大”和“过于多”的现象严重，亟须出台相关的指导文件，针对当地人口数量、经济收入、行业需求等信息，结合未来的发展预期，对新建场馆的规模和数量进行指导。

## 体育设施实施过程中的政策问题

### 用地相关

1. 划拨前的“非经营性”定义问题

根据《划拨用地目录》，体育用地能否划拨，要满足是否为“非经营性”这个前提。根据《江苏省划拨用地目录》的定义，体育用地可以有经营，但经营不是唯一或主要目的，且项目要具备公益属性。而“体育设施的公益性”，可参考国务院2003年发布的《公共文化体育设施条例》的相关论述：本条例所称公共文化体育设施，是指由各级人民政府举办或者社会力量举办的，向公众开放用于开展文化体育活动的公益性的图书馆、博物馆、纪念馆、美术馆、文化馆（站）、体育场（馆）、青少年宫、工人文化宫等的建筑物、场地和设备；建设公共文化体育设施使用国有土地的，经依法批准可以以划拨方式取得。其他省市是否认可江苏省的认定标准，各省市自然资源部门执行过程中的认定标准和机制是否一致，目前缺乏统一的操作标准。

2. 划拨后的经营性问题

根据《中华人民共和国城镇国有土地使用权出让和转让暂行条例》和《划拨土地使用权管理暂行办法》的规定，同时满足土地使用者为公司、企业、其他经济组织和个人；领有国有土地使用证；具有地上建筑物、其他附着物合法的产权证明；依照《条例》和《办法》规定签订土地使用权出让合同，向当地市、县人民政府交付土地使用权出让金或者以转让、出租、抵押所获收益抵交土地使用权出让金的，经市、县人民政府土地管理部门和房产管理部门批准，其划拨土地使用权和地上建筑物、其他附着物，所有权可以转让、出租、抵押。如果划拨土地使用权人是当地体育局，则不符合出租和经营的要求。但在项目执行过程中，会存在划拨土地使用权出租的情况，比如某市体育中心PPP项目，根据财政部PPP中心官网查询的该市体育中心项目的PPP合同约定，本项目建设用地由甲方（该市体育局）以划拨方式依法取得；本项目投资建设形成的土地使用权、地上建筑物（构筑物）、设施设备等项目资产的产权归属于甲方；运营期内，甲方将项目建设用地的土地使用权连同地上建筑物（构筑物）按照本合同约定一并出租给乙方（SPV公司）。该项目的租赁条款实际上违背了《中华人民共和国城镇国有土地使用权出让和转让暂行条例》的相关规定。

如果体育用地被划拨到项目公司或者政府平台公司名下，则可以出租和经营，这有助于多元化经营，扩大项目本身的造血功能，提高项目公司的经济效益。但体育用地如果划拨到公司名下，则有很多国家补贴不能享受，如《财政部国家体育总局关于印发〈大型体育场馆免费低收费开放补助资金管理办法〉的通知》中的补贴，因为根据补贴政策的规定，被补贴的体育场馆必须为体育部门所属。

**税务相关**

与自然资源部的政策冲突不同，体育行业与税务之间则是优惠政策覆盖与否的问题，是对于税务科目的具体认定问题。

1. 与政府和老百姓的交易，无增值税抵扣。

体育场馆 PPP 项目期满移交、存量盘活的体育场馆的股权转让、政府先行垫付拆迁费、SPV 成立后再还给政府或者 SPV 公司直接支付给拆迁户等情况，这些费用的支出都是没有增值税专用发票的，也就没有进项税抵扣，就间接加大了 SPV 公司的税务负担。

2. PPP 模式推广以后，在政府付费或大比例可行性缺口补助模式下，SPV 公司不能进行折旧，因为折旧建立在固定资产的基础上，而政府付费和可行性缺口补助有时候被定义为“金融资产模式”，即按照应收账款处理，根据财办金 92 号文的规定，不能固化政府支出责任，政府付费或可行性缺口补助额要与绩效考核结果挂钩 30% 以上。也就是说，在按照应收账款处理的模式下，所得税征收额为应收账款减去成本等，而项目的绩效考核结果和收益一般会在第二年才能兑现。如果第二年的绩效考核成绩不高，补贴额度被扣减，即确认应收账款和实际收入到账会有一个时间差和金额差。如果确认的应收账款高于实际到账金额，相当于多缴纳了所得税，虽然税务机关可以办理退税，但很多企业碍于审批和程序复杂而选择放弃。反之，前期选择申报较低的补贴额，如果绩效考核成绩较估计值高，虽然可以选择补缴税款，但对于审计过后的公司财务报表来说，需要进行“会计差错更正”的手续，很多企业对此也是意见颇多，因为从外界看这体现了企业在财务管理、信息披露、内部控制等方面可能存在较大问题和缺陷。

3. 赞助行为的税务处理。国发 46 号文及相关政策文件只提及捐赠金额在税前扣除，此处的“税前”是指所得税前。企业对大型赛事的赞助情况相当普遍，大部分则是以实物形式赞助的运动服装、器械。《中华人民共和国企业所得税法实施条例》第二十五条规定：企业发生非货币性资产交换，以及将货物、财产、劳务用于捐赠、偿债、赞助、集资、广告、样品、职工福利或者利润分配等用途的，应当视同销售货物、转让财产或者提供劳务，但国务院财政、税务主管部门另有规定的除外。《中华人民共和国增值税暂行条例实施细则》（财法字〔1993〕38 号）第四条规定“将自产、委托加工或购买的货物无偿赠送他人”的行为视同销售，也就是说赞助行为视同销售，赞助企业在“献爱心”的同时，还需要进行增值税纳税申报。

**国有资产相关**

1. PPP 合同中经常会有“经政府方同意，社会资本方可将股权转让给符合要求的第三方”，但 PPP 项目的社会资本方中有很大一部分群体为国有企业。根据《企业国有资产交易监督管理办法》，国有股权要公开转让，转让对价低了，表明社会投资人亏了，没有完成国资委保值增值的责任；转让对价高了，拟摘牌的投资方需多出资，对方能否同意未知。此外，通过作为公开交易平台的产权交易所对外挂牌转让股权，摘牌投资方不一定就是“当初说好的那个第三方”。

2. 存量体育场馆项目。根据《第六次全国体育场地普查数据公报》，不开放和限时开放的场馆占到大型场馆总数的 56.55%，我国有大量的存量场馆，盘活存量场馆的市场很大。存量场馆的股权一般在当地体育部门名下，而存量场馆一般都是老旧场馆，股权的转让也同样受国有资产保值增值的约束，需要通过公平、公正、公开的渠道获取。

## 能源相关

1. 水

在分类中，体育场馆经营用水被归类为经营服务用水，将滑雪场与洗车业、洗浴业共同划入特殊行业，实行高价收费。《山西省水资源税改革试点实施办法》则对特殊行业用水提出了高税费的要求，《山东省水资源税改革试点实施办法》，对洗车、洗浴、高尔夫球场、滑雪场等特种行业取用水，从高确定税额。以北京市为例，根据《关于北京市居民用水实行阶梯水价的通知》，居民家庭用水第一阶梯水价为 5 元/立方米，非居民用水价格为 9. 5 元/立方米，北京特殊行业的用水价格为 160 元/立方米，是居民用水的 32 倍。可见，滑雪场经营行业的水费成本很高，加大了运营商的经营压力。

2. 电

根据走访调研，供电公司将体育场馆认定为经营场所，按照一般工商业电价标准收取。对工业厂房改造成体育场馆的案例，比如首钢搬迁，原址改建的冬季运动场馆，实行变更性质和更换电表处理，即从大工业用电性质变更为一般工商业性质。如果一个体育中心里面包含体育运动学校，则属于《国家发展改革委、教育部关于学校水电气价格有关问题的通知》的政策范围，实行单独设电表，单独对体育中心里的体育运动学校施行优惠电价。也就是说，用电价格认定标准比较刚性，且计价和收费体系成熟，电力部门认为体育场馆应被认定为经营性场所，且目前我国场馆的权属、经营内容多种多样，不管公益原因还是自身原因的亏损，都应与政府部门的要求和经营者本身的能力挂钩，难以针对体育场馆这个分类制定普适电价优惠政策。

## 社会力量参与体育设施的政策建议

### PPP 相关

各相关部门应勇于突破，创新体制机制，在符合法律法规的前提下，将政策落实于微观，切实打通“最后一公里”瓶颈。

**创新补贴机制，以“补需方”增强公众选择权，促进场馆之间的良性竞争**

说到底，PPP 项目是本应由政府向公众提供的基础设施和公共服务，改为通过引入社会资本的方式提供。风险共担合作共赢，政府要责无旁贷地承担起属于政府的责任，对于体育场馆的公益性用途，政府应予以补偿。

《大型体育场馆免费低收费开放补助资金管理办法》（财教〔2014〕54 号）等规章和规范性文件要求，经对各省市体育与财政部门上报的材料进行审核，国家体育总局会同财政部对 2018 年度符合免费低收费开放标准的 1 277 个大型场馆进行补贴，以“补供方”为主。但同时也应看到，利用财政补助推动大型体育场馆免费或低收费开放这项政策执行 4 年来，仍存在不尽如人意之处。比如，资金补助的范围严格局限于体育部门所属的大型体育场馆，而由于座位数的限制，大量中小型公共体育场馆、可提供公共体育服务的市场化运营体育场馆不在补助范围内。PPP 模式推广以来，这些补贴更多的是补贴给了当地体育部门，当地体育部门能否将补贴下发到具体负责运营的项目公司，目前很难统计。人人受益是扶持政策的初衷。因此，建议创新补贴和扶持机制，探索“补需方”模式，直接补偿给参与运动的普通群众，将服务的选择权交给老百姓，促进体育场馆之间的良性竞争，也可以通过“政府补贴给个人→个人付费给场馆→场馆分红给政府”的方式实现良性循环。

## 借助“体育+”模式，促进体育产业结构优化升级

2018年《政府工作报告》中，“改革”出现了97次，这就意味着2018年的重点还是改革，通过改革充分释放社会领域巨大的发展潜力。不管是从全球的数据上，还是中国的统计数据上，体育产业均被定义成“蓬勃发展的朝阳产业”。但在体育领域内部，仍然存在盈利水平不高、盈利项目不多、高投入低回报等问题，“站在体育观体育”已经不适应时代的发展，跟不上消费方式的变革了。加之2018年的国际国内经济形势，亟须从整体上促进体育产业与相关产业融合发展，挖掘消费潜力，形成更大的生态系统和消费格局。

体育产业整体技术升级，产业间整合和与其他经营性项目的捆绑成为大势所趋。体育+旅游、体育+文化、体育+医疗、体育+养老、体育+科技等不同产业的融合，体育与其他业态捆绑，互利共生，拉动内需，实现振兴实体经济产业的效果。

2017年5月国家体育总局发布《体育总局办公厅关于推动运动休闲特色小镇建设工作的通知》，该通知明确指出：“到2020年，在全国扶持建设一批体育特征鲜明、文化气息浓厚、产业集聚融合、生态环境良好、惠及人民健康的运动休闲特色小镇。”目前已初步在全国选定了96个体育小镇示范性试点。体育小镇在中国的发展处于刚刚起步阶段，财政部PPP综合信息平台中只有江苏省扬州市仪征市铜山体育小镇和山西长治陶清湖体育特色小镇PPP项目两个项目。但在国外有丰富的案例可供参考，如新西兰皇后镇的户外运动胜地、英国的温布尔登体育小镇、法国的沙木尼体育小镇等。关键要因地制宜，把与当地特色体育项目相关的生产、生态、生活全部融合进小镇，依托周边人口，挖掘消费潜力。

在“鸟巢”项目的示范作用下，体育+文化PPP模式在多地陆续启动。根据财政部PPP综合信息平台在库数据的统计，截至2018年12

月，文体中心 PPP 项目共有 33 个，基层社区文体中心日益成为丰富老百姓健身及文化熏陶的新基地。让广大市民在家门口以低廉价格享受高水平的场馆设施，得到真正的实惠。

“体育 + 医疗/养老”融合模式是通过引入国外知名健康管理机构，结合国内优质的运动及康复技术资源，配合当地医疗支撑，打造含医疗监测、监督、风险把控、非医疗干预为主的，集全民运动、科学健身、体质监测、数据收集、运动康复、慢性病管理、养老养护为一体的创新体系。财政部 PPP 综合信息平台尚未有此类项目单独入库，但已有不少在建体育中心将“体育 + 医疗/养老”的概念融入本项目未来的运营方案中，比如杭州奥体中心 PPP 项目、亳州社区文体中心 PPP 项目等，该模式的引入将推动体育融入生活，提高全民健康水平。

2018 年 12 月 24 日，科技部和国家体育总局签订《科技部国家体育总局关于建立“科体协同”工作机制的合作协议》，双方将协同推进体育科技创新体系建设；推进科技体制机制改革，加大科研投入，支持在体育科技领域研发一批先进技术；推进科研创新平台建设和国际科技合作，持续提升体育科技创新能力；加快体育科技成果转化推广，促进体育产业创新发展；共同落实科技冬奥（2022）行动计划，推动“科技冬奥”重点专项有序实施。作为 2022 年北京冬奥会唯一新建场馆的国家速滑馆 PPP 项目即是将科技融入体育的探路者，在物联网和大数据技术支持下，将基于智能监控的绿色能源管理系统、基于室内定位的观众服务导航系统、基于图像识别的智慧安防系统、基于大数据分析的智能设备运维系统、场馆全方位三维建模和分层分区域精准温控等技术集于一身，建成后的“冰丝带”将成为一座绿色环保的智慧场馆。

### 加大资源供给，解决 PPP 时代的运营问题

长期以来，体育场馆运营领域普遍存在着市场化程度低、赛事经营

管理水平不高、对大众体育消费需求和体育市场把握不准、满足个性化的体育消费项目不多等问题。体育竞赛表演企业一直游离在体育场馆PPP项目运营方的身份之外，甚少参与体育场馆PPP项目的投标，这是与其自身的业务特点相关的。体育竞赛表演企业经营的是横向业务，可以把赛事放在北京的体育馆，也可以放在上海的体育馆，而体育场馆PPP项目的运营方则是植根于自己的场馆，去对接各类赛事和演出，类似于纵向业务，在细分领域是两个不同维度的存在。

2018年12月21日，《国务院办公厅发布关于加快发展体育竞赛表演产业的指导意见》（国办发〔2018〕121号），明确提出壮大市场主体，优化市场环境。鼓励具有自主品牌、创新能力和竞争实力的体育竞赛表演企业做大做强；改善消费条件，推行体育场馆设计、建设、运营、管理一体化模式，将赛事功能需要与赛后综合利用有机结合，引导体育竞赛表演企业参与体育场馆运营，盘活场馆资源。完善相关投入机制，引导社会力量参与，鼓励社会资本设立产业发展投资基金，进一步拓宽体育竞赛表演机构的融资渠道，就是要完成两个维度不同业务的联通，让资源充分调动和结合起来。

根据田径协会发布的《2018中国马拉松年度主报告》，2018年全国举办800人以上规模的马拉松及相关赛事场次达1 581场，全国马拉松累计参赛人次583万，285个地级市举办了马拉松赛事，与2017年同期相比增加了44%，年度产业总规模达746亿元。2018年8月雅加达亚运会上，电竞项目首次作为表演项目列入比赛，中国队以两金一银的成绩位列电竞项目奖牌榜第一名。国际奥委会也把电竞认证为正式的体育项目，民众对于电竞运动的认识在不断加深。普华永道发布的《2018年体育行业调查报告》显示，在本年度的调研中，电子竞技取代了2017年度排名第一的足球，成为全球体育行业人士一致看好的最具创收潜力的体育项目。2019年国际篮联篮球世界杯首次来到中国，与2022年杭州亚运会、2022年冬季奥运会成为未来几年相继来到中国的盛大国际体育赛事。借助即将到来的赛事东风，实现积极的经济效益和社会效益，运营仍然是植根其中的重要抓手。

## 用地相关

体育场馆的准经营性决定了体育场馆的运营收益并不能弥补成本支出，为提高使用者付费额度，实现场馆自身造血功能，减轻政府补贴的负担，很多场馆会开发一些可经营空间，有的甚至在设计文件中就明确了商铺面积，很多PPP项目会在实施方案中将运动员公寓参照酒店进行经营。在不违反国家级政策法规的基础上可进一步探索。

第一，将体育中心用地进行公益性和经营性的地块划分，公益性部分走划拨程序，经营性部分走出让程序，进行土地招拍挂，将招拍挂程序和项目招标程序合并。北京2022年延庆冬奥会PPP项目，实现了北京市延庆区政府与北京市规划和国土资源管理委员会双甲方的配置，就是为了让商业性质的土地招拍挂和PPP项目招标合二为一。

第二，允许整块划拨土地上建设的商铺和酒店部分补缴土地出让金，实现土地性质的部分变更。还有一些地区，已经出现了场馆运营方与房地产开发商联合，共同与政府谈判，协议出让体育场馆周边土地用以弥补体育场馆经营亏损的资源捆绑型PPP项目，因此国土部门需要谨慎甄别项目性质，详细构思操作程序，避免“变相拿地”的行为。

## 税务相关

1. 提高税收优惠政策的覆盖率，参考国家鼓励高新技术产业公司，将需要扶持的体育场馆运营、赛事运营等轻资产服务型公司的所得税率予以优惠。对重大赛事及公益性群众活动的赞助和捐赠，以冬奥会及冬残奥会的增值税减免政策为探索，对赞助企业予以优惠。

2. PPP 模式推广以来，现有的税收政策有必要考虑 PPP 项目内容，需要充分涵盖 PPP 项目公司账目处理的各个方面，每个环节需要有确定的执行标准，避免“多缴”和“少缴”等引起的税费误差。

3. 对于与政府和老百姓的往来款无法进行进项税抵扣的问题，应制定相应的处理措施，减少社会资本的损失。

## 国有资产相关

1. 对老旧存量场馆的交易对价，进行有针对性且符合实际的评估。

2. 建立 PPP 项目金融资产公开交易平台，开发基础设施 REITs 等模式增加资金的流动性，建立“证券化”后 PPP 项目中的社会资本回款不免责机制，即虽然社会资本通过项目的资产证券化回流了资金，但在项目的合作期内，社会资本应负的责任始终存在，并不能随着债券的转移而转移。

## 能源相关

1. 水

作为国家主推的冰雪运动项目，滑雪场是否应继续被定义为特殊行业值得探究。如果不能修改分类，可以制定水费的优惠政策。以北京为例，根据《关于调整北京市非居民用水价格的通知》（京发改〔2016〕612 号），滑雪场用水实行定额管理，定额内用水按非居民水价标准执行，即 9.5 元/立方米，超定额用水按特殊行业水价标准执行。

2. 电

2018 年 11 月 8 日，国家能源局华北监管局以华北监能市场〔2018〕497 号文正式发布《京津冀绿色电力市场化交易规则（试行）》，规则指出，冬奥会场馆设施可参与绿色电力市场化交易，即张家口的冬奥场馆可购买并使用当地风电企业提供的低价电力。北京市城市管理委员会也发文落实 2022 年北京冬奥会场馆绿色电力直购交易政策。充分发挥试点效应，未来可将更多的绿色能源应用到体育场馆的经营过程中，提升交易的灵活性，降低运营成本。

加大政府购买服务力度，对体育场馆的电力消耗有针对性地补贴，比如，体育场馆的外围灯光应当地政府亮化工程或特定节假日的要求需要开到指定时间，由此产生的电费可通过政府购买服务的方式解决。

加大场馆节能改造的补贴力度，鼓励存量体育场馆通过节能化改造，提高经营效益。鼓励场馆使用节能设备，鼓励建设智能场馆，统一管理场馆能源的使用。

对国家重点扶持的冰雪运动领域，比如滑冰馆的制冰电费，效仿北京市发改委对于滑雪场的优惠政策，对制冰设备消耗的电力能源进行定额管理，在定额范围内予以补贴。

## 小　结

在体育设施建设和经营过程中，会实实在在地和各个管理部门打交道，遵守规则，接受监管。从文中的分析我们可以看到，各部门遵照独立体系内的规定，并按照本体系的标准归类体育产业，例如土地部门和能源部门对“经营性”的定义并不统一。但相同的是，各部门正在党中央的带领下，朝着扶持体育行业发展、鼓励社会力量参与的方向努力，广大社会资本也应乘着政策东风，发挥主动性，引入先进的经营和管理理念，盘活体育设施资源，在实现项目自我造血的同时，满足广大人民群众体育休闲健身的需求。

# 第七章 针对体育行业大型战略投资者的政策需求

辛 洁

## 我国体育行业投资政策的现状

国家经济发展的重要前提是劳动生产率的不断提高。劳动生产率提高的途径有两条，一是通过技术创新提高现有产业的产品质量和生产效率，二是将现有劳动力、土地、资本等资源配置到附加值更高的产业，实现产业升级。① 在产业升级过程中，投资政策对行业发展具有重要的导向作用，它在很大程度上决定着如何将现有资本及相关资源，投入到对经济发展具有持续效益的领域。无论是政府资源配置，还是市场投资决策，都会受到投资政策的影响。

### 体育行业投资政策现状

以下是对体育行业的产业资本进入、运营、退出方面的政策梳理情况。

1. 针对产业资本进入方面的主要政策：1）推广政府和社会资本合作，建立政府引导、社会资本筹资的体育产业投资基金；2）鼓励符合

① 林毅夫．新结构经济学［M］．北京：北京大学出版社，2019.

条件的相关企业积极申请中小企业创新基金，引导社会资本的投入；3）鼓励和支持私募股权投资基金、创业投资基金及各类投资机构加大对体育行业的投资力度；4）科学规划建设社会领域相关产业创新发展试验区，在金融等方面先行先试。

2. 针对产业资本运营方面的主要政策：1）支持符合条件的企业发行企业债券、公司债、短期融资券、中期票据、中小企业集合票据和中小企业私募债等非金融企业债务融资工具；2）鼓励各类金融机构在风险可控、商业可持续的基础上积极开发新产品，开拓新业务，增加适合中小微体育企业的信贷品种；3）全面落实国家扶持中小微企业发展的政策措施，通过政府采购、信贷支持、加强服务等多种形式扶持中小微体育企业发展；4）鼓励民间资本参与投资建设体育场馆，鼓励 PPP 模式，在投资核准、融资服务、财税政策、土地使用、运营管理等方面给予政策支持；5）探索实施对体育产业示范项目、体育产业基地、群众体育示范项目、群众体育基地等的认定制度，研究完善财政资金支持政策。

3. 针对产业资本退出方面的主要政策：1）支持符合条件的体育产品、服务等企业上市，或面向资本市场融资；2）鼓励境外资本投资体育产业；3）建立全国体育产业投资项目库，加强对体育产业项目的招商推介工作；4）探索建立体育产权交易平台，将体育无形资产和有形资产列入交易内容。

## 体育产业投资政策问题

现有政策反映出的主要问题有：1. 在流程方面，针对产业资本的退出政策相对较少，虽然多数政策中提到支持体育类企业上市或进入资本市场融资，但是都是在符合要求的前提下，并没有给出实质性的优惠政策。这也体现在产业资本的进入、运营等方面，例如针对体育企业的税收优惠，前提是要达到高新技术企业的标准，然后按照高新技术企业的税收优惠执行，并没有针对体育产业推出特色的专门优惠。2. 在执行方面，虽然对于国家、行业出台的相关引导政策，各地方都出台了相应的实施政策，但是只有极少数的地方政策形成了可操作、定量化的鼓励和优惠政策，多数地方的政策只是停留在"以政策落实政策"层面，没有形成可操作性的条款。例如多数政策条款，在地方政府的实施意见中还只是停留在"支持""鼓励"等层面，缺乏从产学研扶持、股权投资、直接投资、贷款贴息等方面给出明确的执行规范。

## 大型战略投资者及其基因特征

### 大型战略投资者的概念与标准

战略投资（Strategic Investment）又被称为战略性投资，泛指直接影响企业竞争地位、经营成败及中长期战略目标实现的重大投资活动。[①] 战略投资者（Strategic Investor）是相对于上市公司发起人而言的，是指以资本合作为基础，通过长期持股寻求战略合作关系的投资者。[②] 与之相对应的是财务投资者，一般为短期投资，以获得资本回报为目的，并且在投资前就设定了各种退出机制。因此，大型战略投资者应该是指具有一定投资规模，以资本合作为基础，与入股企业结成长期利益共同体的投资者。

大型投资者通常是单年投资总量或研发投资总量占本行业投资总量比例较大的投资者。选取我国现有 7 个行业领域，计算单体投资占本行业总体投资的比例，最终得出 7 个行业平均数据为 7.69% 。以计算机通信及其他制造业为例，2017 年该行业研发投资总量为 2 002.8 亿元（人

① 浦琳洁．战略投资的税收筹划研究［D］．湖南大学，2007.

② 朱盈盈．中资银行引进境外战略投资者效果的实证研究［D］．电子科技大学，2011.

民币），该行业单体投资较大的华为及中兴2017年研发投资总量分别为246.6亿元和129.6亿元，取平均值188亿元，那么该行业大型战略投资者单体投资的比例占总单体投资的比例为9.39%。

但是不同行业之间差异较大，该比例最高的为电气机械和器材制造业21.13%，最低为食品制造业1.89%。由此认为，单年内投资规模达到行业投资2%以上的投资者可被视为大型战略投资者。根据计算逻辑，得出以下7个行业概况。

表7.1　2017年我国7行业单体投资占比

| 行业 | 行业总投资（亿元） | 单体投资占比（%） |
|---|---|---|
| 计算机通信及其他 | 2 002.8 | 9.38 |
| 汽车制造 | 1 164.6 | 6.68 |
| 运输设备制造业 | 428.8 | 10.65 |
| 医药制造业 | 534.2 | 2.04 |
| 食品制造业 | 148.1 | 1.89 |
| 纺织服装、服饰业 | 110.5 | 2.08 |
| 电气机械和器材制造业 | 1 242.4 | 21.13 |
| 各行业平均值 | | 7.69 |

目前没有界定体育行业大型战略投资者的明确标准，如果参照以上其他行业标准，那么可以认为只要单年内投资规模达到行业投资2%以上的投资者就可被视为体育行业大型战略投资者。例如，2018年体育行业融资规模约为180亿元，中金公司在体育方面的投资金额6.18亿元，约占3%，按照投资占行业总体投资比例计算，中金可以被认为是体育行业大型战略投资者。

## 大型战略投资者的基因特征

通过对大型战略投资者含义和参考标准的解读，我们认为大型战略投资者具有如下三个要素：投资规模大、时间跨度长；基于长期发展目标、分阶段进行投资，追求利益；兼具动力与能力，影响投资项目的发展方向。大型战略投资者可以帮助企业适应和改造环境，这主要表现在：一是可以帮助企业适应投资环境；二是帮助企业塑造改造环境。大型战略投资者的适应能力包含雄厚的资金、核心的技术、先进的管理、较强的投融资能力、成熟的市场、丰富的人才储备；大型战略投资者的改造能力包含引领技术创新、探索新型模式、促进产品优化、促进产业结构升级、淘汰落后机制。适应能力和改造能力共同组成大型战略投资者基因的双螺旋结构，决定着大型战略投资者的特征和功能。

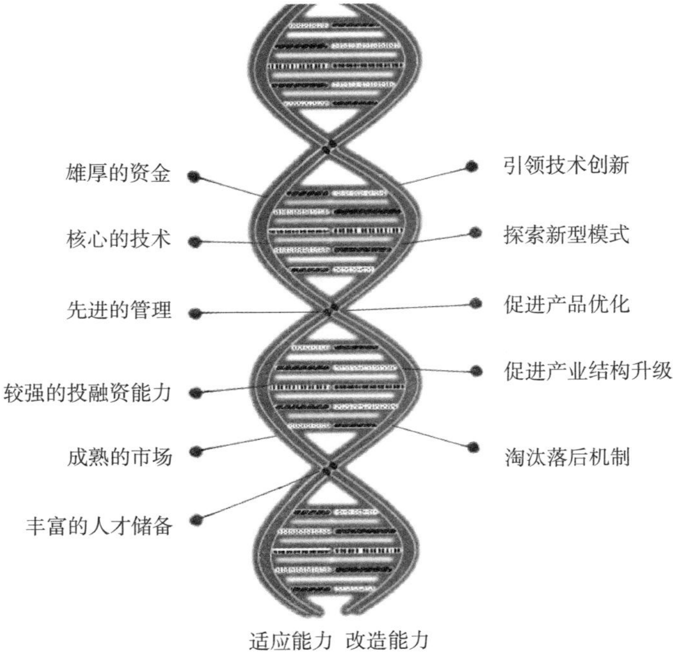


**图 7.1　大型战略投资者基因图谱**

# 大型战略投资者的作用：重塑产业生态

## 理论基础：从新古典经济学到复杂经济学

新古典经济学的核心基础即马歇尔的价值均衡论主张，需求价格是由消费者的内在效用决定的，供给价格是由劳动、土地、资本和结构等各种生产要素决定的，在两者相等时市场达到均衡状态。此时的价格和产量是价值均衡的结果，无论是消费者还是生产者都没有偏离此均衡结果的激励，打破此均衡结果的是外部的刺激（如技术升级）。[①] 根据此理论，大型战略投资者的作用是有限的，投资行为在无法直接刺激消费需求的情况下，只能通过寻求技术进步降低生产成本或抢占市场，发挥在公司层面和部分产业层面的作用。

然而复杂经济学将技术进步纳入研究体系内，主张经济的常态是不均衡的，是有内在升级动力的，而动力的来源即是技术进步。布莱恩·亚瑟指出，“技术是实现人类目的的手段”，[②] 即所有为实现人类目的而发明的工具、结构和方法都是广义的技术，如银行就是一种投融资技术手段。而新的技术并不是在经济外部的、偶然的冲击，新的技术是通过原有的技术组合创造出来的，而目前的新技术也成为未来新技术的基础。这种组合进化[③]并非线性的，而是呈指数型增长的，几种技术能通过组合带来的新技术在理论上高达几百种，只要其中的部分有现实的经济意义和对应的消费市场，它们就会被创造生产出来，拓展现有的技术池和产业市场规模，并且开启下一步循环。也就是说，当某个产业中的技术单位超过了一定的阈值，那么新技术就会呈指数型、连续性生长，

① 阿尔弗雷德·马歇尔．经济学原理［M］．廉运杰译．北京：华夏出版社，2015.
② 布莱恩·亚瑟．技术的本质［M］．曹东溟，王健译．杭州：浙江人民出版社，2018.
③ 布莱恩·亚瑟．复杂经济学［M］．贾拥民译．杭州：浙江人民出版社，2018.

产业经济的均衡也会被不断打破，形成新的产业经济。在新的产业经济中，技术不仅改变了供给，也因为消费者对新经济环境的适应而重塑消费需求，从而促使规模不断扩大，呈现螺旋上升的态势。

为达到产业自发性生长的结果，产业必须满足的前提是有足够多的技术单位和能够使它们充分结合的自由市场。此时，大型战略投资者凭借其资本和战略视角的优势，可以通过选择性布局，培育技术单位、促进技术结合，并结合市场经济筛选出有经济价值的新技术，从而达到构建产业生态的作用。在产业生态逐渐发展、完善的过程中，不断萌发的新技术会进一步吸引社会资本，而新加入的资本又丰富了产业的内容，形成撬动社会投资的良性循环。

## 案例分析：从硅谷的成功到中金的新探索

### 硅谷构建美国科技产业生态的经验

硅谷成功的原因众说纷纭，硅谷投资人阿伦·拉奥和咨询师皮埃罗·斯加鲁菲[①]将其总结为：作为产业发动机的巨头公司、不断输送人才的高校研究院、促使产业链流畅运作的专业法律和金融服务、容忍失败的创业文化、友好的移民环境甚至是加州常年阳光明媚的天气。

无论学界和产业界如何反复研究硅谷，它的成功都是不能被绝对复制的，但对其合理的解释能够启发对产业发展模式的思考和理解。硅谷能实现自我成长和更新的原因之一，是它实现了技术的聚集和充分的结合。在硅谷的数次技术更新中，新技术都是在旧技术的结合和需求中发展出来的。此处的“技术”包含狭义的科技技术，也包括风险投资、股

① 阿伦·拉奥，皮埃罗·斯加鲁菲．硅谷百年史［M］．闫景立，侯爱华译．北京：人民邮电出版社，2014.

权激励等金融和法律技术，甚至包括更细化的在风投合同中的某一项能够提高投融资效率的行权协议，即布莱恩·亚瑟指出的“实现人类目的的手段”。从硅谷之父特曼支持成立惠普公司，并从海军研究办公室获得政府资助发展电子工程技术开始，硅谷就逐渐开始累积技术单位，并一方面通过组合进化形成新的技术单位，另一方面由旧技术提出新的需求，促成新技术的应用发展。二战期间，美国政府设立了科研发展办公室以协调军事国防部门的科研工作。该部门打破了平常军方研究项目高度机密的惯例，直接资助高校研究项目、与高新技术企业合作，不仅实现了国防科技的高速发展，还促成了计算机、磁带录音机及相关技术的改进和发展，帮助硅谷实现了技术累积。

在硅谷发展的几十年中，政府的作用体现在两个方面：一、提供初始期的战略发展资金，在产业生态尚未构建的技术单位积累阶段促进技术发展；二、制定开放政策，加快技术结合，如加州政府降低风险投资税率，使风投在硅谷快速与科技产业结合，推动产业发展。

## 中金公司两种类型的战略投资案例

中国国际金融股份有限公司是中国首家中外合资的投资银行。自1995 年成立以来，中金公司建立了以研究为基础，投资银行、股票业务、固定收益、财富管理和投资管理全方位发展的业务结构。其中中金公司的投资业务可分为传统型投资和探索型投资。

中金的传统型战略投资可分为三个阶段：第一阶段是传统资本运作期（1995—1998 年）；第二阶段是房地产黄金期（1999—2014 年）；第三阶段是新兴市场探索期（2015 年至今）。中金的探索型战略投资在三个历史发展阶段中也有不同的表现：在传统资本运作期探索 PE 业务，与银瑞达创投、新加坡政府共同投资长天科技集团；在房地产黄金期，开拓新兴投资市场，如健康养老产业、海外文化旅游市场；在新兴市场探索期，进一步开拓新兴市场，如医疗保健（华熙福瑞达、阜康医疗、微创心脉医疗科技、华大基因、开立医疗、春雨医生）、智能硬件（Calterah、易航智能、云知声）、信息科技（青云、网创科技）、体育领域（虎扑体育）等。

## 政策变化对中金公司战略投资的影响

政策变化时刻影响着市场中投资机构的投资决策，引导资本进入、退出市场或流向特定产业。影响中金公司战略投资的典型政策变化有：

1. PE 市场监控和开放。早在 20 世纪 90 年代初期，中金就探索过直接投资领域。但后来由于直投市场不良资产数额太大，PE 业务被严格管控，证券公司投资方面被限定。直到 2007 年，证监会开放股权直接投资业务试点，中金获得开展直投业务的资格，逐渐将直投业务与投行、研究、资产管理等业务良性结合，形成 1 800 亿元的投资规模。

2. 发展战略性新兴产业政策。2010 年下发的《关于加快培育和发展战略性新兴产业的决定》（国发〔2010〕32 号）[①]，明确将从财税、金融等方面出台一揽子政策加快培育和发展战略性新兴产业，发展目标是在 2015 年，战略性新兴产业增加值力争占到 GDP 的 8% 左右。《决定》指出要根据战略性新兴产业的特征，重点培育和发展节能环保、新一代信息技术、生物、高端装备制造、新能源、新材料、新能源汽车等产业。相关政策对中金的投资战略和方向有指导性意义，中金结合资本市场和新兴产业市场的市场规律对战略性新兴产业进行倾斜，在获取资本回报的同时对新兴产业的发展发挥了其作为金融机构的相应作用。此外，《决定》还要求大力发展创业投资和股权投资基金，建立和完善促进资本投资健康发展的政策与监管体系，为保险公司、社保基金、企业年金管理机构和其他机构投资者参与新兴产业创业投资和股权投资基金

① 国务院．关于加快培育和发展战略性新兴产业的决定［Z］．国发〔2010〕32 号．

创造条件。在政策的支持下，中金于2016年成立中金启元国家新兴产业创业投资引导基金，取得了良好的社会带动效应（推动技术创新、促进产业升级、带动大众创业），同时还参与决策制定和产业研究，并建立了创投数据库。

3. 新三板市场完善。2013年12月31日，股转系统面向全国接收企业挂牌申请，新三板市场的完善拓展了中金投资业务的投资和融资双向渠道，对中金直投业务的发展提供了技术便利。

### 中金公司体育产业大型战略投资现状

中金目前对体育产业的大型战略投资的目标分为三个级别：一、培育技术、企业单位发展；二、全面覆盖体育行业，打造体育产业生态圈；三、进一步吸引社会资本和大众创业。中金集团在战略投资中遇到的问题有三大类，涉及投资基金进入体育行业、基金运作过程和最后的基金退出。

进入体育产业方面：中金在投资业务中对体育产业投资观望已久，虽略有涉足，结合地产、资产管理的投资经验投资了第一体育和虎扑体育两个项目，但没有进一步加深体育产业战略投资的主要原因是动力不足。目前阶段体育行业的成熟项目偏少，早、中期项目偏多，风险高，与中金的一贯投资方式不符；而脱离整个产业生态链后，单个项目的投资研究成本过高，因此以中金为代表的传统金融投资机构缺乏进入体育产业投资领域的动力。

基金运作过程方面：在投资体育产业的基金运作过程中，市场环境和行业政策都会对基金投资标的公司的发展产生重大影响，继而影响投资者的投资策略。在我国当前的体育产业发展中，涉及赛事、场馆和教育等重点板块的体育行业政策不连贯、地方落实不到位等现象，都会严重影响投资者的决策。

基金退出方面：中金作为金融机构投资者，其投资行为的主要目的之一是保障投资者（或自身）的资本和收益，实现这一点需要股权投资市场有完善的退出渠道。体育产业作为资本市场中的新行业，与传统行业的商业定价模式不同，尚未建立起成熟的资源交易平台，从而提高了基金投资者的退出风险。

## 体育产业战略投资方法及路径

### 企业战略投资

企业战略投资的投资方式主要有四种：第一，产业链同级投资，即企业投资者在本公司的主营业务领域里进行投资，以加强公司自身的市场规模优势，削弱市场中竞品公司的竞争能力；第二，产业链上下游战略投资，即企业投资者投资并购与其主营业务领域直接相关的上下游产业公司，通过整合被投资公司与母公司的相关资源，打通产业链条，优化生产流程；第三，新兴业务战略投资，指公司投资者投资与自身主营业务没有直接生产关系的公司和产业，其目的可能是发掘新的业务增长点、探索新的消费市场或为母公司的业务转型打下基础；第四，模仿型战略投资，指企业投资者在没有明确投资目的的情况下，模仿竞争对手的投资行为、布局业务或核心技术相似的竞品公司，以避免竞争对手在新行业一家独大的情况出现。

体育产业的企业战略投资一般具备以下特征：第一，企业投资者在战略投资体育产业时，一般选择已经较为成熟的体育公司、赛事作为战略投资标的，利用自身的资源及管理优势迅速抢占稀缺的头部资源，快速发展体育部门或子公司的业务；第二，企业战略投资者有雄厚的财力支撑，公司的核心业务能够给集团带来稳定的净利润和现金流以投资体育产业，企业投资者还具备相匹配的融资能力，大多是 A 股或港股上市公司；第三，企业投资者在体育行业领域的战略布局目的除了寻求新的业务增长点外，一般还会结合核心业务和体育板块业务，探索产业跨界融合发展、业务转型的可能性；第四，企业战略投资一般会产生协同效应，企业投资者在做相关投资决策时会考虑成本控制、优势互补、资产配置、财务优化等综合因素；第五，企业战略投资可能产生两种成果：在探索中逐渐形成成熟的、符合国内市场的产业融合发展模式，如互联网企业通过体育与互联网技术的结合，开发出新的产品和市场，促进体育行业的产品优化，引领体育行业的技术创新；或在战略投资中逐渐转移企业的业务重心，为传统行业的企业转型寻找新的路径和模式，促进产业结构升级，淘汰竞争能力下降的机制。

## 机构股权投资

由投资机构（私募股权投资）主导的股权投资与企业战略投资的基本区别在于，企业战略投资的标的可以是体育公司或单项体育资源，对投资后管理的要求更高；而由投资机构发起的股权投资的投资标的为被投资公司的部分股权，同时投资机构还要对投资者（私募股权投资的有限合伙人）负责，因此相比企业战略投资，股权投资对投资项目的未来资本收益要求更为严格。不同类型投资者的性质和投资目的不同，对其股权投资战略也会产生不同的影响。

在本章讨论的体育产业私募股权投资中，主要有以下四种类型的私募股权投资：一、大型公司设立的独立战略投资基金；二、传统体育公司成立的独立体育基金；三、传统金融投资机构；四、大型境外股权投资机构。

私募股权投资的战略投资分析方法种类繁多，有专注于从天使轮到Pre－IPO各阶段投资的、专注于特定行业的、注重标的公司财务潜力的、全产业链模式投资布局的，以及从系统性平台转变为被投资公司提供各种增值服务的投资方式。在我国现阶段的体育行业中，股权投资策略倾向于行业投资和成长投资，即私募股权战略投资者出于政策、市场考量，看好体育行业或其中的子行业，对其中成长性高的企业进行战略投资。

体育产业的投融资是在一定的经济、社会及政策等背景下运行的，目前中国正在经历快速的城市化发展，城市人口比例增加和消费升级已经成为两个显著的特征。这让体育产业成为我国市场经济的朝阳行业，主要表现在：国家产业结构转型和跨行业投资增多；体育消费意识提高，消费人口快速增长；冬奥会带来新的投资机会。在这样一种环境下，体育行业战略投资的方法和路径也越来越丰富，但是如何根据不同的投资环境、政策以及投资者自身的基因特征确定投资战略，是决定战略投资成败的关键。

## 投资环境、政策扶持与投资者基因

### 投资环境与政策扶持的相互助力

投资环境的好坏决定了政策扶持的方向、力度、期限等因素。针对投资环境的情况、需求、趋势制定相应的扶持政策，可以有效地改善、完善投资环境。好的投资环境，通常会由广阔的市场前景、灵活的投资机制、有利的扶持政策、优秀的投资服务质量、高素质人员及高端人才等组成，这都是行业健康发展的重要保证。政策扶持作为其中的一环具有重要意义。在其他因素不足时，政策扶持的引导作用、辅助作用可以有效改善投资环境。在其他因素构成良好的投资环境时，政策扶持的引导和辅助作用可以更进一步巩固投资环境，推动投资项目高效落地，切实促进相关行业发展，引导健康、可持续发展的投资环境。

### 政策扶持影响大型战略投资者选择

政策对于大型战略投资者选择投资行业市场及投资的方式起到决定

性影响。大型战略投资者在自身传统业务范畴相关政策扶持相对丰富时，会将战略投资重心维持在相对熟悉、稳定的传统型战略投资。大型战略投资者在自身传统业务范畴相关政策扶持相对保守、匮乏时，会逐步拓展业务领域，进而寻求新的利润增长点，从而选择将部分资源投入相对具有延伸性、互补性以及战略意义的探索型战略投资。大型战略投资者在新兴领域出现引导性较强的政策扶持时，会根据热点方向和概念性领域的发展程度，选择将部分资源投入相对有潜力并具有战略意义的探索型战略投资。政策扶持可以促进大型战略投资者不断调整投资结构，指导资本流动，推动传统型投资和探索性投资的交流碰撞，优势互补，增强大型战略投资者的可持续发展能力。

## 二者对体育行业大型战略投资者的影响

### 投资环境塑造大型战略投资者基因

体育行业领域投资环境具有体育行业自身特有的属性。体育行业的发展除了场地、场馆、设施、器械等方面的建设和制造，还包括赛事、活动等方面的举办、管理，更重要的是人作为体育行业不可缺少的特征在体育行业既可以是行业的参与者，也可以是体育行业的“核心产品”。这就要求大型战略投资者的基因能力不能只满足于行业发展层面和企业发展层面，还要着力于与人相关的综合发展层面。从场地、场馆、设施、器械等方面的建设和制造考虑大型战略投资者基因，与传统建筑和制造行业投资相似，需要保留和巩固资金实力强大、投融资能力较强、人才储备丰富等基因能力。从赛事和活动的举办、管理考虑投资者基因，需要大型战略投资者有较高的市场占有率、成熟的管理体制，还需要引入和迭代赛事推广、体育组织管理和综合协调、邀请外籍人员来华、布置安全措施、处置突发事件等基因能力。从人的教育和培训等方面考虑投资者基因，需要大型战略投资者有培养体育组织任职人员对接国际环境或人员、培养综合或专业体育项目业务人员、培养及保障体育运动员等方面的基因能力。

### 政策扶持增强大型战略投资者基因

我国体育在长期发展过程中，形成了以政府为主导的管理和运行方式，政府政策往往在行业发展中发挥着重要的指引作用。但是并不是所有的政策都能够对行业发展产生积极的效应，例如针对体育赛事的审批制度，实际上就是一种降低效率的政策，在很大程度上限制了我国民间赛事的发展。但是扶持性的政策一般都能产生积极效应，因为它更强调对行业发展的引导而不是管控，所以政策扶持的一个重要作用是增加各方效率，通过调动政府、市场等各方面的积极性，快速实现预期目标。在这个过程中，环境的快速改变以及资源的迅速响应也会对投资者的基因适应和改造能力产生积极的影响。

## 大型战略投资者的政策需求

### 大型战略投资者自身发展的需求

体育行业虽然可以归为新兴产业，但是行业现阶段的成熟项目偏少，早、中期项目偏多，风险高，加上政策扶持体系尚不完善，很难给予大型战略投资者进入的动力。因此，需要通过地方政府明确的产业基金引导、税收优惠、土地政策、放权等方式降低投资风险，吸引大型战略投资者进入。

有效发挥税收优惠的促进作用，应当在国家有关政策的指引下，结合已有税收优惠，进一步完善税收优惠体系，发挥税收优惠的支持作用。提高可抵免税收额度，有利于激发民间投资者的投资热情，同时需要各地政府加快税收优惠政策的全面落地，以及根据当地特色自行研究深层次的税收优惠。此外，各地政府可效仿国家自主创新示范区，推行部分所得税试点政策，如有限合伙制创业投资企业法人及合伙人企业所得税、技术转让企业所得税、企业转增股本个人所得税等税收政策。继续加快体育行业市场化改革，减少政府不必要的干预，对于促进体育经济发展、降低投资者的外部风险也具有重要意义。

## 体育行业新的生态体系建设需求

根据体育产业发展阶段现状，以及大型战略投资者的基因特征，推动国家体育产业发展需要构建新的行业生态体系，这不仅需要具有市场能力的大型战略投资者投入产业基金，更需要产业基金在一定程度上能够体现国家意志，契合国家战略。因此，由政府注资建立国家级的体育产业发展引导基金十分必要。其次在产业基金运作过程中，市场环境和行业政策都会对基金投资标的公司的发展产生重大影响，继而影响投资者的投资策略。在我国当前的体育产业发展中，涉及赛事、场馆和教育等重点板块的体育行业政策不连贯、地方落实不到位等现象，都会严重影响投资者的决策。应当尽快推进体育产业市场化改革，简化政府审批程序，推进赛事、场馆等核心板块的市场化运营。

在投资项目审批方面，长期以来投资项目审批因为涉及部门多、环节多、历时长等问题，严重制约了项目落地和投资增长。随着全面深化改革的不断深入，政府也在深入推进投资项目审批制度改革，降低企业投资制度性交易成本。针对大型投资者企业或个人进入体育行业、设立体育基金方面，应当在深化机构改革的大背景下推进投资项目审批制度改革，开设绿色通道，在做好审批职权的精简、规范、整合的同时，创新审批模式，消除信息不对称和法律依据不足的困扰。

## 产权及司法保障等配套政策需求

大型战略投资者虽然有别于一般的财务投资者，但是其投资行为的主要前提之一也是保障投资者（或自身）的资本和收益，实现这一点需要股权投资市场有完善的退出渠道。体育产业作为资本市场中的新行业，与传统行业的商业定价模式不同，尚未建立起成熟的资源交易平台，提高了基金投资者的退出风险。

虽然现在的政策中提及了建设体育资源交易平台，但是现有的政策法规体系和知识产权保护制度依然有待完善。只有通过完善知识产权政策法规、健全知识产权评议制度和评议程序才能有效减少项目知识产权风险，使知识产权保护落到实处，使体育行业的无形资产受到保护。此外，在全面深化司法体制改革的大背景下，深化多元化纠纷解决机制和繁简分流机制改革，是顺应改革趋势、遵循司法规律的必然选择，为大型投资者创造良好的利益保障环境以及更规范的进入、运营和退出机制。

## 代表性领域战略投资的政策需求

1. 体育场馆领域。体育场馆财政政策需要完善，以求管理模式多元化。借鉴并采用国外先进的体育场馆投融资模式，包括 BOT、TOT、PPP 等模式，和股票、债券、ABS、LCP 等金融工具，有效解决体育场馆融资、建设、管理、运营问题，是推动我国体育场馆发展的有力支持，也是未来发展的必然趋势。体育场馆的资源作为一种商品的范畴，增加适当的营销性工作不仅可以调节资源的配置，而且能够优化场馆体育资源的种类。民间闲置资本参与大型综合体育场馆的运营融资可以降低一定的风险，带来宽裕的资金。民间资本参与大型体育场馆运营融资的投资路径的选择主要通过吸收直接投资、普通股融资、发行债券、实物资产证券化等方式实现。同时，通过构建民间投资退出机制可以回避一定的风险，保障市场的正常运行。展望未来，可以在建立公众参与场馆决策机制、完善法律体系、强化人大在场馆决策中的权威作用，以及引入民间独立研究机构等方面做出改变，以推进场馆决策的民主化、法制化和科学化。

2. 体育赛事领域。赛事应划分等级，进一步简政放权；结合经济结构供给侧改革，强化城市与赛事 IP 的融合；借助互联网线上线下助推体育赛事 IP 发展；扶特、扶优、扶强、扶新；通过立法加强对体育赛事 IP 的保护。应重视赛事的专业性和娱乐性，打造具有优质内容的体育赛事；建立体育赛事网络平台，增强网络平台的黏性；提高体育赛事 IP 的变现能力，构建体育赛事产业共同体。资助举办单项竞技体育比赛、群众体育赛事以及国际体育巡回赛（中国站的比赛）必将为未来几年内我国体育产业增量市场带来巨大冲击，不乏出现赛事承办数量持续增多、赛事参与人数逐年递增、商业赞助资金稳步提升的新常态。全面开放赛事市场仅仅是外部动因，而提高赛事精彩度、提升赛事水准的根本还是在于运动员自身的竞技水平。因此，中国职业联赛的新常态应表现为海外人才交流、优秀教练引进、科技创新能力提升等一系列措施的实施，以保障赛事市场化进程在社会主义市场经济环境下顺利推进。

3. 体育教育培训领域。体育教育培训的发展涉及学校教育的一些基本制度，推动难度大，需要多方面推动。首先，在学校层面选择改革试点，使体育教育和小升初、中考乃至高考挂钩，让体育教育受到越来越多家庭的重视，让学生从小培养体育运动习惯和爱好，孩子为当今社会家庭的最主要消费对象，孩子体育参与的增多必然会带动更多的家庭体育消费群体。其次，在社会层面，需要向优质的社会企业开放体育领域相关资质证书，保障体育专业人才供给，促进体育培训市场繁荣，满足更多青少年的体育培训需求。另外在管理层面，可以尝试开放学生体育协会的赛事审批，推动校园体育赛事繁荣，赛事的增多不仅能够带来更多的直接体育消费，还可以促进学校体育资源的合理利用和配置。

# 第八章

# 青少年体育消费政策研究

刘 波　郭 振　傅鸿浩

## 摘要

### 主要结论

1. 学校体育对于体育消费具有直接作用与潜在作用。直接作用体现在，政策可有效刺激 3 亿学生、51 万所学校、65 万个场馆以及学校体育竞赛潜在市场，直接推动体育消费大幅增加。学校体育的显性功能是促进学生体质健康、运动技能和知识与思想道德培养。但学校体育在促进体育消费方面同样具有重要的潜在作用。(1) 潜在基础作用：学校体育课程有利于树立正确的体育消费观、巩固消费动机、促进基础性物质消费增长；政府主导型课程（校园足球等）促进消费的作用显著。(2) 潜在核心作用：学校体育竞赛与业余训练是拉动体育消费的核心动力；提升与体育旅游、交通食宿相关的消费增长；促进家庭体育消费观念的转变；形成品牌赛事的核心消费产品，刺激消费动机。(3) 潜在强化作用：学校体育考试在我国应试教育背景下有利于促进体育消费习惯的养成，丰富体育消费产品业态；也是自主招收体育测试的重要强化。(4) 潜在溢出作用：学校体育场馆有利于为国民提供消费机会；促进消费结构的平衡与消费升级；促进炫耀性体育消费。

2. 校外体育，尤其是青少年体育社会培训机构对体育消费具有直接的推动作用。（1）直接效应：提供多元化的体育消费产品。（2）引导效应：引领产业链化的体育产品消费。（3）调节效应：调节政府、社会与学校间的消费行为。

**主要对策**

1. 基于促进体育消费制定学校体育政策的建议。（1）坚持以“四位一体”的目标作为学校体育政策制定的出发点。（2）具体落脚点为：课程建设中继续推动政府主导课程建设，如校园足球、篮球、冰雪项目课程等；竞赛与训练参照美国大学建设品牌赛事从而提升经济效益，以我国大学品牌赛事建设与运动队建设为抓手；考试方面应注重一贯制的时序性评价及自主招生体育考试比重的落实；场馆方面应以“第三方运营”学校体育场馆与 PPP 模式建设学校场馆为抓手，提升资源利用率。

2. 基于促进体育消费制定校外体育政策的建议。（1）以扶持非营利性青少年体育社会俱乐部建设、落实相关税收减免区间与对象为抓手，有效提升资本吸引力，推动消费增长。（2）以“产业链”商业模式建设为抓手，提升青少年体育社会培训机构对体育消费行为的引导价值。（3）以营利性青少年体育社会培训机构“行业协会”建设为抓手，促进其调节作用的最优化发展。

3. 基于发展青少年体育制定体育消费政策的建议。（1）体育消费政策制定应考虑青少年消费群体特征，明确各业态对青少年群体体育消费的具体福利标准。（2）体育消费政策制定应注重资源配置在青少年体育领域的分配比重。（3）体育消费政策制定应注意各相关产业在青少年体育领域投资比重的税率福利，为涉及青少年体育产品的企业和社会各类群体提供税收减免。

本章节主要探讨如何从学校体育以及校外体育政策制定推动体育消

费增长的问题。政策学创始人拉斯韦尔（Lasswell）认为，政策是指“一种包含了目标、价值和策略的大型计划”。① 伊斯顿（Easton）认为，政策就是“对全社会的价值做的权威性分配”。② 詹姆斯（James）则认为，政策是“行动者为解决一个问题或其相关事宜采取的相对稳定的、有目的的一系列行动”。③ 综上认为，政策是行动者为解决社会问题或相关事宜（对社会价值做权威性分配）制定的包含目标、价值和策略的大型计划。所以若根据国情制定具有针对性的政策，应对青少年与体育消费的价值关系进行探讨。

罗伯特·K. 默顿的结构功能分析理论指出，社会结构存在不同动能，正功能是观察到的那些有助于一定系统之调试的后果，负功能就是观察到的那些削弱系统之调试的后果。显功能是指有意为之的功能，潜功能是无意为之的功能。④ 青少年体育应包含学校体育（体育课、课外活动、代表队和竞赛、早操与课间操、科学作息与保健措施等）与校外体育（业余体校、少年宫和培训机构等）两个主要组成部分。由此依据罗伯特·K. 默顿结构功能理论框架分析探讨青少年体育和体育消费的关系，应当分别讨论学校体育和校外体育与其价值关系。

学校体育的显性正向功能为旨在增强学生体质，促进身心协调发展；教授体育基本知识、技能和锻炼方法，奠定良好的终身锻炼基础；提高学生运动技术水平；进行良好的思想品德教育。对于培养体育人才、提高国家运动技术水平和民族身体素质有重大意义。⑤ 学校体育在

---

① HD. Lasswell, Kaplan. Power and Society [M]. N. Y.: Mc-Graw-Hill Book Co., 1963: 70-71.

② D. Easton. The Political System [M]. N. Y.: Knopf, 1953: 128-129.

③ 詹姆斯·安德森，谢明译. 公共政策制定 [M]. 北京：中国人民大学出版社，2009：3-4.

④ 罗伯特·K. 默顿；唐少杰等译. 社会理论和社会结构 [M]. 南京：译林出版社，2015：152-153.

⑤ 中国百科大辞典编委会；袁世全，冯涛. 中国百科大辞典 [M]. 北京：华夏出版社，1990：479.

促进体育消费方面的作用应属于潜在正向功能，体现在学校体育培养体育消费潜在人口的功能、学校体育培养国民消费观念与消费行为习惯的基础功能、学校体育促进体育消费新业类的功能等。但是当学校体育系统存在问题时，这些正向功能将变成负向功能，会形成促进体育消费的反向作用力。目前我国学校体育主要由以下维度构成，如学校体育课程、学校体育竞赛与业余训练、学校体育考试和学校体育场馆等。以上维度均对体育消费的促进具有重要价值，当这些维度正向化发展时才能对体育消费产生正向促进作用。不同维度的具体作用需要进一步明确。同时我国目前校外体育的主要构成应当是社会培训机构，其显性正向功能与学校的显性正向功能相同。此外，更重要的显性正向功能就是促进消费。然而理应辩证分析其与体育消费的内在价值逻辑，以及如何有效促进消费。

## 青少年体育与体育消费的价值关系

### 学校体育在促进体育消费中的作用

#### 直接增量效应：学校体育对体育消费的直接作用

学校体育课程中会为学生提供基本的教学设备与设施。学校每年定期采购基础性体育教学用品以及教学设备是一项重要的体育基础消费支出。据 2017 年教育部统计，全国共有各级各类学校 51.54 万所，较上一年的增长率为 0.41%，增长值为 2 105 所，学历教育同比增长 545.54 万人，2017 年共有在校生 3.07 亿人，增长率达 2.06%。[①] 据估算，若 3

① 教育部. 2017 年全国教育事业发展统计公报［EB/OL］.（2018－07－19）［2019－03－12］. http：//www. moe. gov. cn/jyb_ sjzl/sjzl_ fztjgb/201807/t20180719_ 343508. html.

亿学生每人每年在体育上日常消费 100 元，每年体育消费将增加 300 亿元。50 万所学校每学期的体育采购是体育消费的基础，若每所学校每年平均日常体育用品消费为 10 万元，将有 500 亿元的体育消费（表 8.1）。

表 8.1　2017 年我国各教育阶段在校人数与学校数量统计

| 教育阶段 | 学校数量（所） | 在学总人数（人） |
|---|---|---|
| 幼儿园 | 254 950 | 46 001 393 |
| 工读学校 | 93 | 6 048 |
| 特殊教育 | 2 107 | 578 826 |
| 小学 | 176 718 | 101 691 216 |
| 初中 | 52 400 | 44 547 631 |
| 高中（含中专、职高等） | 24 618 | 84 257 502 |
| 高等学校（含本科和研究生） | 4 528 | 30 175 430 |
| 总计 | 515 414 | 307 258 046 |

资料来源：教育部网站 2017 年统计数据。

全国有 2 亿多学生，从近五年数据看，每 10 万人口中平均有近 2 万在校生（图 8.1），可见培养学生体育习惯对促进体育消费的重要性。同时，每学期的体育教学用品消费也是整体体育消费的重要基础占比。此外，学校教师参与的日常体育同样是体育物质消费的重要基础。

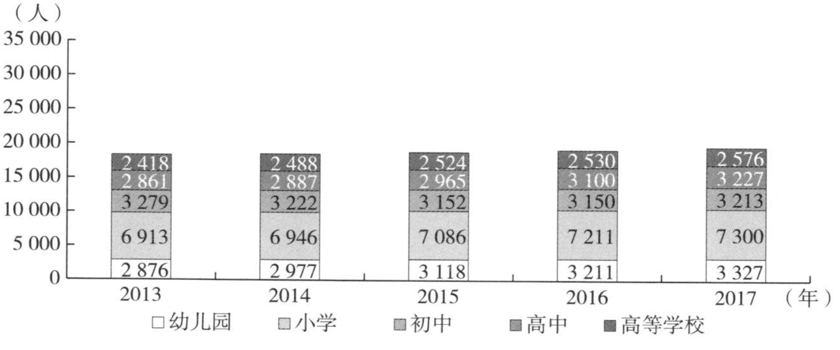


**图 8.1　2013 年至 2017 年每 10 万人口中各级学校学生数量**

据六普数据（如图 8.2）统计，高等院校运动场馆数量为 49 750 个，中专中技类学校运动场馆数量为 18 573 个，中小学运动场馆数量为 584 865 个，场馆总计为 653 188 个。假如 65 万个场馆均对外开放运营，每个场馆每年营业额为 10 万元，那么每年将有至少 650 亿元的体育消费产生。如果政策有效，那么学校体育对于体育消费增加额的贡献在 2 000 亿元 ~5 000 亿元。

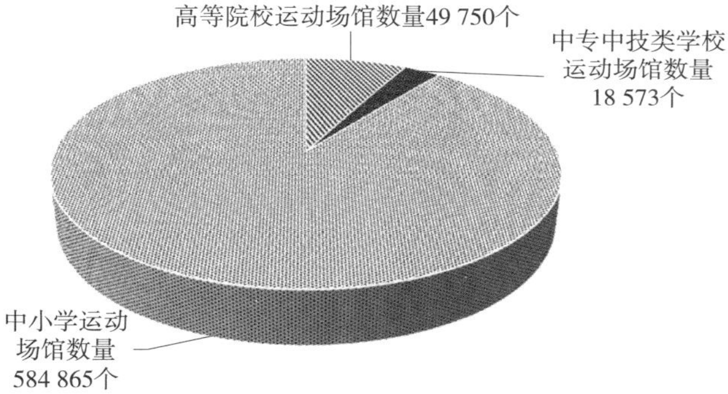


**图 8.2　六普数据中各级各类学校运动场馆数量**

## 潜在基础效应：学校体育课程在促进体育消费中的作用

### 学校体育课程是国民树立正确体育消费观念和培养潜在体育消费人口的基石

学校体育课程是国民接受教育的重要组成形式，从学前教育阶段到大学阶段均有开设。体育消费需要体育消费人口，体育人口是体育消费的基础，学校体育课程同样是培养体育人口的基础条件，而学校课程对于养成学生的体育习惯，进而促进体育消费有着直接作用。系统化阶段的理念树立可有效干预学生体育消费观念的树立，如学习什么运动、购买什么体育用品。可将一定的消费理念与介绍植入课程体系，为学生提供消费选择，这样便于学生根据运动场地、运动水平、收入能力等进行合理消费。

**开设符合学生需求的体育课程是培养其良好体育消费动机的前提**

消费动机是指直接驱使消费者进行某种消费活动的内在驱动力。对商品的消费需求，是消费动机产生的基础。① 体育消费动机则是指直接驱使消费者进行体育产品购买和消费活动的内在动力。斯隆（Sloan）指出，球迷观看职业体育竞赛的动机有健康提升、缓解压力、需求刺激、净化身心、进取心、娱乐和间接成就感。② 米恩（Milne）提出了缓解压力、技能掌握、审美、自尊、自我实现、社会交往、归属感、成就感、风险承担、进取、竞争和价值开发的职业体育消费者动机理论。③ 将体育价值在体育课程中系统介绍并增强学生体验，则是学生树立良好消费动机的前提。学生只有初步认识不同体育消费的价值，才能在今后的生活中进行体育消费。当然学校体育课程应当符合学生自身接受教育的需求，如果学生需要篮球课，我们偏上足球课，那么学生不仅对足球知识不能掌握，对足球消费也是毫无兴趣的，对于今后体育消费动机的培养也不会有促进作用。

**合理化体育课程结构有利于巩固学生体育消费动机**

体育课程结构是特指不同级别教育阶段体育课程的课时数以及与文化课的比例。普通小学体育课程为每周 3 ~5 课时，中学为每周 2 ~3 课时，大学一般为 2 课时。《国务院办公厅转发教育部等部门关于进一步加强学校体育工作若干意见的通知》（国办发〔2012〕53 号文）强调：各地要规范办学行为，减轻学生课业负担，切实保证中小学生每天 1 小

① 山东大学消费与发展研究所；林百鹏，臧旭恒．消费经济学大辞典［M］．北京：经济科学出版社，2000：219 －220.

② Sloan L. R. The motives of sports fans［M］. NJ：Lawrence Associates，1989：175 －240.

③ Milne McDonald M. A. Sport marketing：Managing the exchange process［M］. MA：Jones and Bartlett Publishers，1999：144 －153.

时校园体育活动，严禁挤占体育课和学生校园体育活动时间。但多数学校的学生每天在校参加体育锻炼的时间不到 1 小时，即使保证每天 1 节体育课（45 分钟）也无法达到规定的 1 小时的锻炼标准。各个学段都无法保证每天 1 节体育课，甚至是最低学段一、二年级一周只规定了 4 节体育课，学段越高体育课时越少，学生每天锻炼 1 小时的要求就更难以得到保障。[①] 体育课程在培养体育人口方面具有重要的基础价值，但体育课程开设不足、严重挤占体育课程导致体育课程结构不合理，这对于学生体育习惯的养成极为不利，对体育运动价值也会产生片面、局限的认识，进而体育消费动机也是不能巩固的。

**政府主导类体育课程有利于促进新兴体育消费增长极的形成**

政府主导类课程中的政府主要是指国家行政机关，尤其是指国务院和教育部以及国家体育总局。如《教育部办公厅关于组织开展加快发展青少年校园足球重点督察工作的通知》中指出，为大力推进校园足球普及工作，要积极开展全国青少年校园足球特色学校遴选工作，并把足球列入体育课教学内容，加大学时比重等。[②] 由国家倡导的校园足球课程，促进了学校体育课程增加，同时促进了校外足球培训项目消费的提升。《教育部办公厅关于做好 2017 年青少年校园篮球特色学校遴选工作的通知》中指出，要带动学校进一步强化体育课和课外锻炼，满足学生篮球学习的需求。[③] 在校园足球之后，教育部继续推进校园篮球公共事业计划，可以预见今后篮球消费在国家政策的倡导下，将继续拉动单项

① 于素梅．论一体化课程建设对学校体育发展的促进［J］．体育学刊，2019，26（1）：9－12.

② 教育部办公厅．教育部办公厅关于组织开展加快发展青少年校园足球重点督察工作的通知［EB/OL］．（2016－04－28）［2019－03－12］．http：//www. moe. gov. cn/srcsite/A17/moe_ 938/s3276/201605/t20160518_ 245152. html.

③ 教育部办公厅．教育部办公厅关于做好 2017 年青少年校园篮球特色学校遴选工作的通知［EB/OL］．（2017－05－16）［2019－03－12］．http：//www. moe. gov. cn/srcsite/A17/moe_ 938/s3273/201705/t20170524_ 305702. html.

项目体育消费增长。此外，学校主导类体育课程会有专项教育经费支撑，在校园足球师资场地资源匮乏的部分地区与学校，会考虑政府购买教学服务的体育消费行为，这也促进了公共部门体育消费的形成。

## 潜在核心效应：学校体育竞赛和业余训练在促进体育消费中的作用

### 价值理性取向的学校体育竞赛与业余训练是拉动体育消费的核心动力

体育竞赛是体育的核心，是展现训练水平的平台，没有竞赛的体育运动则失去了体育的魅力。因此学校体育发展的核心应由学校体育竞赛和业余训练组成。学校体育竞赛和业余训练是为职业体育队员、国民观赛者、国民休闲竞赛参赛者、管理者培养储备人才。竞技体育的基本特征是以“夺标”为目的，学生体育竞赛与训练的目的是通过竞技活动促使青少年积极参与锻炼，在学好文化课的基础上增强身体素质形成完满人格，是真正的“育人夺标”①，而非狭隘的“锦标主义”。我国目前学校竞赛中出现的赛场打架、不遵守比赛规则、顶撞裁判等一系列现象，就是学生运动员只追求单纯的“竞技”却又缺乏教育而累积的“产物”。② 这种行为体现的是工具理性取向——“锦标主义”。我们应当尊重学校竞赛和业余训练的价值理性取向。只有学生得到良好教育，才能降低在成人阶段体育消费的观念摩擦，降低推动体育消费的成本，从本质上形成体育消费的潜在强劲动力。

作为参照，美国体育竞赛产业为体育核心产业，普华永道统计美国体育核心产业 2014 年总收入为 605 亿美元（不包括体育附属产业产值），数量和比例分别为：赛事门票收入 177 亿美元（29%），媒体版权

① 崔瑞华，刘玉．对我国学生体育竞赛发展的思考［J］．体育学刊，2008，15（5）：70－71.
② 崔瑞华，刘玉．对我国学生体育竞赛发展的思考［J］．体育学刊，2008，15（5）：70－71.

收入 146 亿美元（24%），体育赞助收入 147 亿美元（24%），体育特许商品收入 135 亿美元（23%）。我国体育核心产业总收入在 2015 年仅达到 149. 5 亿元人民币。我国体育竞赛表演活动总产值不及美国四大联盟中任何一个联盟单独的创收。[①] 由此可见学校体育竞赛与训练的经济潜力巨大，学校体育在拉动体育消费方面处于重要的核心地位。

**校际竞赛与业余训练交流能有效提升体育旅游、交通食宿等第三产业中体育相关消费的比重**

校际竞赛需要学生相互来往交流，除了竞赛服装和设备等基础消费以外，餐饮、住宿、交通、观光交流等围绕体育竞赛的相关消费活动在体育消费中也占据了较大比重。校际竞赛与业余训练交流也起到拉动体育周边消费的核心作用。

**学校体育竞赛与业余训练促进家庭体育消费观念的转变**

学校教育与家庭教育是紧密相关的。学生是家庭的核心，如果学生参与到体育竞赛和业余训练当中，家长也会为了能让孩子从体育竞赛与训练中得到更多收获而更为关心该项体育运动的历史、发展、运动知识等。通过对运动项目的了解，学生家长对体育运动的认识会更加深刻，对体育功能的理解也会更为深入。在学生常年的竞赛参与下，父母同样会陪伴其参赛参训，这个过程中也会加深对体育的认识，并且对于消费物品的价值和功能会更为熟悉，体育消费观念也会更加深入人心。

**品牌校际体育赛事是体育消费中的核心消费产品**

学校体育竞赛有不同的分类，比如目前校园足球竞赛分为超级组、校园组、高职组等。哪种竞赛价值更大，或者应该如何侧重发展才能具有更好的经济与社会效益值得探索。反观美国，以 NCAA（全美大学体

---

① 李罗逸．中国体育产业赶超美国需要多久？［EB/OL］．（2017－02－22）［2019－03－12］．http：//www. sohu. com/a/126983171_ 482792.

育协会）为基础的竞赛表演活动（除美式足球）在 2016 年的经济收入为9. 95 亿美元，2017 年为10. 61 亿美元，2018 年为10. 64 亿美元。① 美式橄榄球和男子篮球通常是大学里的“创收体育”。NCAA 将学校分类为 FBS（参加橄榄球碗赛事）、FCS（不参加碗赛事）和 NFS（没有橄榄球球队）三类。如图 8. 3 到图 8. 5 所示，FBS 创造的收入为 83. 48 亿美元，FCS 为 13. 29 亿美元，NFS 为 7. 09 亿美元，可见品牌赛事在拉动消费中的核心作用。此外，篮球也是重要的品牌赛事，从图 8. 6 中可知，NCAA 对篮球的财政支持就达到 1. 47 亿美元。美国的大学生联赛还承担着向职业联赛输送人才的重任，是职业品牌赛事的核心基础，所以品牌校际竞赛是拉动体育消费的重要核心。

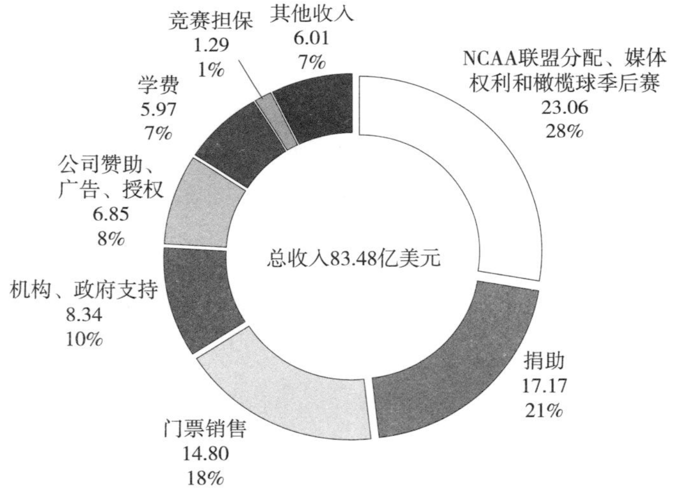


**图 8. 3　参加橄榄球碗赛事的学校 2017 年体育赛事收入②**

① NCAA. National Collegiate Athletic Association and Subsidiaries［EB/OL］.（2018 - 12 - 11）［2019 - 03 - 12］. http：//www. ncaa. org/about/resources/finances.

② Knight Commission on Intercollegiate athletics. Football Athletics Financial Information Database FBS［EB/OL］.（2019 - 03 - 07）［2019 - 03 - 17］. http：//cafidatabase. knightcommission. org/fbs.

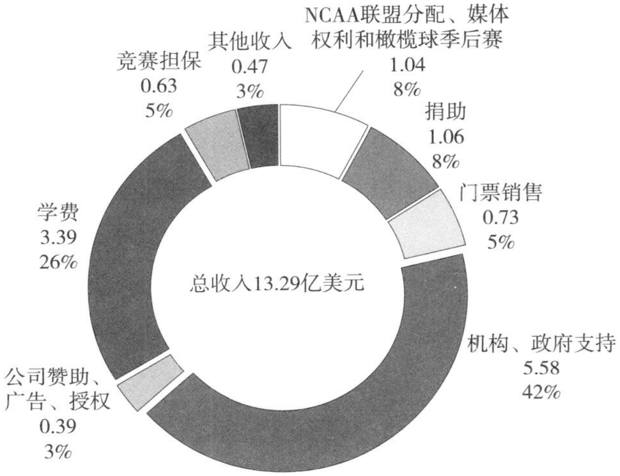


**图 8.4　不参加碗赛但有橄榄球球队的学校 2017 年体育赛事收入①**

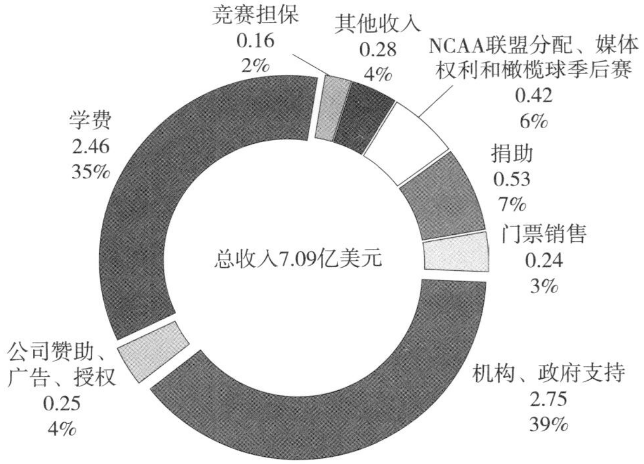


**图 8.5　没有橄榄球球队的学校 2017 年体育赛事收入②**

---

① Knight Commission on Intercollegiate athletics. Football Athletics Financial Information Database FCS [EB/OL]. (2019-03-07) [2019-03-17]. http://cafidatabase.knightcommission.org/fcs#! quicktabs-tab-where_ the_ money-1.

② Knight Commission on Intercollegiate athletics. Football Athletics Financial Information Database NFS [EB/OL]. (2019-03-07) [2019-03-17]. http://cafidatabase.knightcommission.org/nfs#! quicktabs-tab-where_ the_ money-1.

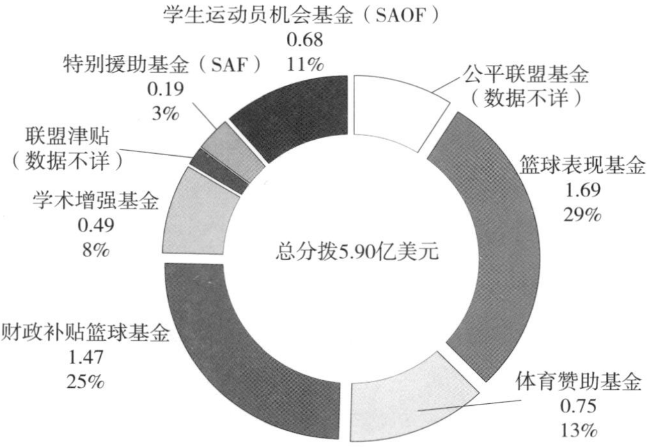


**图 8.6　NCAA（除橄榄球）第一级别的学校 2019 年经费分拨计划**①

### 学校体育竞赛与业余训练可有效刺激潜在消费者的消费动机

潜在消费者是指当前尚未购买或使用某种商品，但将来有可能转变为现实消费者的人。当企业要开拓新市场时，他们就成为企业提高市场占有率的潜在力量。② 在运动训练和竞赛初级阶段，很多学生是初学者也是潜在消费者，对于运动项目规律以及设备设施等均不了解。长时间参与运动竞赛和训练，以及对运动项目兴趣的逐步加深，可有效刺激该类群体成为主要的长久消费者。

## 潜在强化效应：学校体育考试在促进体育消费中的作用

### 应试教育在我国国民教育与消费中的强化作用

“应试教育”是指学生们上学读书的目的和课程存在的意义都是为

① NCAA. 2019 DIVISION I REVENUE DISTRIBUTION PLAN [EB/OL]. (2019-03-18) [2019-03-18]. http://www.ncaa.org/about/resources/finances.

② 智库百科. 潜在消费者 [EB/OL]. (2018-02-23) [2019-03-19]. https://wiki.mbalib.com/wiki/潜在消费者.

了考试而服务，教学和教育的本质已经发生了异化，将考试这一教育手段当成了教育本质。① 据统计，2017 年中国城市学生参加课外辅导班的时间为每周平均 10.6 小时，有 12.7% 的幼儿园儿童、21.9% 的小学生、36.8% 的初中生、57.8% 的高中生参加了课外培训课程（图 8.7）。②

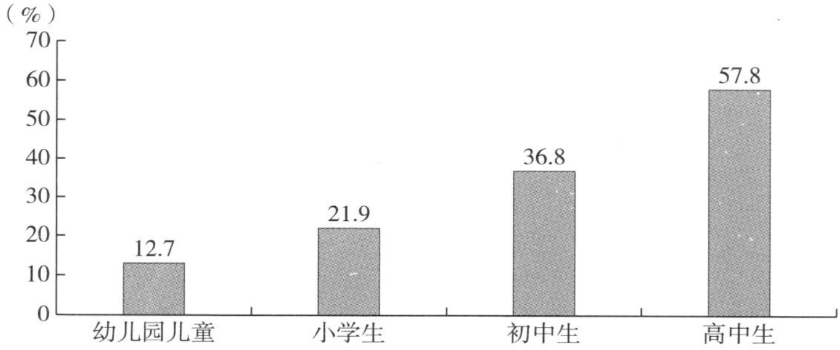


**图 8.7　2017 年中国各阶段学生课外辅导参与程度**

针对我国校园足球发展计划，众多声音指出希望将足球纳入中考和高考制度，这样可以有效提升国民的重视程度，进而促进参与率的提升。但目前我国中考与高考也是存在体育考试的，很多学生家长为了提高学生考试分数不惜花重金送孩子进入各种培训机构的现象较为普遍。方键伟等对贵阳市多所中学的学生以及家长进行了调查，家长对于送孩子进中高考体育培训机构的意愿非常强烈，绝大多数学生参加过或正在参加体育中高考培训，45% 的人是为了中考体育的 50 分而选择参加。③ 太原市的调查研究发现，有 72.3% 的学生有参加体育中高考的主观意愿，家长中有 61.2% 准备让孩子参加中考体育培训，81.3% 的学生参加

① 刘安．中美应试教育比较［J］．江西师范大学学报（哲学社会科学版），2017，50（2）：121－125.

② 德勤咨询．教育新时代——中国教育发展报告［EB/OL］．（2018－09－17）［2019－03－28］．http：//www.199it.com/archives/772224.html.

③ 方键伟，朱江．贵阳市中考体育培训机构发展现状的调查及建议［J］．当代体育科技，2015，5（11）：214－216.

中考体育培训是为中考 50 分，中考体育制度是学生参加体育培训的最直接诱因。[①]

**高校自主招生体育测试有助于加强学生对体育的重视**

2018 年 12 月 29 日，教育部办公厅下发了《教育部办公厅关于做好 2019 年高校自主招生工作的通知》（教学厅〔2018〕14 号）文件，明确指出为全面规范招生程序，要严格组织高校考核，并在校考中增设体育科目测试，测试项目由高校根据中学教学实际自主确定，测试结果作为录取的重要参考，以强化对学生身心健康和道德品质等方面的考查，促进学生全面发展，增强综合素质。这是教育部首次明确将体育测试加入自主招生中，反映国家对学生体育的重视。2019 年 3 月，各高校陆续出台了当年的自主招生简章，虽然各高校的体育测试内容和所占比重有所不同，但每个高校的招生简章中均写明在自主招生中有体育测试的考查，许多高校都是首次增加体测环节。体育测试进入自主招生背后有着鲜明的价值导向，反映了国家对体育“育人”价值的倡导。在这一政策导向的作用下，从学校到家庭，从老师到家长，必将加强对体育的重视，这对提升学生参与体育运动的意识，认识体育运动的重要性有着显著影响。

**学校体育考试有利于促进健康体育消费习惯的养成**

在我国应试教育环境下，学生和家长的教育消费习惯较多是受考试引导，但是这种消费习惯是与本质疏离的消费习惯。过度注重考试，加大对学生的锻炼要求，增加体育锻炼负担的消费是不值得提倡的。我们应当呼吁通过考试的手段形成健康的体育消费习惯，发挥考试的强化作用而不是过度导向作用，例如每周合理的训练次数与负荷量、合适装备

---

① 张茂泉．太原市中考体育培训现状调查与研究［J］．当代体育科技，2015，5（22）：172－173.

的选择、教练员的选择等等，也是为了合理提升体育成绩而自愿和适当地进行体育消费习惯的强化。

**学校体育考试有利于丰富体育消费产品业态**

我国国民教育体系中公立学校体育教师数量不能得到有效保障的情况较为普遍。2017 年 11 月，华南师范大学以广东省 143 所高校为对象进行了一项研究，结果显示各高校体育师资严重不足，体育老师与学生的相对数量比例为 1∶499。广东省教育部门表示，广东高校目前所需体育师资为 1 万人左右。另外，山东省政府 2016 年披露的数据显示，中小学短缺的体育老师人数同样上万。[①] 学校体育考试的推动与我国社会主义市场经济体制的背景会催生出实体化体育类组织培训机构、私人培训的业态，同时在网络时代背景下，线上培训业态也悄然兴起。学校对体育考试的重视必定会强化新业态体育教育培训的发展，促进体育消费增长。

### 潜在溢出效应：学校体育场馆在促进体育消费中的作用

溢出效应（spillover effect），是指一个组织在进行某项活动时，不仅会产生活动预期的效果，而且会对组织之外的人或社会产生影响。[②] 新中国成立后的计划经济体制，条块分割是其重要特点，学校资源与社会资源的共享机制尚有欠缺。但随着我国社会主义市场经济体制的确立，区域资源跨过条块分割，突破空间区域发展的状态势在必行。学校区域资源满足的情况下将逐步对社会资源发挥渗透辐射的外溢效应，进而促进公民体育消费等社会经济活动。

---

① 参考消息网．港媒称内地学校体育老师短缺：有学校 7 个半老师教 1 800 学生[EB/OL]．(2018 - 01 - 02) [2019 - 03 - 28]．http://www.cankaoxiaoxi.com/china/20180102/2250116.shtml.

② 陈鹏宇．溢出效应、不确定性和企业集群［J］．中国工业经济，2002（11）：70 – 74.

**学校体育场馆组织化开放运营有利于促进国民体育消费机会**

学校体育场馆开放持续受到政府和学术领域关注，据《第六次全国体育场地普查数据汇编》发布的结果（表8.2），我国体育场地过半数属于教育系统，大约占总量的53.02%，其中不开放的场馆约占学校体场馆总数的68.41%。高等院校场馆开放情况（图8.8）的比例略优于中专中技、中小学，但也没有超过半数。

表8.2　2013年全国学校体育场馆对外开放情况（单位：所）

| 开放情况 | 高等院校 | 中专中技 | 中小学 |
|---|---|---|---|
| 不开放 | 27 393 | 12 979 | 406 459 |
| 部分时段开放 | 10 294 | 4 198 | 136 918 |
| 全天开放 | 12 063 | 1 396 | 41 488 |

中专中技院校的场馆开放情况与中小学一样（图8.8），不对外开放的场馆占到场馆总数的70%，其开放场馆时的情况较为特殊，对外开放除了需要高度注意安全责任问题之外，还有可能与学校资源使用相冲突，而资源维护问题也不可避免地会遇到各种矛盾。因此中小学学校体育场馆的开放问题相较于大学将会更加复杂，目前已有一些研究提出相关建议，政府和学校可以有针对性地进行参考和评估，提高场地使用效率，使场馆更具组织性地开放，发挥更大的经济溢出效益。

**智能化与绿色化学校体育场馆可利于促进消费结构平衡**

智能化与绿色化场馆应向欧美发达国家看齐。智能化是场地空间加大的前提下信息化、公开化、多元化经营的体现。绿色化是保证场馆材料、环境、理念的安全、舒适与环保。场馆不仅要为广大体育消费者提供观赏性体育消费的机会，同样要为体育消费者提供参与性和实物性消费的机会，促进几种消费类型的平衡。

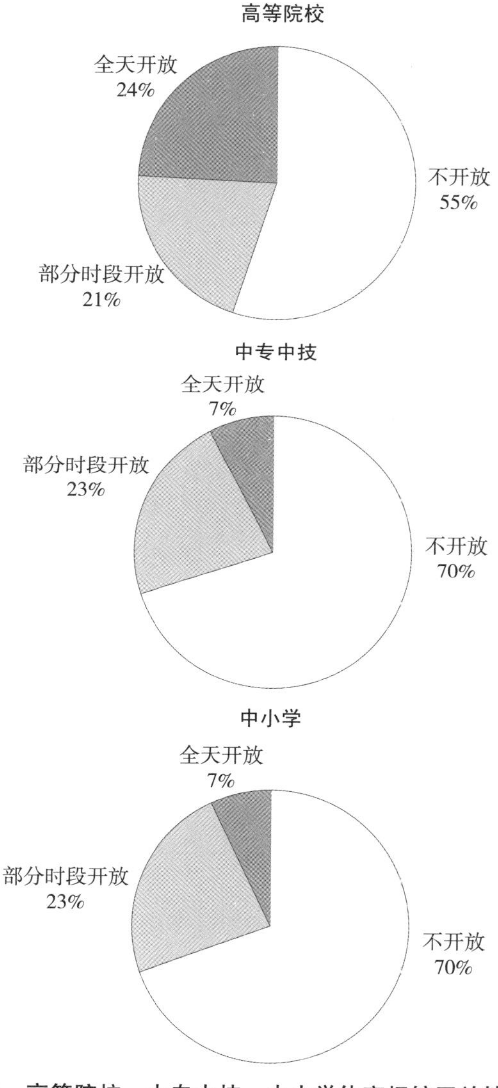


**图 8.8　高等院校、中专中技、中小学体育场馆开放情况①**

---

① 国家体育总局体育经济司．第六次全国体育场地普查数据汇编［M］．北京：体育经济司．2015：441－472.

**复合型学校体育场馆有利于促进体育消费升级**

复合型场馆主要是指不同项目结合在一起的场馆，在空间上实现最大限度地利用。例如，斯坦福大学的部分场馆设施除了用于体育教学及其他各种校内体育活动外，还能高质量地保证运动队训练比赛。如运动娱乐中心，繁忙时每天要接待 300 多名从事体能训练的运动员及 1 700 名进行健身娱乐的师生员工。斯坦福大学还有 2 ~ 3 个可进行多项运动的练习馆，能够充分保证校内各种活动的举办。① 目前多数高校场馆能满足这样的标准要求，但是较多的中小学场馆还很难达到。今后各级学校场馆建设应在保证复合型场馆建设的前提下实施兴建。这样能保证多元需求的体育消费群体参加体育运动，进而促进体育消费。

**新兴运动项目的学校体育场馆建设有利于促进炫耀性体育消费**

我国体育发展较晚也较为落后，一般学校体育场馆以游泳馆、篮球馆居多，场地多为标准田径运动场。运动项目的单一化和陈旧化使体育消费动力不足。随着我国经济增长与改革开放的深入，欧美等发达国家的流行项目如棒球、冰球、橄榄球等场地的建设势必将逐步形成规模，也将成为公民体育运动的新风尚与新潮流，将满足体育消费者的炫耀性消费心理，进而促进体育消费的提升。如沈阳体育学院新建成的冰上运动综合体育馆，清华大学的冰球馆也已在建设当中。

## 校外青少年体育在促进体育消费中的作用

### 直接效应：青少年校外体育可为青少年提供多元化的体育消费产品

北京市东城区体育局副局长马力指出，2018 年体育培训市场规模已超千亿元，中国大中城市每年参加各类培训的青少年儿童的比例是 75%。体育培训在未来五到十年的发展将不可限量，人口基数决定了体

① 潘前．斯坦福大学体育运动现状探析［J］．浙江体育科学，2012，34（1）：14－17.

育培训需求，国家统计局统计数据显示，我国 0 ~ 14 岁儿童总量居世界第二，同时国家卫计委初步估算，“十三五”期间每年出生人口将近 2 000 万人，由此可推算每年中国会产生将近一个北京市人口的体量。目前体育培训市场群体已经超过 1 000 亿人次，《体育发展“十三五”规划》中也提到，全国体育产业总值到 2020 年将超过 3 万亿元，其中体育培训规模接近 2 000 亿元。另外，国家体育总局数据显示，每周参加 1 次及以上体育锻炼的人数占比为 94.6%，校外参加体育锻炼和接受专业指导的人群比例是 84.6%，由此也可看出体育培训的市场份额很大。在政策支持上，七部委联合印发的《青少年体育活动促进计划》中提及，到 2020 年，国家示范性青少年体育俱乐部将达到 300 家，各级青少年体育俱乐部达到 12 000 家，每 2 万名青少年拥有 1 家青少年体育俱乐部，各级体育传统项目学校达到 15 000 所。[①] 一方面，校外体育可以为广大青少年学生提供直接参与性的体育消费物品，多元项目商品的提供能够满足广大青少年群体的锻炼与健身需求。另一方面，提供感受性体育消费，如体育旅游、体育观赛等，国内外体育旅游与体育观赛商品的提供可满足广大青少年认识与体验体育的需求。

**引导效应：青少年体育社会培训品牌机构有利于引领产业链化体育产品消费**

产业链是产业经济学的理论术语，指一种或几种资源通过若干产业层次不断向下游产业转移，直至到达消费者的路径与过程，是产业层次、产业关联程度、资源加工深度以及满足需求程度的综合反映。产业链的起点和终点并非固定不变，在不同的生产力条件下会发生不同的变化。产业链是始于自然资源，止于消费市场的一个生产过程，是揭示和

① 马力．深度解析！如何从体育政策寻找体育培训机构的发展契机！［EB/OL］．（2018 - 07 - 07）［2019 - 03 - 27］．http：//www. sohu. com/a/239820491_ 237525.

透视产业之间关系的一个重要视角，也是国民经济结构布局的基本参照点。通过研究产业规律，注重产业之间的相关性、承接性和多层次的深度开发，延长产业链，可以降低产业聚集成本，提高产品附加价值。① 青少年体育社会培训品牌机构是质量与规模的体现，优秀的培训机构具有市场引导作用。同时，教育培训产业附带下属场地、器材、教材、服装等产业，形成了系列产业链，不仅有利于引领产业链化生产，同时能够引领产业链化的消费行为。

**调节效应：青少年体育社会培训机构有效调节政府、社会与学校的消费行为**

体育俱乐部的发展离不开国家和政府的支持。国外多数学者认为，体育俱乐部是能更好地促进人们健康的场所，但这并不是自发的事情，而是在政府的推动下实现的。②③ 因此，我国青少年体育俱乐部的发展也离不开国家的政策支持，提供一个健康有利的发展环境才能促进我国青少年体育俱乐部的良性发展，并由此带来新的经济增长点。在相关政策制定方面，澳大利亚学者的看法是尽可能结合年轻的俱乐部参与者的需求来制定相关政策。为确保体育俱乐部能够维持下去，并发挥其作为公共卫生工具的潜力，必须解决会员人数减少和初级会员人数增加的问题，因此引进改良运动和制度改革能够使运动进入一个新的市场，以维持或增加俱乐部会员总数。④ 在发达国家，政府也会通过财政奖励来鼓

① 奚洁人主编．科学发展观百科辞典［M］．上海：上海辞书出版社，2007：518.

② Meganck J，Scheerder J，Thibaut E，et al. Youth sports clubs´potential as health－promoting setting：Profiles，motives and barriers［J］．Health Education Journal，2014，74（5）：531－543.

③ Kokko S，Kannas L，Villberg J．Health promotion profile of youth sports clubs in Finland：club officials \ " and coaches \ " perceptions［J］．Health Promotion International，2008，24（1）：26－35.

④ Eime，Rochelle，Payne，et al. Trends in organised sport membership：Impact on sustainability［J］．Journal of Science & Medicine in Sport，2010，12（1）：123－129.

励那些优秀的青少年俱乐部，并以最大限度的努力促成体育俱乐部和健康促进专家之间的合作。① 社会培训机构可以有效地购买政府服务，进而弥补政府、学校师资等资源的短缺，调节多方消费行为。

青少年参与体育俱乐部也与个人家庭情况密切相关，如受教育程度和经济条件等因素。在美国这样阶层划分明显的国家，俱乐部的阶层差异尤其明显。研究显示，自20世纪70年代以来，中上阶层学生在学校俱乐部和运动队中变得越来越活跃，而工薪阶层学生的参与则朝着相反的方向发展。随着收入不平等的加剧、娱乐项目的引入以及中上阶层父母在孩子发展方面投入时间和金钱的增加，这些差距越来越大。因此，学者建议在制定相关政策时应密切关注俱乐部之间的这种差距或趋势以及社会流动性。② 校外培训机构或俱乐部对于政府部门、社会大众与学校产生了相应的调节作用。

## 青少年体育消费政策制定的对策及依据

### 促进校内体育消费的对策及依据

#### 课程建设中继续推动政府主导课程（校园足球、校园篮球、校园冰雪运动等）建设

学校体育课程对于促进体育消费的作用主要体现在基础性的价值。在校园足球活动未开展之前，多数学校会出现挤占体育课的情况，学生们基本的体育锻炼要求得不到满足。但是政府主导的校园足球活动开始

① Meganck J, Scheerder J, Thibaut E, et al. Youth sports clubs´potential as health - promoting setting: Profiles, motives and barriers [J]. Health Education Journal, 2014, 74 (5): 531 - 543.

② Snellman K, Silva J M, Frederick C B, et al. The Engagement Gap: Social Mobility and Extracurricular Participation among American Youth [J]. The ANNALS of the American Academy of Political and Social Science, 2015, 657 (1): 194 - 207.

实施以后，保证每个试点校开设1节足球课，甚至有的学校每周开设5节体育课，1节为足球，1节选修，另外3节为必修课。在清华附小就进行了相关的改革，尝试这样的“1+x”课程模式。这同时也培养了孩子们深厚的足球兴趣，现在在清华大学的各个足球场都能见到清华附小学生的身影。这就是政府主导课程的明显效果。随后政府部门继续推动篮球与冰雪项目进校园的活动，后续仍需要大力支持此类项目发展，进而发挥政府主导在国民教育体系中的作用，满足学生在学校内体育学习的需要，才能保证消费习惯、消费观念与动机的形成。

**以我国大学品牌赛事（校园足球、篮球等）建设与运动队建设为抓手，体现资源配置重点**

品牌赛事是学校体育推动体育消费的核心动力。大学是社会大众关注的焦点，也是学校向职业过渡的重要阶段。我们的学生都是从小学、中学、大学再步入社会工作的，大学也是社会化培养的重要阶段，是国民教育体系金字塔的塔尖。学生也有更多的社会化任务。一方面，运动员即将步入职业领域，可以选择合适的职业俱乐部接续自己的运动生涯，另一方面，多数学生通过大学阶段的组织比赛、拉赞助等社会活动提升球队的影响力和基本生存能力。小学和中学的学生要花费更多的时间在学业上，而大学生已逐渐开始自己支配收入，在此阶段进行体育消费习惯的培养更为重要。由此大学联赛更为重要。美国大学联赛的创收能力也是值得我们借鉴的。应根据国家倡导，大力发展校园足球，大力发展大学生校园足球联赛，这样也会对中小学产生更强的激励作用。

**以各级学校多元化一贯制评价方法与自主招生体育测试的落实为抓手，推动关于体育考试的健康消费**

我国应试主义较为普遍，应试主义的主导作用明显，我们应当合理利用应试主义，发挥考试的主导作用，但不要过度。我国各类学校多以体能测试作为体育考试的评价手段，这导致学生只能进行更为枯燥的体育练习，既不利于学生从体育中获得乐趣，形成更健康的体育锻炼价值观，也不利于学生终身体育思想和运动行为的形成，更不利于体育消费的发展。学生如果对一项活动感兴趣，就会形成从小学到大学的锻炼行为，相应的考试制度也应当为大家学会一项体育运动服务。从小学的考试标准到大学的考试标准要有时序性和一贯性。然而，由于多种体育项目测试会耗费较多的人力财力，因此，急需解决这样的根本问题。我们需要提倡多运动项目测试的考试方法。

**以“第三方运营”学校体育场馆与PPP模式建设学校体育场馆为抓手，推动场馆资源利用率提升**

学校体育场馆在学校促进体育消费作用中起到外溢作用。六普数据显示，目前我国学校体育场馆有将近五分之三不开放，这也就限制了学校体育场馆外溢作用的发挥。一方面，学校担心安全与消耗问题，另一方面，担心正常教学受到影响。可以参考清华大学的案例以及安徽学校的案例，采用第三方运营的方式，进而解决现有场馆的开放问题。此外，很多“麻雀小学”可以采取PPP即政府与社会合作建设新场馆的方式，通过系列经费或者税收的减免政策推动合作促成。这样既解决了政府对于场馆的较大投资问题，也解决了学生和社会的锻炼需要。

在德国体育产业政策中与消费关联最大的是对各类场馆的资助，起初承担体育设施建设的主要资金由公共资金支出，后在各类政策的驱使下，吸纳了混合投资及私人投资的部分。

在美国，20世纪60年代之前的体育设施、场馆建设的主要资金来源是政府，之后政府开始发放建设体育设施的免税债券，70年代及80年代早期，在体育设施建设中，公共补贴起到了极其重要的作用。《削减赤字法案》（1984年）和《税收改革法案》（1986年）中都有公共资金不会优先用于体育设施建设的规定，并且还缩减了建设体育设施的免税债券，1986 年至 1995 年间，这些建设项目更多转向 PPP 模式。[①] 1990 年以来，五大职业联赛的球队中有 125 支球队对体育场馆设施进行建设或翻新，对于这部分的资金支持占主导地位的仍是 PPP 模式，但纳税人的贡献超过了 50%。[②] 国外案例值得我们重点借鉴。

## 促进校外体育消费的对策及依据

**以扶持非营利性青少年体育社会俱乐部建设，落实相关税收减免区间为抓手，有效提升资本吸引力，推动消费增长**

我国目前多数校外体育社会培训机构属于企业，具有商业营利性质，多数以营利为目的运营，但这些培训机构作为教育系统的延伸兼具教育的公益属性，对于按照程序成为非营利性的机构，应当给予相关税费大幅度减免。对于未能成为公益性的机构，应当给予相应比例的税费减免，调整交税的起征点。亚当·斯密在《国富论》中称征税可能妨碍生意的发展，降低人们投资某些产业的意愿，影响就业，当人们必须交税，其用作营运的资金会减少甚至用尽。[③] 税费减免会促进大量资本涌入，提供更多的就业机会，同时为青少年直接提供大量体育消费机会。

在体育俱乐部相关税收减免政策方面，国外一些国家对此都出台过相关政策，一方面是针对非营利性组织的大力财政支持，另一方面主要是税率减免以及税收起征点的设定，推动营利性组织发展。德国政府在 1990 年颁布了《向体育俱乐部上市公司提供援助法》，按照这一法令体

---

① Shibli S. Sport Facility Operations Management: A Global Perspective [J]. Sport Facility Operations Management, 2010: 259–272.

② S. B. White & Z. Z. Kotval (Eds.). Financing economic development in the 21st century [M]. London; New York: Routledge, 2003: 323–342.

③ 佚名. 涓滴效应 [J]. 天津经济, 2017 (12): 59.

育俱乐部可以成为上市公司，而德国《公司纳税法》指出，公司利润额低于7 500马克则可以免除纳税，因此，德国体育俱乐部在纳税负担上都有很大程度的减轻。除此之外，流转资金纳税方面，如果前一年度俱乐部的资金流转低于6万马克，那么该俱乐部就有权保留7%的纳税流转金作为预留税金。另外，各类非营利性体育俱乐部开展的自愿性体育活动是德国政府重点支持的对象。对于这类情况，政府不仅免除了俱乐部的税收，还会给予20%左右的俱乐部预算费用。俱乐部还有权免费使用体育场地。① 除了德国之外，澳大利亚、爱尔兰等国家也都出台了关于俱乐部的相关财政优惠政策，一方面中央和地方政府都要给予财政支持，另一方面则是地方性体育俱乐部在获取捐赠时予以税收减免，同时也对捐赠机构进行相应的税收减免。②③

在欧盟国家的草根体育俱乐部中，绝大部分都注册为非营利性组织，并且还享受着优惠政策，这样的形式不仅有利于俱乐部的普及，也能满足大众对健身的需求。英国的社区业余体育俱乐部中，依照《财政法案》允许注册的社区俱乐部就可以享受部分退税的优惠政策。如果社区俱乐部年交易收入低于3万英镑，那该俱乐部就可以免征来自交易活动的公司利得税；如果社区俱乐部的财产性年收入总额低于2万英镑，则来自财产性收入部分的税收就可以免除。在德国，《财政法》规定以公益为目的注册的俱乐部，可以免除营业税、房地产税、企业所得税、资本交易税及继承税。在芬兰，注册为非营利性组织的俱乐部还有机会

---

① 翁飚，高松龄，诸斌．国外体育经济活动税收政策研究［J］．天津体育学院学报，2002（04）：13－17.

② Bob Stewart，Matthew Nicholson，Aaron Smith，et al．Australian Sport：Better by Design? The evolution of Australian sport policy［M］．Oxon：Routledge，2004：64.

③ Government of Ireland. National Sports Policy［EB/OL］．（2018－07－25）［2019－03－30］．http：//www. dttas. ie/sites/default/files/publications/sport/english/national－sports－policy－2018－2027/national－sports－policy－2018. pdf.

得到公共支持和一些税项减免的资格。①

日本于2012年根据《体育基本法》（Basic Act on Sport）第9条，诞生了一项推进体育发展的基本计划，旨在到2022年实现七个体育发展目标。② 其中第一个目标就关于青少年体育运动，即在接下来的10年内提高儿童的身体机能。为此目的，政府提出建议“从一年级养成规律体育活动的习惯”，并“派遣特别协调员组织小学体育活动”。第七个目标是“在体育界创造一个良性循环”，具体措施包括：“从下一代发现和培训该地区的顶级运动员”和“在一些主要体育俱乐部配备好教练，并将这些教练送到相邻的俱乐部”。③ 这些举措都直接或间接推动了日本学校体育的发展以及青少年体育运动在社会上的普及率，从而增加了相关体育消费。

加拿大在促进体育消费方面的政策体现在政府增加公共服务设施的支出和个人体育消费抵扣个税上。2009年到2011年加拿大的一项娱乐基础设施项目（RInC）投资了5亿加元，在全国范围内为各社区进行设施升级改造；还在2007年推出儿童税收抵免举措（Children’s Fitness Tax Credit，参与“重要体育运动活动”的受监管项目的任何儿童的父母有500加元退税）。④ 这些举措不仅提高了青少年及其他受众的体育参与度，还在很大程度上促进了体育消费。

---

① 高京京．对体育产业税负问题的探讨［J］．纳税，2018，12（33）：18－19.

② Kirstin Hallmann, Karen Petry. Comparative Sport Development－Systems, Participation and Public Policy［M］. Berlin：Springer－Verlag，2013：202－203.

③ Ministry of Education, Culture, Sports, Science and Technology. The sport basic plan－activating Japan through sport!［EB/OL］.（2012－03）［2019－03－30］. http：//www. mext. go. jp/en/policy/sports/lawandplan/title01/detail01/_ _icsFiles/afieldfile/2016/08/01/1373770_001. pdf.

④ Canada Revenue Agency. Children’s Fitness Tax Credit［EB/OL］（2015－07－15）［2019－03－30］. https：//www. canada. ca/en/revenue－agency/programs/about－canada－revenue－agency－cra/federal－government－budgets/childrens－fitness－tax－credit. html.

通过对国外体育设施建设与财税政策情况的梳理发现，爱尔兰政府对体育设施建设从财政、税收方面推出了系列政策，其中包括：一、严格区分小场馆建设财政支出与大场馆建设财政支出；二、规定财政支持的对象（俱乐部、学校、地方性社区组织）；三、财政支持的运动项目涵盖个人项目和团队项目；四、要采取多种手段，尤其是与私人部门合作；五、对于参与性体育活动，财政支持保证每年递增的趋势，并与地方政府对接好该计划；六、除政府支持与爱尔兰人民的自愿捐助外，政府非常鼓励私人与企业对地方体育俱乐部的资助，企业若对受认可的体育俱乐部进行捐赠，可以得到税收减免。2002 年《财政法案》第 41 条以及 1997 年《税收整顿法案》847A 中都有关于对受认可的体育俱乐部或批准的体育项目进行捐赠的财税减免计划。

从各国颁布的相关政策可以看出，政府促进体育消费是从多方面以多手段进行的，其主要分为三大类：第一类是财政支持，各国政府通过不同的手段为体育组织提供财政支持，有直接拨款的形式，也有加大基础体育设施建设投入等形式，这些措施主要针对非营利性组织；第二类是政策制度保障，通过推出相关政策法案等形式来推动更多人参与体育运动，保障社会体育组织的健康运行；第三类是税收保障，通过减免体育相关产业税收的形式来支持体育组织的发展。从青少年体育运动方面来说，这三个方面的政策都能提高青少年的体育参与度，并促进相关体育消费。

在税收落实方面，应依据国家相关税费价格政策，落实保证体育类组织、企业，依法享受水、电、气、热价格优惠，体育场馆等健身场所的水、电、气、热价格按不高于一般工业标准执行；体育场馆中体育活动使用的房产和土地不征收房产税、城镇土地使用税；高新技术体育企业的企业所得税按照 15% 的税率征收；具有非营利性组织企业所得税免税优惠资格的社会组织在提供体育服务时，依法享有相应的优惠政策；

体育企业有关广告产生的费用支出，符合条件的可以在税前扣除相关费用；体育企业有关创意和设计产生的费用可以在税前扣除；对于从事文化体育业的企业，在营业税方面按照3%的税率计征；各类企业和个人向公益性体育机构、组织捐赠财产，向贫困地区、农村捐赠体育服装、设备、器材等，依法享受税前扣除政策。① 在此基础上应当继续落实以上税收的减免比例，切实推动起步阶段营利性培训机构的生存能力和国际竞争能力。

**以“产业链条”商业模式建设为抓手，推动青少年体育社会培训机构对体育消费的引导价值**

“产业链条”指的是将系列体育消费产品进行产业链化的营销。培训机构销售的产品不能局限于服装、设备、器材等产品的产业链销售，还应当将体育中介、体育咨询以及与体育科技、文化、传媒、健康、旅游、升学、游学、科研等方面的产品系列化销售，引导青少年和国民体育消费行为。

从人的发展时序角度看，应将幼儿、学龄前儿童、学龄儿童和学龄青少年不同阶段的参与需求进行详细划分，不同年龄阶段对于培训的需求在内容和水平方面存在着不同的性质。幼儿期间主要以培养基本兴趣为主，学龄前儿童则可相应提供发展规划与鉴别服务，学龄儿童以运动技能提升和竞赛参与为主，对学龄青少年更为重要的是职业规划与国内国际升学，各阶段的基本消费如场地、器材、服装等产业链是最为初级的，对于感性认识提升方面的观赛、旅游也是相应的消费产品初级提供，发展规划、升学游学等资讯也为重要的附属产品，同时科技、文化

① 河北省人民政府．河北省人民政府关于加快发展体育产业促进体育消费的实施意见［EB/OL］．（2018－09－17）［2019－03－28］．http：//www. ty. cangzhou. gov. cn/zcfg/345800. shtml.

等方面的培训也应是附属产业。这些业态属于线下消费，同时依据这条主线同样应提供线上消费服务。在如今的信息化社会中，线上相关消费产品则更具备良好的渗透能力。

**以青少年体育社会培训机构行业协会建设为抓手，促进其调节作用的最大化**

政府主导的管理机构的初步成立。2018 年 9 月 21 日下午，全国体育运动学校联合会青少年体育俱乐部分会、体育标准认证委员会宣告成立。新成立的青少年体育俱乐部分会是国家体育总局指导成立的我国目前唯一一个综合性青少年体育俱乐部社会团体组织。全国超过 8 000 家民办非企业体育俱乐部和十多万家市场化俱乐部的师资、课程、赛事、场馆等标准体系的建立都由青少年体育俱乐部承担，构建了全国最大的俱乐部服务平台，通过赛事、培训、交流、展览等形式为青少年体育培训机构提供了发展的方向及模式。创造出更好的体育教育产品，促进体育产业发展，为体育人才的全面发展做出贡献。新成立的体育标准认证委员会的主导为推进标准化建设，其中包括梳理及制定各级各类青少年体育标准，并大力推进青少年体育服务体系标准化的发展与建设。通过规范市场；建立安全、规范、专业、健康的青少年体育服务体系；对服务机构进行分类、评价；为社会、政府、青少年在选择青少年体育服务时提供依据。

政府主导部门与营利性青少年体育社会培训机构的利益区别。新成立的青少年体育俱乐部分会属于政府主导的机构。目前我国进入深化改革阶段，在和协会实体化改革的攻坚中，政府管理的行政手段在目前属于落后的行政管理方式。政府部门主要的利益诉求是公共利益，而具有营利性质的体育社会培训机构的主要利益诉求是经济效益。在此背景下，利益冲突是很难有效推动营利化体育社会培训机构整体发展的，政府应当推动代表广大青少年体育社会培训机构利益的行业协会负责整体利益的维护，以及与社会、政府的协调。政府主导部门可以负责宏观管理监控非营利性组织的发展，两者利益其实是相符的。

符合营利性青少年体育社会培训机构利益发展的行业协会建设十分必要。行业协会是指政府与企业、商品生产者与经营者之间的社会中介组织，并起到公正、自律、服务、咨询、监督、沟通及协调的作用，是政府与企业之间的桥梁。行业协会是非政府组织，不在政府管理体系内，属于民间组织。我国《民法》规定，行业协会属于社团法人，是一种民间组织社会团体，国际上统称为非政府机构（又称 NGO），是一种非营利性组织，[①] 其主要特征是中介性、非政府性与自治性。党中央国务院确立的相关改革任务中有将行业协会、商会与行政机关脱钩一项。职能、机构、财产、人事、外事、党建等方面与行政机关分离是脱钩的主要内容。因此，依托政府部门建立的协会应当负责非营利性俱乐部，而非政府组织的行业协会应维护营利性青少年体育社会培训机构的整体利益，权责应当清晰。为推动营利性青少年体育社会培训机构规范化发展以及发挥更大的中介价值，应当推动行业协会的建立。

## 促进体育消费和发展青少年体育的政策制定结论与建议

### 结论

1. 学校体育对于体育消费具有直接作用与潜在作用。直接作用体现在通过 3 亿学生、51 万所学校、65 万个场馆以及学校竞赛将直接推动体育消费增量。学校体育教育的主导作用是促进学生的身体健康、运动技能、知识和思想道德修养。除此之外，在体育消费方面，学校体育同样对其具有重要的潜在作用，体现在：（1）潜在基础作用。学校体育

① 俞万云．行业协会行政法相关问题探索［J］．法制与经济（下旬），2012（06）：13 – 14.

课程有利于树立正确体育消费观和培养潜在体育消费人口、培养与巩固消费动机、促进基础性物质消费增长，政府主导型课程促进消费的作用显著，如校园足球课程。（2）潜在核心作用。学校体育竞赛与业余训练是拉动体育消费的核心动力，提升体育旅游、交通食宿相关消费增长，促进家庭体育消费观念转变，形成品牌赛事的核心消费产品，刺激消费动机。（3）潜在强化作用。学校体育考试在我国应试教育背景主导下有利于促进体育消费习惯养成、丰富体育消费产品业态、强化自主招生体育测试。（4）潜在溢出作用。学校体育场馆有利于为国民提供消费机会、促进消费结构平衡与消费升级、促进炫耀性体育消费。

2. 校外体育尤其是青少年体育社会培训机构对体育消费具有直接推动作用，体现在：（1）直接效应，提供多元化的体育消费产品。（2）引导效应，引领产业链化体育产品消费。（3）调节效应，调节政府、社会与学校间的消费行为。

## 建议

1. 基于促进体育消费的学校体育政策制定建议：（1）坚持以“四位一体”目标作为学校体育政策制定的出发点。以学校体育课程、体育竞赛和业余训练、体育考试与体育场馆管理为落脚点完善学校体育政策，进而发挥学校体育在促进消费中的正向潜在功能。（2）具体落脚点为：课程建设中继续推动政府主导课程建设，例如校园足球、篮球课程、冰雪项目课程等；学校竞赛与训练方面，参照美国大学建设品牌赛事提升经济效益的方法，以我国大学品牌赛事建设与运动队建设为抓手；学校体育考试方面应注重一贯制的时序性评价及自主招生体育考试比重的落实；学校体育场馆方面应以“第三方运营”学校体育场馆与PPP 模式建设学校场馆为抓手，提升资源利用率。

2. 基于促进体育消费的校外体育政策制定建议：（1）以扶持非营

利性青少年体育社会俱乐部建设，推动落实相关税收减免为抓手，有效提升资本吸引力推动消费增长。（2）以“产业链条”商业模式建设为抓手，推动青少年体育社会培训机构体育消费引导价值。（3）以营利性青少年体育社会培训机构“行业协会”建设为抓手，促进其调节作用的最大化发展。

3. 基于发展青少年体育的体育消费政策制定建议：（1）体育消费政策制定应考虑青少年学生消费群体特征，提升各业态对该群体体育消费的扶持力度。（2）体育消费政策制定应注重资源配置在青少年体育领域的分配比重，如人力资源、场地资源与财力资源。加大对学校相关领域、相关细则的制定。（3）体育消费政策制定应注意各相关产业在青少年领域投资的税率福利，支持向各类涉及青少年、学校体育产品的企业群体和社会群体提供税率减免，促进学校体育发展。

# 第九章

# 促进体育消费的财税政策的国际比较

高照钰　杨升平

现代体育已超越传统范畴，演变为消费对象。体育消费已经成为人民美好生活需要的一个重要组成部分。江小涓（2018）认为，提供精神与心理消费的服务业极具增长潜力，这其中包括体育服务业。职业体育将与所有需要消费者亲身体验的产业如电影、演唱会、非体育类电视娱乐节目、游戏产业等争夺消费者的时间，同时还要与世界任何一处的高水平比赛争夺电视和网络观众。因此，通过改革开放和创新不断增强吸引力至关重要。

本文对国外体育消费发展方面的政策进行梳理，特别是体育场馆建造、财税政策、大众体育发展等方面。财政是国家治理的基础和重要支柱，税收在现代国家治理中发挥着重要作用。税收政策可以直接调节消费需求，从而可以成为体育消费政策的组成部分。[①] 在当今世界各国，与体育经济活动相关的税收种类较多，各税种、税基及税率纷呈。

近年来，国际学界一直在体育消费的影响因素方面做研究，比如，

---

① 税收是国家为了实现其职能，凭借政治权利，按照法律事先规定的标准，强制地、无偿地参与国民收入分配来取得收入的形式。通过征税对象和税率的变化，形成价格的上升或下降，进而影响供给和需求，最终达到一种市场均衡，进而达到调控经济的目的。税收政策分为两种，一种是发挥税收自动稳定器功能，熨平经济波动，比如所得税；另一种是相机抉择，即根据经济周期变化，逆向调节经济的波动的税收政策。引自萨缪尔森的《经济学》。

勒拉·洛佩兹等人（Lera-López and Rapún-Gárate，2017[①]，Kim and Trail，2010[②]，Tasci et al.，2016[③]）。蒂鲍特等人（Thibaut et al.，2013[④] 运用贝克尔（Becker）的家庭生产理论（household production theory）探讨了家庭支出对体育参与（sports participation）的决定因素。体育参与这一决定（花钱与否）受家长的体育参与、家庭收入、家庭受教育程度、体育俱乐部会员和频率的影响。决定体育参与强度的因素（体育参与花费的金额）包括家庭收入、家长在青少年时期的体育参与、体育俱乐部会员、频率、家庭最小孩子的年龄和家庭规模。此外，研究结果表明，需要采用赫克曼（Heckman）两阶段方法。例如，受教育程度越高的家庭倾向于在参加体育活动方面花费越多。然而，本研究表明，一旦受教育程度高的家庭决定花钱参加体育活动，则花费的金额与受教育程度较低的家庭没有差别。江小涓（2018）[⑤] 提出，目前，“体育消费者的选择增多，福利增加。各国的体育传统有一定差别，但是人们对于体育的热爱是相似的。跑得最快、跳得最远、跃得最高，在世界各地都万众瞩目。因此，各类体育活动特别是各类体育赛事通过卫星电视和互联网向全世界转播，给各国体育爱好者提供了极为丰富的观赏选择。目前，全世界超过十亿观众的单项球类运动有足球、板球、曲棍球、网

---

① Fernando Lera-López and Manuel Rapún-Gárate. The Demand for Sport: Sport Consumption and Participation Models. *Journal of Sport Management*, 2007, 21, 103 – 122.

② Yu Kyoum Kim, Galen Trail. Constraints and Motivators: A New Model to Explain Sport Consumer Behavior. *Journal of Sport Management*, 2010, 24, 190 – 210.

③ Asli DA Tasci, Jeeyeon (Jeannie) Hahmand Deborah Breiter-Terry. (2016). Consumer-based brand equityof a destination for sport touristsversus non-sport tourists. Journal of Vacation Marketing 1 – 17.

④ Hurdles for sports consumption, The determining factors of household sports expenditures. Sport Management Review, 2013.

⑤ 江小涓. 网络空间服务业：效率、约束及发展前景——以体育和文化产业为例.［J］. 经济研究. 2018，4：1 – 17.

球；超过4亿观众的项目有排球、乒乓球、棒球、高尔夫球、篮球和美式橄榄球等”。“第一，今后若干年，精神和心理消费将构成未来GDP增量的主体。职业体育提供的服务是体育竞赛表演，消费者得到的是愉悦、满意、刺激、舒压等精神和心理感受，这种消费显然与以往的食品、服装、电器、轿车、住房等不同，并没有物质载体。但是从经济学的角度而言，只要消费者愿意为其付费，这些精神和心理“感受”就转变为经济学意义上的‘效用’，就成为有效需求。”

消费升级是新时代中国经济发展的主要着力点之一，借鉴其他国家促进体育消费的经验，特别是相关的经济政策，可以更好地服务于中国体育事业的发展，促进体育消费的迭代与升级。本文希望以国别的形式为读者呈现其各自内容完整的多种体育消费激励手段及政策体系，从而有助于读者把握国外体育消费促进政策的整体情况，同时为中国体育管理及相关政府部门制定政策提供参考。

## 欧洲职业联赛的经济模式

多年来，欧洲足球俱乐部一直被亏损的愁云覆盖。① 这实际上意味着，普通纳税人承担了足球债务这一社会后果。②

20世纪的欧洲职业体育，整体而言，门票收入是其主要收入来源。此外，在德国、法国或意大利，职业体育的收入来源还包括：国家或地方政府的补贴，以及工业部门的企业赞助（拥有所有权），比如菲亚特

① Szymanski, S. Money and Soccer: A Soccernomics Guide, New York: Nation Books, 2015, Chapter 8. UEFA. The European Club Footballing Landscape: Club Licensing Benchmarking Report Financial Year 2012. Nyon, 2012, 80 -1.

② Lago, U., R. Simmons, and S. Szymanski ‘The Financial Crisis in European Football: AnIntroduction’. Journal of Sports Economics 7, no. 1 (2006): 3 -12.

（赞助尤文图斯）、拜耳（赞助勒沃库森）和标致（赞助索肖）等。随着时间的推移，广告收入变得越来越重要，这一经济模式被称为“观众—补贴—赞助商—本地”（SSSL）（Andreff and Staudohar，2000）。[①] 欧洲国家的职业体育联盟大多采取 SSSL 的模式，但就其收入结构而言，来自公共或私人资金的比例有所不同。一些国家，比如英国，不允许向职业俱乐部提供公共补贴，因而这些俱乐部只有私人资金，如捐赠、订阅用户和会员费。值得注意的是，在当时，电视转播并不是俱乐部收入结构中的重要来源（Andreff and Szymanski，2006）。[②] 然而，由于欧洲俱乐部以比赛胜利为导向，这意味着购买顶级球员的需求非常高，这些顶级球员的价格因此暴涨，并且由于缺乏球员选秀制度和工资帽，这些职业俱乐部经常经历赤字并需要新的经济来源。因此，职业俱乐部的商业经济模式遇到新的变化。在当代专业模式中，大多数顶级欧洲职业俱乐部改变了收入结构。从 20 世纪 80 年代开始，门票收入和补贴下降，而电视转播收入成为其收入结构的主要来源之一。这个新模式被称为“转播—公司—特许商品—资本市场”（MCMM）（Andreff and Staudohar，2000）。[③] 这意味着，俱乐部的收入不仅来自体育场门票，还包括电视转播权收益、特许商品收益以及资本市场的收益。在 80 年代之前，公共部门参与体育行业是很常见的。现在，在新的 MCMM 模式下，很多企业家和管理者加入欧洲职业体育联盟，从而使其更加全球化和更加开放。一些职业俱乐部被重组为寻求利润的股份制公司，此外，这种 MCMM 模

---

① Andreff, W. and Staudohar, P. D. (2000), “The evolving European model of professional sports finance”, *Journalof Sports Economics*, Vol. 1 No. 3, pp. 257 – 76.

② Andreff, W. and Szymanski, S. (2006), “Team sports and finance” in Andreff, W. and Szymanski, S. (Ed.), Handbook on the Economics of Sport, Edward Elgar, Cheltenham, UK and Northampton, MA, USA, pp. 689 – 699.

③ Andreff, W. and Staudohar, P. D. (2000), “The evolving European model of professional sports finance”, *Journal of Sports Economics*, Vol. 1 No. 3, pp. 257 – 76.

式的确立也意味着，俱乐部不再依赖门票收入、补贴和赞助商，而是更多依赖于特许商品收益、电视转播收入和俱乐部股票价值（Andreff and Szymanski，2006）。[①] 同时，我们注意到，美国和欧洲职业体育模式在电视转播收入增长上有趋同趋势。目前电视转播收入在两种模式中都发挥了重要作用，美国体育俱乐部越来越多地依赖电视转播权。电视转播权所获收入常被用于向美国体育运动员支付工资，并且被用于增加欧洲球员的收入（Andreff and Staudohar，2002）。[②]

2004 年，欧足联推出了俱乐部许可证制度，适用于欧洲冠军联赛和欧洲联赛的参赛俱乐部（基于行政、法律、基础设施和财务标准）。许可证制度还对自 2004 年以来施行俱乐部许可证制度的 664 个欧洲足球俱乐部的财务数据进行了汇编。根据这些数据，俱乐部报告的损失在 2011 年高达 16.75 亿欧元（2010 年为 16.41 亿欧元）。[③]

自 2010 年以来，欧足联建立了自己的财政金融监管体系——财政公平竞争（FFP）。FFP 旨在鼓励俱乐部改善成本基础，实现收入、支出和投资之间的可持续平衡。由于历史、人口或市场需求方面的原因，一些俱乐部不可避免地拥有比其他俱乐部更多和更广的收入来源。尽管如此，FFP 的关键要求是，在三年的滚动期，基于所谓的“可接受的偏差水平”，俱乐部应该通过比较“相关收入”和“相关成本”来计算一个

---

① Andreff, W. and Szymanski, S. (2006), “Team sports and finance” in Andreff, W. and Szymanski, S. (Ed.), Handbook on the Economics of Sport, Edward Elgar, Cheltenham, UK and Northampton, MA, USA, pp. 689 - 699.

② Andreff, W. and Staudohar, P. D. (2002), “European and US sports business models”, in Barros, C. P., Ibrahimo, M. and Szymanski, S. (Ed.), *Transatlantic Sport: The Comparative Economics of North American and EuropeanSports*, Edward Elgar, Cheltenham, UK and Northampton, MA, USA, pp. 23 - 49.

③ Nadine Dermit - Richard, Nicolas Scelles & Stephen Morrow (2017): French DNCG management control versus UEFA Financial Fair Play: a divergent conception of financial regulation objectives, Soccer & Society, p. 4 - 5.

收支平衡点。在计算收支平衡时，俱乐部只需要包括“相关收入”和“相关成本”。[①]“相关收入”定义为：门票收入、转播权、赞助和广告、商业活动收入和其他营业收入，以及球员注册方面的利润或处置球员注册的收入，处置有形固定资产的超额收益和收入。[②] 来自关联方（relatedparties）的任何相关收入和支出也必须进行调整，以反映此类交易的公允价值。[③] 修改后的法规扩大了关联方的定义，可以调查赞助商或其他任何贡献超过俱乐部收入30%的人，以确定他们是否与俱乐部的所有权有关。[④] 此外，在有资金投入长期资产的情况下（例如，体育场的建造、设施翻新及青年发展计划），股权投资仍然被允许。因此，FFP强制俱乐部以其足球相关收入来源作为基础，制定其平衡的财务年度结算报告；同时，鼓励长期投资，即原则上应该提供改善未来财政状况的收入基础。因此，收支平衡是在三年的滚动期内计算的，俱乐部可以通过上一年的利润弥补本年度赤字。这意味着，对一些俱乐部而言，需要在考虑足球比赛成绩对其财政平衡造成影响的前提下，逐步达到财政均衡点。[⑤]

## 德国

1990年1月1日，德国政府颁布《向体育俱乐部提供援助法》。根据德国《公司纳税法》的规定，利润额低于7 500马克的公司免于缴税。在流转资金的纳税问题方面，如果俱乐部前一年度的资金流转额小于或等于60 000马克，则该俱乐部有权保留应纳税流转资金的7%作为

---

① UEFA, UEFA Club Licensing 2012, Article 58.

② UEFA, UEFA Club Licensing 2012, Article 58, 1.

③ UEFA, UEFA Club Licensing 2012, Annex X, E.

④ UEFA, UEFA Club Licensing 2015, Article 3.

⑤ Nadine Dermit - Richard, Nicolas Scelles & Stephen Morrow (2017): FrenchDNCG management control versus UEFA Financial Fair Play: a divergent conception of financialregulation objectives, Soccer & Society, p. 5 - 6.

预留税金。与此同时，德国政府支持各种非营利性俱乐部，减免俱乐部的税收，支付俱乐部预算开支的20%左右，允许俱乐部免费使用体育场地。[①] 在德国，职业足球联赛营业额的3%分配给草根体育运动组织。[②]

## 法国

长期以来，法国职业足球俱乐部也一直面临亏损。[③] 从 1987 年到 1990 年，法国两个联赛中有 14 家俱乐部破产。[④] 有几家俱乐部陷入财务困境，并要求地方有关部门负担其债务。[⑤] 法国足球联合会（FFF）在 1990 年设立监管体系，目的是防止足球俱乐部破产，确保比赛的完整性，使俱乐部免于在赛季中期破产的威胁。基于此，法国成立了国家管理控制指南（DNCG），旨在尽量减少地方当局面临这种困境的风险。根据 DNCG 的理念，只要有股东出资或通过股权来弥补损失，就允许俱乐部有亏损。这与上述 FFP 的要求有所不同。纳丁等人（Nadine et al. , 2017）在每个法国俱乐部进行了财政制度的研究，而不是整个联盟。他们研究的重点是俱乐部资产负债表，而不是利润和损失账户信息。文章发现 24 家俱乐部中有 19 家亏损，看起来似乎以累计净利润为目标的盈利不是法国俱乐部的优先考虑事项。在此期间，股东的累计净捐款总额超过 10 亿欧元，其

---

① 翁飚，高松龄，诸斌．国外体育经济活动税收政策研究［J］．天津体育学院学报，2002（04）：13 -17.

② 范治蓬．欧盟草稿体育资金研究现状［D］．首都体育学院．2013.

③ Andreff, W. ‘Governance of Professional Team Sports Clubs: Agency Problem and Soft Budget-Constraint’. In Disequilibrium Sports Economics: Competitive Imbalance and BudgetConstraints, ed. W. Andreff, p. 175 - 227. Cheltenham: Edward Elgar, 2015. p. 207.

④ Scelles, N. , S. Szymanski, and N. Dermit - Richard ‘Insolvency in French Soccer: The Case of Payment Failure’. Journal of Sports Economics.

⑤ Dermit - Richard, N. L’ économie du football européen, vers le “fair - play financier ?” [Economicsof European Football, Towards “Financial Fair Play?”]. Sarrebruck: Editions Universitaires Européennes, 2010.

中 74% 用于弥补亏损。在这 19 家俱乐部中，有 18 家经常需要股东捐款来弥补损失，这凸显了这个特定商业行业的特殊性（这是 DNCG 允许的）。另有 9 家俱乐部，股东捐款也不足以弥补其损失，因此俱乐部被迫撤销或缩减其业务。剩余 9 家俱乐部里，有 6 家俱乐部，其股东投资比弥补损失要多。股东投资对 3 家盈利俱乐部也很重要。

## 英国

英国于 2015 年 12 月 17 日发布《英国体育未来：新活力国家战略》（Sporting Future：A New Strategy for an Active Nation）。在体育设施建设的执行方式方面，中央政府层面主要是制定政策以指导公共资金的使用，具体决策由专家来做，即政府不再决定哪些组织、哪些项目和哪些活动得到资助，而是制定原则，由“英国体育”（UK SPORT）、“体育英格兰”（SPORT ENGLAND）、“公共健康英格兰”（PUBLIC HEALTH ENGLAND）决定应该资助谁。多部门的合作，包括地方政府、体育部门、旅游部门、医疗卫生部门以及旅游部门、环境部门的政府机构间合作，也包括与俱乐部、社区组织、私人部门的利益相关部门的合作。

除正常拨款之外，英国的体育运动部门还可以通过其他途径从政府获得经济利益，如税收。体育组织从一系列税收激励措施中获益，比如，截至本报告撰写时，已有数千家符合条件的体育俱乐部通过社区业余体育俱乐部计划（Community Amateur Sports Club）进行了注册。

替代性收入来源。社会投资以及资助慈善机构和社会企业的可偿还融资，也可以在促进体育行业的可持续发展中发挥重要作用。政府于 2014 年引入社会投资税减免这一政策，以支持个人和机构投资者，为了使它们的投资更好地为其带来社会和经济回报。

学徒制。学徒制是培养掌握适当技能的体育劳动力的关键机制。政府致力于在 2020 年为 300 万人提供学徒培训，并在最近公布了实现这一目标的愿景。“新愿景”意味着，每年支付300万英镑工资的大型雇主将支付0.5%的税收以资助学徒，这激励了雇主对学徒的雇用。支付该税的雇主收获的将比他们为学徒培训提供的资金要多。不缴纳税款的小型雇主仍然可以获得政府鼓励雇用学徒的资助。所有资金不少于1 000万英镑和超过12个月的相关中央政府合同，必须对学徒制做出明确承诺。现在，新的学徒制标准由雇主制定，引入了更严格的评估；它将转型为有吸引力的、高质量的从业资格。例如，名为“街头游”的国家慈善机构目前正领导一组雇主开发“社区健康激活者开拓者”学徒制（Community Health Activator Trailblazer），旨在为学徒们设计与体育运动中有困难的群体进行交流的标准。[①] 英国希望，诸如休闲中心运营商这类体育行业组织，能够足够重视学徒制。接受公共资金的小型组织，无论是否需要支付学徒税，都应该保证，无论何时至少有一名学徒。员工可以在适合其雇主的任何职业中参与学徒训练，而不一定必须与运动相关。[②]

有关促进户外运动的政策建议，鼓励地方政府和俱乐部充分利用一些自然风光资源展开具有身体活动性质的户外活动。户外运动是英国旅游经济中至关重要的一部分，其作用不只是有益于户外运动的参与者，还有益于整个经济。体育与休闲联合会（SRA，The Sport and Recreation Alliance’s）的报告非常明确地把户外运动参与者对经济的重要作用做了阐述，并说明了政府在这其中发挥的作用。运动英格兰组织与户外产业联合会最近出版了一份研究报告，叫《获得活力的户外运动》（Getting Active Outdoors），该报告对英格兰地区户外运动的供给与需求量进行细致的分析。在4 370万人中，以往不经常参加户外运动的1 820万

---

① http：//www. streetgames. org/news/streetgames – leads – industry – consortium – develop – new – trailblazer – apprenticeship.

② Sporting Future：A New Strategy for an Active Nation.

人希望在未来 12 个月参加户外运动。利用户外进行身体活动，首先需要数字、文化、媒体和体育部（DCMS）与环境、食品和农村事务部进行合作，该部门一直对英国自然景观的步行和骑行系统负责，包括道路权利、海岸线步道、国家公园、自然景观、森林与开放场地，以及自然景观中的水上通道等，两者的合作将有助于户外运动的开展。此外，由于部分户外运动具有一定的专业性，还涉及安全问题，体育部门应当与相关户外运动组织及安全机构合作（冒险活动执照发行机构，Adventure Activities Licensing Authority），普及安全知识，而且要对户外运动参与者进行培训，以使他们具有基本的户外活动能力。

英国体育竞赛表演业相关政策：英国政府非常重视在职业体育中加强俱乐部和球迷的关系，并且希望球迷能够在这种关系中拥有更多的权利。因为这些关系以及现场比赛有助于球迷幸福感的形成。为此，政府成立了一个机构“球迷所有权和活动的专家工作组”（Expert Working Group on Supporter Ownership and Engagement），目的在于帮助建立俱乐部和球迷之间的关系，同时给予球迷更多参与运营他所喜爱的俱乐部的机会，并最终保证球迷能从参与的俱乐部活动中获得幸福感。

鼓励建设当地体育联盟，一方面可以为那些非奥林匹克体育，以及女子体育提供更好的比赛和训练机会，同时也能很好地满足当期大众的需要。国家级地方体育行政机构应对此予以财政上的支持。鼓励建立社区业余体育俱乐部，财政部将征询各方意见通过减免赞助商税的办法支持草根体育的发展。此外，要建立职业体育反哺业余体育的制度，以促进业余体育和社区体育的发展。建议将电视转播收入的 30% 返还给业余体育。

政府和英国运动协会鼓励地方申办大型国际性体育竞赛，政府和协会将对此进行必要的支持和帮助，并计划成立一个国家大型赛事申办基金以帮助地方实现大型赛事的成功申办。

英国体育政策同时注意到移动互联时代到来对于大众参与性体育活

动的促进作用。英国希望与交通部、环境部合作，以创建适合大众进行身体活动的数字体育平台。特别是在当前体育活动越来越“碎片化”的趋势下，这类移动数字平台的创建，以及体育设施建设的小型化、便捷化将能更好地满足大众随时随地进行身体活动的需求。

## 爱尔兰

爱尔兰于2018年7月25日发布《爱尔兰体育政策：2018—2027》（National Sports Policy：2018－2027）。政策强调，要加强对组织的财政支持，一方面，中央和地方政府都要给予体育俱乐部以财政支持，另一方面，地方体育俱乐部在获取捐赠时得到税收减免，同时捐赠机构也有相应的税收减免。

体育设施是大众参与体育的基础和前提，爱尔兰有涉及这方面的体育政策，具体如下：第一，要把小场馆建设的财政支出与大型场馆建设的财政支出严格区分；第二，财政支持的对象包括俱乐部、学校、地方性社区组织；第三，财政支持的运动项目涵盖个人项目和团队项目；第四，要采取多种手段，特别是与私人部门合作；第五，对于参与性体育活动，财政支持要保证每年递增的趋势，并注意与地方政府该项计划的对接；第六，除了政府支持，以及爱尔兰人民的自愿捐助外，私人和企业对地方体育俱乐部的资助是非常重要的。政府对此非常欢迎，并尽一切可能去帮助体育俱乐部获得财务支持。比如，政府一直坚持向有认证资格的体育俱乐部的获批准体育设施建设项目进行捐赠，捐赠企业将能得到税收减免，政府还在扩大该项计划。爱尔兰2002年《财政法》第41条以及1997年《税收整顿法》中均有为受认可的体育俱乐部获批的体育计划进行捐助的税收减免计划。该计划自2002年5月1日起开始执行，主要针对该日起发生在获批项目上的花费，具体内容如下：

（1）任何一个捐助者在任何一年内向单个体育机构的最低合格捐

款总额为250万欧元。

（2）获批的项目类型具体如下，

- 购买、建造或翻新认可体育俱乐部提供的用于体育或娱乐活动的建筑物或结构，或建筑物或结构的一部分。
- 购买经批准的受认可体育俱乐部在提供体育或娱乐设施时使用的土地。
- 购买永久性设备（不包括个人设备），供受认可体育俱乐部在提供体育或娱乐设施时使用。
- 改进经批准的运动体育的比赛场地、表面或设施。
- 在2002年5月1日或之后，偿还或支付受认可体育俱乐部为上述任何目的而借入的款项的利息。

国家体育计划与地方体育计划相结合（National Sports Policy & Local Sports Plans），国家会侧重于欠发达地区；国家财政支持（The Sports Capital Programme）与地方财政支持相结合，地方政府在其中扮演的角色最为重要。一方面，它们是体育设施建设最主要的投资者，另一方面，对当地社区的认识便于它们推动当地体育设施的建设。另外，设定目标并进行评价非常重要。

## 为爱尔兰体育提供资金支持

该政策中提及的所有议案，目标是大力促进体育部门在2018—2027年间的发展。政府2027年的目标是实现社会各阶层参与水平的持续提高，支持运动员在国际竞争中发挥实力，并在设施和组织能力方面支持体育部门的发展。如果没有持续为体育部门提供公共资金，这些目标就无法实现。此外，之前的每章中都提到了一些重要的筹资措施。很显然，如果不大幅增加体育方面的投资，政策的远大目标就不可能实现。2018年，政府通过爱尔兰体育运动委员会（Sport Ireland）、体育资本计划（Sports Capital Programme）、地方当局游泳池计划（Local Authority Swimming Pools Programme）和休眠账户资金（Dormant Accounts Funding）对体育进行了总额超过 1.11 亿欧元的投资。国家彩票基金（National Lottery Fund）对广泛的社区计划进行支持，包括体育设施和项目。在未来几年，政府需致力于保护资金来源，同时认识到网络博彩中潜在的风险。

［议案 53］爱尔兰将根据新总体规划（Master Plan）中确定的优先事项并出于对于新的高绩效战略的支持，寻求额外资助，从而进一步发展爱尔兰体育运动委员会国家体育校园（Sport Ireland National Sports Campus）的世界级体育设施。其他资金来源：爱尔兰人民为体育行业做了非常多的志愿服务，并且金融投资也在大力支持当地的体育俱乐部。这是一个受欢迎的补充资金来源，因而政府也尽可能确保为体育管理机构提供有利环境，进一步发展这些筹资机会。比如，允许获批准的体育管理机构长期享有获批准资本项目方面的捐赠税收减免计划，因此，体育俱乐部可以对所有不少于 250 欧元的捐赠申请税收减免。

［议案 54］体育领导小组（Sports Leadership Group）将考虑对获批准的体育管理机构已核准的项目捐赠实施减税计划，并与体育管理机构协商，制订减税计划扩展的提议，供政府参考。体育部门一直呼吁政府鼓励个人和包括跨国企业在内的公司进一步捐款，例如通过税收制度中的一些措施。将基于已经开展的工作，确定政策干预措施，吸引更多类似捐赠，并考虑已在其他司法管辖区取得成功的相关政策。

［议案 56］在健身房和使用其他设施的个人锻炼有日益增加的趋势，因而将考虑税法的潜在变化，以通过使用健身房器材和个人运动器材来激励体育参与度。

爱尔兰政府鼓励地方政府申办大型体育赛事与小型的大众参与性体育赛事，并在其政府旅游政策宣言中对体育赛事举办对于旅游事业的重要性予以阐述。

## 北美的体育设施建设与财政税收政策

美国地方政府逐渐意识到，保持自己的体育运动队对城市的成功至关重要，并给予补贴。美国职业体育运动队能够以较低的成本重新选择城市安置队伍，这使职业体育运动组织可以在城市之间来回选择，看看哪个市政府将为他们提供最多的资源。

### 美国

在为体育运动提供资金方面，美国没有统一的基本政策，而是主要依靠自由市场来为运动员及体育设施的建设和运营提供资金。在美国，一直以来，体育设施、场馆建造的资金来自公共资金、私人资金或公私合作伙伴关系（PPP）。20 世纪 60 年代之前，政府出资是体育设施、场馆建设的主要资金来源；60 年代之后，政府开始提供由各种税收担保的债券。在整个 20 世纪 70 年代和 80 年代早期，财政补贴对体育设施的建设非常重要。①

美国的州和市政府可以通过地方税收计划针对一个确定目的筹集资金，并为体育场馆减税。有时，这一资金来源规模很大。例如，为了挽回国家橄榄球联盟的奥克兰突袭者，奥克兰提供了一揽子计划，包括 5 亿美元现金（Baim，1990）。② 来自奥克兰居民的反对意见强迫将这项针对球队的特别优惠政策撤回，但奥克兰突袭者于 1996 年返回奥克兰，

---

① Kirstin Hallmann, Karen Petry. 2013. Comparative Sport Development – Systems, Participation and Public Policy. Springer.

② Baim, D. 1990. Sports stadiums as wise investments: an evaluation. Heartland Policy Study. No 32. Heartland Institute, Chicago.

翻新场馆花费了2亿美元。由于门票收入不佳，这笔债务成为公共部门的负债，并且由市议会直接接管体育场（Matier and Ross，1996）。[①] 美国体育场馆财政补贴的历史信息说明了几个值得注意的发展趋势（Baade，2003）。[②] 第一，“在美国建造的体育场数量已经在持续增加。此外，施工进度也在加快，目前在使用的一半数量以上的体育场是从1987年开始建造完工的”。1987年，国家橄榄球联盟的迈阿密海豚俱乐部的老板乔·罗比（Joe Robbie）没有获得公共资金补贴用来翻新改造迈阿密的橘子碗体育馆。之后，他通过租赁收入、豪华座椅和个人座位许可证（PSL）收入融资新建了一个体育馆。“罗比开创的这些新的收入来源代表了体育场馆经济学的一个分水岭，并已成为其他体育场发展项目财务蓝图的一部分。”第二，罗比的财务创新并不排斥公共资金。这表明，豪华座椅和个人座位许可证只是为业主提供额外收入，而不是取代公共资金。“虽然在美国体育场馆的建造兴起时期，并非所有的场馆都是由公共资金资助，但绝大部分是。此外，自20世纪50年代初以来，接受财政补贴的体育场馆的比例始终保持相对稳定。应该指出的是，财政补助有多种形式，其中有一些难以量化。”第三，体育场馆建设成本（名义成本和实际成本）都在增加。在一定程度上，建设成本的攀升迫使针对体育场馆的补贴规模增加。一般而言，公共部门对体育场馆建设的贡献在增加（名义和实际）。

1984年美国颁布了《削减赤字法》（Deficit Reduction Act），《1986年税制改革法》（1986 Tax Reform Act），在此之后的1986—1995年，更

① Matier P and Ross A. 1996. Disillusioned Perata quits, warns of Raiders disaster. San Francisco Chronicle 26 August.

② Baade, R. A. (2003). Evaluating subsidies for professional sports in the United States and Europe: A public - sector primer. Oxford Review of Economic Policy, 19 (4), 585 - 597.

多地转向 PPP 模式（Hallmann and Petry，2013）。[①] 这两部法律均规定公共资金不会优先考虑体育设施建设，并且缩减建设体育设施的免税债券 Schwarz et al.，2010）。[②]

自 1990 年以来，美国五大职业联赛的 140 支球队中有 125 支球队建造了新的体育场馆或对现有体育场馆进行了大规模翻新（Hallmann and Petry，2013）。[③] 虽然 PPP 模式仍占主导地位，但纳税人的贡献超过 50%（Baade and Matheson，2013）。[④]

## 加拿大

在加拿大，一直存在很多与烟草赞助体育运动有关的争议。联邦政府立场坚定地反对烟草赞助，"业余体育的赞助不应被用于产品推广，这对加拿大青年和普通人而言都是一个主要的健康风险"（Canada，1985）。[⑤] 为了表示强烈反对，政策规定，一旦有关的任何赞助、促销或其他资金支持（如广告）与烟草制品业相关联，"联邦政府将扣留国家业余体育组织的所有资金，主要涉及业余运动员的活动或项目"（Canada，1985）。该政策于 1985 年立即生效实施。只有在现有合同实施的情况下（截至 1985 年 3 月），国家各体育组织和烟草公司之间的这

① Kirstin Hallmann，Karen Petry. 2013. Comparative Sport Development – Systems，Participation and Public Policy. Springer.

② Schwarz，E.，Hall，S. A.，& Shibli，S.（2010）. Sport facility operations management：A global perspective. Kidlington/Oxford：Elsevier Butterworth – Heinemann.

③ Kirstin Hallmann，Karen Petry. 2013. Comparative Sport Development – Systems，Participation and Public Policy. Springer.

④ Baade，R. A.，Matheson，V. A.（2013）. Financing professional sports facilities. In S. B. White & Z. Z. Kotval（Eds.），Financing economic development in the 21st century（pp. 323 – 342）. New York：M. E. Sharpe.

⑤ Canada. 1985. Federal government policy on tobacco sponsorship of National Spot Organizations. Ottawa：Minister of State Fitness and Amateur Sport.

种合同被允许继续到期满为止。在此之后，国家各体育组织应该遵守1985年的政策指令（Timothy，1995）。①

个人体育消费抵扣个税。大约75%的加拿大人认为，政府在以下事务方面责任重大：提供服务和设施让每个人都能参加体育运动，政府应该增加这些领域的支出，并为提高体育参与度提供税收优惠（CFLRI，2006－07）。② 这与2009—2011年加拿大娱乐基础设施项目（RInC）一起发挥作用，该项目投资5亿加元为各社区在全国范围内进行设施升级改造；还在2007年推出儿童健身税收抵免举措（Children's Fitness Tax Credit，允许参与"重要体育运动活动"的受监管项目的任何儿童的父母有500加元抵扣）（Canada Revenue Agency，2013）。③ 这些举措是加拿大联邦的症结，并在很大程度上为体育提供了省/地区层面的支持（Hallmann and Petry，2013）。④

## 澳大利亚

在世界上很多国家，与其他行业相比，对体育行业的公共支出审计压力较小。比如，澳大利亚政府对团队体育运动的大力资助，尤其是对体育场馆的建造和更新（Wilson and Pomfret，2009）。2009年，西澳大利亚州政府计划建立一座有6万个座位的新体育场，11亿澳元耗资由纳

---

① Timothy Dewhirst. 1995. The federal government versus the tobacco industry: regulating tobacco advertising and sport sponsorship in Canada. Queen's University.

② Canadian Fitness and Lifestyle Research Institute (CFLRI). (2006－07). Bulletin 08: Government involvement in sport. http://www.cflri.ca/node/365. Accessed 11 June 2013.

③ Canada Revenue Agency. (2013). Prescribed program. http://www.cra－arc.gc.ca/tx/ndvdls/tpcs/ncm－tx/rtrn/cmpltng/ddctns/lns360－390/365/prgrm－eng.html. Accessed 11 June 2013.

④ Kirstin Hallmann, Karen Petry. 2013. Comparative Sport Development－Systems, Participation and Public Policy. Springer.

税人承担，平均每个西澳大利亚州居民约需为此支付516澳元。这一体育场主要由珀斯市的职业足球队使用，该队属于澳大利亚足球联赛（AFL）。南澳大利亚州政府2008年政府预算拨款1亿澳元用于升级AAMI体育场（又称Football Park，足球公园）。这一行为受到批评，原因是反对派认为拨款可能太少，他们正在为一个10亿澳元的新体育场的投资拉票。该体育场主要由阿德莱德市的职业足球运动队使用，该队也属于澳大利亚足球联赛。①

除了把公共支出用在职业运动队的资本成本外，澳大利亚政府也在其他方面提供支持。2006年，澳大利亚足球联赛设立了价值5 500万澳元的AFL俱乐部设施计划，有相当一部分资金来自地方议会（28%）和州政府（26%）。② 那时，AFL刚刚结束了为期五年的价值8.4亿澳元的电视节目权。在2008年，新当选的陆克文政府承诺给澳大利亚足球联合会3 200万澳元，以提升澳大利亚在亚洲的知名度及影响力。③在2008年的预算中，南澳大利亚政府承诺支出1亿澳元用于升级欣德马什体育场，并为该州的两个AFL球队分别分配250万澳元。④

澳大利亚于2018年8月1日发布《澳大利亚体育2030：参与、成

① John K. Wilson, Richard Pomfret. 2009. The Australian Economic Review, vol. 42, no. 3, pp. 264 – 75. Government Subsidies for Professional Team Sports in Australia.

② Details of the scheme can be found in a media releaseat, http：//www. dpc. vic. gov. au/domino/Web_ Notes/new media. nsf/bc348d5912436a9cca256cfc0082d800/a32c97f84401f1a1ca2571870000fdfb! OpenDocument.

③ Reported in *Inside Sport Magazine* (Jennings 2008, p. 8). The decision reflected a serendipitous coincidence of Australia's shift from Oceania to Asia in Federation Internationalede Football Association's regional scheme (and success in the 2008 qualifying stage for the World Cup) and the new government's re – orientation of foreign policytowards Asia. It should be noted that these government funds invariably favour one football code over the others; this competition – distorting aspect will not be addressed in this article.

④ John K. Wilson and Richard Pomfret. September 2009. Government Subsidies for Professional TeamSports in Australia. Australian Economic Review. vol. 42, no. 3, pp. 264 – 75 (270).

绩、正直、产业》（Sport 2030：Participation；Performance；Integrity；Industry）。该报告指出有父母参与的体育活动，儿童参与的比例达到72%，而无父母参与的体育活动，儿童参与的比例只有53%。

澳大利亚甚至出台了针对参与性体育数字平台的国家级奖励，以推动有效结合体育特点，结合体育设施分布的移动数字体育平台的创建。

2017—2018年，澳大利亚体育基金会（Australian Sports Foundation）共筹集4 400多万美元，用于对运动员个人的支持和促进体育运动项目的发展。然而，这只是澳大利亚慈善市场的一小部分，据估计，2016年的总募集金额超过120亿美元。澳大利亚体育基金会在筹集资金发展各级体育方面享有免税特权。

为了加强体育组织的财政可持续性，澳大利亚政府通过吸引更多慈善捐赠，加强澳大利亚体育基金会的作用。2018年5月公布的新安排有助于体育基金会在10年内将捐款提至2亿美元甚至3亿美元，第一个关键节点是，到2021年之前，每年至少筹集1亿美元。

申请举办国际大型体育赛事一方面有助于促进大众参与性体育的加强，另一方面既可以培养大量竞赛专业管理人员，也能培养大量从事营销、促销和志愿管理服务的人员，而这些经过培训的人员未来可以更好地服务于当地全国性和地方性赛事的举办（AUSP，P57）。政府鼓励地方政府申办国内或地区的体育赛事，中央政府也将通过协会等多种渠道给予地方政府以支持，同时这些赛事也将会促进当地旅游业的发展（Sport 2030：Participation；Performance；Integrity；Industry）。

## 其他国家

### 韩国

在韩国，有不少商界领袖接任国家体育管理机构负责人职位，其中包括韩国田径联合会（KAF）的前执行董事，他说："20世纪80年代，政府向企业家提供税收激励（利益）以吸引他们对国家体育管理机构的支持，让他们接任国家体育管理机构（NGB）的负责人。但是，在20世纪90年代，政府越来越关注少数几家企业集团（比如，三星和现代）对国家体育管理机构的垄断。由此，90年代末以来，对管控国家体育管理机构的企业的税收优惠已经减少，一些企业退出了与其的伙伴关系。但是现在，企业领导人又对成为国家体育管理机构的负责人产生了兴趣，因为他们认识到体育在体育营销和社会贡献方面的重要性。例如，拥有国家体育管理机构负责人头衔的企业家可能会在海外营销方面获得更多好处。"（访谈：2008年11月14日）①

表9.2　韩国的体育政策

| 关键的政治/政策事件 | 组织和行政的影响 | 对学校体育和大众体育的影响 | 运动和体育对精英的所有影响体育发展 |
| --- | --- | --- | --- |
| 1972年：建立国家体育促进基金会（National Sports Promotion Foundation）。 | 基金会管理一项基金，旨在鼓励推广国民体育与提升竞技体育。主要有两个筹集资金的方法：香烟广告业务；对竞技场入场费征税。 | 20世纪70年代后期，对体育设施有重要影响，对大众体育做改善。 | 直到20世纪80年代末，基金集中于竞技体育运动。这是竞技体育运动发展中最重要的因素。 |

## 日本

大正十一年（1922年），56家体育用品商店自愿组成东京运动器材制造销售行会。该行会的主要业务是：联合举办各种展览会、博览会和行会内的产品协调；联合抵制进口商品的关税下调和开展国产体育用品

① Jae Woo Park. 2011. Elite sport development inSouth Korea: an analysis ofpolicy change in the sportsof athletics, archery andbaseball. Loughborough University. A Doctoral Thesis.

收税下调等活动。自此，在大正后半期，体操、棒球、篮球、滑冰、滑雪等运动项目的相关器材大多由日本本国厂商生产，进而促进了市场繁荣。二战前的昭和时期（1926 年），政府提出“富国强兵”，在体育设施建设方面持鼓励态度，后乐园球场建成于昭和十三年（1938 年）。1961 年政府颁布《体育振兴法》，1964 年东京举办第十八届奥运会，提升了体育参与度，促进了体育的发展。20 世纪 60 年代后，由于大多数企业实行每周 40 小时工作制，体育人口比例增加。此外，每年举行国民体育大会推动了公共体育设施的建设和完善（季永刚，1994）。①

在日本，自 2000 年以来，旅游业成为振兴地方经济和创造新就业机会的重要支柱。日本旅游局一直在推动新的、定位于社区的旅游业。其中一项政策就是体育旅游的推广。2010 年 5 月 18 日举行了第一届体育促进联络会议，讨论体育旅游的现状和未来。这次会议期间的讨论被纳入 2011 年制定的促进体育旅游的基本政策。该基本政策制定之后，2012 年 4 月成立日本体育旅游联盟（Japan Sport Tourism Alliance，JSTA）支持当地发展体育旅游，通过协调促使政府和私人部门开展合作。日本体育旅游联盟注册为综合性协会，目前是日本体育旅游推进的中心枢纽。②

2011 年 6 月对《体育促进法》（1961 年）首次修订，颁布了新的《体育基本法》（Basic Act on Sport）。该法确定了日本体育应该着手进行的方向，并明确国家和地方的责任以及现有体育组织的作用。《体育基本法》也促进了体育旅游。该法指出，体育运动不只在传统的教育和健康领域起作用，还有利于社区的复兴、社会和经济的振兴。《体育基本法》里有符合人们各生活阶段的促进体育活动的措施，协调社区体育

① 季永刚．日本体育产业概论（一）［J］．辽宁体育科技，1994：26－29.
② *White Paper on Sport in Japan 2017*. Sports Policy.

与商业和大学的关系，并主张申办和举办奥运会和残奥会等国际比赛。此外，一些政府体育政策也关注了体育旅游，如颁布了一些举措旨在为游客在旅游地享受体育运动创造机会；以及建立一个协调组织，致力于通过体育旅游促进社区建设（Hallmann and Petry，2013）。①

2012 年 3 月，根据《体育基本法》第 9 条，一项推进体育发展的基本计划开始生效。该计划为接下来的 5 年（2012—2016）提供了系统和全面的体育发展促进措施，旨在到 2022 年实现七个目标（Hallmann and Petry，2013）。② 其中，第一个目标是在接下来的 10 年内提高儿童的身体机能。为达到此目的，政府提出建议，“从一年级养成规律体育活动的习惯”，“在小学至少雇用一名体育教师”，并“派遣特别协调员组织小学体育活动”。第二个目标旨在实现以下三点：（1）三分之二的人每周参加一次或多次体育活动；（2）三分之一的人每周参加三次或更多体育活动；（3）一年内不从事任何体育运动的成年人人数尽可能接近零。为此，政府提出了以下建议：“举办所有家庭成员可以一起参与的体育课程和活动”，“为那些从未或很少参加体育运动的人提供参加任何体育活动的机会”，并且“为体育设立青年日、女士日和没有加班的工作日”。第七个目标是“在体育界创造一个良性循环”。具体包括以下措施：“从下一代发现和培训该地区的顶级运动员”和“在一些主要体育俱乐部配备好教练，并将这些教练送到相邻的俱乐部”（MEXT，2012）。③

---

① Kirstin Hallmann，Karen Petry. 2013. Comparative Sport Development – Systems，Participation and Public Policy. Springer.

② Kirstin Hallmann，Karen Petry. 2013. Comparative Sport Development – Systems，Participation and Public Policy. Springer.

③ Ministry of Education，Culture，Sports，Science and Technology（MEXT）.（2012）. The sport basic plan – activating Japan through sport！MEXT. Japan：Office for Sport Policy Planning.

曼彻斯特城俱乐部老板投资横滨水手俱乐部，原因如下：日本是世界上最大的经济体之一，因此其潜在的俱乐部赞助商数量巨大。“城市足球集团（City Football Group）历来着眼于全球市场，而横滨水手俱乐部是日本J联赛里最有投资吸引力的俱乐部。一方面，横滨市是日本人口第二多的城市，位于东京的正南边，拥有无数的球迷。另一方面，日产公司是其控股公司。目前，日产公司正在努力通过足球赞助来增加销售（自2014/15赛季，日产公司取代福特公司成为欧洲冠军杯联赛的赞助商），交易的结果是日产公司成为城市足球集团的全球赞助商。”“根据日本目前的规定，外国投资者不能持有J联赛俱乐部超过49%的股份，但是如果成立一个日本公司，那么该规则可以改变。所以短期内该规则很难改变。在欧洲，我们可以看到外国投资者的运作往往是在一个相对全球化的商业环境，但在日本，事情以非常日本的方式在进行。”①

## 小　结

在各国体育政策中，国外专门通过税收政策支持促进体育消费的文献及政策不是很多。这大概是因为，市场经济成熟发达的国家政府遵从税收“中性”原则。与促进体育消费相关的内容集中于“大众参与性体育”部分，甚少涉及高水平竞技体育。而且，对于体育消费，政策一方面侧重从供给侧的角度，从公共产品生产的角度增加对体育设施建设的投资，增加对体育组织的投资，从而为大众参与体育消费提供良好的环境（体育公共服务本质上是个人体育消费的互补品，政府在这些方面的投资实际上降低了体育消费互补品的价格）；另一方面则是在财政政

① Anthony Alyce. June, 2015. “J－League clubs budget is between 30 and 50 million USD”. https：//www. ecofoot. fr/interview－iriondo－j－league/.

策方面，从税收上给予个人、企业，以及体育组织以减免，从而降低私人体育服务和产品消费的价格。

各国政策的制定和实施因其具体背景的不同而呈现差异化。本文希望可以为促进我国体育消费提供经验，对制定适合我国国情的相关政策带来启示。在本文研究分析的国家中，美国、德国有涉及体育场馆建设和大规模翻新方面的政策，加拿大出台了税收抵扣政策。英国、澳大利亚、爱尔兰三国的体育政策，是要扩大“体育”的外延，将“身体活动”容纳进来，特别是在越来越多“有组织的体育”被“非组织化的体育”代替的趋势下（澳大利亚政府提出“碎片化”体育的概念）。

财税政策对促进体育消费发展有独特的作用，但其支持是有限的，不是解决任何问题的灵丹妙药。有了来自基础建设、人才培育、管理等方面的供给，一些减免税政策措施才能得以发挥效果，否则，将难以自续。我国现行税收政策涉及了一些体育消费的政策。但是，只有使体育服务业税收优惠政策到位，税目明确，税率合理，优惠方式和环节得当，才可以促进体育消费可持续发展。提升体育消费需要各管理部门配合出台涉及金融、税务、财政等多个方面的政策，也可以在全国开设体育消费试点城市，鼓励地方、企业创新手段等。

在操作层面，要和卫生、健康等国家政府机关合作实施如何使全民都能进行身体活动的计划，比如体育设施的多种建设途径。与身体活动相关的主要运动形式有：慢跑、健步走、游泳（针对游泳项目，三国体育政策都有相应的专题）和自行车。展开这类活动，需要跨部门的合作，包括健康、体育、旅游、环境、自然资源与交通等国家政府部门，制订相关的实施计划。大众参与性体育活动要有针对多个群体的多个计划，比如针对老年群体的、针对女性的、针对残疾人的。对于儿童来说，除了学校的体育课程之外，要有意识地鼓励儿童与父母共同参与体育活动。所以，活动计划要有针对性，而且以家庭为单位的青少年体育活动和体育竞赛，往往具有较强的联动消费效应。户外运动也是政策予以关注的地方，特别是英国的体育政策，强调要利用国家公园、自然景观作为大众进行身体活动的最佳场所。一方面，要使公园具备进行身体活动的可能性，要注意步行和骑行道路的设计和施工；另一方面，则要鼓励户外探险、钓鱼、登山、越野、山地车等户外运动，这些运动的消费关联性比较强，对经济的贡献率也比较高。当然这些政策的实施一方面需要多个部门的合作，另一方面也需要专业性团体对大众参与者进行专业和相关安全知识的培训。对于体育竞赛表演业，鼓励地方政府申办国际性大型体育赛事，中央政府将通过多个渠道予以支持。举办这类活动既可以推动当地经济的发展，并培养大量的专业人才，同时也可以促进当地大众参与体育的热情。中央政府鼓励地方举办全国或地方性体育赛事，也能起到上述效果，同时鼓励地方政府举办具有参与性的全国或地方体育赛事，可以带动当地经济的发展。

# 第十章

# 夯实创新制造基础　助力体育产业发展

## ——大力推进体育用品制造业创新发展

樊　烨

体育用品制造业一般是指提供用于体育运动各项产品的产业。新中国成立初期，我国工业基础薄弱，体育运动水平落后，体育用品制造业主要分布于上海、天津、广东等少数省市，企业经营规模小、生产工艺落后，产品种类少、质量差，以自产自销为主。20 世纪 80 年代初，随着经济特区的建立和“三来一补”加工贸易型产业的快速发展，外资和私营体育用品制造企业依托劳动力、原材料、土地等生产要素成本优势和“政策高地”，很快打破了传统的国有企业垄断的经营局面，获得了快速发展。2001 年我国加入世贸组织以后，特别是随着 2008 年北京奥运会、2010 年亚运会等世界级体育赛事的成功举办，一些国产品牌的运动服装和器材开始在国内外大赛中崭露头角。

目前，我国已成为世界上最大的体育用品制造国，也是全球能够独立生产体育用品种类最多的国家。截至 2018 年，我国体育用品制造业规模以上企业 1 105 家，总数达 400 万家（2016 年数据），主要分布于广东、上海、江苏、福建、浙江。其中，福建晋江、广东东莞和浙江慈溪主要以生产运动鞋类为主；运动服装主要集中在福建石狮、广东中山、浙江海宁；三大球主要集中在上海、天津和浙江奉化、富阳；体育器材主要集中在山东淄博、江苏南京、浙江宁波、山东威海和青岛。

## 2018 年体育用品制造业发展情况

长期以来，我国将体育用品制造业理解为轻工、纺织等主要制造业部门的组织部分，同国际通行概念有较大差别。联合国颁布的《国际标准行业分类（ISIC Rev 4.0）》[①] 提出，“体育用品”涵盖了使用任何材料制作的体育及运动用品（服装鞋靴除外），包括室内外体育用品及设备制造，球类（硬球、软球、充气球）、球拍、棒球用具，滑雪板、滑雪鞋靴及相关用具，钓鱼运动相关用品，帆船以及冲浪板，打猎登山用品，运动手套和帽类，弓弩等射箭用品，冰鞋、轮滑鞋，体操场馆、田径以及健身相关用品等。美国使用的北美产业分类体系（NAICS）和标准产业分类（SIC）没有单独提出体育用品制造业的定义和分类，但一般认为同运动相关的所有产业都可称为体育用品制造业。运动主要包括以下六种：极限运动、健身、个人运动、室内运动、户外运动和竞技体育。体育用品制造业主要产业分为装备、服装和鞋[②]三类。

2015 年，我国国家统计局发布了《国家体育产业统计分类》，建立了体育产业统计体系，并与《国民经济行业分类》（GB/T 4754--2011）建立了对应关系。其中，“体育用品及相关产品制造”作为一个大类，包括体育用品制造、体育服装鞋帽制造、体育游艺娱乐用品设备制造和其他体育用品及相关产品制造 4 项。2019 年 4 月，国家统计局对体育产业统计体系进行了修订，发布了《体育产业统计分类（2019）》，将“体育用品及相关产品制造”作为体育产业的 11 大类之一进行统计，并同《国民经济行业分类》（GB/T 4754—2017）建立了衔接。2019 年版的“体育用品及相关产品制造”包含 4 个中类，即体育用品及器材制

---

① ISIC Rev. 4, https://unstats.un.org/unsd/cr/registry/isic-4.asp.

② Richard A. Lipsey, 2006, The Sporting Goods Industry, McFarland & Company Inc., Publishers.

造、运动车船及航空运动器材制造、体育用品相关材料制造、体育相关用品和设备制造。“体育用品及相关产品销售、出租与贸易代理”也作为体育产业11大类之一单独统计。

目前，国家统计局尚未发布“体育用品及相关产品制造”的具体数据，下文将主要采用《国民经济行业分类》中，轻工行业中的体育用品制造业数据分析2018年行业发展情况。由于统计制度规定的口径调整、统计执法增强、剔除重复数据、企业改革剥离等因素影响，除工业增加值增速外（国家统计局公布同比值），2018年体育用品制造业规模以上企业（年主营业务收入2 000万元及以上企业）的主营业务收入、利润总额、出口交货值等指标无法同以前年度进行对比。因此，我们将仅分析2018年体育用品制造业发展情况。

从主营业务收入来看，2018年体育用品制造行业规模以上企业完成主营业务收入1 250.59亿元，年增长率9.87%。其中，专项体育器材及配件制造累计完成主营业务收入404.17亿元（占32.32%）；健身器材制造完成333.7亿元（占26.68%）；其他体育用品制造完成232.43亿元（占18.59%）；球类制造完成146.65亿元（占11.73%）；运动防护用具制造完成133.65亿元（占10.69%）。从增速来看，其中：专项体育器材及配件制造和健身器材制造业营收增速领先，分别同比增长16.1%和12%；球类制造业该年主营业务收入同比下降3.6%。

从利润额来看，2018年体育用品制造累计完成利润总额78.58亿元，大幅增长27.49%。5个子行业中，专项体育器材及配件制造累计完成利润总额32.97亿元（占41.96%）；健身器材制造完成15.18亿元（占19.32%）；其他体育用品制造完成14.74亿元（占18.76%）；球类制造完成9.5亿元（占12.09%）；运动防护用具制造完成6.19亿元（占7.87%）。从增速来看，除球类制造外的4个小行业该年利润均实现高速增长，其中运动防护用具制造和健身器材制造利润分别增长

64.9%和40.1%；专项体育器材及配件制造和其他体育用品制造业利润分别增长25%和26.4%；球类制造利润同比增长5.6%。

从利润率来看，2018年体育用品制造业利润率6.28%，较2017年提高0.86个百分点，低于轻工行业平均利润率0.28个百分点。5个子行业中，专项体育器材及配件制造主营业务收入利润率为8.16%，较2017年提高0.58个百分点；球类制造主营业务收入利润率为6.48%，较2017年提高0.56个百分点；其他体育用品制造主营业务收入利润率为6.34%，较2017年提高0.88个百分点；运动防护用具制造主营业务收入利润率为4.63%，较2017年提高1.67个百分点；健身器材制造主营业务收入利润率为4.55%，较2017年提高0.91个百分点。

从进出口情况看，2018年，体育用品制造业完成出口交货值548.90亿元，同比增长6.97%，高于轻工业平均增速1.47个百分点。5个子行业中，专项体育器材及配件制造累计完成出口交货值160.03亿元（占29.16%）；健身器材制造完成144.77亿元（占26.38%）；其他体育用品制造完成102.66亿元（占18.7%）；运动防护用具制造完成71.98亿元（占13.11%）；球类制造完成69.44亿元（占12.65%）。除球类制造外，5个子行业出口交货值均实现增长，其中健身器材和其他体育用品制造出口交货值分别增长11.8%和18.3%，专项体育器材及配件制造和运动防护用具制造分别小幅增长5.2%和2.6%；球类制造出口交货值同比下降7%。

总体来看，2018年体育用品制造业发展形势基本稳定，利润增长加快，盈利能力提高，出口交货值实现稳定增长。但也应注意工业生产者出厂价格中原材料价格同比上涨6.3%，特别是与轻工业相关的多种生产资料及原材料购进价格增幅较大（如燃料动力类生产资料增长7.1%，黑色金属材料类增长6.1%，木材及纸浆类增长5.4%），而轻工产品的出厂价格保持不变或涨幅有限和滞后（一般日用品出厂价格同比上涨 1.0%，耐用消费品出厂价格同比下降 0.2%），企业发展存在隐忧。此外，2018 年出口交货值增长存在为中美贸易摩擦提前备货因素，2019 年外贸情况仍需引起关注。

## 体育用品制造业发展面临的机遇与挑战

### 行业特点

总体来看，除涉及体育车船、材料、设备制造等子行业外，体育用品制造业同一般轻工或纺织业较为相似，但也具有一些自身的突出特点。

一是随着运动类型变化不断更替。作为服务和应用于体育运动的工业产品，体育用品制造业一直反映体育运动的自身特点，并随着体育运动的变化而剧烈变化，而消费者对于不同体育运动的偏好则随着文化和时尚潮流的变化不断改变。近几年，我国大众体育运动也发生了极大变化，一些青少年非常喜爱和追捧极限运动，成年人则开始热衷于去健身房。根据市场调研公司 IBIS World 的报告，2013—2018 年，中国健身行业年均增长 10.4%，2018 年市场规模达 70 亿美元，而仅有 1% 的中国人是健身房俱乐部会员，美国的这一数字约为 15%。一些传统意义上的西方运动开始在中国流行，如越来越多参加户外运动的“驴友”，以及悄然兴起的各种马术、橄榄球等运动俱乐部。二是具有明显的季节和地域特征。不光雪上运动和冰上运动具有明显的季节和地域性，水上运动、足球、橄榄球等也对季节和场地具有较高要求。体育场馆等硬件条件的改善，也可以极大推动相关体育用品的销售。一般来说，运动服装和鞋类受季节性和地域影响较小。三是历史和文化特性影响。乒乓球和羽毛球最大的市场在东亚，而美国最大的体育器械门类是户外运动器械，其中销售额最高的是狩猎用枪。

产品创新侧重对已有技术的转化和应用。作为利润较低、市场规模较小的行业，体育用品制造业企业很少自行开展基础性或原创性创新，主要通过应用新材料、新生产技术等，开发新产品、提高生产效率。同时，由于大部分消费者相信通过应用新材料、新技术生产的新型运动器械、运动服装等，能够带来成绩的提高（有些可能只是成绩提高的原因之一），新款产品的出现往往是推动销量上升、行业发展的主要动力。

专业运动员（队）影响大。一方面，专业运动员是重要的消费者和创新来源。运动员对体育用品的可靠性和强度等要求较高，购买的体育用品与普通消费者购买的相比，具有较大差异。比如一般消费者很少接触的体育药品，其消费者主要都是专业运动员。同时，作为最了解体育运动的人，运动员自身也是行业创新的主要来源，大量的新产品、新设计正是源于运动员的亲身感受。很多体育用品品牌的创建者也都是专业运动员。另一方面，运动员（队）的许可、代言和赞助构成了体育用品制造业独特的营销模式。这主要是由于体育用品同体育运动存在直接（可视化）而密切的联系，即任何运动、运动员、运动队都需要使用体育用品，任何赛事的图像和视频资料，都会出现体育用品，这也是体育用品制造业同其他制造业最显著的区别。企业可以通过许可、代言和赞助等营销手段增强产品可信度和增加曝光率，进而扩大生产和销售，推动企业发展。

国际化程度高。中美分别作为最大的体育用品生产国和最大的体育产业国家，在体育用品制造业上具有很强的互补性。美国体育用品制造企业一般没有生产环节，主要从事品牌、销售和售后服务。根据美国的行业统计，从国际贸易来看，美国80%的体育用品是进口的，其中绝大部分来源于中国；从就业来看，美国75%～80%的体育用品制造业从业人员从事销售或产业链物流，20%～25%从事生产相关工作。在美国生产的产品种类相对集中，主要是木质棒球棍、田径胶带等使用者在美国的定制化产品。

## 机遇与挑战

首先，智能制造、大数据、云计算、人工智能等新科技改变产业发展格局。近年来，全球科技创新进程明显加快，一方面，随着大数据、云计算等技术广泛应用并与制造业深入融合，传统的劳动密集型企业技术水平不断提升，企业生产效率、产品质量等逐步提升，生产成本相对下降，进而推动产业组织结构和布局逐步调整。另一方面，以人工智能等为代表的互联网技术和创新思维冲击传统企业管理和经营方式，为增强消费洞察力、更好地贴近消费者，电商已经成为企业销售的主要渠道，也推动企业开始向设计研发和智能服务延伸，企业经营方式和利润来源发生显著变化。

**例：智能工厂**

运动服装、运动鞋制造是传统的劳动密集型产业。近年来，为满足消费者本地化、个性化的定制需求，缩短供应链时间，阿迪达斯先后在德国和美国建设了名为 SpeedFactory 的全新自动化工厂。通过数字镜像、3D 分析、奔跑实验、数据互动等手段，SpeedFactory 可以通过对消费者足部的 3D 扫描建模，打印出鞋的模型，从而实现运动鞋的个性化定制，并将过去一双鞋子从打造原型到上架的 18 个月，缩短为一周甚至一天。2018 年，SpeedFactory 获得了德国创新奖。

智能工厂的尝试也不是一帆风顺的。2015 年，耐克宣布跟电子代工厂伟创力联盟，在墨西哥建设全自动的制鞋工厂，并于 2016 年投产。但 2018 年底，由于生产成本居高不下，产品良品率较低，企业无法实现商用化运营，该厂被迫关闭。此外，目前来看，智能化工厂还无法实现全自动生产。仍以 SpeedFactory 为例，其缝制、绷帮等关键环节依然需要手工完成，产品也仅限于跑鞋（射出成型）的生产，欧美对制造业回归的理想还无法实现。

其次，体育门类扩展和消费下沉进一步拓展企业增长空间。近年来，随着棒球、橄榄球、马术等国际体育运动进入中国并逐步普及、城市马拉松等大众化体育活动的快速发展，以及体育消费专业化程度的不断加深，体育用品的门类不断扩展、用途进一步细分，高质量、高附加值的产品不断涌现。例如为支持我国冰雪产业发展，满足2022年冬奥会需求，工业和信息化部、国家体育总局在2017年签订了《关于推动体育设施设备和器材装备产业发展的合作协议》，推动成立了中国冰雪产业联盟。同时，由于我国人口众多、城乡差异较大和东中西部发展不平衡，农村地区对中低档体育用品的消费逐步形成新的需求，为我国体育用品制造业提供了新的市场空间。

**例：可穿戴体育用品**

可穿戴设备是指直接穿在身上，或是整合到用户的衣服或配件的一种便携式设备。由于其可以很方便地通过数据交互、云端交互，帮助用户随时感知和监测自身生理状况与周边环境状况，因此逐渐在体育领域获得了广泛应用。

一般认为，现代意义上最初的可穿戴体育用品是2006年耐克和苹果联合推出的Nike + iPod。这一产品包含一个装在鞋底的微型计速传感器，通过和随身携带的iPod Nano或iPod Touch 2互相通信，进行工作。连上iTunes，还能查阅曾经步行或跑步的历史记录。2009年，Fitbit公司推出了首款个人便携式可穿戴健康设备Fitbit Tracker。2011年，Jawbone公司推出up健身腕带，可以追踪睡眠、运动、饮食状况等数据，并与手机相关联。2014年，苹果推出了智能手表Apple Watch。我国最初的可穿戴体育用品是由新兴互联网公司生产的。2014年，小米公司发布了小米手环1；2015年，华为在西班牙移动通信大会上展示了自主研发的智能手表HUWEI WATCH。

根据IDC数据，2018年全球可穿戴设备（包括非体育用品）出货量达到1.722亿台，苹果、小米、华为位列前三。从国内市场来看，2018年可穿戴设备市场出货量为7 321万台，同比增长28.5%，前五大厂商分别是小米、华为、苹果、步步高和奇虎360。预计到2023年，我国市场出货量将达到1.2亿台，手表、手环、耳机仍将是最受欢迎的产品。

随着芯片、传感器等电子元件价格下降，以及被动Wi－Fi供电等技术出现，未来的运动服、鞋都有可能通过数字方式连接到云上。现有的智能运动鞋可以分为两类，一种是通过植入芯片、传感器等实现数据交互，提高运动效果。例如美国公司Scribe Labs（创始人是美国奥林匹克训练中心的成员）开发的跑步可穿戴设备runScribe Plus，通过两个安装在鞋跟或鞋带上的感应器，可以在任意运动鞋上提供跑步者的步速、接触时间和脚型等数据，并生成运动员表现的3D视图。韩国公司Salted Venture开发的运动鞋IOFIT，可以帮助用户分析和纠正用户的高尔夫挥杆动作。小米开发的米家运动鞋，采用了英特尔（Intel Curie）基于夸克SE系统的芯片（米动智芯2），可以记录日常步数、里程、消耗等数据，同时计算并记录跑步过程中前掌着地、触地时长和腾空比例等更专业的运动数据。另一种是通过植入反应器，提高运动舒适度。如耐克正在研发的第二代自系鞋带鞋（电动适应反应系带）技术，使鞋更加适应足部轮廓。法国Digitsole设计了带舌状鞋套的鞋子，这种鞋套可以关闭并收紧脚部。从运动服装来看，加拿大Hexoskin公司研发的运动背心（智能可穿戴生理监测服）充电后可连续使用14小时，可以测量心率、呼吸、流汗等指标。

此外，训练用机器人、打印运动监测纹身、神经刺激等技术的发展，也为可穿戴体育用品的发展提供了广阔空间。

再次，国际合作前景依然广阔。尽管当前单边主义、保护主义、逆全球化趋势抬头，中美贸易摩擦等给体育用品制造业的发展，特别是出口带来重大挑战，但是从长远来看，全球化和更广泛的互联互通仍是发展趋势。一方面，在进出口关税和劳动力成本上升的推动下，大量的体育用品制造企业开始赴东南亚、印度、非洲等地建厂，以服装、制鞋为主的产能向海外转移呈现加速态势；另一方面，行业龙头企业重点在欧洲、北美、澳洲、日本等发达国家和地区，通过并购和投资来掌控产业链两端的原料资源、设计研发资源、品牌资源和市场渠道资源，向价值链高端延伸。随着“一带一路”倡议的深入推进，全球基础设施的互联互通日益增强，体育用品制造企业也逐步进入沿线市场。

## 政策导向

长期以来，由于体育用品对国家安全、人民群众生命财产影响较小，行业工业增加值占 GDP 比重较低，其规制和管理同其他一般轻工和服装行业基本相同，有关部门主要从安全、质量、环保角度出发，制定和引导企业执行相关生产工艺、技术、产品和环保标准。比如大部分体育用品需满足《产品质量法》《消费者权益保护法》《产品标注标识规定》等法律法规的要求，运动服装还需满足纺织品 WTO《纺织品与服装协议》和《纺织品出口临时管理办法》。

从推动行业发展的角度来看，除最近出台的推动冰雪装备产业发展的相关政策措施外，我国基本没有出台专门的推动体育用品制造业发展的产业政策。相关具体举措分散在推动体育、轻工等产业发展的综合性政策中，从规划、意见、标准等方面为企业发展提供相关指导。如《国务院关于加快发展体育产业促进体育消费的若干意见》（国发〔2014〕46 号）提出，要实现体育用品制造与销售等体育产业各门类协同发展，鼓励大型体育用品制造企业加大研发投入，充分挖掘品牌价值。扶持一批具有市场潜力的中小企业，积极支持体育用品制造业创新发展，采用新工艺、新材料、新技术，提升传统体育用品的质量水平，提高产品科技含量等；《工业和信息化部关于促进文教体育用品行业升级发展的指导意见》（工信部消费〔2016〕401 号）提出，要加快开发绿色、智能、健康的多功能中高端产品，支持骨干企业加快智能室内健身器材、休闲运动器材、钓具等产品的开发和市场推广，推进个性化定制等新型制造模式的发展等。2019 年 6 月发布的《冰雪装备器材产业发展行动计划（2019—2022 年）》，从总体要求、重点任务、保障措施三方面，为加快培育发展冰雪装备产业提供了战略目标和支持政策。

总体来看，推动体育制造业高质量发展，要坚持自主创新，鼓励骨干企业聚集优势资源，重点攻关关键共性技术；要加强示范应用推广，通过试点先行激发各方积极性，增强消费市场活力；要强化标准引领，鼓励行业协会、龙头企业、高等院校、科研机构等联合制定团体标准、行业标准和国家标准，积极参与国际标准制（修）订工作；要深化国际合作，支持企业积极开展技术、标准、检测认证、知识产权等国际交流，鼓励国外企业来华开展研发设计、生产制造、综合服务等投资合作。

（一）增强基础创新能力。一是构筑以企业为主体的创新机制。鼓励企业牵头建立关键领域创新联合体，推动构建市场需求导向的技术开发生态。鼓励探索多种技术创新路线，支持体系化产业创新活动。二是推动创新平台集聚发展。遵循创新区域高度集聚规律，引导高水平创新向北京、上海以及大湾区等地的科技创新中心、综合性国家科学技术中心等创新高地适度集中。三是加速科技成果转移转化。引入职业运动员、技术经理人全程参与科技成果转化，鼓励高校、科研院所以订单方式参与企业技术攻关。搭建科技服务协作网络，推动建设市场化、专业化技术转移转化机构，充分发挥科技服务中介在促进科研成果转化方面的重要作用。四是加强创新创业示范平台建设。依托国家双创示范基地和双创特色载体，建设一批公共技术服务、创业实训、成果转化、试验生产、数据共享等支撑平台。

（二）推动商业模式和产品创新。一是加强数字化基础设施建设。探索政府数据资源、互联网平台企业、体育产业企业数据资源支撑创新创业的具体举措，支持构建体育领域规范化数据开放利用的场景，培育体育产业新业态和新模式。结合体育消费新业态的不同特点，根据专业运动员和普通消费者的不同需求，建设体育器材生产设计软件开发与新材料、新工艺、新产品创新平台。二是积极拓宽增长空间。动态调整医保药品目录，推动医疗信息资源共享，以创新药和新型医疗器械的审批与推广模式创新等加速运动健康产业发展。三是支持企业增加科研经费投入。鼓励体育用品制造企业主动加大科技创新投入力度，建立稳定的科研投入增长机制，设立相应的科技创新管理制度。四是重点突破开发一批关键装备器材。支持企业开发可穿戴式运动设备、运动健身指导技术装备、运动功能饮料、营养保健食品药品等新型产品，结合健康养老产业发展需求，加强老年健身和康复器材等产品的开发。围绕 2022 年北京冬奥会需求，加快开发冬季项目运动竞赛装备、智能训练系统、辅助训练装备、办赛装备、维护保障装备等，结合大众冰雪运动需求，提升冰场雪场装备和大众普及型装备供给能力，促进冰雪消费市场发展。

（三）持续提升企业制造能力。一是加快体育用品制造业的数字化转型和智能化改造。支持企业应用工业互联网和工业大数据，引导企业“上云用数”，提升生产技术和管理水平。构建多元化供应链体系，完善风险评估和防范机制。加快发展基于“互联网 +”的协同制造、个性化定制等制造新模式。二是不断提升产品质量。鼓励企业采用新工艺、新材料、新技术，提升传统体育用品的质量水平；积极推动企业创新发展，提高产品科技含量。三是加强标准体系和检验检测机构建设。积极开展国际对标，鼓励企业主导和参与国际标准、国家标准和制（修）

订。加强与国际先进水平检验检测和认证机构合作，支持重点地区和企业开展体育用品检验检测和评价研究。四是加强品牌培育。支持和引导体育用品制造企业增强品牌意识，加强品牌管理、强化品牌宣传推广和延伸拓展。鼓励优势企业加强国际化品牌运营能力建设，培育一批能够代表中国形象的优质品牌形象和企业。

（四）不断优化产业结构。一是做强做大龙头企业。鼓励通过跨地区、跨领域兼并重组，培育一批技术创新能力强、综合实力过硬的体育用品制造企业，支持企业构建全球性的研发、生产和经营体系，积极参与国际竞争。二是促进大中小企业融通发展。推动产业链关键环节补链及相关配套环节能力建设，逐步构建大中小企业融合发展的新兴产业发展集群。加快培育专精特新“小巨人”企业和制造业单项冠军企业。三是大力发展特色产业园区。以龙头企业为引领，以产业链深入融合为纽带，支持和引导重点园区加快集聚产业、不断提升研发设计、生产制造和现代服务的水平。

（五）大力加强国际合作。一是扩大高水平对外开放。鼓励国外先进企业在华设立设计研发、生产制造、综合服务基地。积极向国际奥委会及各单项赛事国际组织等推介我国体育用品，扩大国际应用领域。二是加强国际贸易和产能合作。鼓励国内体育制造业企业抱团出海，积极开拓国际市场。深化与“一带一路”沿线国家的经贸合作，搭建产品出口与产能合作平台，支持体育用品制造业企业在相关国家建立产品分销中心和境外原料与产品加工基地。结合行业发展现状，完善多边贸易规则。研究优化现有贸易规则，减少贸易摩擦。

（六）加大政策保障力度。一是创新财政支持方式。引导地方和社会资本加大创新投入，将研发投入作为地方政府和国有企业的重要绩效考核指标，鼓励企业和个人设立科学基金或科学奖项。加大对创新体育产品的采购力度，完善由国家出资或支持的重大体育基础设施等的招标采购办法，运用政府采购首套、订购政策积极支持体育用品制造业发展。二是畅通金融支持途径。支持利用大数据等信息化手段，解决信用信息不对称等问题。三是加快人才培养培育。加大校企合作力度，鼓励和支持前沿交叉学科发展。加快培育创新型技术领军人才、复合型专业人才、高水平经营管理人才和紧缺技术技能人才。大力培育工匠精神。四是加强营商环境建设。进一步提升政府服务水平，推进“简政放权”，优化新业态新模式的监管机制。

# 第十一章

# 促进电子体育行业健康发展和扩大消费的政策研究

杨越 王睿

“电子体育”是信息时代人类体育行为的一种演化，是以电子游戏内容为载体，借助电子交互技术和硬件工具实现人与人之间竞技比赛的竞技体育活动。在经历了国际奥委会确认、技术手段突破、社会各界热议的洗礼后，电子体育产业已经从1998年开始的第一轮产业周期进入第二轮产业浪潮，世界电子体育产业的重心也转移到中国。鉴于电子体育在青年人群中的巨大影响力，电子体育已经成为未来我国科技、经济、社会、体育、文化政策制定中无法回避甚至必须高度重视的产业形态。未来电子体育会朝哪个方向发展？采取什么样的政策才能保证它的健康发展以及进一步扩大电子体育消费？本文将就此进行探索。

## 电子体育发展态势和存在问题

### 电子体育正在成为世界性体育文化现象

电子体育（Electronic Sports）是进入21世纪以来快速崛起的世界性文化现象，吸引了大量参与者与观赏者，其主体是青少年。在多种因素作用下，这一文化形态正在风靡世界，产生极为广泛而深刻的社会影响。

2017 年 10 月 28 日，在瑞士洛桑举行的国际奥委会第六届峰会上，国际奥委会同意将电子体育视为一项“运动”。国际奥委会官方声明是这样表述的：在世界各国青年人群中，“电子体育”表现出强劲的增长势头，可为奥林匹克运动提供平台。竞争性质的“电子体育”可被视作一项体育运动，参与者需要进行各项准备以及训练，强度与传统运动中的运动员相当。这一决定的公布，加速了电子体育运动由普通娱乐项目向正式体育项目发展的速度。在 2018 年雅加达亚运会上，电子体育被列为表演赛项目。

从国内情况看，2003 年 11 月，国家体育总局正式批准，将电子竞技列为第 99 个正式体育竞赛项目。2008 年，国家体育总局将电子竞技改批为第 78 号正式体育竞赛项目。目前世界范围内电子竞技项目的参与和观看人群基数庞大，增长速度很快，已经超过很多传统体育项目，引起各国体育组织的重视和思考。作为竞赛项目，电子竞技产业既有与传统体育赛事类似的特征，如赛事经济、职业化发展等，也有很多行业独特之处，如 IP 经济、线上与线下融合发展等。从国际趋势看，电子体育运动正在获得越来越多国际组织的认可和重视，人们对电子体育运动的科学认识正在逐步加深，电子体育规范发展的时机已经成熟。

## 电子体育已经从网络游戏中独立出来， 成为引人注目的体育赛事

首先，电子体育行为模式已经不同于网络游戏。电子体育从网络电子游戏而来，又独立于传统网络电子游戏。社会上对电子体育的一个重要误解是混淆了电子体育行为与网络游戏行为。虽然电子体育的内容大多数来自网游，但电子体育与网络游戏相比具有更明显的体育特征：第一，功能性质不同。网络游戏的功能是娱乐加社交，电子体育的功能是运动加比赛，网络游戏主要是在虚拟的世界中以沉浸式体验为目的的虚拟角色扮演游戏活动，而电子体育则是在信息技术营造的虚拟环境中，

借助电子手段实现人与人之间智力和体力的对抗。第二，游戏规则不同。电子体育虽然也是游戏，但有明确统一的比赛规则，无论是职业选手参加的正规比赛还是普通玩家娱乐时间的游戏比赛，都要遵守时间、回合、技术、行为等一整套限制规则。第三，追求的精神境界不同。电子体育比赛是运动员之间秉承公正公平的体育精神的竞赛，通过人与人之间的智力和体力对抗，以决出输赢为精神追求，而网络游戏主要是人机之间或人与人之间的交流互动，以虚拟空间中的多样化自我满足感为精神追求。第四，技术要求不同。电子体育运动员需要专业的系统训练、技术储备和运动天赋，普通人难以胜任，这一点随着电子体育职业化的深入已经非常明显。

其次，电子体育产业的构成不同于网络游戏产业。电子体育和网络游戏的最大不同是，电子体育产业是围绕电子体育赛事传播产生的产业，而传统网游是围绕游戏版权和游戏时间产生的产业。电子体育产业的主体是电子体育赛事传播（包括线上与线下），电子体育用户是以观众而不是玩家的角色参与电子体育产业，这一点与篮球、足球等赛事产业没有区别。当前的电子体育产业链，已经远远超出一般网络游戏的范围，属于职业体育范畴（见表 11. 1）。

表 11. 1　电子体育产业的组成和结构

| 电子体育产业链 | 电子体育收入 | 收入比例（%） |
|---|---|---|
| 电子体育核心 | 俱乐部收益 | 18. 9 |
| | 联盟版权收益 | 11. 6 |
| | 选手收入 | 6. 9 |
| | 赛事赞助 | 7. 1 |
| | 内容制作 | 7. 4 |
| | 直播平台 | 23. 5 |
| | 场地配套 | 10. 9 |

（续　表）

| 电子体育产业链 | 电子体育收入 | 收入比例（%） |
|---|---|---|
| 电子体育衍生 | 经纪公司 | 5.2 |
| | 主播解说 | 5.3 |
| | 电子体育教育 | 3.2 |

资料来源：根据艾瑞咨询《2017 年电子体育生态研究》调查数据整理。

最后，电子体育的增长速度比网络游戏更快，大有赶超之势。数据显示，2018 年中国电子体育市场规模同比增长高达 34%，市场规模首次超过端游，达到整个游戏市场的 30%。无论从增量还是存量角度看，当前代表性电子体育游戏产业价值创造都远远超过原有网络游戏本身。随着移动竞技游戏的增速放缓以及个人计算机（PC）竞技游戏的触顶，中国电竞市场的未来增长主要来源于电竞生态市场。而赛事商业化的强力推动将会进一步提升电竞生态扩张，为行业增长提供持久续航。

综上所述，当前电子体育已经从网络游戏中独立出来，形成了独特的体育化发展方向，具备了竞技体育的基本特征。从第四次经济普查统计分类看，体育产业分类中新增了电子体育产业的相关统计，主要包含“互联网游戏服务”中的电子体育游戏服务业、“体育竞赛表演业”中的电子体育表演业、“互联网信息服务”中的电子体育直播服务、“数字出版物”中的电子体育出版业、“娱乐业”中的电子体育场所服务业等，电子体育产业是以上这些产业的合集。

## 电子体育产业的影响已经不容忽视

从产业角度看，扎根于广大青年人群的电子体育产业已经对我国经济、社会管理政策提出了新的机遇和挑战。

首先，电子体育产业潜力较大，社会关注度极高。2018 年我国电子体育产业规模将达到 400 多亿元，电子体育用户规模将达到 2.6 亿人，根据艾瑞咨询发布的《2019年中国电子竞技行业研究报告》推测，2020年电子体育用户规模可能增长到4.3亿人。可以说，电子体育产业无论是市场规模还是用户数量都远远超过很多传统体育项目，并且未来仍有较大增长空间。

其次，电子体育对传统体育产业造成巨大冲击。根据我们2017年的调查，国内16~25岁的青年人群平均花费33%的闲暇时间用于电子体育和其他网络游戏活动，在某些深度游戏人群中，甚至占据了其90%以上的空闲时间，挤压和替代了大量传统体育活动的时间。不仅中国如此，在以美国、德国为代表的传统体育产业发达国家，电子体育产业也已经对传统以电视为主要转播媒介的体育项目的观众人数、门票销售、有效转播时间造成了巨大冲击。美国市场研究公司 Frank N. Magid Associates 的研究显示，美国的电子体育观众人数近年来持续走高，2015—2017年增长幅度超过200%。与此同时，传统体育项目在大学生中的关注度却下降了15%，两者之间存在直接的此消彼长关系。对此，连一向瞧不起电子体育的娱乐与体育电视节目电视网（ESPN）也在2016年成立了专门的大型电子体育报道团队，以NBA为代表的美国职业体育联盟甚至直接投资组建了自己的电子体育部门。这些产业活动的目的就是通过电子体育抓住年轻人群的流量入口和注意力，力图重新掌握面向年轻人群的体育话语权。当前，如何面对电子体育对传统体育项目的挑战、如何因势利导地借助电子体育重新把青少年吸引回传统体育上来，已经成为摆在各国体育管理者面前的突出问题。

最后，电子体育产业的科技含量越来越高。从目前全球科技发展趋势来看，主要国家都在围绕人工智能、5G、新一代芯片等高科技展开激烈竞争。在技术投入越来越大、技术与消费关系越来越紧密的今天，科技成果能否迅速转化为实际社会需求，已经成为各国高科技产业能否持续发展的关键。从现状看，各种新技术最先落地的应用都不约而同地选择了电子体育产品。以目前最热门的人工智能科技为例，2017 年 7 月，我国政府发布了《新一代人工智能发展规划》，确立了以人工智能技术为代表的中国高新科技发展战略。同年 11 月，韩国首尔世宗大学举办的星际争霸 AI 对抗赛，人类星际选手 Stork 通过四场连胜将 AI 杀得溃不成军，击败了人工智能，为人类赢得荣耀，还获得了 500 万韩元奖金，这一结果同棋类项目中人类屡屡败北的局面形成鲜明对比，引发了国际和国内人工智能研究者的持续关注和研究热潮。研究者普遍认为：人类在电子体育比赛中的胜利不能说是巧合，它有着深刻的技术含义，跟传统的"智力游戏项目"（棋牌类为代表）相比，电子体育竞技更能展示出人类的创造性思维，展示出人类能力的多变性、可能性和复杂性，是人工智能技术的终极目标和对手。一个有趣的现象是，当前谷歌、微软等国际高科技领军企业都纷纷把人工智能开发的首选挑战聚焦在电子体育的人机对抗项目当中，并投入了最优秀的团队。不仅仅是人工智能技术，其他前沿科学技术，如区块链技术、大数据技术、量子通信技术、新型可视化技术、体感技术等等，都不约而同地选择了电子体育作为其首要应用。电子体育已经成为目前人类前沿科技的最大试验场和最直接的应用载体。

## 电子体育对青少年的不利影响需要正视和深入分析

"孩子容易沉迷电子游戏"一直是近 20 年来的社会焦点话题。在通信技术越来越发达、游戏端口越来越方便、游戏种类越来越丰富的今天，这一问题正在变得更加严重。电子体育脱胎于网络游戏，而且其受众面更广、对青少年的吸引力更强，也因此不可避免地会影响到青少年。这种负面影响可以分为两个层面，主要负面影响来自电子体育的母体——网络游戏，同时电子体育产业自身发展中也出现了一些新的问题，对此我们应该区别对待。

### 电子体育与传统网络游戏的共性问题：青少年健康、社会心理负面影响

首先是青少年健康问题。网络游戏（包括其中的电子体育游戏）对青少年健康的生活方式造成了巨大障碍。比如，对中小学生而言，国际上通行的标准是每天娱乐性屏幕时间不超过 2 小时，电子体育玩家无论是自己玩游戏还是网上看游戏直播，都会大大增加青少年的娱乐性屏幕时间，从而强化其不健康的坐姿和生活方式。根据我们 2017 年的调查，国内 16 ~ 25 岁青年人群平均花费 33% 的闲暇时间用于电子体育和其他网络游戏活动，这必然占用青少年参加其他体育活动的时间。虽然我国管理部门陆续出台了《网络游戏防沉迷系统开发标准》《网络游戏防沉迷系统实名认证方案》等管制措施，并且大部分有职业操守的游戏开发商也研制开发了一些防沉迷设置，但不可否认的是，目前未成年人接触电子游戏的年龄更加提前、接触游戏的方式更加难以测控、玩游戏或者看游戏的时间长、游戏兴趣难以转移等仍然是目前家长们最头疼的健康问题之一。

其次是青少年社会心理影响问题。电子体育游戏与网络游戏一样，会给青少年带来逃避现实、空虚，甚至暴力倾向等心理问题。考虑到电子体育游戏和电子体育直播明星在广大青少年人群中的巨大关注度，电子体育赛事传播过程中出现的消沉、沉迷、低俗、拜金、作弊等等不良游戏行为都会给广大青少年带来负面的影响，预防和阻止这些负面影响已经迫在眉睫。

### 电子体育产业化发展中出现的独特的负面问题

首先，电子体育职业化中出现运动员低龄、运动寿命短的问题。我们通过对国内电子体育俱乐部初步调查发现，目前国内大部分职业电子体育选手到 20 多岁就退役，运动周期极短，且缺乏后续保障。电子体

育职业选手每周最低 50 小时的高强度训练经常会导致体力透支、神经疲劳，甚至出现局部使用兴奋剂的案例，造成了恶劣的社会影响。这些问题的出现都说明目前电子体育行业的管理和规范程度仍有待提高，对运动员的保护和安置需要引起全社会的重视。

其次，电子体育赛事中出现违反体育道德的问题。当前电子体育行业中出现了收入畸形、攀比、主播与运动员收入倒挂、做选手不如做主播、为了获取点击量不惜开挂作弊等一系列违反体育精神和体育规律的社会问题，并且呈现愈演愈烈的趋势。从根源上，这些问题的出现既有平台经济中付费模式转型的经济原因，更有行业内部缺乏体育教育、缺乏社会监督的社会管理问题。这些问题的出现，不仅影响了行业本身的健康发展，更向广大青少年灌输了不良的价值观、道德观，这同样需要引起我们的重视和警惕。

## 电子体育行业管理政策仍需完善

当前，如何克服电子体育对青少年健康生活方式的负面影响，改善电子体育产业中存在的突出社会问题，发挥电子体育对经济增长、科技进步、体育文化教育的正面影响，已经成为摆在各国体育管理者面前的重要命题。然而，从实际情况看，当前我国电子体育产业管理仍存在比较严重的缺位问题。

首先，当前涉及我国电子体育行业管理的部门众多，力量分散，管理分工仍不明确。各部门出台的政策多为迫于当时社会舆论而做出的应急性政策，政策的连续性、导向性和有效性均不理想。

其次，电子体育的行业管理政策制定一直缺乏有效的理论支撑，对电子体育管理政策的研究力度仍然薄弱。

最后，不得不说的是，目前国内学术界对电子体育的关注度普遍不高。由于电子体育脱胎于网络游戏，长期处于社会舆论压力之下，因此学术界对这一给青年人带来巨大影响的行业往往采取回避态度，与美国、韩国等电子体育产业发达国家形成了较为明显的差距。

## 电子体育产业发展的重要意义

### 扩大电子体育消费是国家科技创新的重要抓手

#### 电子体育是科技创新最亲密的伙伴

电子体育是技术特征极强的产业。每一次信息技术的升级换代都会对电子体育产业带来一次洗牌和跨越，这是电子体育产业区别于其他娱乐产业的最突出特征。

回顾电子体育从诞生到今天的发展历史，电子体育和电子体育产业的发展第一取决于技术革命，第二取决于商业模式变革，而商业模式变革的依托其实依然是技术。比如移动技术决定了电子体育平台收费模式的可能性，信息技术革命带来了电子体育产业不断演化出如网络直播、网咖等花样不断的新产业链。

电子体育与科技两者之间互为因果，相互促进。每一次重大科技革命，都会带来电子体育端口的变革和提升，从而诞生新一批主流游戏和赛事，比如，局域网技术的普及催生了星际争霸、反恐精英等竞技比赛的火爆；4G 的普及催生了王者荣耀、绝地求生等手机端游戏。我们认为，未来 5G 的大规模商用必将带来新一代电子体育游戏端口和内容的更新换代。从另一方面看，历史上每一次重要的电子体育游戏上市或者版本的升级也都肯定会引发大批玩家更新自己的电脑、手机、外设等游戏装备，比如，火爆的绝地求生对硬件要求较高，已经让过去若干年逐渐衰落的网吧再次人满为患，变成了由新一代硬件设备打造的“网咖”，成为深受青年人欢迎的休闲娱乐模式和场所。与其他传统体育、文化、娱乐业等技术敏感度不高的传统服务业相比，电子体育是与现代科学技术创新和应用如影随形的最亲密伙伴。

**电子体育消费是信息消费的重要组成部分，是实现国家科技创新的重要抓手**

党的十九大报告提出，创新是引领发展的第一动力，是建设现代化经济体系的战略支撑。要从维护国家长远战略意义的高度认识科技工作的重要性。

从对电子体育科技含量的分析中，我们看到，电子体育不仅是新技术的试验田，更是能将各种新技术以最快速度转化为消费的新型信息消费行为。

信息消费的基础是信息科技创新，每一次科技大革命或者颠覆性科技创新，都会带来信息消费升级或者信息消费方式的革命，比如智能手机、互联网、4G、人工智能等。

鼓励电子体育，就是鼓励通过社会消费加大对全社会科技创新的投入，消化单一国家对科技投入的风险，消费者买单或者积极消费都是鼓励科技创新的一种最有效的市场化方式。电子体育消费的意义就在这里，它在青年中的影响力大、消费潜力大、科技转化效果显著，是消化创新风险、鼓励全社会科技创新的重要抓手，也是新时代新出现的重要新型信息消费产业，从长远看意义重大。

## 电子体育消费可以成为扩大体育消费的“新动能”

电子体育由于其便利性、经济性、高娱乐性，大量占用了青年人群参与传统体育项目的时间，这是对传统体育极大的挑战，必须进行有效引导。同时，我们也要看到电子体育的技术发展趋势和电子体育本身的传播可能会为传统体育带来的新机遇。

首先，从传播学角度看，人们在观赏奥运会时往往不仅限于自己最喜欢的个别项目，而是会延伸到其他更多的项目上。这种注意力的外溢效果对今天的奥林匹克运动有着重要的现实意义。将电子体育引入奥运会可以让更多的年轻人重新关注奥运会本身，提高奥运会在年青一代中的影响力和关注度，增加青年人群对奥运会和奥林匹克精神的体验和热爱，重新认识身体活动的重要意义和传统体育项目的价值，有利于在新的技术环境中继承和发扬奥林匹克精神与文化。

其次，电子体育项目中的一个大类，就是体育类游戏，体育类游戏是传统体育项目电子化的载体和重要的宣传手段。在我们前期的调研中，我们注意到当前西方体育强国都已经开始强调发挥电子体育对传统体育项目的文化普及、技能储备和实际运用中的积极作用。

再次，从技术发展趋势看，在虚拟现实技术（VR）、增强现实（AR）以及可穿戴技术日趋成熟的今天，电子体育的活跃端口也有突破的趋势，尤其是在未来5G技术大规模应用之后，未来电子体育很可能向“大运动量身体活动”的方向转变，成为家庭场景的体育消费端口。“让游戏者站起来”的倡导已经成为国际主流游戏开发者的新思路。当然，目前这类游戏受成本和技术的约束，正处于发展的初期阶段，政府和产业规划部门可以密切关注并在恰当时期给予支持。

最后，从学校体育角度看，电子体育蕴含的场景内容更容易为青年学生所接受，电子体育催生的一系列互联网技术手段更灵活方便，因此电子体育也有潜力成为传统体育教学的重要辅助工具和延伸手段。

## 电子体育产业是我国争夺国际体育话语权的重要突破口

第一，电子体育作为一种新型体育运动方式，本身也具有独特的文化传承。尤其对我国而言，虽然我们是电子体育消费大国，拥有世界上规模最大的玩家人数，但电子体育的文化主导权仍然缺失，大多数主流电子体育的知识产权依然掌握在别人手里。这提示我们有必要研究电子体育的文化基础问题。我们注意到，电子体育除了具有体育竞技的共性特征外，也有来自不同文化的个性特征。比如 2017 年以来最新的电子体育项目荒野求生（吃鸡游戏），它是以美国作家苏珊·柯林斯的饥饿游戏为蓝本改编的。我国游戏公司虽然也逐渐开发出王者荣耀这样带有民族文化特征的电子体育游戏，但其中混乱历史人物的做法也引起了较大的争论。我们还注意到，与传统体育项目不同的是，电子体育项目本身的生命周期很短，但玩法相对固定，如即时战略类、射击类、多人战术类、体育类等等，每种玩法的游戏其实都是传承了历史上的一些经典游戏，形成了基于电子游戏独有的文化传承与文化内核的滚动发展模式。因此，学术界对电子体育这种文化的分类和文化架构的研究也十分必要。

第二，更重要的是，中国本土电子体育文化建设是未来我国依托中国崛起之势，树立中国电子体育国际体育话语权的重要一步。

长期以来，国际体育仍处于以奥运会为代表的大多数传统体育项目来自西方文化的格局。作为体育强国，中国体育不仅要有维护体育秩序的责任，更应该有制定规则的实力。在中国全面崛起的同时，我国的国际体育话语权也有必要与中国的经济话语权、政治话语权相匹配。

当今世界，中国的崛起是不争的事实。在“十三五”期间，我国经济仍保持着中高速增长，经济总量稳居世界第二，对世界经济增长的贡献率超过 30%。另外，当前我国网民数量世界第一，互联网 + 的应用和普及程度位居世界前列，电子体育产业规模世界第一，增长速度领先全球，已经有实力引领世界电子体育潮流。

因此，在外部条件占优势地位的情况下，在以电子体育为代表的新型体育形态已经被国际奥委会和越来越多体育组织接纳和重视的背景下，在发达国家高技术巨头企业纷纷进入电子体育市场争夺话语权的今天，我们有必要从现在起就从战略高度重视培养本土的电子体育企业和电子体育文化，抓住当前电子体育产业二次浪潮的历史性机遇，从电子体育游戏项目开发、国际赛事的项目选择、国际电子体育赛事的规则制定这三个方面牢牢把握住未来电子体育国际体育项目的话语权。

## 电子体育负面问题及解决手段

事实上包括电子体育在内的互联网经济在很多方面已经超出传统经济学可以有效解释的范围，对类似经济现象的分析需要理论创新和实践的证明。比如，当前国内经济学界正在热烈讨论的“高度联通社会中的资源重组与服务业增长理论”就是针对互联网经济学问题提出的新理论体系，我们尝试在此理论基础上，根据电子体育产业的特点，提出如下解决办法。

首先，经济的手段。从电子体育产品的经济分析中，我们看到，电子体育产业生产者和消费者的诉求落脚点不同，虽然交易本身是公平的，交易双方都没有错误，但消费者承担的额外损失肯定存在，而且这种损失经过时间的积累，对青少年的健康、心理的影响是长期而巨大的，是一种明显的负外部效应。因此从经济政策的角度看，需要在电子体育产业中设立某种消费者补偿机制，但这种机制应该是市场化的，而不是以往那种以市场失灵为大旗的政府直接干预（几十年来国内外电子体育发展的事实证明，那种基于对生产者道德评价标准而出台的干预和管制只会干扰市场，引发更大的争议，而且实际执行中也难以长期奏效）。为了构建这种补偿机制，我们建议从流量的产权界定出发，针对不同年龄层的青少年玩家给出不同的产权定价。基本思路是玩家的年龄越小、游戏时间越多、身体活动越少，那么其流量价格应该越高。只有建立在流量产权明晰基础上的差别定价，才能够最恰当地把生产者和消费者重新联通起来，在不影响市场运行的基础上，将电子体育产业的负面影响降到最低和可控的范围。

其次，法律的手段。当前我们的任务并不是因为电子体育产业出现了负面问题就要彻底放弃这个产业。而是，既要保障电子体育产业的健康发展，同时又要顾及社会负面问题的发生。类似的情况其实在互联网经济中的其他领域也同样存在。比如在保护隐私和大数据产业发展过程中，就存在同样的两难选择问题。而国外的经验是必须用法律手段对此加以约束。比如 2015 年 12 月 5 日，欧盟委员会通过了《一般数据保护条例》（General Data Protection Regulation，简写为 GDPR），以法规的形式确定了对个人数据的保护和监管方式，其中包括数据所有者的个人数据删除权。这是目前阶段互联网经济中最引人注目的一项法律。同样的思路在未来也可以引入对电子体育产业的法律建设中来。

最后，职业体育的手段。电子体育的国际发展经验教训告诉我们，电子体育运动之所以能够逐渐脱离网络游戏走上独立发展的道路，其中的核心就是电子体育的职业化和体育化。只有将电子体育产业作为职业体育来发展，才能发挥体育的教育功能，弘扬体育精神，同时也才能更好地克服电子体育游戏本身存在的网络游戏通病。从韩国电子体育的发展经验看，职业化发展到一定程度，玩家将会把更多时间用于观看赛事转播、传播体育文化、从事公益活动等健康的电子体育方式上。从 2017 年 Newzoo 的统计结果看，目前全球观看流媒体视频游戏的人中已有 42% 自己不再经常玩游戏，而仅仅是作为观众和爱好者参与其中，这与足球、篮球等传统体育项目没有什么不同。即使在最流行的电子体育游戏，如英雄联盟、反恐精英、DOTA2 三大游戏中，也有 23% 的观众仅观看比赛而自己并不玩游戏，剩余观众中的大部分只是轻度玩家，只有 12% 的观众属于重度游戏者。这种影响在其他娱乐活动中均属正常比例。更可喜的是，当前国内电子体育产业已经出现了由线上向线下拓展的发展良性趋势，我们相信，未来会有更多的玩家逐渐从电脑前走出来，参与到电子体育线下的综合赛事娱乐活动当中。当前电子体育负面影响中的个性问题，如职业选手的低龄、运动寿命短、保护不足的问题，是其他职业体育项目发展过程中均可能出现的普遍问题，可以通过借鉴其他传统职业体育的发展模式，如建立职业联盟运动员委员会、出台行业管理条例等体育手段，进一步规范。

总之，电子体育的职业化、体育化良性发展才是解决电子体育负面影响的最终途径。这既是电子体育产业自身的发展规律，也是未来电子体育产业行业监管的突破口。这方面政府部门尤其是体育部门有充分的经验可寻，可以发挥更大的作用。

## 电子体育的问题与未来发展方向

### 科技与商业模式是决定体育生产方式的根本性原因

自古希腊雅典奥运会以来，体育作为人类文明的重要表达形式，已经经过了漫长的发展历史，其间经历了古希腊时期的原始奥运会、顾拜旦时期的现代奥林匹克运动、尤伯罗斯时期的体育商业化三个重要节点。通过回顾体育发展历史可以清楚地看到，生产力与生产关系（或者说科技和商业模式）是决定体育生产方式的根本性原因。

今天，随着互联互通的科技路径和流量化管理商业模式的演进，体育又一次面临新阶段的挑战。这种崭新的科技与商业模式，决定了扩大体育消费的方向“之一”是：“借助互联互通技术和流量商业模式”，打通体育核心价值（包括身体层面与精神层面）向家庭、向青年人群的传递路径，夺回家庭娱乐端口，构建家庭体育消费新场景，重塑以家庭和闲暇为核心的体育新业态。

在这个过程当中，电子体育可以成为打开这一通路的有效载体。电子体育不仅是现代体育的重要组成部分，而且可以成为具有独特战略意义的新型产业。

### 当前我国电子体育市场正处于快速发展阶段，但仍面临诸多问题

第一，电子体育行业面临的问题，如移动和PC端口导致玩家久坐缺乏身体运动，青少年社会问题（包括上述的共性与个性两方面的负面问题），缺乏社会认可和正面政策引导。

第二，电子体育行业内部面临的问题，如技术端口限制，体育价值观传递不充分，科研与教育落后，游戏公司IP垄断妨碍行业创新，俱乐部发展后劲不足，行业组织模式仍在摸索阶段，行业监管缺失。

### 结论

从国际经验和国内科技动态趋势看，我们认为：未来三年电子体育消费升级的推动力是“科技进步”+“政策引导”+“国际化”。

## 扩大电子体育消费的重点方向与政策建议

扩大电子体育消费的根本目的是要实现激发以家庭为核心的体育增量消费，目前国内与电子竞技产业关系最密切的是互联网行业、体育用品行业和电子竞技俱乐部。因此，这三个行业也构成了未来扩大电子体育消费的政策重点。

**互联网行业** 在当前互联网与体育产业融合的过程中，对体育产业而言，互联网仍只是外在的传播和扩大社交的手段，而对互联网企业而言，体育只是一个外在的可用IP，两者尚未形成内在价值的统一，甚至两种价值体系之间有时存在对立（比如当前电子体育青年消费群体中存在的大量游戏内作弊、外挂等严重违背体育价值观的行为，说明在互联网高度自由的行为空间中，青少年尚未形成自觉的体育观）。如果给予电子体育一种体育的认可，并且借助电子体育的产品带入，更有效地

把传统体育已经形成的优秀价值观（包括身体和精神两个层面）更直接地传导给新生代年轻人和他们的家庭，则有可能实现互联网文化与体育文化内在的统一，并促进互联网与体育更深层次的融合。

**体育用品业** 一方面，从经济学角度看，互联网的介入提高了体育服务业整体效率，但同时必然降低传统服务业的价格，因此第二产业中的高端制造业有望获得更高的投资收益。另一方面，从体育角度看，传统体育赛事关注度持续下降并不妨碍广大年轻人对体育价值的不断追求，只是其实现方式要求更高，更加个性化。在这样的背景下，作为与科技端口最直接相关的用品业，如果能够抓住电子科技应用的新机遇，则会产生独特的先发技术优势。当前国际体育用品巨头纷纷布局虚拟、可穿戴、可视化、体感等与电子体育密切相关的新兴领域，甚至直接参与电子体育研发。那么对中国企业而言，以中国普通家庭为目标，借助电子体育手段实现新型家庭级体育消费场景创新，很可能会成为中国体育用品业的又一次历史性机遇。

**电子竞技俱乐部** 俱乐部是电子体育消费内容的主要生产者，是行业的根基。游戏内容会变，选手会更迭，但好的俱乐部品牌不会变，俱乐部才是职业体育的中流砥柱和促进消费的发动机。目前国内电子竞技俱乐部无论是竞赛成绩、社会影响、经营模式都已经具备了一定基础，尤其是居于头部市场地位的俱乐部对青年人群的感召力巨大。但从另一方面，从电子竞技运动的微观主体——俱乐部的角度看，与发达国家相比，我国电子竞技俱乐部面对的制度环境仍不完善，比如长期缺乏统一的管理部门、统一的行业标准和有针对性的配套政策。与此同时，当前电竞行业内部正面临着很多自身难以克服的问题，如游戏公司 IP 垄断问题、人才引进的恶性竞争问题、青少年正确引导问题、缺乏长期资本投入问题等。因此，我们认为，电子竞技和其他体育竞技项目一样需要逐步建立一个更加专业化的组织和管理机制，尤其是急需建立统一的国家级电子竞技行业协会，来指导和加强电子竞技行业的管理与规范。从政策角度看，规范、扶持和促进电子竞技俱乐部发展，是政策层面最必要也最有效的切入点。

## 政策建议

1. 组织机构：组建统一的全国电子体育行业协会；设立统一的电子体育项目管理委员会与运动员委员会；设立统一的国际协调与沟通组织；设立专项研究机构。

2. 产业引导：针对上面三个重点行业，给予产业引导资金、财税政策、放松管制的政策引导。（1）鼓励人工智能、体感技术等高科技制造业在电子体育行业的研发与应用；（2）鼓励举办不同层级的电子体育赛事；（3）扶持电子竞技俱乐部健康发展，如选手工资、转会费的税收优惠政策、高规格赛事奖励政策、退役选手保障补贴政策；（4）鼓励运动康复等体育科技在电子体育行业的推广与应用；（5）鼓励与传统体育项目相结合的体育类电子游戏开发；（6）鼓励以反沉迷为导向的电子体育教育产业发展；（7）放开电子体育赛事电视转播限制；（8）放松国际电竞运动员签证限制 。

3. 政策法规：（1）抓紧制定统一的电子体育项目标准、场馆标准等行业标准；（2）根据不同游戏类别制定项目管理条例；（3）制定运动员资格认证、选拔、参赛与退役保障等法律法规。

4. 行业监管：抓紧研制国家级电子体育项目防沉迷系统、电子体育项目未成年保护系统、电竞游戏分级系统、舆论监督系统、搭建行业监管的国际协同平台。

## 参考文献

［1］任海．身体素养：一个统领当代体育改革与发展的理念［J］．体育科学，2018（3）．

[2] 江小涓．高度联通社会中的资源重组与服务业增长[J]．经济研究，2017（3）．

[3] 李力研．野蛮的文明［M］．北京：中国社会出版社，1998.

[4] 杨越．新时代电子竞技和电子竞技产业研究［J］．新华文摘（转载版），2018（17）．

[5] 杨越．日本“GNC”发展战略的内涵与启示［J］．经济管理，2005（5）．

[6] 杨越．《我国体育产业三次全国经济普查的调查研究》［J］．体育科学，2015（11）．

[7] 国家发展改革委员会．2017 中国体育发展消费报告［R］．（2018－03－24）．

[8] 骆秉全．北京市不同家庭类型体育消费特征研究［J］．体育科学，2008，28（11）：22－29.

[9] 沈蕾．网络消费行为研究脉络梳理与网络消费决策双轨模型构建［J］．外国经济与管理，2014，36（8）：19－25.

[10] 申浦．城镇居民个体特征与体育消费动机相关定量分析［J］．武汉体育学院学报，2013，47（2）：52－56.

# 第十二章

# 网络与数字时代的体育消费

刘佳昊

本章从体育产业供给侧改革的角度出发，通过对互联网和数字技术在体育产业中的应用情况梳理，总结了新的网络数字技术将在专业赛事、体育制造业、体育传播、创造新项目和新商业模式等几方面提升体育产业供给体系质量，增加供给能力，从而为体育消费结构升级奠定基础条件。文章也指出了网络和数字技术会直接从需求侧对体育消费产生影响，出现消费结构优化、场景增加、范围扩大等新特点。同时列出目前新技术应用存在的若干问题。最后指出扩大网络和数字技术应用深度和应用范围，是推动体育产业转型升级、促进体育消费增长的重要途径，政府也应从顶层设计、社会参与、基础设施、数据共享、法律法规、人才培养等几方面着手，充分发挥网络和数字技术对体育产业发展的带动作用。

## 引　言

网络和数字技术的发展，引起了社会资源广泛的聚合重组，网络与数字技术不仅作为技术要素促进了生产率的提升，还作为一种经济发展模式和思维方式塑造了经济社会形态。网络和数字技术的广泛应用，会对生产效率、市场结构、产业组织、商业模式等多个方面产生影响。

我国网络和数字技术发展速度较快，2018 年，我国数字经济体量为 29.91 万亿元，较 2017 年同期上升 12.02%，占 GDP 比重为 33.22%。① 同时，我国体育产业在快速发展，体育消费动力强劲。2017 年全国体育产业增加值 7 811 亿元，产业增加值占同期 GDP 的比重达 0.94%，其中直接与公众体育消费相关的体育竞赛表演活动、体育健身休闲活动增长突出，与 2016 年相比增长速度分别达到 39.2% 和 47.5%。② 网络和数字技术与体育产业的结合必将产生发展合力，将从两个层面对体育消费产生极大的影响和改变。

首先是网络数字技术促进了体育产业供给侧改革。党的十九大报告指出，如何进一步深化供给侧结构性改革，补齐短板，增加市场有效供给，不断满足城乡居民日益增长的消费需求，推动居民消费结构升级，是我们当前和今后一个时期面临的主要任务。数字技术的广泛应用和互联网的平台效应与规模经济在体育竞赛表演、体育装备制造、体育传播等方面提高了生产效率和供给质量，优化了供给结构，为体育消费需求的满足和消费结构的升级提供了有力保障。

其次是网络数字技术对消费者的消费层次、消费形态、消费方式和消费行为等方面都产生了趋势性影响。相关报告数据显示，我国消费互联网发展已达到国际领先水平，在消费端的衣、食、住、行等生活场景方面，中国的数字化程度已经赶超美国。③ 互联网平台和新技术打造了更为多元化的消费场景，拓宽了消费者的选择范围，塑造了新的消费理念，对体育消费需求的扩大产生了直接的推动作用。

本文将按照以上思路，从供给侧变化对消费升级的促进以及对体育

---

① 腾讯研究院《数字中国指数报告 2019》。

② 国家统计局网站，http://www.stats.gov.cn/tjsj/zxfb/201901/t20190108_1643790.html。

③ 波士顿咨询公司、阿里研究院、百度发展研究中心，《中国互联网经济白皮书 2.0　解读中国互联网新篇章：迈向产业融合》。

消费的直接改变两方面出发，分析研究网络和数字技术对体育消费的影响，并讨论网络数字技术在体育产业实际应用过程中面临的问题，提出相关政策建议。

## 网络数字技术提升体育供给

从供给侧的技术应用层面考虑，网络和数字技术与体育产业结合的方式分为以下几类（参见表12.1）。

### 体育信息处理系统

（1）体育信息的感知与采集：对赛事相关信息进行实时感知和采集，包括运动会高清摄像、运动捕捉、计时记分系统等赛事信息采集技术，快速搜集确认比赛信息、发布竞赛结果；也包括通过搜集赛场信息对裁判工作进行辅助，如网球赛场上对“鹰眼”技术的利用，足球篮球赛场上的电子裁判等。

（2）体育信息的控制与显示：体育场馆的智能管理系统、智慧控制系统等可对信息优化管理、指挥体育组织及其活动运行状态；体育场馆的LED显示设备、4K等数字显示技术可同步展示体育运动成绩、活动画面等。

（3）数据信息的网络传播：最新的通信技术以及互联网平台可以快速响应，对体育信息和数据进行速度更快、范围更广的数字传播。

### 体育技术辅助系统

（1）运动训练辅助指导：应用信息库和数学建模技术储存、管理体育数据，深度挖掘、分析、揭示体育活动规律，为教练指导运动训练活动或一般运动者健身指导服务进行辅助。

（2）智能运动辅助装备：应用数字技术开发运动服装、健身器材等，如应用人体模型系统开发新型运动服装，实现对人体运动的辅助和矫正。

（3）体育科研数字辅助：应用数字技术辅助体育科研活动等，如应用运动捕捉系统研究专项运动规律，开发运动训练辅助系统及相关设备等。

## 运动现实模拟系统

（1）数字虚拟场景：应用数字仿真技术虚拟现实运动场地、设施、器材、活动状态、相关自然环境等，提高参与者的兴趣，如数字健身自行车、数字划船机等。

（2）数字虚拟建模：应用虚拟仿真技术展示运动过程、设计合理动作等，如应用于蹦床运动训练编排设计的"三维人体运动仿真系统"。

（3）整系统数字化：数字化虚拟运动实现了运动主体、服装鞋帽、装备器材、运动场地以及相关活动的内容、方式、规则、裁判、结果等全系统的数字化采集、虚拟显示甚至自动控制。人成了场外消耗心智的操控者，而不再是传统运动场上的实践者，如体育游戏、电子竞技等。

表 12.1　当下前沿科技在体育产业的应用现状

| 科技类别 | 应用成熟度 | 应用案例 | 备注 |
| --- | --- | --- | --- |
| 体育 + 大数据 | ★★★★ | 1. 职业运动员表现、健康数据<br>2. 球队战术决策分析<br>3. 体育博彩<br>4. 个人健康数据分析 | Fitbit 公司的健身追踪器将健身数据（包括饮食记录、卡路里的摄入和消耗情况）、是否完成了健身目标等信息记录下来，然后上传至多个健身社交网站上，这些网站对这些数据进行分析、管理，就像贴身的健康专家制订合理的健身减肥计划一样。 |

（续　表）

| 科技类别 | 应用成熟度 | 应用案例 | 备注 |
|---|---|---|---|
| 体育＋云业务 | ★★★★ | 1. 健身 SaaS 系统/解决方案<br>2. 票务 SaaS 系统服务 | SaaS 是 Software-as-a-service（软件即服务）。SaaS 提供商为企业搭建信息化所需要的所有网络基础设施及软件、硬件运作平台，并负责所有前期的实施、后期的维护等一系列服务，企业无须购买软硬件、建设机房、招聘 IT 人员即可通过互联网使用信息系统。 |
| 体育＋互联网 | ★★★★ | 健身 App | Keep、咕咚等健身 App。 |
| 体育＋物联网 | ★★★ | 卡塔尔 2022 年世界杯智慧场馆 | 卡塔尔世界杯智慧场馆能够克服中东高温干燥的气候，通过传感器感测场馆各个角落的温度、湿度状况，利用智能空调系统，为赛场各区域调节提供最适宜的温度、湿度、日照等环境参数。 |
| 体育＋人工智能 | ★★ | 1. 运动表现平台，追踪、提升、预测运动员表现和伤病状态<br>2. 比赛报道/集锦视频的自动生成<br>3. 人工智能运动员 | 马拉松转播中，能为每位跑者提供个性化视频集锦。 |
| 体育＋VR/AR | ★★ | 1. VR 转播/VR 直播<br>2. VR＋体育＋电竞模式 | Verizon 公司对第 52 届超级碗的 VR 直播。 |

资料来源：根据网络资料整理。

以上各类网络和数字技术的应用，会对体育产业的供给质量优化、供给效率提升等方面产生诸多影响。

## 助力专业体育比赛

数字化手段正在广泛应用于专业的体育赛事，在赛事数据监测记录、电子技术辅助裁判、智慧赛事支持和智慧场馆建设等层面全方位地提升赛事精彩度和观众体验感，其实质是体育竞赛表演“产品”质量的提升。

在赛事监测记录方面，索尼公司开发了用于赛事记录和分析的“全景体育信息与决策系统”，这套系统具备了八大功能：全景画面、4K视频录制、事件标记、自定义视频、编辑讲解、自动剪切、战术指导工具、导出分享。该系统可以实现对整场比赛或训练过程中的任意细节的捕捉与录制，支持赛事事件打点记录功能，以供后期分析使用；利用视频资源，教练可以通过简单直观的教学手段，快速提升队员的战术理解和团队配合能力，帮助团队赢得比赛。①

电子裁判技术目前广泛应用于足球、篮球、网球等各类赛事中。最为典型的应用就是2018年夏天的俄罗斯世界杯，该届世界杯首次引入了视频助理裁判（VAR）技术，这是一种视频监测手段，可以协助主裁判对比赛进行监督和判罚。电子裁判更少受到人为因素干扰，可有效避免“上帝之手”等不公平的判罚出现，也使幕后交易和黑哨情况很难生存，提高了赛事的公正性和整体质量。

目前国内多个马拉松赛事已进行了智慧化升级，其中2018年湖北潜江返湾湖湿地国际马拉松赛是智慧赛事的典型案例。本次赛事共布设了303个摄像头、56个一键报警柱、40个IP广播，为参赛选手提供了10 000块智能腕表，为医护人员提供了22副VR智能眼镜，人工智能识

① 投影之窗，https：//baijiahao.baidu.com/s？id=1612669157359337784&wfr=spider&for=pc。

别、健康数据全程跟踪等物联网技术深度应用。使用这些技术，视频监控、紧急救护报警数据和卫星定位图随时监控运动员的安全健康；场外观众可通过移动端观看跑者的实时参赛视频；总指挥部可对安保、医疗、交通等进行科学调度。①

智慧场馆是体育产业发展的新方向，它代表着最先进的网络信息化技术与场馆经营实际应用的结合。一般来讲，智慧场馆的实现可以简单分类为以下五个部分：运营系统、票务接口、市场开发、观众体验和后勤保障（参见表12.2）。运营系统是通过数字化场馆运营系统实现场馆能源消耗、排水通风、设备监控报损、人力资源调度等系统的线上管理和优化配置，实现潜在风险与成本控制的识别和预测，缩短了场馆管理者的决策时间，提升了决策质量。票务接口的本质是更便捷智能的身份识别，它既是对智慧场馆硬件指标的要求，也是探索开发既有消费者市场的重要入口。市场开发是线上与线下策略的结合，场馆通过搭建或优化场馆网站、社交媒体账号、客户端、CRM系统（电话营销与电邮营销系统），在合适的时间节点引入第三方营销咨询服务商，有效地利用既有观众数据。观众体验既包括场馆网络覆盖与高清回放等“硬服务”，也包括为观众提供个性化餐饮与特许商品销售的“软服务”。后勤保障则包括安保、交通、停车、紧急情况疏散等等，这一领域与现阶段数字应用技术契合度较高，普及程度也较高。②

表12.2　典型智慧场馆类App的五大功能

| 功能 | 内容 |
|---|---|
| 信息功能 | 场馆App的基础功能；赛会活动日程；场馆相关信息与资讯 |
| 社交功能 | 社交媒体外的双向沟通重要渠道；线上社区；互动游戏（预测比分/问答竞赛）；问题咨询与顾客服务；线上球迷俱乐部；线上直播（评论/弹幕/社交媒体分享） |

① 楚天都市报，http：//baijiahao.baidu.com/s？id＝1598512856204246334&wfr＝spider&for＝pc。
② 体育大生意，http：//baijiahao.baidu.com/s？id＝1598495154306692382&wfr＝spider&for＝pc。

（续　表）

| 功能 | 内容 |
|---|---|
| 观赛服务功能 | 提升球迷现场观赛体验；移动电子票，增加安全性与便捷性；支付停车费用；帮助球迷寻找座位、卫生间、餐厅、汽车；提供路线决策支持最短路径离开/进入体育场馆；卫生间等待时间与就近线路规划；座上点餐与手机点餐自取服务；多机位精彩镜头回放；赛场内互动（灯光秀/有奖竞答）；提供其他类通知（紧急情况/天气预警） |
| 商业功能 | 挖掘消费者潜在消费需求，并提供便利服务获取渠道；包括但不限于门票购买；线上商店；合作推广；赞助商权益激活；广告 |
| 数据分析功能 | 通过场馆 App，可以以较低的成本获得更多有价值的数据信息：App 使用信息；位置信息；球迷授权的文字、声音、图像；关联社交媒体信息；球迷人口细分与画像；球迷消费行为偏好与潜在需求等等。大量的信息在商业分析技术的支持下，可以帮助球队调整商业战略，推广与沟通方案，为球迷提供更加个性化、品质化的观赛体验 |

资料来源：http：//baijiahao. baidu. com/s？ id = 1598495154306692382&wfr = spider&for = pc。

## 赋能体育装备制造

目前我国的体育装备制造商大多属于传统的劳动密集型企业，还存在着价值链低端锁定、产品科技含量不高、企业利润率较低、新业态新模式支撑能力弱等问题。[①] 通过增强工厂智能互联、信息整合、数据决策以及人机协作的技术能力，提升关键工序数控化比例，提高企业“上云率”，可以进一步优化生产工艺、提升生产效率，使生产过程自动化、决策过程智能化，从而促进产业组织结构和布局逐步调整，推动制造环节发生重大改变。

另外，通过数字技术赋能，企业可生产更多智能装备，如手表、手环、眼镜、服饰等可穿戴智能设备，满足消费者的多样化需求。伴随着

① 樊烨．体育用品制造业：中国体育用品制造业的发展及国际经验比较．［A］//江小涓等．体育产业的经济学分析．［M］北京：中信出版社，2018.

高曲度屏、低功耗处理器、柔性薄膜电池、快速充电技术等硬件技术的成熟，安卓、iOS 等生态系统的完善以及数据采集、大数据分析和云服务等辅助技术的快速发展，可穿戴智能设备在今天变得更加普及。[①] 根据互联网数据中心（IDC）数据，至2022 年，全球可穿戴智能设备的出货量将达 1. 899 亿部。[②] 可穿戴智能设备主要应用在户外运动健身和医疗保健两大领域，在前者是以轻量化的手表、手环、配饰为主要形式，实现运动或户外数据如心率、步频、气压、潜水深度、海拔等指标的监测、分析与服务。这些智能设备可以实时感知人体运动的生物学等信息，及时、准确判断人体活动状态，并在此基础上应用信息库和数学建模技术管理，利用体育数据，深度挖掘、分析、揭示人体的体育活动规律，在大量数据基础上形成更为科学的人体运动能耗规律和运动辅导建议。穿戴设备的智能化使体育装备与体育服务密切联系在一起，并形成集硬件制造销售、系统平台与应用开发、大数据及相关服务、广告及其他增值服务于一体的产业链闭环。

### 改变体育传播方式

网络数字的运用，使体育传播的效率、方式产生了极大的改变。这首先表现为体育赛事观众可以突破地理空间限制，实现总量“爆炸性”增长。在过去。体育赛事只能面向赛场内观众，其服务的人群范围极其有限，即使全球最大的平壤五一体育场，也只能同时容纳 15 万人，无法与赛事直播动辄上亿的观众相比。根据国际足球联合会的统计，仅法国、克罗地亚、俄罗斯、巴西、德国和美国这几国，通过电视和网络直

---

① 刘旷，https：//baijiahao. baidu. com/s? id = 1613997694998977669&wfr = spider&for = pc。

② Aaron Pressman，赵嘉怡 . 2022 年穿戴智能设备出货量将达 1. 899 亿部［J］. 中外管理，2019（02）：18.

播收看2018年俄罗斯世界杯决赛的人数就达到了1.2047亿[①]，网络电视平台低边际成本的特点产生了极为可观的传播规模。

其次，与传统媒体不同，互联网时代的体育新闻传播呈现传播信息多元化、传播时间自由化、传播过程互动化、传播形式全通道等鲜明特点。“互联网+”可以利用信息与数据挖掘等技术将场内外信息汇集到网络直播平台，通过直播、球迷房间等新型互动方式，调动场内外互动，提高用户的参与度和娱乐度；VR、4K等热门数字技术用于体育赛事的电视直播以及赛后回放，革新了体育传播的技术与方式，也为观众带来更直观的沉浸式体验；网络体育社区已经成为体育传播的重要环节，大量参与者的互动讨论为体育新闻带来了更持久的传播效力，接近50%的中国年轻网民会在观赛后去网媒或社交平台评论分享自己的观赛感受，借助弹幕等方式将赛事传播与泛社交无缝融合[②]，可见观众的社交需求旺盛。

再次，短视频成为体育观赛新风口。移动互联网的碎片化给年轻用户带来了更为丰富的娱乐选择，期待将全部用户绑在长时段赛制直播上是不现实的。体育短视频将成为未来的用户流量新高地。相关数据显示，78%的中国网民通过手机观看重要赛事，仅仅在里约奥运会期间，腾讯的奥运相关短视频播放量就达到了81亿次。[③] 而与NBA达成合作的微博平台，在2017/18赛季NBA季后赛和总决赛期间，全网NBA相关短视频播放总量达到41.1亿次，相关话题词增量达到163亿。其中总决赛相关短视频播放量就达到10.3亿次，总决赛G4一场比赛就贡献了2.4亿次的短视频播放量。[④] 可见体育短视频发展态势非常可观。

---

① 人民网，http：//ru.people.com.cn/n1/2018/0718/c408039－30156194.html。

② 腾讯体育，https：//sports.qq.com/a/20171107/052123.htm。

③ 腾讯体育，https：//sports.qq.com/a/20171107/052123.htm。

④ CSDN网，https：//www.csdn.net/article/a/2018－06－14/15951911。

## 创造新型体育项目

网络数字技术的发展，使体育运动不再局限于某些固定场所，而是向多样化的线下场景甚至虚拟网络空间拓展，根据虚拟化程度可以将此种新型体育项目分为三类。

第一类，虚拟技术对传统体育项目进行了智慧化赋能。通过物联网在体育装备中的应用，一些传统体育项目突破了时间和空间的限制，可以在小型场馆甚至社区和家庭空间中进行，为消费者提供了一种集竞技、娱乐、社交为一体的新型生活方式。如划船、自行车等大型运动项目和飞镖等小型运动项目，可以借助电子划船机、智能单车、电子飞镖盘等智能设备，通过“线下实体运动 + 线上虚拟对战”的形式，将体育运动与网络竞技深度结合①，从而既增强了运动的黏性和趣味性，又实现了锻炼身体的目的，极大地丰富了体育运动的内容。

第二类，虚拟数字技术对运动项目进行模拟，或与现实场景结合模糊游戏与运动的边界。前者以任天堂公司的 Wii 等家用游戏机为代表，将赛车、网球、体操、瑜伽等运动形式投射到电子屏幕上，使用体感控制器做出实际运动动作，模拟运动行为。后者则是现今诸多游戏厂商和虚拟现实设备制造商的主攻方向，如 2016 年风靡全球的 Pokémon Go，将于 2019 年下半年推出的愤怒的小鸟 AR 等游戏大作，均是将 AR 技术应用于现实环境中，使玩家通过移动、投掷等动作进行游戏，实质上是对运动场景的再造。这类产品在技术发展之前是无法想象的，而未来此类运动 + 游戏的新型娱乐内容将更多涌现。

第三类，数字技术本身创造了新的体育运动，这主要是指电子竞技项目。近年来，电子竞技在国内高速发展，2003 年 11 月 18 日，国家体

① 搜狐网，http：//www. sohu. com/a/236579440_ 100171556。

育总局正式批准，将电子竞技列为第99个正式体育竞赛项。2008年，国家体育总局将电子竞技改批为第78个正式体育竞赛项。央视数据显示，2018年中国电竞市场规模为84.8亿元，到2020年，电竞全产业链产值预计将达到211亿元。[①] 此外，电子竞技行业消费潜力极高，根据企鹅智酷的研究报告，2020年中国电子竞技用户预计将达到3.5亿人，占全球电竞用户总数的59%，其中超过七成的电竞用户愿意为电竞赛事付费。[②] 电子竞技的快速发展，创造了庞大的消费市场，改变了体育产业的生态格局，是体育产业供给侧的巨大变革。

## 涌现新兴商业模式

互联网技术引发了体育商业模式的创新。目前体育消费市场已不再是某一种产品的竞争，而是逐渐形成多环节、多平台、全产业链、全价值链的商业生态系统之间的竞争。打通线上与线下，重组体育产业赛事IP和版权，创新运动消费场景，通过与关联性产业融合成集体育产品资源、赛事资源、受众资源于一体的生态系统，不断为消费者创新客户价值和客户体验等，都在逐渐成为网络数字时代体育产业的内在商业逻辑。

以大众体育为例，其商业模式新变化体现在以下五个层面：（1）在资源层面，智能设备更容易获取、积累、评估用户数据，智能场馆不断出现，“互联网+体育”带动传统体育制造业的止损回暖；（2）在运营层面，智能场馆的新型服务成为潮流，健身等体育服务多样化，如跑步服务、线上健身教练服务、O2O服务、垂直体育项目服务等增多；（3）在传播营销层面，“运动+新型在线社交”加速非体育用户转化，运动类

① 艾瑞网，http：//news.iresearch.cn/content/201903/285996.shtml。

② 《2018年中国电竞运动行业发展报告》，http：//baijiahao.baidu.com/s?id=1603390355934666402&wfr=spider&for=pc。

App 同时承载健身服务和用户社交两大功能，奠定营销基础；（4）在用户层面，更多的体育健身人口培养和转化渠道被拓宽，更多体育爱好和参与形式出现，更多泛化的体育消费新需求出现；（5）在衍生服务层面，“互联网 + 大众体育”加速与医疗、保险、饮食服务、健康服务、旅游业等产业的跨界融合，在线垂直电商等线上服务和体育旅游等综合线下服务逐渐发力。① 再以具体的互联网健身品牌“光猪圈”为例，它通过建设“小而美”的健身场地降低管理成本，实行互联网智能化提高场馆的管理水平，并通过门店 + App 的方式打通了线下健身运动和线上社交、购物、健身训练服务的通道。消费者通过人脸识别技术进入健身房，用智能手环打开储物柜，在智能机器上检测身体数据并上传云端，在 App 上购买健身课程，发布社交动态。光猪圈目前已在国内开设了 140 余家店面，有效会员总数超过 200 万人，这一模式为体育消费者创造了更多具有互动性、无限制性、分享性、自主性的消费场景与平台。新兴商业模式的出现，提升了体育服务业的供给质量，为大众的消费升级奠定了基础。

## 网络数字技术影响体育消费

在传统的体育消费环境下，由于时间、空间的限制，消费者在获取体育商品信息和购买渠道上受到了制约，进而抑制了人们的体育消费欲望。网络和数字技术的应用创造了新型体育消费环境，扩大了体育消费需求，优化了体育消费结构。这主要体现在以下几方面。

### 网络社区影响增强

网络体育社区具有相对较高的认知度和影响力，相较于普通实体社

---

① 艾瑞咨询，《2017 年中国互联网体育服务行业研究报告》。

区也具有更高的内容评价度与受众支持信任度，因此，这一平台对体育消费的影响也在增强。近年来，国内体育企业与爱好者形成80多万个网络体育社团，吸纳了包括旅游、健康、攀岩、滑雪、穿越等爱好者，通过推送信息和帖子邀集网友，交流和传播各自社团的体育资源和活动信息。当前的网络体育社区具有五大特点：性质上属于垂直网站、内容上以用户为信息来源、形式上超越时空限制、受众上拥有稳定的用户关系、互动上有频繁的线上线下活动。以国内著名的网络体育社区虎扑为例，其核心使用者（JR）具有较高的用户黏性、消费意愿和购买力基础，这给了虎扑向商业板块引流的信心。据统计，具有交易属性的“装备论坛”区的发帖数占虎扑社区总发帖数的70.24%①，远高于其他板块。基于社区用户的此类特点，虎扑也陆续上线了“识货”等运动潮流商品购物平台，加快体育消费变现的步伐。这也说明，大量的用户原创内容（UGC）为网络体育社区成员提供了多样、细致、便捷、专业的信息指导，其移动化、垂直化、互动扁平化等特征也使社区消费的方式更容易深入人心，因此，网络体育社区已经逐渐成为体育消费新的重要场景和平台。

## 消费场景愈发多样

在互联网与体育进行行业融合的早期阶段，通常是把互联网当作一条新兴的获客渠道，最终目的还是吸引用户来到线下实体场景进行体育消费。这个阶段，线上体育场景只是为线下实体体育场景服务。但随着互联网和体育之间的深入融合，越来越多的线上体育场景已经形成闭合的产业链条：利用虚拟的体育产品、体验、服务，在互联网当中吸引体育人群，并直接在线上完成体育消费行为。在线体育平台在形成一定的

① 搜狐科技，http：//www.sohu.com/a/218219200_826434。

规模之后，也开始了拓宽行业边界和外延的探索，开始向其他互联网平台和行业挖掘潜在市场。

在互联网平台和虚拟数字技术蓬勃发展的今天，体育消费场景变得更加多样。消费者在赛前查询赛事信息、线上观看比赛直播、赛后观看赛事精彩集锦并发布弹幕、日常参与网络体育社区讨论、使用线上健身培训服务、社交平台发布健身动态等各种活动的过程中，都可能产生体育消费需求。以体育赛事为例，借助以赛事直播为核心的巨大互联网观看流量，以及互动平台和广告主跨界联动实现流量场景的构建，将消费者的消费欲直接转化为实际购买行为。如在科比退役时，腾讯曾开放了全程直播，从腾讯 12 个小时的直播情况可以看出，相关产品的下单量随着球衣展示和比赛时间的到来逐渐增加，消费者边看边买的特征非常明显。① 在体育视频网站、社交平台、体育健身 App 等平台愈发精准的广告投放也说明了体育消费场景的丰富多彩。

### 消费范围更加广泛

网络技术的发展和多年的消费习惯培养使消费者对网络购物的依赖性增强，同时世界各地资源的互联互通也使消费者有了更广的选择视野和更多元的消费需求。我国的互联网体育用品年消费额由 2014 年的 973 亿元增长到 2016 年的 1 949 亿元，两年增长了一倍。② 而阿里体育公布的 2018 年“双十一”全民体育消费数据显示，仅活动期间阿里旗下两大电商平台体育消费总额就超过 60 亿元，成交人数达 2 000 万。相比 2017 年的数据，总额增长 17.6%，人数增长 11.4%。③ 此外，近年来，

① 京东体育，《2017 年互联网体育消费报告》。

② 中国体育用品业联合会，《2016 年中国体育用品产品发展白皮书》。

③ 中国体育报，https：//baijiahao.baidu.com/s？id=1617641573788673781&wfr=spider&for=pc。

大众体育消费也从之前的运动鞋服等基础体育品类消费需求，逐渐拓展到跑步鞋、羽毛球鞋、智能手环、瑜伽垫、甩脂机等愈发丰富且涉及更多细分专业体育领域的产品需求。专业类、科技类运动产品将成为未来体育消费市场新的增长极。①

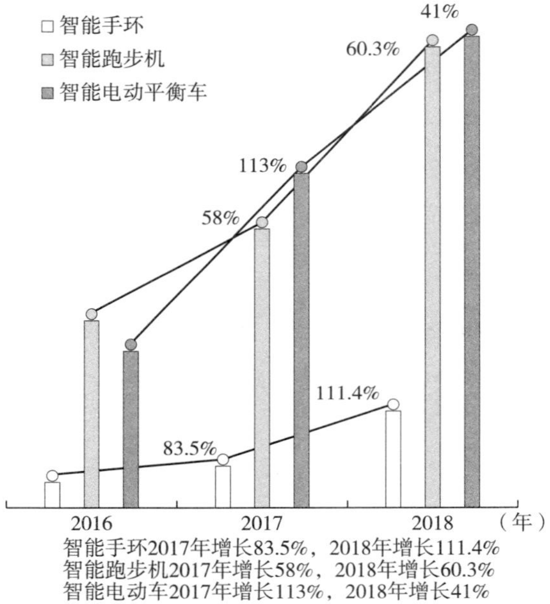


**图 12.1　近三年智能运动产品市场增长趋势（以智能手环、智能跑步机、智能电动平衡车为例）**

资料来源：《2019 年互联网体育消费新趋势》。

以上各组数据充分说明了大众的消费规模和消费需求种类都在逐渐扩大。与此相对应，互联网发展使体育商品种类更加丰富，消费范围更加广泛，足以适应大众体育消费的新发展。淘宝、京东、拼多多等平台型企业有效聚合了市场资源，改变了单个企业产生规模经济的条件，减少了繁多

---

① 体育产业生态圈，京东体育，《2019 年互联网体育消费新趋势》。

的营销体系，极大地降低了交易成本，规模经济和范围经济极为显著。而大量中小型卖家上线网络平台，丰富了在售的体育产品和服务种类，“长尾效应”明显，充足的供给满足了消费者愈发多元的消费需求。

## 网络数字技术应用面临的若干问题

### 体育智能设备面临普及难题

尽管体育智能设备拥有广阔的市场前景，但在实际应用中普及率仍不高。以可穿戴智能设备为例，一方面，由于以传统体育起家的巨头们缺乏智能科技制造经验，市场上的体育智能穿戴用品普遍不够“智能”，多数产品功能简单，有待完善，产品质量也是良莠不齐。如阿迪达斯在 2013 年推出的智能手表 Smart Run，诸多用户反映其存在功能不实用、续航时间短、兼容性不强等弊端。另一方面，体育智能用品还未普及，且高端智能设备价格不菲，人们对于体育智能用品缺乏认知。2017 年中国智能可穿戴设备产品销售中，智能手环、智能手表分别占比 70% 和 25%，而智能自行车、运动耳机等其他产品占比仅有 5%。[①]在这种情况下，传统体育企业推出的智能跑鞋、智能体重秤等智能用品很难打开局面。这反映了智能设备在普及过程中面临的普遍困境，也是网络和数字技术在体育制造业中应用的痛点之一。

### 体育数字传播面临侵权威胁

数字经济时代，人们可以通过互联网方便地发布和交换数字化信息和产品，对数字化信息和产品的复制和传输几乎可以在没有损失的情况

① 智研咨询，《2018—2024 年中国智能可穿戴设备行业分析与投资决策咨询报告》，http：//www. chyxx. com/industry/201807/658300. html。

下进行，短视频平台、自媒体等新型互联网传媒的出现也扩大了体育传播的范围和力度。但是，一系列负面影响也随之而来，例如某些个人或团体在没有得到授权或认证的情况下，未经版权人的许可私自借助网络大量非法复制、拷贝和传播作品，版权侵权和内容篡改引起的司法纠纷事件急剧增加。目前我国数字化传播过程中的体育知识产权侵权现象时有发生，这一方面是因为相关法律法规不完善。现行的《著作权法》对体育赛事的网络传播版权保护方面还非常有限，在很多方面都还存在保护盲区。在关于体育赛事节目的版权保护方面，学术界对体育赛事节目的独创性是否达到了我国《著作权法》定义的“作品”的高度也一直存在争议，体育赛事节目并不能完全通过《著作权法》来寻求版权保护。另一方面，数字技术为体育知识产权保护带来新的安全隐患。数字信息复制简单、易携带、易修改和传播容易的特点，使对其传播控制和保护的难度加大。同时，由于体育机构和企业对计算机网络信息安全重视程度不足，因而导致体育知识产权信息安全问题。此外，我国对知识产权保护的法律，对于侵权者基本以罚代刑。尽管相关法律规定可以采用实施刑事处罚与罚金处罚的处分方式，但在实施过程中，基本采用了罚金方式处分知识产权侵权者，对侵权者的震慑和预防再次犯罪的作用不大。与此同时，体育数字知识产权保护意识不强、体育数字知识产权保护人员匮乏、体育数字知识产权保护相关研究深度不够等也是侵权行为频发的重要原因。

### 智慧场馆建设动力不足

智慧场馆的建设是数字技术在体育产业中应用的重要领域，美国、欧洲等地的智慧场馆建设已经较为成熟，但是我国体育场馆运营建设市场化程度低、普遍亏损等问题严重制约智慧化建设。根据第六次体育场地普查结果，在2013年，我国164万个体育场馆中，99%都为自主运营，委托运营和合作运营的比例较低，场馆运营市场化机制不完善。很多体育场馆仍属于事业单位，长期以来，集社会管理职能与国有资产管理职能于一体，存在职责不分、管办不分的现象。数据显示，我国体育场馆运营行业整体处于亏损状态，2013 年，我国体育场馆收入合计 646.1 亿元，支出合计 662.6 亿元，利润率为 -2.6%。[①] 智慧化场馆的建设要求软件和硬件全面升级，建成之后的日常运营也会形成不小的资金负担，因此亏损程度高、运营效益低会导致体育场馆智慧化改造的条件不足、动力不强；管办不分也影响智慧场馆的市场化运作，进而影响数字技术的进一步应用。

## 结论与建议

笔者研究发现，网络和数字技术对体育产业发展有深远影响，将在供需两端促进体育产业和体育消费升级。首先，前沿数字技术的应用将提升体育制造业的创新能力，将引领一批企业从传统的生产工艺向自动化、智慧化生产过渡。一方面将提高体育产品附加值，提高企业生产率，促进体育产业整体规模的扩大和结构性转型升级，另一方面将提升产品质量，为大众更高质量的体育消费奠定基础。其次，互联网平台效应将极大改变传统体育服务业生产效率低下的弊端，实质上会扩大体育服务的范围，满足大众更多元化的消费需求。再次，网络和数字时代的体育消费将呈现社区化、场景化、多元化等若干新趋势，这是体育产业结构升级、商业模式演变的重大机遇，也是对现有模式的挑战。未来的体育消费增长，与网络和数字技术的应用是分不开的。

在《体育发展“十三五”规划》等政策文件中，新技术的重要性

① 体育 BANK，《中国大型体育场馆运营研究报告》。

有所体现，如文件提出“引导和支持‘互联网 + 体育’发展，鼓励开发以移动互联网为主体的体育生活云平台及体育电商交易平台”，“推动体育企业与移动互联网的融合，积极利用大数据、云计算、智能硬件和各类主题 App 拓展客户，提升体育营销的针对性和有效性”，“实施体育领域的‘互联网 + ’战略，加速体育信息化建设进程”等。但综合来看，围绕数字体育、智慧体育、互联网 + 体育等内容制定的政策仍然不多。这具体表现为一是缺乏对网络数字技术和体育产业融合发展的整体战略和顶层设计，二是网络数字技术和体育产业的融合发展涉及多个领域和多个主管部门，现有政策安排缺乏部门间、行业间协同联动，三是对技术类产品的管理还缺乏相关技术标准、规范等依据，这导致我国当前网络数字技术应用于体育产业时会出现一系列问题，总体来看，相关政策仍有待完善。

结合当下的网络数字技术在体育产业中应用面临的若干问题和未来的发展趋势，政府应从以下几方面促进网络数字技术的发展：

1. 加强顶层设计。加强政策规划与技术层面的顶层设计，制定网络数字技术与体育产业融合发展的长期战略，并作为与体育产业规模、体育消费总额等数字同等重要的发展目标；在体育产业发展规划和各类政策文件中将“促进网络数字技术与体育产业融合发展”相关内容列入；对数字技术的重要性统一认识，将融合发展水平作为考核各地方体育工作开展情况的重要指标。

2. 鼓励社会参与。在智慧场馆建设、体育数字传媒、体育网络培训、智能设备制造、互联网体育新业态等方面鼓励引导企事业单位、社会组织、个人参与；鼓励传统体育企业进行互联网和数字技术升级改造，积极进军互联网体育领域，鼓励大型互联网企业关注、投资、进入体育行业，利用自身技术和平台优势，带动互联网体育业态发展，带动数字技术在体育产业的广泛应用；扶持在数字体育、智慧体育相关领域创业的中小企业，可适当给予土地、税收等相关优惠，简化行政审批手续流程；在体育传播领域，鼓励各级各类电视台直接或联合购买体育赛事转播权，引导新媒体参与体育传播。

3. 完善基础设施。推动大数据、物联网、移动互联网、云计算等现代信息技术建设，加快推进5G技术和超宽带技术的普及应用；鼓励企业引入新生产工艺和技术，对研发型企业和积极引入新技术的企业给予奖励或补贴；加快全国范围内智慧体育政务惠民平台的搭建和升级，架设“一网两微一端”等便民用户入口，实现赛事审批、活动申请、数据查询等一系列公共服务的网络化和智慧化；引入专业企业对传统公共体育场馆进行技术升级改造，提升其信息化、智能化水平，拓展各体育场馆和公共健身空间的免费无线网络覆盖率；完善场馆预订、门票销售、信息查询等赛事线上服务，改善赛事体验。

4. 推进数据共享。数字体育的发展离不开数据的共享利用，应建立全国性的体育信息数据共享平台，在现有的产业分类规模、增加值等宏观数据的基础上，增加互联网观赛人数、互联网体育消费额、公民运动频率、国民健身参与情况、体质监测数据及变化趋势等微观数据，并定期发布。推动行业大数据共享，降低数字壁垒。

5. 完善法律法规。针对体育赛事版权存在法律盲区等问题，尽快完善《著作权法》等相关法律法规，减小互联网数字传播侵权行为对体育产业发展带来的损害。

6. 强化智力支撑。加大对数字体育人才的创业创新扶持力度；推动高校、职业技术学校等教育机构开展跨学科、复合型人才培养，提高体育人才的网络数字技术理解能力和应用水平，鼓励退役运动员从事数字体育相关工作；鼓励互联网企业与体育研究机构共建数字体育协同创新智库，在人才培养、学术研究、行业咨询等领域开展广泛合作。

## 参考文献


[1] 江小涓. 高度联通社会中的资源重组与服务业增长 [J]. 经济研究，2017，52 (03)：4 - 17.

[2] 江小涓. 中国体育产业：发展趋势及支柱地位 [J]. 管理世界，2018，34 (05)：1 - 9.

[3] 江小涓，罗立彬. 网络时代的服务全球化——新引擎、加速度和大国竞争力 [J]. 中国社会科学，2019 (02)：68 - 91 + 205 - 206.

[4] 江小涓. 职业体育与经济增长：比赛、快乐与 GDP [J]. 体育科学，2018，38 (06)：3 - 13.

[5] 江小涓等. 体育产业的经济学分析——国际经验及中国案例 [M]. 北京：中信出版社. 2018.

[6] 陈竖伟. 从健身应用分析“互联网 + 健身”的现状、问题与前景 [J]. 体育科学. 2016，36 (9)：20 - 27.

[7] 陈新年. 从消费升级看供给侧改革着力点 [N]. 经济日报，2018 - 04 - 19 (014).

[8] 芦经俊. 全媒体时代国内体育网络社区的发展模式及传播效果的分析研究——以虎扑体育网为例. [D]. 浙江传媒学院. 2014.

[9] 陈晓丹. 互联网给体育产业运营模式带来的机遇与挑战 [J]. 南京体育学院学报 (社会科学版)，2016，30 (03)：56 - 60.

[10] 丁响，高丽华，赵波. 大数据时代的体育传播：特征、主体定位与发展方向 [J]. 沈阳体育学院学报，2014，33 (05)：39 - 44.

[11] 雷厉. 国内外体育场馆政策及对我国体育场馆未来发展的启示 [J]. 体育文史，2000 (03)：12 - 14.

[12] 李静亚，翁飚，谢群喜. 体育赛事在网络传播中的侵权行为及防范对策 [J]. 河北体育学院学报，2016，30 (03)：38 - 42.

[13] 林显鹏，刘云发. 国外社区体育中心的建设与经营管理研究——兼论我国体育场馆建设与发展思路 [J]. 体育科学，2005 (12)：12 - 16 + 27.

［14］石伊超．我国体育场馆的经营管理问题研究［D］．山东师范大学，2014.
［15］谭秀湖．基于数字传播的体育知识产权保护研究［J］．成都体育学院学报，2013，39（12）：41－44.
［16］王琳．解析体育信息化发展的必然趋势——智慧体育［J］．电子测试，2013（19）：147－148.
［17］王奇，颜小燕．大数据时代我国体育发展面临的机遇与挑战［J］．体育与科学，2016，37（01）：75－80＋86.
［18］王晓军，王浩，赵红美，张海鹰．“互联网＋体育”关联产业融合发展生态系统构建研究［J］．山东体育学院学报，2018，34（02）：27－33.
［19］叶强，魏宁．智慧体育——体育信息化必然趋势［J］．南京体育学院学报（自然科学版），2011，10（05）：117－119.
［20］张德胜，张钢花，李峰．媒体体育的传播模式研究［J］．体育科学，2016，36（5）：3－9.
［21］张立．数字体育探索［M］．北京：北京体育大学出版社．2007.
［22］张立，李祥臣，龚健．数字体育新解［J］．体育文化导刊，2012（07）：141－1.
［23］张江南．大数据时代对体育传播的影响［J］．武汉体育学院学报，2014，48（07）：16－20.
［24］张森木．互联网＋体育产业发展战略研究［J］．体育文化导刊，2016（03）：121－124＋166.
［25］张彦．互联网时代体育新闻传播特点与规律研究［J］．广州体育学院学报，2018，38（04）：74－77.
［26］朱礼才，龙如银．“互联网＋”背景下信息服务对体育消费的引导［J］．南通大学学报（社会科学版），2018，34（03）：145－148.
［27］招乐辉，张伟．当前我国的网络体育视频研究［J］．新闻知识，2009（08）：94－96.
［28］赵黎．体育信息技术应用与发展［J］．北京体育大学学报，2008（02）：145－147.

# 第十三章
# 职业体育消费及政策研究

李锦天　吕宇然

从我国体育产业的划分来看，职业体育属于体育竞赛表演业，具有很高的商业价值和社会价值。与西方发达国家相比，我国的职业体育发展起步较晚。1994 年随着我国开始举办全国足球职业联赛，足球率先进入职业化轨道。篮球随后于 1995 年开始职业化改革，其他一些运动项目也逐渐向职业体育靠拢。在经历了 20 年的摸索后，2014 年 10 月出台的《国务院关于加快发展体育产业促进体育消费的若干意见》（国发〔2014〕46 号）提出了进一步深化职业体育改革的发展目标。5 年来，体育竞赛表演业迅速发展，成为我国国民经济中具有巨大潜力的领域，有望在未来为区域经济发展提供新的动力。

职业体育的发展会促进国民相关消费的提高，而消费的增长为产业进一步升级提供了核心驱动力。近年虽然职业体育消费取得了一定的增长，但与发达国家相比仍处于较低水平，与国内文化娱乐产业相比也存在巨大差距。因此，如何能够促进我国职业体育消费成为一个重要的课题。我们将简要回顾以美国为代表的职业体育发展历程，分析职业体育消费有别于一般其他领域消费的特性，指出目前我国职业体育面临的困难，并提出相应的政策建议。

# 职业体育与体育消费

## 职业体育及其发展

职业体育是指商业化、市场化的体育活动，通过赛事门票、广告、版权等方式在市场上吸引投资和获得商业收入。职业体育事实上是在市场经济条件下，体育自身价值与市场经济相结合的经济现象和文化现象，是体育发展高级阶段的体现。职业体育通过市场和资本的手段，不断提升赛事价值，实现盈利的最大化。

职业体育的发展经历了漫长的过程。在古代奥林匹克运动会上就已经出现“职业体育运动员”，他们较少从事生产活动及其他活动，而以参加奥林匹克运动会为主。18 世纪开始，在欧洲开始出现业余性质的体育俱乐部，如德国的体操俱乐部、英国的赛马俱乐部等。19 世纪末到 20 世纪初，职业体育俱乐部在西方国家陆续出现，足球、冰球、篮球等项目的职业联赛创立并进入社会主流文化。随后电视技术的普及极大程度地推动了职业体育的发展。1981 年，国际奥委会修改了《奥林匹克宪章》，在奥委会层面明确了职业运动员不再被限制参加奥运会的赛事。进入 21 世纪，伴随着全球化经济与信息技术的发展，现场直播的成本大大降低，新的媒体传播渠道借助互联网的力量如雨后春笋，也促进职业体育联盟与俱乐部的收入和价值迅速提高。2018 年，世界收入最高的 10 家职业体育俱乐部中，第十名曼彻斯特城队（Manchester City）的收入达到 1.33 亿美元，第一名国家橄榄球联盟（NFL）中的达拉斯牛仔队（Dallas Cowboys）的收入更是达到 3.5 亿美元。世界价值最高的职业体育俱乐部中有 5 家的估值超过 40 亿美元，其中排名第一位的仍是达拉斯牛仔队，价值达到 48 亿美元。① 人们有理由相信，职业

① Ozanian, Mike. “The World's Most Valuable Soccer Teams 2018”. Forbes.

体育在未来仍将迅速发展，并为体育产业提供主要动能。

## 职业体育的本质和目标

职业体育产业的本质是提供带有知识产权的产品与服务。萨顿和帕瑞特（Sutton and Parrett）提出职业体育的核心产品为竞赛本身，博兰和麦克唐纳（Borland and Macdonald）认为在职业体育中，职业联赛产品比单场赛事产品具有更大的价值。总体来说，职业体育通常以俱乐部或职业运动员为基本单位，以职业竞赛为核心，以职业联赛为表现形式。

职业体育的发展路径是，首先，为消费者提供优质的服务与产品，从而促进相关消费，为自身发展提供可持续的动力。其次，与相关产业形成协作关系，如旅游、餐饮等，进一步扩展其产业影响力并催生新的商机。

## 职业体育消费的发展历程

从 19 世纪职业体育俱乐部与职业体育联盟的建立开始，职业体育消费成为世界各地人民日常生活的重要休闲活动形式。球迷们会支持自己喜爱的球队，将喜爱的运动员视为偶像。为此，他们愿意购买门票，消费相关的商品等。我们按技术的发展将职业体育消费分为三个阶段。

### 形成阶段——19 世纪末到 20 世纪中

在欧洲与美国，各项主流运动的职业俱乐部与联赛在这个时期陆续出现，职业体育市场基本形成。在欧洲，足球豪门俱乐部曼联的前身成立于 1878 年；意甲豪门尤文图斯成立于 1897 年。美国职棒大联盟的前身成立于 1876 年；NBA 成立于 1946 年，是美国四大职业体育联盟中历史最短的一个。这个阶段的职业体育消费以现场观赛为主，赛场周边有贩卖香烟、零食、饮品的流动摊贩，球队收入主要来自门票和饮食。同时，由于广播电台的出现，职业体育球迷可以通过收音机收听比赛的现场赛况。职业体育消费的习惯已经开始形成，但受技术制约，赛事能达到的人群范围有限。

### 成长阶段——20 世纪中到 21 世纪初

20 世纪中期电视的普及为职业体育带来了前所未有的发展良机。以 NBA 为例，在 NBA 成立后的第八个赛季（1953/54），联盟和杜蒙电视网（DuMont Television Network）达成协议，后者首次获得了 NBA 在全美的转播权。伴随着转播技术的提升，足不出户就欣赏到国际体育赛事也变为可能。1962 年第一次实现卫星电视直播，卫星直播技术促使球迷人数急剧增长。20 世纪 80 年代，有线电视走进千家万户，有线电视巨头 TNT、ESPN 等逐渐占领市场，同时随着魔术师约翰逊（Earvin Johnson）、大鸟伯德（Larry Bird）以及迈克尔·乔丹等球星的出现，赛事的价值被电视媒体迅速放大，到 2002/03 赛季，NBA 达成了总价值 46 亿美元的电视转播协议。①

20 世纪中，职业俱乐部授权商品开始面世。1957 年，当时还是洛杉矶公羊队总经理的皮特·罗泽尔（Pete Rozelle）已经开始意识到带有公羊队标识的商品对宣传球队文化以及取得额外收入的作用。1961 年，被称为体育授权之父的拉里·肯特（Larry Kent）找到已经成为 NFL 联盟主席的罗泽尔，开始着手开发 NFL 的衍生产品。

越来越多的球迷选择通过电视观看赛事，因此收视率支撑起了职业体育联盟版权生意的迅速崛起，极大提升了职业体育赛事的收入。人们开始购买衍生商品，从头到脚穿戴一套整齐球队套装的球迷家庭随处可见，球队文化深入人心。

---

① Masteralexis, Lisa Pike et al. Principles And Practice Of Sport Management.

## 壮大阶段——21世纪初至今

互联网信息技术的蓬勃发展，让职业体育的消费在短短10多年间又有了许多新的改变。人们不再局限于用电视或电台收看、收听体育赛事，从2G到4G乃至下一步5G技术的跨越，使消费体育内容突破了场地的限制，并且移动观赛体验不断提升。与此同时，社交媒体的出现，变革了球迷与球迷之间、球迷与球员之间、球迷与俱乐部之间的交互形式。体育直播平台和短视频平台的成长，丰富了观众的观赛选择，同时也造就了职业体育消费内容和渠道的多样性。在直播平台观看比赛时，观众可以购买虚拟道具赠送给喜爱的球员、球队和主播，在2018年腾讯体育的NBA用户一共送出5亿个不同的虚拟道具。[①] 未来可以预见，新的信息技术的发展，将使职业体育消费的产品更加多样，内容更加丰富，渠道更加全面。

## 职业体育环境下消费的特点

职业体育环境下的消费，区别于购买相关产品并使用的体育制造业“提袋式”消费，具有以下特点。

### 消费内容的文化性

消费者消费的是以知识产权为核心的体育竞赛表演服务，其中的知识产权包括竞赛表演内容的版权、职业俱乐部或运动队标识的商标权、运动员的肖像权，以及这些权益衍生的虚拟文化产品，如直播打赏礼物和专属虚拟皮肤等。

以英超曼联队为例，一位曼联队的球迷购票进入老特拉福德球场观看比赛，或是在体育赛事直播平台上付费购买或通过观看广告换取比赛

---

① 腾讯体育，《2018年NBA年度大数据报告》。

的观看权，或是购买印有红魔标识和曼联明星球员博格巴形象的球迷文化产品，消费的都是以职业体育文化为核心的产品。

### 消费产品的综合性

如果将职业体育比作一道菜的话，竞赛本身可以看作只是未经处理的主要食材，而竞赛以外的所有环节都是这道菜的调味料。从购票到现场气氛的营造、赛场布置的美感、球队文化理念及视觉体系、转播与媒体内容质量、赛场内的餐饮、衍生品的品质以及往来赛场的交通等所有的环节，共同构成一个完整的体育消费产品，无法割裂开来。

迈阿密大学和美国棒球职业大联盟迈阿密马林鱼队共同主导的球队体育产品评估课题包含赛事呈现、赞助商活动、场馆设施及布局、衍生品售卖、人员服务、餐饮和交通七个大项超过 80 个小项的专项内容，从而得到全面的用户消费体验评估。

### 消费过程的体验性

消费者最终的实际消费是整个赛事环节中的主观映射，以用户的感官体验为主，包括赛事发生过程中的起伏导致的情感波动、赛场中球迷活动带来的参与感、场馆中食物的品质、交通的便捷性等等。

NBA 一直致力于提升消费者的用户体验，其目的是让不经常观看篮球比赛的球迷也能够沉浸于现场的氛围之中。在比赛日，NBA 通过音乐、灯光、啦啦队、吉祥物、特效、宣传片和场上活动等多种展示方式，营造出良好的互动性体验。在比赛暂停时，主场俱乐部会组织赠送 T 恤、场上大屏幕会有“亲吻时刻”“舞蹈时刻”等互动性活动，调动观众热情，让现场观众可以参与其中。大厅区提供的食物、饮料和其他官方衍生商品，也有助于营造一种家庭体验，甚至许多俱乐部在球馆内开始设立专属的社交区域，观众可以在这里和家人朋友一起聊球，或者结识新的朋友。

自 2014 年以来，NBA 各支球队投入巨资对场地灯光设备进行升级，通过特效让球员入场仪式更加精彩。另外，NBA 与美国二级球票平台商 Ticketmaster 合作，建立起完善的球票销售转卖平台，消费者甚至可以轻易地在开赛前几分钟购买、转售球票。例如，在众多 NBA 球馆中，萨克拉门托国王队的主场，俱乐部公司开发的球队 + 场馆 App，可实现点餐到座，无须离开座位就能享受美食饮料。

#### 消费目标的认同性

在职业体育消费中，消费者寻求一种认同感与归属感。球迷穿上自己支持的球队的服装或标识，在赛场喊出统一的口号，做出整齐划一的动作，为自己的球队加油，或者是成为某一位体育明星的粉丝，购买其身着的服饰装备，推动体育消费。一些家庭具有明星或球队认同的传统，在家庭内部代际传承，满足其社交的要求、身份的认同和情感的寄托。这种认同一旦在一个城市或地区沉淀下来，就成为这个城市或区域文化的一部分。

在欧洲职业足球联赛的赛场上经常可以看到，球迷统一穿着球队球服，完成 TIFO 的展示。TIFO 来源于意大利语，意味着体育赛事中表达球迷支持的行为，如统一举起球队毛巾，或者每人举牌组成巨大的画幅。其中德甲球队多特蒙德威斯特法伦球场的 TIFO 最为有名，每当多特蒙德的比赛进行时，城市就会有 13% 的人口涌入球场观看比赛，并以各种行动支持球队。

## 我国职业体育消费存在的问题和促进体育消费的政策建议

### 我国职业体育消费面临的问题

#### 职业体育消费水平仍有待提高，消费能力尚未被激活

根据国家统计局 2017 年全国体育产业总规模与增加值数据公告，

我国直接与公众体育消费相关的体育竞赛表演活动增长迅速，达到39.2%，但总产出仅占体育产业总产出的1.1%，消费水平占比较低。根据《国务院办公厅关于加快发展体育竞赛表演产业的指导意见》的要求，体育竞赛表演产业到2025年要达到2万亿元的规模，是2017年该产业规模的400%，因此体育竞赛表演产业仍有很大的提升空间，未来发展仍有很大的潜力。

以体育家庭消费为例，2018年美国一家四口观赏一场美国国家橄榄球联盟的比赛，平均花费约为536.04美元；观看一场美国职业棒球大联盟的比赛，平均花费约为230.64美元[①]；观看一场NBA比赛，平均花费约为294.33美元。[②] 目前，我国民众职业体育消费方面的需求尚未被激活，与国外差距较大。

**职业体育产品体验较弱，难以吸引大众消费者**

目前我国职业体育的消费场景中，产品体验单一，除观看赛事本身之外，相关配套的辅助性消费体验比较滞后。前新浪体育报道NBA的记者黎双富曾提到，他在观看马布里退役最后一场主场比赛时，想要在北京北控队的主场国家奥林匹克中心球馆购买食物，却只有临时加热的烧饼。在少量允许售卖食品的场馆中，即使是在场馆内购买的食物和饮料，也通常不允许携带到座位上去。观众为了不错过精彩的比赛，只能接受不能吃喝。而在我国大多数的电影院，观影者购买饮料与零食带入放映厅是非常普遍的消费现象。在这一点上二者消费体验的差距显而易见。

在欧美发达国家，参与职业体育消费是一种重要的社交休闲方式，

① ChrisHartweg. Team Marketing Report's 2018 NFL Fan Cost Index © Shows SlightIncrease.

② The Affordability of Every NBA Team's Tickets.

其中在赛事现场允许酒精饮品的销售是重要的体现。据央视体育在网上公开的数据，拜仁慕尼黑足球队的主场比赛每场可以出售 3 万升啤酒。美国 NFL 有 83% 到场的球迷和 84% 在家中观看比赛的球迷会购买啤酒，NBA 的数字则对应的是 80% 和 78% 。① 而这一部分消费目前在国内体育场馆内严重缺失。

配套餐饮与酒精饮料的售卖不仅仅能直接带来可观的收入，更重要的是提升了观众的综合观赛体验，降低了普通消费者的参与门槛。因此，我国目前职业体育消费的主要消费人群被局限于核心赛事迷，对非核心球迷的普罗大众（Causal Fans）仍缺乏吸引力，从而无法激活市场主体的消费潜力。

## 安保政策限制了职业体育产品的提升

《大型群众性活动安全管理条例》（中华人民共和国国务院令第 505 号）第五条规定：公安机关负责审核承办者提交的大型群众性活动申请材料，实施安全许可；制定安全监督方案和突发事件处置预案。为了在我国职业体育赛事中防范安全隐患，目前相关部门较多采取了相对严格的管控措施，赛场内的一些体育展示、赞助商活动需要提前报批，并在形式上受到限制。鉴于此前曾出现过观众向 CBA 赛场乱扔杂物、水杯伤人的情况，较多场馆并不允许将食物饮料带入赛场座位区域。此外，相关部门还会根据情况控制一定比例的赛事门票。以南方某 CBA 球队主场场馆为例，能容纳 5 000 名观众的场馆通常控票数量在 1 000 张左右，占总数的 20% 。这种做法一方面直接减少了可售票的数量，其中部分被控票流向二级市场；另一方面空置的座位也会影响现场观众以及通过媒体平台观赛的消费体验。

---

① Niall McCarthy. Alcohol & Sport：A Match Made In Heaven?

### 面临来自娱乐行业的巨大挑战

与文娱产业相比，我国目前的职业体育产品制作水准仍相对较低。因此，大众在可自由支配时间内消费文化产品时，更多倒向了娱乐，从而限制了对职业体育的消费。2017 年，我国泛娱乐核心产业产值约为 5 484 亿元，2017 年大片《战狼 2》就获得 56. 83 亿元的票房；然而，2017 年体育竞赛表演产值为 231. 4 亿元，中国职业化程度最高收入最高的职业体育联赛——中超，2017 赛季的联赛收入为 14. 8 亿元。①

## 职业体育消费促进政策建议

近些年来，我国相关部门开始重视职业体育与职业体育消费，2014 年颁布《国务院关于加快发展体育产业促进体育消费的若干意见》，2018 年国务院办公厅出台《关于加快发展体育竞赛表演产业的指导意见》，推出了一系列关于推进职业体育发展的指导文件，这些文件对促进我国职业体育消费具有重要的指导作用，但在实操层面仍需具体的政策支持。

### 鼓励职业体育俱乐部参与场馆长期运营

职业联赛及其俱乐部对直接参与场馆的运营有较强的需求。获得球馆经营权有利于联赛及俱乐部对球馆进行相应的升级改造，提升服务质量，从而促进体育消费。在美国，NBA 俱乐部 100% 拥有所在主场球馆的运营权，球馆运营收入平均占俱乐部收入的 15% 左右。目前，我国大部分符合职业体育联赛办赛要求的球馆归属于地方体育局。2018/19 赛季，在 CBA 联赛所有俱乐部的 20 个主要场馆中，85% 为球队短期租

① 北京日报，《本赛季中超联赛收入或创新高》。

用。CBA 龙狮俱乐部与广州天河体育馆达成长期合作协议，首次出现由 CBA 私营俱乐部运营隶属于地方体育局的场馆，这为其他 CBA 球队所在城市提供了杰出的范本。希望可以进一步出台政策鼓励更多类似案例在各地出现，由政府引入职业俱乐部参与当地场馆的长期综合经营，并由职业联赛公司协助制定统一标准与统筹协调具体实施方案。

## 加强职业体育知识产权的保护

2019 年李克强总理在《政府工作报告》中提出进一步全面加强知识产权保护的要求。加强有效的版权保护体系对促进体育产业的健康发展有至关重要的意义。应完善相关法律法规，切实保护职业体育的知识产权，加大对球员肖像权、视频直播和短视频的版权的保护力度，建立相关投诉反馈机制，完善相应的处理惩罚机制。

制定职业俱乐部商标注册与保护的特殊政策。职业体育商标有别于一般企业商标，商标本身属于被消费产品的核心组成部分。对职业体育商标进行特殊认定和保护，对职业体育周边文化产品的开发与销售至关重要。其中根据曼联队 2018 年财报，截至 2017 年 6 月 30 日的当年，球队球衣以及其他衍生授权产品的收入为 1.04 亿英镑。而对比我国职业联赛，中超、CBA 以及其他职业联赛，在这方面的收入微乎其微。

职业俱乐部代表了某个特定的区域，具有很强的地域性，与一般的商标有很大区别，如上海大鲨鱼俱乐部与上海这个城市紧密相连。但是，按现有商标注册规定，在职业体育俱乐部进行商标注册时，地名被要求从商标中删除，因而地域难以体现，这对职业体育俱乐部地域文化的形成造成较大阻碍。另一方面，职业俱乐部的名称也通常为较常见的词汇，在商标注册中易与其他商标名称重复。而根据国家知识产权局商标局的商标查询网站查询结果，国外职业俱乐部在华注册时，地名和球队名均可以保留，例如休斯顿火箭地名休斯顿和常见名火箭均得到了保留。因此，在职业体育俱乐部进行商标注册时，应参考地理标志产品保护相关政策，为职业体育俱乐部商标开辟一个新的类别，或对职业俱乐部商标有特殊的认定，保留商标中的地理名称，为俱乐部商标注册保护提供指导支持与服务，推进职业俱乐部名称中性化，有利于形成强有力的文化品牌。

**提升体育赛事安保效率**

提高职业体育赛事安保的效率，在职业俱乐部与公安部门之间建立更加有效的沟通机制，加强配合，完善紧急预案机制，保障球迷赛事体验的完整性。允许球迷将食品和饮料带入座位，并逐渐在有条件的地区放开在体育场馆内售卖酒精饮料的限制。加强高科技手段在球场安保中的作用，如使用人脸识别等智慧球馆相关技术，建立球迷黑名单，对寻衅滋事的个人驱逐出赛场并进行终身禁止入馆等措施。

**为职业体育联盟提供配套的法律认定**

国务院 46 号文中提出，要完善职业体育俱乐部的法人治理结构，加快建设现代企业制度。改进职业联赛决策机制，充分发挥俱乐部的市场主体作用。《国家体育发展“十三五”规划》中提出完善职业体育的政策制度体系，扩大职业体育的社会参与，鼓励发展职业联盟，逐步提高职业体育的成熟度和规范化水平。而在我国现行《公司法》的框架下，职业联盟公司的股东为各职业俱乐部，联盟公司对俱乐部缺乏监管的法律基础。联盟公司作为所有俱乐部利益的共同体，职业联赛的运营机构，应对俱乐部具有监管权，尤其对联盟准入准出及其他重大变更具有决定权。鉴于职业体育联赛的特殊性，建议参考世界上其他国家管理职业体育联盟的经验，从国家法律层面为职业体育联盟提供有别于一般常规企业的认定，给予职业联盟相应的特殊权利，为职业体育联盟的健康发展提供配套的法律法规支持。

## 资料来源

[1] Ozanian, Mike. "The World's Most Valuable Soccer Teams 2018" . Forbes. Com, 2019, https: //www. forbes. com/sites/mikeozanian/2018/06/12/the - worlds - most - valuable - soccer - teams - 2018/#ec26bac45c87.

[2] Sutton, W. A, and Parrett, I. (1992), 'Marketing the Core Product in Professional Team Sports in the United States', Sports Marketing Quarterly, 1 (2) 7 - 19

[3] Borland, J. and Macdonald, R. (2003), 'Demand for Sport', Oxford Review of Economic Policy, 19 - 4。

[4] 江小涓等 . 体育产业的经济学分析 [M] . 北京：中信出版社，2018.

[5] 国家统计局 .2017 年全国体育产业总规模与增加值数据公告[EB/OL]. http: //www. stats. gov. cn/tjsj/zxfb/201901/t20190108_ 1643790. html.

[6] Lordan, Edward J. Sports And Scandals. Praeger, 2014, p. 75.

[7] Masteralexis, Lisa Pike et al. Principles And Practice Of Sport Management. Jones & Bartlett Learning.

[8] Lombardo, John, and JohnOurand. "Fast Break: NBA Media Rights" . Sportsbusinessdaily. Com, 2019, https: //www. sportsbusinessdaily. com/Journal/Issues/2014/10/13/Media/NBA. aspx.

[9] ChrisHartweg. Team Marketing Report' s 2018 NFL Fan Cost Index© Shows Slight Increase. https: //www. teammarketing. com/.

[10] The Affordability of Every NBA Team' s Tickets. https: //www. valuepenguin. com/2017/02/affordability - every - nba - team - tickets.

[11] 北京日报 . 本赛季中超联赛收入或创新高 [EB/OL] . http: //tj. people. com. cn/n2/2018/0919/c375366 - 32073380. html.

[12] Niall McCarthy. Alcohol & Sport: A Match Made In Heaven? . https: //www. forbes. com/sites/niallmccarthy/2016/10/27/alcohol - sport - a - match - made - in - heaven - infographic - 2/#396fe6aa484b.

[13] Dastin, Jeffery, and Anirban Paul. "Amazon, NFL Reach $ 130 Million Stream-

ing Deal For Thursday Night…" . U. S. , 2019, https: //www. reuters. com/article/us – nfl – amazon – com/amazon – nfl – reach – 130 – million – streaming – deal – for – thursday – night – games – source – idUSKBN1HX3EP.

[14] Van Riper, Tom. "The NFL' s Truly Most Valuable Players" . Forbes. Com, 2019, https: //www. forbes. com/2006/12/22/mvp – nfl – bargain – biz – cx_ tvr_ 1222nflmvp. html#faefad466607. Accessed 31 May 2019.

[15] Thurber, Jon. "Los Angeles Times – Page Unavailable In Your Region" . Latimes. Com, 2019, https: //www. latimes. com/archives/la – xpm – 1999 – aug – 02 – mn – 61899 – story. html.

# 第十四章

# 河北省冬奥会与冬季体育项目政策研究报告

唐 青

本章对国务院46号文发布以来河北省有关冬奥会和冬季体育项目的政策进行了梳理和分析，并对政策缺失情况和现有政策的落实情况展开了深入调研，提出了相应的补充完善政策和现有政策落地的具体实施建议。

## 引 言

随着《国务院关于加快体育产业发展促进体育消费若干意见》（国发〔2014〕46号）（以下简称46号文）的发布和2022年北京张家口冬奥会申办的成功，在国家政策的引导和社会需求不断增强的背景下，冰雪运动的普及与发展势头迅猛，已经成为新兴的消费热点。为此，为了进一步贯彻习近平总书记关于“冰天雪地也是金山银山”和“三亿人参与冰雪运动”的重要指示精神，坚持创新、协调、绿色、开放、共享发展理念，抓住2022年北京冬奥会的历史机遇，对冬奥会和冬季体育项目的相关政策展开研究，势在必行。通过对相关政策的调查研究，可以掌握河北省冬奥会与冬季体育项目的消费政策制定与落实情况，找出政策制定的难点和重点问题，从而对提升冰雪政策制定水平和质量，让其真正发挥引领方向、促进消费、惠及群众的作用，助力冰雪产业成为新的国民经济增长点具有重要的价值意义。

## 研究对象与方法

### 研究对象

我们以河北省内冬奥会与冬季体育项目政策作为研究对象。

### 研究方法

#### 文献资料法

通过对河北省 41 个政府部门、河北省残疾人联合会以及 11 个地市政府官方网站的搜索，获取体育消费相关政策文件；同时，对河北省政府办公厅、发改委、体育局及部分地市体育局相关文件进行查阅，获取了部分政策导向信息，为本研究资料的搜集和梳理提供了文献基础保障。

#### 调查法

通过实地走访和电话采访的形式，对体育产业相关专家学者，教育厅、文旅局、残疾人联合会等省直部门、部分地市体育局相关领导同志，崇礼、石家庄部分冰雪企业负责人、消费者进行了全面深入的调研，了解冬奥会及冬季体育项目消费相关政策的制定、落实和实际需求等情况，为本研究政策文件的落实、完善和提升措施提供了丰富的实证素材。

#### 数理统计法

采用 Excel 表格对获取的数据信息进行常规的数理统计处理。

#### 逻辑分析法

针对文献及调查获得的信息，通过归纳与演绎、分类与综合、推理与判断、举例、比较等多种逻辑分析方法，对本研究展开分析，构成本研究的论证，形成本研究的论点。

## 冬奥会与冬季体育项目政策现状分析

### 冬奥会与冬季体育项目政策出台情况分析

继2014年46号文发布以来，河北省共出台有关冬奥会及冬季体育项目相关政策37个，其中省级文件23个，地市级文件14个。根据研究命题的需要，我们将冬奥会及冬季体育项目政策分为四类：一是鼓励更多的人关心和参与冰雪运动需要的政策文件，目前共有15个；二是鼓励更多的投资者参与冬奥会运行的政策文件，目前共有16个；三是赛后场馆有效利用的政策文件1个；四是冬奥会及冰雪运动权益保障类文件5个。

#### 鼓励更多的人关心和参与冰雪运动的政策情况

在“三亿人上冰雪”目标的指引下，河北省及各地市在鼓励更多的人关心和参与冰雪运动方面的所有政策目标任务都明确具体，并且提出了具体的量化指标。例如，河北省明确提出到2022年全省实现“三千万人上冰雪”的具体指标，并将任务指标分解到各个地市，其中省会石家庄的指标任务是“五百万人上冰雪”。另外，为了保障更多的人关心和参与冰雪运动，政策中也对发展社会组织、鼓励投资冰雪场馆建设、开展校园等多种冰雪赛事活动、促进冰雪产业融合等方面提出了具体要求、措施和办法。

#### 鼓励更多的投资者参与冬奥会运行的政策情况

冬奥会召开日益临近，其筹备工作在河北省也在如火如荼地展开。关于冬奥会场馆的建设、冰雪装备的生产、冰雪产业的发展、冬奥会资金的管理等鼓励更多的投资者参与冬奥会运行等相关政策也陆续出台。例如，张家口政府出台的《张家口市人民政府关于规范推进政府和社会资本合作（PPP）支持全市经济社会发展的实施意见》中，就明确提出了“特别是围绕冬奥会筹办1个主攻方向和全市市政公用基础设施、农业基础设施、环境保护、造林绿化、交通基础设施、全域旅游发展、幸福产业（医疗、康养、教育、文化、体育）7个重点领域，加强同社会资本、金融机构等的深度合作，加大政府引导资金投入力度，有效引进社会资本特别是民间资本积极参与投资建设，提高政府和社会资本合作模式的应用比例，提升公共产品质量”的目标要求和具体的政府与社会资本合作项目的部门责任分工。除此之外，河北省人民政府办公厅出台的《关于创新冰雪运动发展体制机制的实施意见》中也指出，“到2022年，河北省冰雪场馆数量持续增加，2022年全省滑雪场达到80个以上、滑冰场（馆）达到200个以上”；与此同时，河北省《冰雪装备器材产业发展行动计划（2019—2022年）》也正在紧锣密鼓的制定中。

**赛后场馆有效利用的政策情况**

目前，多数奥运场馆正处于建设与改进完善中，场馆的投资模式也呈现多样化态势。针对赛后场馆的有效利用问题，经调研发现，多数场馆在建设初期就将赛后的有效利用纳入思考范围，从建设、运营到后期管理维护都在积极探索合理化的途径。由于可借鉴经验不足，尚未形成专有的赛后场馆有效利用的政策，各地市往往针对本地市的财政、土地、资源禀赋等多因素特征，通过当地政府、投资商、运营商多方协商的形式，解决赛后场馆运营的问题。依据靠近原则，鉴于场馆的建设与后续有效利用程度的关联性较高，本研究将河北省住房和城乡建设厅发布的《绿色雪上运动场馆评价标准》归集为赛后场馆有效利用政策范畴，其他赛后场馆有效利用的专项相关政策并不多见，尚需补充完善。

### 冬奥会及冰雪项目权益保障类的政策情况

河北省对冬奥知识产权保护和消费者权益保障表现出了高度关注，陆续出台了《河北省奥林匹克标志保护规定》《河北省申办冬奥会固体废物环境日常监管及督导检查工作方案》《河北省冬奥专项资金管理办法》《河北省高危险性体育项目经营活动管理办法》《张家口市冬奥会食品药品安全保障规划》等5项冬奥会及冰雪运动项目保障类文件，秉承了“以运动员为中心、可持续发展、节俭办赛”等冬奥申办理念。

## 冬奥会与冬季体育项目政策落实情况分析

在政府强力推动和社会各界的高度配合下，冬奥会及冬季体育项目政策落实情况整体良好，各项工作也都在有序展开。

### 体育部门配套政策积极跟进

河北省作为全国首个创新冰雪运动发展体制机制的试点省，积极响应国家政策，在2018年5月出台了《河北省冰雪产业发展规划(2018—2015)》。以该规划为蓝本，河北省市两级体育部门纷纷出台配套的跟进政策和文件。例如张家口、石家庄、邢台、邯郸、承德等地先后出台了市级的冰雪产业发展规划或实施意见。其中张家口作为冬奥会举办地，对冬奥会及冬季体育项目开展表现出高度关注，承担起了应有责任，其制定的冬奥会与冬季体育项目消费相关政策文件数量居多，内容涵盖面也最为广泛。另外，以河北省体育局为牵头单位的《关于创新冰雪运动发展体制机制的实施意见》，是全国唯一以省政府办公厅名义发布的政策文件，提出了一系列加快冰雪运动强省建设的创新性思路举措，同时，《河北省冰雪产业发展落地方案》也即将发布。由此体现了河北省在推动冰雪产业发展，促进冬奥会与冬季体育项目消费上勇于开拓，积极奋战的信心和决心。

**相关部门政策积极配合**

河北省市两级各相关部门积极响应，在各自职能范围内也推出一些冰雪专项政策。教育、旅游、财政、残联、环保、科技、城建等部门，分别从冰雪进校园、冰雪旅游高质量发展、冬奥项目资金管理、冬残奥体育教育进特教学校、残疾人冬季体育项目发展、申办冬奥会的固体废物监管、冰雪产业创新创业聚集区、雪上运动场馆评价、冬奥惠民工程建设等方面出台了相关政策文件。

**目标任务明确可行**

经调研发现，现有政策文件落实情况良好。所有政策在制定发布之前，均经过了充分的调研和专家论证过程，上级文件的务虚与下级文件的务实结合紧密，既有高屋建瓴的思想、方向、理论的把握，又有明确的工作目标、任务和重点推进项目等。从冰雪场地设施、赛事活动、健身指导、冰雪产业等方面均提出了明确的量化目标任务要求（见附件2　河北省冰雪运动发展目标表）。这些量化指标也正在有条不紊地推进中，各地市对本地目标任务均充满信心和决心，表示能够达到预定目标。

## 冬奥会与冬季体育项目政策现存问题分析

尽管河北省在推进冰雪产业，促进冬奥会与冬季体育项目消费上不遗余力，大部分政策能够顺利落实，更多更完善的政策也在紧锣密鼓地规划研究中，但受整体市场环境和政府部门块状管理情况限制，冬奥会与冬季体育项目的政策困境依然严重，一些政策的制定和落实，依然存在瓶颈问题。

## 缺乏顶层设计，冰雪产业政策引领不足

冰雪运动产业发展涉及体育、教育、财政、旅游等20多个部门。如滑雪高峰期的交通、学校冰雪运动的开展、雪场土地使用和税收信贷利率、水电气热价格等问题，均需要多个部门协调解决。但由于各部门职能不尽相同，政策冲突和模糊不清的情况时有发生，各部门间协调起来相当困难。目前河北省尚未形成统筹的管理机制，在冰雪产业发展上还缺乏系统精准的顶层设计和明晰定位，从而导致冰雪产业政策引领不足、落实途径不顺畅、冰雪项目和场馆技术标准与安全规范不健全，政策间的兼容衔接不够。

## 产业结构发展不平衡，产业链体系不完整

冰雪产业链的纵向延伸和横向扩展，是推动冰雪产业发展和促进冰雪运动消费的重要前提。但纵向来看，在河北省的冰雪运动核心产业链中，目前处于上游的冰雪装备生产制造水平较低，冰雪场馆供给不足的现象比较严重，从而导致冰雪产业链物质基础薄弱；而处于中游的冰雪旅游和赛事市场较小，冰雪教育培训推广不足，从而导致冰雪产品和服务有效供给不足；由于中上游产业链整体薄弱，河北省冰雪运动气候尚未成形，因此下游冰雪运动文化气氛不浓郁。横向来看，冰雪产业的关联延伸产业，雪场房地产、相关装备制造的规划设计水平和技术研发能力距离欧美国家还有很大差距，相关的展会、健身休闲、教育培训、户外旅游等相关产业跟进也不及时，文创产品和服务水平较低，“一日游”成了滑雪消费的主流，冰雪消费市场没有得到充分释放。

## 冰雪场经营成本过高，负债经营现象严重

冰雪场的运营成本过高主要体现在税费高、资源费高、征用林地土

地费高等方面。据了解，崇礼的万龙、太舞、富龙三大滑雪场都存在着一次性投资额巨大、借贷利息负担沉重、林地租赁费高、水电气热收费高等导致运营成本过高的现实问题，具体表现在企业融资利率平均达10%，水费即将由18元/吨上调为28.18元/吨（增加10元/吨水资源税），平均每家滑雪场用电成本约100万/月，采暖燃气成本为200万/月~300万/月，国有林场土地租用费60 000元/亩，成本相当高昂，维持经营困难。除此之外，云顶滑雪场也存在着很大的经营亏损。

## 产品技术落后，科技人才短缺

就全国范围而言，我国冰雪装备制造业水平还比较低，产品质量和生产技术落后，大量设备依赖进口。造雪、压雪和滑雪培训等方面的技术人才和专业团队也相当短缺。在当前国际冰雪产业快速发展，河北省打造冰雪强省，与国际滑雪产业接轨的重要历史节点，这种情况成了制约河北冰雪产业快速高质量发展的主要短板之一。

## 融合发展深度和广度差

目前河北省一些地区政策落实不完善、不到位等问题依然很明显。冬奥会不仅仅是体育界的盛会，冰雪市场也不仅仅是体育的市场。“冬奥搭台，经济唱戏”，冬奥大舞台，给每一个行业都提供了表演的机会。同样，只有更多的行业走上冬奥这个大舞台，唱足戏、唱好戏，冬奥演出才会更热闹、更迷人，冰雪市场才会更繁荣、更持久。政策制定者就是冬奥舞台和冰雪市场的编排布置者，各行业的参与就是舞台的演出者。目前来看，编排布置者之间、演出者之间，以及编排和演出者之间的结合不够紧密，影响节目的精彩程度。也就是说，冬奥会与冬季体育项目同级政策融合不具体，上下级政策对接不紧密。

## 政策措施建议

为了进一步促进冬奥会及冬季运动项目消费，完善冰雪产业发展政策措施，切实破解发展瓶颈制约，着力推动冰雪产业创新发展、绿色发展、高质量发展，努力完成筹办好冬奥会和带动地方发展两项重要任务，特提出以下政策措施建议。

### 进一步加强顶层设计和规划引领， 加大政策落实力度

省市两级编制完善本级冰雪产业发展规划和配套措施。进一步加强顶层设计，在规划和措施的编制中，要以省本级向国家规划、国际标准看齐，市本级向省级政策、国家政策看齐，坚持规划和措施的先进性、科学性和可行性，需要创新的要大胆创新；要高度重视冰雪产业规划措施的重要性，将规划措施的落实作为当年政府的重点工作计划。省级规划各相关部门制定和完善冰雪体育运动、冰雪旅游业、冰雪器材装备业等专项发展规划，实施计划及配套政策。以规划为引领，政策为引导，做强做大张家口、承德两地冰雪产业核心区，发展壮大京津张、承秦唐、太行山脉三条冰雪旅游带，以及张家口装备制造、廊坊装备制造、雄安技术研发、石家庄综合服务四大基地，打造冬奥会、会展论坛、教育培训、冰雪赛事四大国际品牌。完善政策完成情况报表制度建设和督查评价体系建设，明确指定政策落实的责任主体，做到事事有人管、事事有人担。

### 完善统筹协调机制， 创新冰雪运动管理体制

成立推进冰雪产业发展领导小组，制定全省冰雪产业发展中的重大战略和政策，统筹协调各部门开展相关工作；成立专家咨询委员会，确保各项具体措施科学有效，相关各省市结合实际，加紧出台具体实施办法和工作方案，充分发挥有关行业协会等社会组织的纽带作用。为此建

议：（1）由省政府主要负责领导担任领导小组组长，建立联席会议制度。由省发改委、自然资源厅、生态环境厅、住建厅、财政厅、人社厅、民政厅、文旅局、交通运输厅、外事办、广电局、冬奥办、体育局等部门组成联席会议成员单位，下设办公室，由省体育局局长担任办公室主任，明确任务分工，形成议事机制，要做到层层负责、落实到人。联席会议小组定期研究几件大事，解决实际问题。如水电价格、土地指标、雪场互通建设、索道、魔毯等专用机械设备的进口关税、用电增容审批等问题。（2）建立部门对接协调机制。建立规划项目衔接、信息交流共享、部门联合审批、政策落实督查等机制，形成协调配合格局。（3）研究制定体教融合办法、设施标准与安全规范条例等，引导青少年走出校园、走进冰雪场。（4）推进冰雪运动协会改革。以管办分离、协会实体化为主要导向，大力推动冰雪协会建设。

## 优化结构，　完善冰雪全产业链体系建设

认真分析冰雪上下游产业链结构。通过顶层设计，匹配冰雪装备制造、场馆建设与冰雪旅游、赛事、教育和冰雪文化上下游产业链的量比关系，使冰雪产业整体能成体系、协调运行。为此建议：（1）在装备制造方面，按照张家口引领、廊坊支撑、雄安创新推动、石家庄服务保障联动发展思路做大做强冰雪装备产业链。（2）在冰雪旅游方面，发挥冬奥机遇，以“旅游+”激活“滑雪+”，增强产业创新能力，提供多样化产品和服务，延展相关产业链条，完善服务体系，促进消费升级。（3）在冰雪赛事方面，着力推进冰雪运动市场化运作，优化冰雪赛事体系，完善冰雪运动后备人才培养体系。（4）在冰雪培训方面，完善冰雪运动的培训机制，加快张家口国际化学院的谋划和建设，打造世界冰雪人才高地，石家庄、保定利用高效集聚模式建立冰雪运动培训学校或基地。（5）在冰雪文化方面，建立完善冰雪文化数据库体系，加强对冰雪

民俗体育文化市场的培育和开发，做好冰雪文化的品牌宣传。

## 加大财政投入和税费减免政策力度

研究制定冰雪场馆建设、运营、消费与赛事活动补贴和税费减免政策。为此建议：（1）通过体育消费券的发放，在石家庄、沧州、张家口、承德市先行试点，逐步推广，降低群众的冰雪运动成本，增加冰雪场馆收入。截至2019年3月15日，河北省内四试点体育消费券发放的第60天，共使用体育消费券246.59万元，直接带动冰雪个人消费687.03万元，带动比例为1∶2.79（表14.2）。以上数据表明，河北省体育消费券投放成功，但试点间发放情况还很不均衡，整体规模也较小，应逐步加大规模，寻找问题，不断完善提升使用数量，增进个人消费带动比。（2）扶持冰雪赛事活动，支持各级各部门承办国际国内冰雪赛事活动和展会论坛，根据等级和规模给予资金补贴。（3）研究制定落实国家进一步降低增值税和企业所得税政策，对包括冰雪装备制造、场馆建设在内的增值税率由17%和11%，调整为13%和9%；对高新技术冰雪企业，减按15%的税率征收企业所得税；对进口项目所需国内不能生产的自用冰雪运动设备和配件，在政策规定范围内，免征进口关税。（4）落实冰雪企业使用水、电、气、热等价格不高于同区域内一般工商业电价标准的政策；按照国家减免水资源范围，适当调整冰雪企业取用水水源，以降低企业成本。

表14.2　四城市消费券使用与带动个人消费情况表

| | 发放（万元） | 直接带动（万元） | 带动比（%） |
|---|---|---|---|
| 石家庄 | 155.50 | 426.98 | 2.75 |
| 张家口 | 65.21 | 189.29 | 2.90 |
| 沧州 | 0.48 | 1.30 | 2.68 |
| 承德 | 25.40 | 69.46 | 2.74 |
| 总计 | 246.59 | 687.03 | 2.79 |

## 加强土地使用保障措施

土地问题是冰雪企业做大做强，部署长期发展规划的重要前提。参照《全国冰雪场地设施建设规划（2016—2022年）》相关规定和吉林土地扶持政策经验，建议如下：（1）降低冰雪企业用地成本，落实土地使用和供地有关政策。企业将旧厂房、仓库改造成冰雪健身休闲场所的，可以实行在五年内继续按原用途和土地权利类型使用土地的过渡政策；对符合划用地目录的非营利性场所项目，可以划拨方式供地。（2）落实冰雪企业租赁土地“优先受让”和房租减免政策，支持冰雪企业实行长期租赁，先租后让、租让结合的土地供应方式，租赁期满达到合同约定条件的，在同等条件下原租赁企业优先受让，鼓励重点区域租赁场所用于冰雪产业科技研发和制造生产，实行房租减免政策。（3）冰雪产业中符合用地集约条件的工业项目，出让底价可按不低于所在地土地等别相对应的《全国工业用地出让最低价标准》的70%执行。（4）对于投资乡村冰雪旅游项目，符合各类规划的，可实行“点状供地”；对于不属于永久性建筑的冰雪场馆项目，只要与原土地使用人协商一致后，可直接建设项目，不需办理建设用地手续。

## 创新金融扶持冰雪政策

利用金融资本的杠杆作用，撬动冰雪消费市场。为此建议：（1）建立融资担保体系。全省有冰雪产业的市、县设立融资担保公司，以市级公司注册资本不低于3亿元，县级公司注册资本不低于1.5亿元为标准，为冰雪产业发展提供融资担保，并建立相应的带动风险补偿机制。（2）制定帮助企业解决短期过桥资金短缺政策，对具备可持续经营能力和市场前景，信用良好的企业，向经严格审查符合国家和省政策要求的企业提供“无还本续贷”政策。（3）加大对银行金融机构创新信贷产品的财政奖励，实施小微冰雪企业信贷普惠政策。（4）创新体育惠民补贴形式，探索体育消费券与具有金融服务功能的平台合作模式，将消费券直接发放到消费者手中，能够抵扣等值现金消费；探索通过消费者消费积分兑换的方式，换取冬季体育项目专用代金券的措施。（5）对境内外首发上市和“新三板”挂牌的冰雪企业，按照相关规定给予奖励。（6）效仿法国等欧洲国家的带薪休假制度，给予休假期间在指定冰雪场馆的消费按比例给予报销补贴。

## 加大冰雪人才“请进来，走出去”的扶持力度

冰雪业技术人才短缺严重影响了河北省冰雪产业的高质量发展。目前，河北省在冰雪人才引进，特别是在教练员、运动员编制、工资薪酬、训练经费、成绩奖励、出国培训、保研入学、住房保障、退役后安置等与人切身利益相关的待遇方面，还缺少成体系的政策，政策竞争力不足，与周边京津两地相比，处于明显劣势。为此建议：（1）加大冰雪人才柔性引进力度，降低国外冰雪行业专业技术人才工作签证要求，大量引进造雪、压雪、滑雪培训等方面技术人才和专业团队，对引进高水平人才、特殊人才和团队采取“一事一议、特事特办”。（2）加快冰雪人才培养和职业教育培训扶持力度，支持出国学习、交流访问；全面提升各类学校培养人才的能力，采用长期培养和短期培训相结合的形式，快速培养一批冰雪运动骨干师资；通过与加拿大、挪威、芬兰、俄罗斯等国家冰雪组织、赛事组委会等联合办班、定向培养等，组织开展冰雪管理人才、专业技术人才、场馆运营人才、赛事活动组织、志愿者队伍等的人才培养。

## 加紧制定冬奥会安全风险防范政策

防范化解重大风险是当前我国“三大攻坚战”之一。冬奥会即将

召开之际，务必围绕冬奥会的筹备与举办，制定相关安全防范政策措施，提前进行反恐防灾宣传教育和演练，防范化解重大风险，保证民生、树立大国形象。为此建议：（1）研究制定冬奥会安全应急预案措施，针对国际奥组委划分出的八类事件，4 000 多种危险源，详细研究以及计算机仿真，提出比较准确的应急预案。例如，火灾情况下有多少人需要疏散、有多少多大通道可供使用、如何救助伤者等。（2）加大宣传教育，通过群众力量维护安定团结，制定遇到重大问题及时向本级政府报告的措施和奖励办法。（3）制定重大危险处理和防灾反恐知识教育实施办法，编制学习手册。（4）加强冰雪场馆和机场、火车站、汽车站、大型商场、旅游景点等人流聚集区的安全布控措施，制定联动的冬奥安防机制等。

## 趋势与展望

冬奥会及冬季体育项目发展事关国家形象，百姓福祉，不仅需要完善的政策保障，更需要强有力的落实执行。面对冬奥会这一重大历史发展机遇和挑战，自 46 号文发布以来，河北省正在以前所未有的重视程度，积极推动供给侧结构改革，加大加强冬奥会及冬季体育项目政策的制定和落实力度，陆续出台冰雪产业和消费政策，各类法规制度日臻完善，并逐步形成完整体系。我们坚信，在完善的冰雪政策保驾护航下，河北省将会创造出更优良的冰雪产业营商环境，冬奥会和冬季体育项目也必将由小众体验项目发展成为大众普及项目；河北冰雪消费市场也会愈发繁荣，并在国际冰雪市场中占据重要位置。

### 附件 1　冬奥会及冬季体育项目需要的政策支持一览

（1）建立冰雪联席会议制度，成立专设机构的政策

提出依据：解决冰雪场馆的土地、税费、水电气热费问题；河北省

“三千万人上冰雪”问题及其他需多部门共商方能解决的问题。

可能性：很高。国家冬奥会领导小组、河北省冬奥会领导小组均已成立。同时河北省委省政府高度重视，河北省委书记王东峰、省长许勤多次做出批示，多次召开冬奥会冰雪运动开展会议，多次赴冬奥会举办地和冰雪场实地考察。借助冬奥会领导小组的成立，将冬季运动项目政策与冬奥会政策结合，建立联席制度，成立专设机构。

操作性：通过政策制度形式召集相关部门，以保持联席会议制度的稳定性和权威性。省主要领导任组长，在省体育局常设办公室，定期召开联席会议。

（2）“青少年上冰雪”的相关政策

提出依据：实现快速提升冰雪人口，实现“三千万人上冰雪”、建设冰雪文化强省的目标。

可能性：偏高。教育部门积极投入，但主要受场地限制、校园安全责任和学生学业压力影响，部分学校对青少年上冰雪持观望和消极抵制态度。

操作性：学习奥地利经验，有条件的学校开设冰雪课程，编制中小学冰雪教材；组织开展冰雪冬令营活动等政策。

（3）冰雪场馆、制造业税费减免政策

提出依据：解决冰雪场馆经营成本高、冰雪制造业利润低、产品质量不高的问题。

可能性：很高。李克强总理强调，2019 年下决心进行更大规模减税降费，并进一步加大进项税抵扣范围。

操作性：依据财政部、税务总局、海关总署发布的《关于深化增值税改革有关政策的公告》以及国家税务总局发布的《关于深化增值税改革有关事项的公告》，自 2019 年 4 月 1 日始增值税率再次下调，将制造业等行业 16% 的增值税率降至 13%、交通运输和建筑等行业 10% 的增值税率降至9%。结合本次下调，研究制定冰雪场馆、冰雪运动制造业税费减免政策。

（4）冬奥会及冬季体育项目政策的延续性

提出依据：解决企业对冬奥会前后政策延续性的顾虑问题。

可能性：中等。时间跨度偏长，国际国内项目市场存在很大的不确定性。

操作性：做好冰雪运动的顶层设计，明确方向和目标，制定更长期的规划政策。根据政策的适用程度将现有政策截止年限由普遍的2022年或2025年延长至更长时间，或对有需要的冰雪运动项目单列长期政策。

（5）冬奥会安全保障政策

提出依据：解决现有冬奥会保障政策缺失的问题。

可能性：很高。冬奥会安全事关重大，不仅事关当前“三大攻坚战”，也事关我国国际形象；不仅事关参与运动员的安全，更事关百姓生命财产安全。

操作性；以军队、公安、武警等国家安全部门为保障核心的同时，制定冬奥会意识形态、思政政策，借鉴2008年奥运会经验，培养更多的群众志愿者。

**对已出台政策落地的建议**

（1）鼓励更多的人关心和参与冰雪运动的政策落地建议

现有主要政策：《河北省冰雪产业发展规划（2018—2025年）》《河北省人民政府办公厅关于支持冰雪运动和冰雪产业发展的实施意见》《河北省教育厅关于大力开展冰雪运动进校园活动的通知》等。

建议：要求各地制定本地冰雪运动发展规划和具体实施方案；通过冬奥惠民相关工程，划拨冰雪专项经费；谋划体育消费券和冰雪专用券，细化消费券发放管理办法，将该办法列入正式政策文件；等等。

（2）鼓励更多的投资者参与冬奥会运行政策落地建议

现有政策：《河北省人民政府办公厅关于创新冰雪运动发展体制机制的实施意见》《张家口市人民政府关于加快冰雪运动振兴发展的意见(2016—2022年)》《张家口市人民政府关于规范推进政府和社会资本合作（PPP）支持全市经济社会发展的实施意见》等。

建议：将市级文件升格为省级文件，省直各部门积极配合张家口市冰雪运动发展工作；利用河北省体育公共资源交易平台推动社会资本介入冰雪场馆建设和赛事运营；培育良好的营商环境；等等。

（3）冬奥会权益保障措施落地建议

现有政策：《河北省奥林匹克标志保护规定》《河北省高危险性体育项目经营活动管理办法》《张家口市冬奥会食品药品安全保障规划》等。

建议：加强监管，工商、质检、安检、卫生、环保等各相关单位，抽调专门人员组建冬奥会权益保障联合行动小组，组织冬奥会专项检查，对不合格行为限期整顿改正；在冬奥会关键时期，定期全面深入检查。

附件 2　河北省冰雪运动发展目标表

| 类别 | 指标 | 河北省冰雪运动发展目标 | | | |
| --- | --- | --- | --- | --- | --- |
| | | 目标参考值 | | | 文件来源 |
| | | 2020 | 2022 | 2025 | |
| 场地设施 | 滑冰场数量 | ≥150 个<br>≥1 830m² ×1个/市 | ≥200 个 | | 《河北省体育发展“十三五”规划》《河北省人民政府办公厅关于创新冰雪运动发展体制机制的实施意见》《河北省人民政府关于加快发展体育产业促进体育消费的实施意见》《河北省全民健身实施计划（2016—2020 年）》 |
| | 滑雪场数量 | ≥60 个 | ≥80 个<br>≥1 个/市 | | 《河北省体育发展“十三五”规划》《河北省人民政府办公厅关于创新冰雪运动发展体制机制的实施意见》《河北省人民政府关于加快发展体育产业促进体育消费的实施意见》《河北省全民健身实施计划（2016—2020 年）》 |
| | 国家级冰雪小镇 | | 2 ~ 3 个 | | 《河北省人民政府办公厅关于创新冰雪运动发展体制机制的实施意见》 |
| | 省级冰雪小镇 | | 10 个 | | 《河北省人民政府办公厅关于创新冰雪运动发展体制机制的实施意见》 |

（续　表）

| 类别 | 指标 | 河北省冰雪运动发展目标 | | | |
|---|---|---|---|---|---|
| | | 目标参考值 | | | 文件来源 |
| | | 2020 | 2022 | 2025 | |
| 赛事活动 | 冰雪进校园开课率 | | ≥80%/市（张、承）≥30%/市（不含张、承） | | 《河北省群众冬季运动推广普及计划（2018—2022年）》 |
| | 冰雪知识双百双万公开课学校 | | 100所/年 | | 《河北省群众冬季运动推广普及计划（2018—2022年）》 |
| | 冰雪知识双百双万公开课场次 | | 100场/年 | | 《河北省群众冬季运动推广普及计划（2018—2022年）》 |
| | 冰雪知识双百双万公开课覆盖率 | | 10 000名学生；10 000个家庭 | | 《河北省群众冬季运动推广普及计划（2018—2022年）》 |
| | 省级以上青少年冰雪项目精品赛事数量 | | 2～3项 | | 《河北省群众冬季运动推广普及计划（2018—2022年）》《河北省冬季运动发展规划（2015—2022年）》 |
| | 全省冰雪活动数量 | ≥150次/年 | | | 《河北省全民健身实施计划（2016—2020年）》《河北省人民政府办公厅关于创新冰雪运动发展体制机制的实施意见》 |

| | | | | |
|---|---|---|---|---|
| | 张、承地区冰雪活动数量 | ≥100 项/年 | ≥150/年 | 《河北省群众冬季运动推广普及计划（2018—2022 年）》《河北省全民健身实施计划（2016—2020 年）》<br>《河北省冬季运动发展规划（2015—2022 年）》 |
| | 张、承地区特色品牌活动数量 | 3 ~5 个/年 | 3 ~5 个/年 | 《河北省群众冬季运动推广普及计划（2018—2022 年）》<br>《河北省全民健身实施计划（2016—2020 年）》<br>《河北省冬季运动发展规划（2015—2022 年）》 |
| 赛事活动 | 大众赛事活动数量 | | ≥150 项/年 | 《河北省全民健身实施计划（2016—2020 年）》 |
| | 省级青少年冰雪项目精品赛事 | | 4 ~6 项 | 《河北省人民政府办公厅关于支持冰雪运动和冰雪产业发展的实施意见》 |
| | 顶级精品赛事数量 | | 3 ~5 个/年 | 《河北省人民政府办公厅关于支持冰雪运动和冰雪产业发展的实施意见》 |
| | 举办国家级赛事数量 | 5 项/年 | | 《河北省全民健身实施计划（2016—2020 年）》<br>《河北省体育发展“十三五”规划》<br>《河北省冬季运动发展规划（2015—2022 年）》 |
| | 举办国际级赛事数量 | ≥2 项/年 | | 《河北省全民健身实施计划（2016—2020 年）》<br>《河北省体育发展“十三五”规划》<br>《河北省冬季运动发展规划（2015—2022 年）》 |

（续　表）

| 类别 | 指标 | 河北省冰雪运动发展目标 | | | |
|---|---|---|---|---|---|
| | | 目标参考值 | | | 文件来源 |
| | | 2020 | 2022 | 2025 | |
| 健身指导 | 冬季体育健身指导员队伍建设 | | ≥200 人 | | 《河北省冬季运动发展规划（2015—2022 年）》 |
| | 滑雪教练员持证上岗率 | 95% | | | 《河北省体育发展“十三五”规划》 |
| | 冬季体育项目在全国注册人数 | | ≥200 人 | | 《河北省冬季运动发展规划（2015—2022 年）》 |
| | 冰雪项目协会 | | ≥50%<br>［张、承地区县（市、区）］ | | 《河北省群众冬季运动推广普及计划（2018—2022 年）》《河北省全民健身实施计划（2016—2020 年）》<br>《河北省冬季运动发展规划（2015—2022 年）》 |
| 社会组织 | 冰雪体育健身站（点） | | ≥50%<br>（张、承地区所有社区） | | 《河北省群众冬季运动推广普及计划（2018—2022 年）》《河北省全民健身实施计划（2016—2020 年）》《河北省冬季运动发展规划（2015—2022 年）》 |
| | 冰雪体育组织 | | ≥30%<br>（张、承地区乡镇） | | 《河北省群众冬季运动推广普及计划（2018—2022 年）》《河北省全民健身实施计划（2016—2020 年）》《河北省冬季运动发展规划（2015—2022 年）》 |
| | 冰雪健身示范点 | 25 个 | | | 《河北省体育发展“十三五”规划》 |

| | | | | | |
|---|---|---|---|---|---|
| | 健身示范点 | | ≥3个(秦皇岛、唐山、石家庄、廊坊、保定等地区)<br>≥15个(张、承地区)<br>≥2个(其他地区) | | 《河北省冬季运动发展规划（2015—2022年)》 |
| 社会组织 | 挂牌业训扶持点或冬季项目特色学校 | | ≥50所<br>(张、承地区) | | 《河北省群众冬季运动推广普及计划（2018—2022年)》 |
| | 冰雪运动特色学校 | | | ≥100所（张、承建成3~5所，其他市建成1~2所) | 《河北省人民政府办公厅关于创新冰雪运动发展体制机制的实施意见》 |
| | 联办学校 | 50所 | | | 《河北省冬季运动发展规划（2015—2022年)》 |
| 冰雪产业 | 冰雪产业规模 | | 1 000亿元 | | 《河北省冬季运动发展规划（2015—2022年)》<br>《河北省人民政府办公厅关于支持冰雪运动和冰雪产业发展的实施意见》 |
| | 冰雪装备研发生产基地或园区 | | 4~6个 | | 《河北省人民政府办公厅关于支持冰雪运动和冰雪产业发展的实施意见》 |
| 其他 | 经常参加冬季项目健身人口 | | ≥3 000万人次以上 | | 《河北省冬季运动发展规划（2015—2022年)》<br>《河北省人民政府办公厅关于支持冰雪运动和冰雪产业发展的实施意见》 |

# 第十五章

# 面向未来的50条政策建议

江小涓　刘佳昊

2014年，我国制定了《国务院关于加快发展体育产业促进体育消费的若干意见》（国发〔2014〕46号）（下称46号文），是党和政府重视体育产业发展的一个标志性文件。现在，制定新的促进体育消费的文件，出台新的政策必要、重要而且紧迫。

第一，46号文发布至今已经5年，政策效果和难点问题均已展现，需要总结完善并体现在新的政策设计中。第二，各地和各个体育行业都有许多好做法好经验，值得研究总结并及时推广。第三，我国进入发展新阶段，体育产业有许多新的理念、新的消费需求、新的产业形态、新的支撑技术、新的商业模式和新的投资者，将加快向支柱产业方向发展，由此产生了新的制度和政策诉求。

本章先概括总结以往政策及其实施效果，分析部分政策效果不够理想的原因，在此基础上，提出今后需要制定出台的50条政策建议。

# 中央政府制定出台的政策及其效果[①]

## 已经出台的政策概览

46号文之后，许多促进体育产业发展和促进体育消费的相关政策相继发布。据统计，党中央、国务院以及各部委制定的相关政策共有65项。这些政策可以大致分为以下类别，见表15.1。表中也列出了地方出台的若干政策。

表15.1　中央政府及各部委出台的体育政策汇总

| 政策类型 | 数目 | 具体内容举例 |
|---|---|---|
| 中央出台政策 | 20 | |
| 单项运动 | 2 | 足球；冰雪运动 |
| 体育产业 | 2 | 发展体育产业；促进体育消费 |
| 学校体育 | 3 | 学校体育条例；促进学生身心健康全面发展 |
| 全民健身 | 3 | 健康服务业发展；全民健身；“健康中国” |
| 社会力量 | 3 | 政府购买公共服务；政府和社会资本合作模式 |
| 体育消费和体育服务相关 | 7 | 激发体育消费潜力；健身休闲产业；竞赛表演业 |
| 各部委出台政策 | 45 | |
| 体育产业 | 5 | 彩票公益金；体育消费；体育产业基地发展 |
| 社会力量 | 1 | 鼓励和引导民间资本投资 |
| 总体规划 | 2 | “十三五”规划 |
| 市场环境 | 1 | 强化市场监管、净化产业运营环境 |
| 特定人群 | 5 | 老年人、青少年、农村人口三类群体体育工作 |
| 全民健身 | 3 | 群众体育工作；体育健身；健康与养老服务业等 |
| 体育赛事 | 4 | 赛事审批；赛事管理；社会力量办赛等 |
| 体育旅游 | 5 | 发展体育旅游；运动休闲特色小镇 |
| 体育场馆 | 5 | 体育场馆开放；运营管理；税收政策等 |
| 单项运动 | 14 | 足球；冰雪；航空体育；马拉松；高危项目等 |

资料来源：作者根据本书第二章中的内容整理总结。

① 本节内容是对书中多章内容的概括总结，特别是概述了第二章《与体育消费相关的中国体育产业政策研究》的主要内容和分析结构。

对前文 65 个主要体育产业政策进行细致梳理，可以将我国已出台的体育消费相关政策概括为丰富体育消费需求、培育体育消费理念、提升体育运动技能、拓展体育消费空间、刺激体育消费行为和健全体育消费保障等六大类。

一是丰富体育消费需求的相关政策。包括三个主要方面：(1) 推进体育竞赛改革，取消商业性和群众性体育赛事活动审批，通过丰富赛事供给，打造一批有吸引力的国际性、区域性品牌赛事，增加体育消费参与和观赛选择。(2) 大力发展休闲健身，丰富和完善全民健身活动体系，完善业余体育竞赛体系。(3) 大力发展体育制品、运动服装、器材设施、纪念品的研发设计、生产制造和销售推广，打造若干龙头企业和国际品牌等。这类政策的落实总体良好，赛事活动逐年丰富，众多单项运动协会牵头组织开展群众性业余赛事。据研究，2017 年直接与公众体育消费相关的体育竞赛表演活动、体育健身休闲活动较上一年度增长突出，增速分别达到 39.2% 和 47.5%。

二是培育体育消费理念的相关政策。此类政策可总结为三方面：(1) 加大宣传力度，鼓励制播国产健身休闲类节目，普及科学健身知识。(2) 鼓励日常健身活动。政府机关、企事业单位、社会团体、学校等都应实行工间、课间健身制度等，倡导每天健身一小时。(3) 发挥体育明星和运动达人的示范作用，树立全民健身榜样，讲述全民健身故事；对有突出贡献的组织机构和个人予以表彰。此类政策正逐年体现出其良好效果，极大地激发了群众的运动健身热情，真正实现了借助榜样的力量推广全民健身。

三是提升体育运动技能的相关政策。此类政策集中体现在：(1) 明确提出大力发展的运动项目，包括足篮排等集体项目，积极推进田径、游泳、体操等基础项目及冰雪运动等特色项目，广泛开展乒羽球和武术等优势项目。(2) 引导和支持社会力量开发适合不同人群的体育技能培训课程，充分借助互联网、大数据等手段，提供形式多样、更有针对性的运动处方和健身指导；（3）推广运动水平等级标准和业余赛事等级标准；（4）完善体育课程，提高教学水平，研究制定运动项目教学指南，让学生熟练掌握一至两项运动技能，逐步形成“一校一品”“一校多品”教学模式。此类政策首先体现的效果就是体育教育培训市场蓬勃发展。运动健身群体的需求日趋多元化，马术、击剑等越来越多的小众高端运动快速崛起，显现巨大的市场价值。此外，足球进校园的发展也取得了成效。截至 2017 年 7 月，全国青少年校园足球特色学校已达 20 218 所,学校运动场馆面积的增加，校园足球师资培养培训体系的完善，都有效助推着校园足球的发展。

四是拓展体育消费空间的相关政策。体育场馆和公共体育设施建设是我国在出台政策中涉及内容最多的方面，这类政策主要包括：（1）以体育设施为载体，打造城市体育服务综合体，智能化场馆运营。（2）多渠道增加全民健身场所和设施，增量存量齐发，努力实现企事业单位、学校体育场资源共享；充分利用闲置资源，改造建设为全民健身场地设施；积极扩大增量供给；推进实施农民体育健身工程，在乡镇、行政村实现公共体育健身设施 100% 全覆盖。（3）发展体育旅游，促进健身休闲与文化、养老、教育、健康、农业、林业、水利、通用航空、交通运输等产业融合发展；鼓励发展多媒体广播电视、网络广播电视、App 等体育传媒新业态，促进消费者利用各类社交平台互动交流。这一类政策有力地促进了多种体育业态的发展，引领人们的体育消费理念不断升级。

五是刺激体育消费行为的相关政策。此类政策可概括为：（1）将全民健身经费纳入财政预算，并保持与国民经济增长相适应；安排一定比例的体育彩票公益金等财政资金，通过政府购买服务等多种方式，积极支持群众健身消费。（2）通过试行向特定人群或在特定时段发放体育健身消费券等方式，建立多渠道、市场化的全民健身激励机制。（3）创新全民健身激励机制，推行《国家体育锻炼标准》，颁发体育锻炼标准证书、证章。（4）建立马拉松运动跑者积分体系，打造个人马拉松护照。此类政策已经有了众多有益的尝试。国家体彩公益金被更加灵活地用于促进体育消费。“运动银行”类平台在线上为运动人群开设“运动账户”，激励全民运动健身，也为体育消费带来了新变化。但此类政策在实施过程中也存在着宣传力度不足、实施强制力不够等问题，有待进一步落实。

六是健全体育消费保障的相关政策。主要包括：（1）建立全民健身评价体系，形成多层级主体的立体评估；把全民健身公共服务体系建设纳入当地国民经济和社会发展规划及基本公共服务发展规划，把相关重点工作纳入政府年度民生实事加以推进和考核。（2）加强监管和监督，完善防控体系和赛事安全预案。（3）引导保险公司根据体育运动特点和不同年龄段人群，开放场地责任保险、运动人身意外伤害保险；鼓励引导企事业单位、学校、个人购买运动伤害类保险。此类政策的实行取得了一定的成果，树立了一些标准，完善了赛事监管服务，大型体育场馆免费低收费开放得到进一步推进，体育保险也实现了发展。但总体上看，这些方面存在的问题和矛盾依然较为突出。

## 地方鼓励体育消费的政策及效果①

自46号文出台以来，各级地方政府积极行动，顺应居民体育消费升级大趋势，从供给侧与需求侧两端发力，刺激体育消费行为，健全体

① 本节内容是对书中多章内容的概括总结，特别是引用了第三章《我国促进体育消费政策的实施现状与对策研究》，第六章《体育设施领域PPP模式应用及政策研究》和第十四章《河北省冬奥会与冬季体育项目政策研究报告》的主要内容和分析结构。

育消费保障体系。本课题梳理出9项这类政策。其中，有3项需求侧政策：医保卡健身制度、体育消费券、健身积分制度；还有6项供给侧政策，分别是：体育产业发展引导资金、大型场馆免费低收费开放、体育场馆能源政策、青少年运动技术等级制度、体育产业人才政策、体育组织创新扶持制度（参见表15.2）。

表15.2　地方政府出台的主要政策

| 地方出台政策（不完全统计） | 数量 | 主要内容 |
|---|---|---|
| 体育消费专项政策 | 22 | 医保卡健身；体育消费券；健身积分 |
| 体育产业政策 | 68 | 促进体育产业发展；促进体育消费 |
| 体育场馆政策 | 3 | 大型体育场馆向社会开放；体育场馆建设 |
| 体育产业人才政策 | 4 | 体育相关人才引进 |
| 单项运动政策 | 12 | 足球；航空体育；冰雪运动；冬奥会相关 |

资料来源：作者根据本书第三章中的内容整理。

## 医保卡健身制度

2003年苏州市劳动保障、体育等部门联合拟订方案，在全国率先试行阳光健身卡工程，持卡人可以在苏州市全民健身中心所属的定点场馆中消费，并享有一定的优惠。随后，南通市、常州市等15个地区试行医保卡健身制度。虽然这项政策在2017年6月因担心医保资金承受能力问题而被叫停，但在“医保卡健身制度”实行期间，已经显示出其能够有效地促进全民健身，改善大众健身观念的积极作用。但也存在一些缺陷和不足，需要适时解决和完善，主要有：一些居民长期刷医保卡健身造成医保卡个人账户中没有结余，生病时没有保障；原始的医保健身卡办理方式难以应付逐年递增的申请人群；医保健身卡整体的使用范围比较有限，功能略显单一；支持刷医保卡的定点健身房过少，部分健身场所硬件设施不完善，健身从业人员专业素养不高；部分医保覆盖率不高的地区，存在政策实施不公平；对于部分人群，医保健身卡准入门槛过于严格等问题，限制了“医保卡健身制度”效果的发挥。

### 体育消费券

部分城市试点了体育消费券制度，通过向居民发放“体育券”，鼓励大众参与体育消费。2014 年温州市依托市民卡，推行了给予健身消费金额 15% 补贴的体育消费刺激政策。其后，江苏省、北京市、杭州市、河北省等地先后试行体育消费券制度，对居民体育消费进行补贴。消费券所用资金一般由各地体彩公益金出资，补贴方式一般有定额［健身房月卡每人次补助 100 元，限定享受 1 次（杭州）］、比例补贴［健身消费金额 15% 的补贴（温州）］、满减返款（北京）等几种方式。

此项制度试点以来，促进了居民的体育消费，也带动了其他体育相关产品和服务的消费。但是仍然存在着较多问题，比较突出的有：预算数额不足，国家层面无专项资金，部分省市级政府仅设立了百万、千万级别额度的消费券预算，刺激力度也不够；政府补贴可能带来市场价格扭曲等情况，而个别地区政府的投放具有倾向性，会对市场公平竞争产生干扰；体育消费属于非必需消费，政府发放消费券可能会形成“补贴富裕群体”的情况，从而产生不公。

### 健身积分制度

全民健身公共积分是一种符合金融规范和银联标准的货币化数字资产，是“先消费后补贴”的全民健身激励机制创新。江苏省于 2016 年 10 月发布《2016 年江苏省体育消费券发放方案》，向自愿办理“全民健身公共积分卡”的健身群众发放 2 000 万元，连续 5 年，每次消费金额的 20% 的积分返到卡里。河北省也于 2017 年推行全民健身（冰雪）

公共积分制度：地方财政从体彩公益金中拨付500万元，向到张家口崇礼参与冰雪健身消费的江苏籍消费者发放“全民健身（冰雪）公共积分”，消费者可获得消费额50%的积分补贴；冰雪积分可以通过“积分通”App，在张家口旅游、餐饮、购物、娱乐等定点商户直接消费使用。与此同时，阿里体育等企业也推出了“运动银行”等特色健身积分制度，拉动消费者的体育消费。

健身积分制度目前仍处于起步阶段，政策效应仍有待进一步观察，但在试行阶段仍发现存在若干问题，如：补贴数额不足，宣传力度不大，如江苏省全民健身公共积分在试点期间仅补贴2 000万元，相应的媒体宣传力度也不足；线上平台缺乏优化，各省市购买的线上建设服务水平不一，部分软件存在操作不方便、服务器卡顿、图标设计不合理等问题，缺乏专业的软件优化等。

## 体育产业发展引导资金

全国有18个省市政府制定了《关于加快发展体育产业的实施意见》，其中，有12个省市又根据《指导意见》和《实施意见》制定了《体育产业发展引导资金使用管理办法》或《体育产业发展专项资金管理办法》，设立了体育产业发展引导资金。截至2018年底，北京等12个省市设立了体育产业发展引导资金，规模累计84.371 9亿元人民币。

12个省市的《管理办法》中都明确了体育产业发展引导资金的资助方式，主要采取贷款贴息、项目补贴、政府重点采购、后期赎买及后期奖励等方式进行资助，但在实际执行中多数省市采用项目直接补贴方式进行资助。

资金使用中还存在一些问题，主要有：资助项目合理性存疑，对经济影响及商业价值较低、非连续性举办的体育竞赛项目的资助数量过多；投向政府类项目比例较高，而非惠及企业，影响了引导资金对社会资金的引导和拉动效应；多数项目主要以直接资助的形式拨付，即使资金绩效低下也无须支付任何成本；复申报现象严重，项目监管不到位，不能做到专款专用等。这些都影响了资金本该具有的鼓励体育消费、带动社会投资的基本功能。

## 体育场馆免费低收费开放

2014 年 1 月，国家体育总局、财政部联合发布《关于推进大型体育场馆免费低收费开放的通知》（体经字〔2014〕34 号），标志着全国体育系统场馆免费低收费开放工作正式启动。在随后的几年中，国家体育总局会同中央其他部门制定了一系列场馆免费低收费政策，相关数据显示，在 2016 年，全国接受免费低收费开放补助资金的场馆已达 1 260 家,中央财政投入 9.5 亿元。2017 年接受补助资金的场馆有 1 253 家，中央财政投入 8.447 亿元。2018 年，全国各地共有 1 277 家大型体育场馆免费低收费向社会开放，补助资金 9.3 亿元，补贴方式也在由看“座位”数量向看“绩效”转变。

第六次全国体育场地普查调查结果显示，我国人均场地面积不足 1.46 平方米，体育场地仍不能满足人民群众日益增长的健身需求，这也说明体育场馆免费低收费开放政策存在一定改进空间。主要问题有：现行政策补贴依据单一，补贴范围受限；补贴资金到位不及时，管理使用不太规范；运营管理能力较差，场馆运营效率低下，政策执行环境有待优化；场馆管理不严谨，员工服务意识不足，复合型高层次人才匮乏；信息公开力度有待提升，公众不知情，参与度不高，基层人员政策理解存在障碍；监督评价环节薄弱，监督评价机制尚需完善，政府监管水平亟待提高等。

## 体育场馆能源政策

2013 年的《场馆意见》提出对于大型体育场馆使用的水、电、气、热价格按照不高于一般工业标准执行。2014 年的《产业意见》再次明确，体育场馆等健身场所的水、电、气、热价格按不高于一般工业标准执行。政策已有支持，但落实始终成问题。在许多地方分类中，体育场馆经营用水被归类为经营服务用水，滑雪场与洗车业、洗浴业被共同划入特殊行业，实行高价收费。《山西省水资源税改革试点实施办法》对特殊行业用水提出了高税费的要求，《山东省水资源税改革试点实施办法》对洗车、洗浴、高尔夫球场、滑雪场等特种行业取用水，从高确定税额。在北京市，滑雪场属于特殊行业，其用水价格是居民用水的 32 倍。甚至有些地区游泳场馆和健身房的能源价格也按照特种行业标准收取，价格标准远远高于商业标准。2014 年的一项调查显示，有 44. 4% 的场馆水费按照商业标准收取，48. 9% 的场馆电费标准为商业标准，33. 3% 的天然气收费标准是商业标准。

调研显示，各地针对健身场馆等体育场馆能源的优惠政策，物价和发展改革部门均予以认可，但在具体执行层面，水务、电力、天然气等集团均以未接到正式通知为由拒不执行。例如部分民营机构投资建设的游泳馆，开设部分水疗或桑拿等服务项目，会被水务部门按照特种行业价格对全部用水收取水费；一部分地方政府为了回避相应的优惠政策，将能源一般工业价格与商业价格并轨，使该能源政策在实践中难以落实。能源政策的难落实严重抬高了体育场馆的运营成本，使其赢利更为困难。

## 青少年运动技术等级制度

我国现存的《运动员技术等级标准》评测制度已存在 60 余年，它在带动青少年运动参与的普遍性上还存在极大不足。以足球为例，我国目前足球运动员技术等级制度共有 6 个级别，但现有等级标准难度高、标准单一，面向的是少数有条件从事专业足球训练的群体，而不是广大的青少年。青少年运动技能等级制度缺失，运动技术难度不符合青少年身心发展规律等问题，已经成为各类运动项目市场化的痛点，青少年没有具体量化的标准来测试自己取得的进步，也就无法有效地横向比较。2017 年中国篮协针对行业两大痛点，推出“小篮球”项目作为“小体育”的先行示范项目，专门制定符合 12 岁以下青少年特点的篮球比赛规则来开展青少年篮球运动。到目前为止，在篮协注册的项目参与人数已经超过 10 万人。2018 年篮协举办的“小篮球”联赛也在全国 25 个省区市和 5 个计划单列市开展，走进了 100 多座城市，吸引了共计 15 365 支球队的 100 443 名小球员、9 674 名教练和 3 542 名领队参与其中。“小篮球”的推出为其他单项运动行业协会提供了借鉴，《小篮球规则》和《中国小篮球运动员等级制度》等青少年运动技术等级制度的逐步建立也将进一步带动青少年及其家庭的体育消费增长。

## 体育产业人才政策

体育产业人才政策一般分为人才引进政策和人才培养政策两类。上海、广州、北京等一线城市均出台了体育相关人才的引进政策，如 2018 年《北京市引进人才管理办法》中规定，具有国际影响力的重大赛事的策划人和组织人、著名运动员和教练员、国际级和国家 A 级裁判员、知名体育解说员、体育节目主持人，以及具有良好发展趋势和培养前途的优秀体育后备人才可以申请办理人才引进。其他城市如诸暨市等也有对于教练员等体育人才的引进补贴政策。近年来，各大体育院校纷纷开办专项体育运动专业及跨学科复合型专业，社会体育管理与指导专业也发展迅速，到 2017 年为止，开设社会体育管理与指导专业的高校达 286 所，全国社会指导员总人数达 182 万人。

但以上政策也存在一定问题。对于人才引进政策来说，许多政府部门对企业的人才需求状况不熟悉，企业也对自身需求模糊不清，从而导致人才的供给与需求不匹配。而高校在体育人才培养过程中也存在学科设置不合理、培养体系不完善、人才培养与社会需求不匹配等问题。以社会体育指导员为例，目前我国社会体育指导员以兼职为主，全职岗位稀少，基层一线人员严重不足，但是社会体育指导员培训机制并不完备。社会体育指导员培训时间较短、培训次数有限、开设课程与实践偏差较大等问题使高级别社会体育指导员紧缺，而竞争压力巨大、就业难、社会体育指导员分类需求混乱等问题则进一步制约了相关体育人才的培养。

**体育组织的创新扶持制度**

目前，各地区纷纷成立新型体育组织以扶持体育产业。上海市、广东省、河北省、宁波市、钦州市等地已经建立了体育产业联席会议制度。体育产业联席会议一般由市或省一级主要领导牵头，各主要单位部门参与，负责商议拟定推进重大项目建设、研究制定体育产业发展重大战略和政策，对全省/市体育工作统筹协调，以推动体育产业发展，促进体育消费。2018 年 3 月，黑龙江、吉林、辽宁和内蒙古自治区体育局、旅发委协同构建了“东北区域体育旅游联盟”，旨在充分发挥东北区域独特的旅游产业优势和体育产业资源，促进体育与旅游产业融合发展，扩大整个东北区域的体育和旅游产业规模。2017 年浙江省成立了我国第一个省级具有法人资格的非营利性“体育 + 旅游”社团组织——浙江省体育产业旅游促进会，以推动浙江体育旅游融合发展。

体育组织创新扶持制度落实较好，未来应鼓励体育组织创新，推进多部门合作的体育产业发展工作协调机制，鼓励类似长三角、珠三角等区域形成体育产业区域联动发展格局，加强各政府部门间、各城市间、各区域间的沟通与合作，形成针对解决体育产业发展重点问题的联席制度、促进会等等，以进一步落实国家体育产业政策、指导意见以及各省市体育发展措施，进而促进体育消费。

## 影响政策效果的因素分析[①]

### 对体育消费的重要性认知不足

除了经济价值外，体育消费还有教育的功能，有价值观的功能，有健身的功能，有怡情的功能，还有拼搏奋斗取胜的精神价值，有对社区对城市对国家的认同感。最近几年，社会在这些方面的共识有进步，但远远不足。只有认识到位，各方面才可能齐心协力地促进产业的发展，投资者才会觉得投资体育有经济和公益双重价值，业界才会有足够的动力去发展多元化的供给并不断提高品质，政府才会出台更多政策促进这个产业的发展。例如，《中华人民共和国 2018 年国民经济和社会发展统计公报》在“文化旅游、卫生健康和体育”类目中，文化、旅游、卫生健康均包含种类、数目、人次、覆盖率、增长率、人均数、收入等具体统计数据，而体育类的仅有与竞技运动相关的冠军数目，完全未涉及体育消费相关数据，向社会传递了体育仅为代表国家参赛的冠军数目这个不完整的理念。

### 监管责权不明，缺乏部门协同

体育管理体制的健全关系着体育消费与体育产业的发展，但是在目前政府的体育管理过程中，监管权责不明，部门协同不足等情况仍然存

① 本节内容是对书中多章内容的概括总结，特别是引用了第二章《与体育消费相关的中国体育产业政策研究》、第三章《我国促进体育消费政策的实施现状与对策研究》、第八章《青少年体育消费政策研究》和第十四章《河北省冬奥会与冬季体育项目政策研究报告》的主要内容和分析结构。

在，在一定程度上制约了体育消费政策的落实。以赛事审批为例，取消赛事审批对体育赛事的举办有着十分积极的意义，46 号文等多个政府文件也反复强调“加快制定赛事审批取消后的服务管理办法，建立多部门联合‘一站式’服务机制”。但是“一站式”办公的说法缺乏规范明确的起止流程，公安、消防、卫生、医疗、交通等协同部门因缺乏出台配套的体育赛事审批改革政策，亦不愿意承担大型赛事中观众聚集带来的潜在风险，从而直接导致政府部门之间的工作联动机制不够完善，各部门在审批、安保等方面出现互相推诿的情况。此外，在全国性的评比中，体育与其他部门之间的协同也较为匮乏。尽管《国务院关于印发全民健身计划（2016—2020 年）的通知》明确提出，把全民健身评价指标纳入精神文明建设以及全国文明城市、文明村镇、文明单位、文明家庭和文明校园创建的内容，但是城市体育发展相关指标却迟迟未被列入全国文明城市评比体系中。

### 政策推行发展不均衡

我国体育消费政策的贯彻落实受到多种不均衡因素的制约。首先是全民健身人群发展不均衡，不同年龄和职业层次的人群健康状态与健身状况呈现较大差异。对于成年人来说，企事业单位职工的健身意识相对薄弱，又受时间、场地、精力制约，很难将体育健身活动要求落于行动。某些城市老年人的体质反而优于成年人整体体质。其次是体育设施空间发展不均衡，一些老社区改造增加体育设施又受场地限制，全民健身设施的定点和建设面临不少困难。再次，在地理分布上，城乡体育场馆建设发展不均衡。西部地区总体落后于东部和中部，二线城市的体育场馆建设投入还未被完全激发，而乡镇的场地数量、种类又与城市存在明显差距。此外，土地政策不统一，用地审批手续繁杂、环节多、时间长也限制了体育消费空间的进一步拓展。

## 评价指标体系尚未建立完善

判断运动技能提升与否，需要一套体育运动技能的评价体系作为参考标准。但我国现行的《运动员技术等级标准》只针对专业运动员。针对青少年运动、群众业余运动技能的衡量也需要有一套完善权威有效的评价标准。各单项运动协会尤其应发挥引领作用，根据大众业余运动能力情况和技术提升需求，研究建立合理的、符合项目发展规律的大众运动标准、业余等级锻炼标准、段位制和业余裁判员、教练员、社会体育指导员认证体系，夯实项目发展基础。当前，我国已推出全国游泳锻炼等级标准、业余羽毛球等级评定标准、全国篮球业余锻炼等级标准实施办法，马拉松大众选手等级评定实施办法等，这些标准对指导民众科学、合理地评价及检验自己的锻炼成果，合理地评价并提高自身的成绩水平有积极的指导作用。水上、山地、击剑等项目也应建立完善相关业务运动评价体系。

## 促进产业发展的长效激励体系尚未形成

目前我国促进产业发展的长效激励体系尚未形成，体育产业发展的长期保障缺乏，动力不足。首先，体育产业发展缺乏金融重点支持，大型战略投资者不愿进入，现有投资者多追求短期回报，国家政策层面金融保障力度不够。目前市场上已经成立的体育产业基金整体运作情况并不理想。其次，目前政策缺乏先行先试项目的长效激励。2018 年底，国家体育总局已在全国范围内命名和认定了 45 个示范基地、73 家示范单位和 58 个示范项目，这些示范基地及项目对充分发挥产业集群的聚集效应、规模效应和区域辐射效应，全面带动全国体育产业的发展起到了积极的引领和示范作用。但除了最初的授牌及宣传外，主管部门缺乏长期的指导与关注，也未能建立起激励创新、永动发展的激励机制。

### 对新兴体育运动理解不够或研究不深

例如，对于冰雪产业，也存在缺乏顶层设计，冰雪产业政策引领不足的问题。冰雪运动和产业发展涉及体育、教育、财政、旅游等20多个部门，滑雪高峰期的交通、学校冰雪运动的开展、雪场土地的使用和税收信贷利率、水电气热价格等问题，均需要多个部门协调解决。但由于各部门职能不尽相同，政策冲突和模糊不清的情况时有发生，各部门间协调起来相当困难。多地尚未形成统筹的管理机制，在冰雪产业上还缺乏系统精准的顶层设计和明晰定位，从而导致冰雪产业政策引领不足、落实途径不顺畅、冰雪项目和场馆技术标准与安全规范不健全，政策间的兼容衔接不够。

## 促进体育消费的50条政策建议①

本节提出今后促进体育产业发展和扩大体育消费的12大类、50条政策建议。

### 有利于扩大群众体育消费的政策

1. 落实和扩大体育场馆开放政策，提高效率，加强考核监管

健全体育场馆公益性开放财政补贴的政策保障，建立财政补贴的统一管理体系。加大场馆用电政策落实力度，落实能源价格优惠政策，统一按工业用电标准征费。提高场馆开放的效率和服务水平。鼓励地方投入必要资金，提高场馆运营网络化服务和信息化管理水平，进行适用性改造，完善使用功能，创造运营条件，优化环境，盘活资源，提高使用

① 本节大部分内容是对全书各章相应内容的总结。

效率。加强考核和监管。明确补贴政策效果评估标准，制定财政补贴监督管理的规范程序。要核定服务量和用电量的比例，鼓励存量体育场馆通过节能化改造使用节能设备，使用节能灯具。总结各地实行的其他有效的管理办法。以多元化的新商业模式改建和建设新场馆。在确保公益性开放时间和场地的前提下，可以允许场馆开发一些经营空间，建设用地也可以进行公益性和经营性的地块划分。改建的场馆允许经营空间部分补缴土地出让金并实现土地性质变更。为了避免变相拿地行为，事先应有规范的程序和监管。

2. 促进社区开展多种体育活动

地方财政要增加社区体育专项经费支持。将体育活动发展落实情况、社区群众的参与人次等作为指标列入社区绩效考核评价等体系当中。将社区健身服务场所从室外简易场地扩展到区域内的室内运动馆以及宾馆、企事业单位的运动场所。制定政策鼓励这些场所以合理价格对社区居民开放。政府制定适宜的鼓励政策。

3. 试点医保卡适用于体育健身领域

明确地方可以根据医保资金可持续情况，确定医保卡可以在健身领域使用，首先在参保率比较高、身边体育设施相对完善的省市试点。统筹管理，保障医保卡个人账户用于健身消费的合理性和可持续性。鼓励地方因地制宜，以保障医保资金的安全为前提，合理确定医保健身卡的门槛，使该措施惠及更多民众。合理选择医保卡适用健身场馆。可以由第三方对场馆的硬件和软件资质进行审核。确保健身效果，建立动态评估机制，健身效果明显、健康状况控制良好的健身者，可支配较高比例的健身额度。加强监管。利用先进技术例如大数据和面部识别技术，确保医保卡资金使用的专属性及安全性。建立黑名单制度。

4. 建议适时启动修改《社会保险法》

把“基本医疗保险”改称为“基本健康保险”，并建立更为广泛融合及良性互补的健身、预防和医疗体系。

5. 修订《基层工会经费收支管理办法》并抓好落实

将“健身技能”培训列入可使用经费的项目中，并在文体活动支出中明确体育健身支出的比例。

6. 落实和推广《进一步加强在职在岗人员体育工作的指导意见》

鼓励企事业单位积极组织和引导员工参与健身计划，把工间操活动落到实处，为在职在岗人员健身锻炼提供场地空间、时间和技能培训支持。

7. 试点和推广体育消费券

以体育彩票公益金为主要资金来源，有条件的地方可以设立专项预算。制定更合理的办法，普惠与定向相结合，更多地用于低收入和老弱病残等体育消费支付能力较弱的群体。更多地用于具有公共性、大众性的健身消费项目和设施。对冰雪等需要普及推广而费用又较高的体育消费，可发放专项消费券，降低群众冰雪运动成本，增加冰雪场馆收入。要设计合理的支付方式，增进个人消费带动能力。

8. 试点并推广体育消费积分政策

消费者的体育消费可以采取积分制，并能用来换取体育消费券、体育消费折扣卡、体育比赛观赏门票等，还能获得较高等级的医保卡用于健身服务。

9. 新建小区须配置体育健身场地和健身器材

以强制执行标准列入《住宅规范》。建设验收需对体育健身场地和体育健身器材执行情况进行验收，达标合格方可通过。

10. 多渠道增加体育运动场地

鼓励地方政府盘活存量资源，改造旧厂房、仓库、老旧商业设施，建设群众身边的体育健身场所。

## 培养青少年体育消费技能和消费习惯

1. 丰富大中小学体育教育培养大纲

引入“+X”机制。在必考达标项目之外，结合青少年自选X项目方式考核，发挥个体的体育兴趣和特长，增加考核的全面性、多样性和灵活性。通过多样化体育运动项目教学内容，提高学生的体育技能，增强体育爱好和体育意识，培养新一代体育消费的参与者和观赏者。

2. 多种方式建设青少年校外体育俱乐部

通过购买社会服务的方式，在社区引入市场化青少年体育运动俱乐部，提供多种运动技能的教学培训机会。特别注重引入公益性非营利性的青少年体育社会俱乐部，并以税收减免、土地金减免等措施支持职业体育俱乐部和大型体育企业建设这类非营利性的公益性俱乐部。

3. 试行社会资本投资运营学校体育和场馆的政策

大学要以品牌赛事建设与运动队建设为抓手，引入社会投资者，增加体育消费，创新可持续发展模式。试行学校体育场馆“第三方运营”，提升使用率，扩大消费。

4. 为学校组织体育活动建立免责机制

将体育保险纳入国家体育制度，为运动场景定制保险产品与服务，如公众责任险、场地责任险等险种，建立健全公共场馆特别是学校的免责机制，促进学校积极组织体育活动，并将场地向公众开放。

## 推动供给侧改革提供更多体育消费的产品和服务

1. 鼓励更多地方设立体育产业引导资金并提高使用效率

要求没有设立体育产业引导资金的地方特别是地市政府，尽快设立引导资金，纳入地方财政固定支出项目。更好地发挥引导资金的杠杆效应和引导作用，由直接资助项目向引导社会更多投入转变，将社会资金拉动比例、地方资金配套等列为重要考核指标。撬动更多社会资本流入体育产业，要让产业资金发挥更大的引导和放大作用，发挥乘数效应。建立管理制度、奖补制度和问责制度。可以委托第三方进行项目管理，保证基金管理的专业性、公正性和独立性，进行严格的评审、跟踪、监督、制约等过程管理。国家部委可根据实际运作情况，建立“红黑”名单，实行后补助等奖罚机制。

2. 落实支持体育产业发展的金融政策

大型国有金融机构和地方金融部门要做出具体规划，支持有条件的体育企业通过发行债券、股票及资产重组、股权置换等方式筹措发展资金。

3. 合理处置税收抵扣中的问题

体育企业与政府和老百姓有大量往来款项目，无法进行进项税抵扣，应制定相应的处理方式，减少社会资本的损失。

4. 推进符合战略投资者要求的放管服改革

针对大型战略投资者进入体育行业、设立体育基金等方面，应当有新的项目审批制度改革，开设绿色通道，精简规范程序，创新审批模式，消除信息不对称和法律依据不足的困扰。

## 促进先进科技应用推动产业升级

1. 支持高科技体育用品制造企业发展

依托国家双创示范基地和双创特色载体，建设一批应用数字技术、AI 技术等高技术的体育用品制造企业。

2. 推动体育服务业数字化转型和智能化改造

加强数字化基础设施建设，引导企业“上云用数”，精准向消费者沟通和提供服务。支持构建体育领域规范化数据开放利用的场景，在大量数据基础上形成更为科学的人体运动能耗规律和运动辅导建议。

3. 推动新技术深度应用于体育赛事

应用多种数字技术进行体育场馆和赛事转播的智能化、人性化，让观众的赛前、赛中和赛后体验更佳，消费更多，并不断产生衍生消费。

4. 鼓励开发适宜家庭参与的产品和服务

以家庭为单位参与体育服务消费能够有效增强体育服务消费黏性。鼓励依托互联网大数据和人工智能，开发家庭级体育服务应用，并给予扶持和鼓励政策。

## 促进更多职业体育消费

1. 试点职业体育俱乐部建设或租用专用场馆

鼓励地方将大型公共场馆免费或者以较低租金提供给俱乐部。支持职业联赛公司组建场馆运营咨询指导部门，协助俱乐部对场馆进行运营管理。鼓励俱乐部以多种形式开发场馆运营，打造特色鲜明的主场文化。可以先在全国范围内选择城市进行试点。

2. 保护职业体育知识产权

完善相关法律法规，切实保护职业体育的知识产权，包括赛事版权、商标权、球员肖像权。加大对视频直播和短视频版权的保护力度，建立相关的投诉反馈机制。

3. 提升大型体育赛事安保效率

在职业俱乐部与公安部门之间建立更加有效的直接沟通机制，加强配合，完善紧急预案机制，保障球迷赛事体验的完整性。选出试点场馆，试行新的球迷管理安保制度，通过人脸识别等技术建立球迷黑名单，将寻衅滋事的个人驱逐出赛场并实行终身禁止入馆等措施。逐步减少比赛现场安保人员数量。

4. 明确举办赛事的程序和规则

政府取消赛事审批后，要及时建立新的举办规则和申办程序。需要多部门联动，绘出行进路线图。支持赛事产业的发展。

5. 提供适合职业体育特点的商标注册政策

职业体育俱乐部在注册商标时，应参考地理标志产品的保护政策，为职业体育俱乐部商标开辟一个新的类别，保留商标中的地理名称，推进职业俱乐部名称中性化。

6. 完善职业体育俱乐部的法人治理结构

改进职业联赛决策机制，充分发挥俱乐部的市场主体作用。规范发展职业联盟，完善联盟公司对联赛制度、联盟准入以及行为俱乐部监管的法律基础。

**支持鼓励冰雪产业发展**

1. 支持场地建设等回收期长的项目建设

包括冰雪装备制造、场馆建设在内的建设项目的税率享受最优税率。对进口项目所需国内不能生产的自用冰雪运动设备和配件，在政策规定范围内，免征进口关税。

2. 平等或优惠使用水电气热的政策

落实冰雪场馆按照一般工商业电价标准降低10%的政策；按照国家政策，适当调整冰雪企业取用水水源，以降低企业成本。

3. 落实土地使用和供地有关政策

企业将旧厂房、仓库改造成冰雪健身休闲场所的可以实行在一定期限内继续按原用途和土地权利类型使用土地的过渡政策；对符合划用地目录的非营利性场所项目，可以划拨方式供地。落实对于投资乡村冰雪旅游项目与原土地使用人协商一致后，可直接建设项目，不需办理建设用地手续的政策。

4. 落实融资担保体系

有冰雪产业的地方要设立融资担保公司，明确额度标准要求，为冰雪产业的发展提供融资担保，并建立相应的风险补偿机制。

## 规范发展电子竞技产业

1. 设立国家电子竞技体育协会

建立国家级协会是影响电子竞技产业发展的重要和紧迫任务。有了行业协会，才能有效约束电子竞技体育的负面作用，鼓励电子竞技产业健康发展，举办多层级电子竞技体育赛事，增强与国际电竞界的交往，增加国际事务话语权，这些都是需要全行业共同行动的当务之急。建议国家体育总局会同有关部门尽快调研和制定方案。

2. 促进电子竞技产业和俱乐部健康发展

行业协会成立后，要抓紧制定行业规则，规范行业发展。如选手工资政策、转会费政策、高规格赛事奖励政策、退役选手保障补贴政策等等。要放开电子体育赛事电视转播限制。放松国际电竞运动员签证限制。

3. 多部门共同行动约束电子竞技的负面影响

建立以反沉迷为导向的电子竞技产业的进入规则、训练时长规则、体能运动时长规则、选手的教育水平规则等等，并要求企业利用技术手段做好未成年人的保护措施。

## 体育人才政策

1. 鼓励培养和引进人才

在国家千人计划、杰青计划等人才项目中，将体育专才列为一类。鼓励各省市以优惠政策引进体育类人才。加强高校体育复合型人才的培养，打造具有创新思维的高水平、高素质、跨学科体育人才。

2. 大量增加社会体育指导员

鼓励培训和支持政府、高校和企业的三方协同合作，实现社会体育指导员职业化及专业化发展。

3. 完善培养体育人才的教育体系

完善高校体育教育体系，利用其雄厚的师资开设相关的体育专业，为社会培养和输送体育人才。地方政府与各个高校、社会人士组成体育智库，以弥补体育产业中人才不足的现状；与社会智库在培养体育人才方面开展有益的合作。

## 促进全国性体育协会提供行业性公共服务

1. 制定和完善各项体育运动业余运动技能评价体系

体育产业特别是竞赛、健身、培训和运动等领域，对规则、标准、等级、认证等“行业公共产品”的要求最为普遍且紧迫。政府转变职能后，行业组织要有效发挥作用。例如健身行业，教练资格认证、服务标准规范等都需要行业组织发挥作用。协会还要承担起规范市场主体行为和行业体育文化建设的责任。

2. 鼓励设立各领域行业协会并加强监管

这些协会对本领域的运营和培训机构，要设立准入条件、经营规范、服务标准等，维护市场秩序，确保消费者权益。

3. 为群众体育运动提供公共产品

各个单项运动协会，都应该为群众体育运动提供各种服务，包括制定业余运动员运动等级标准、各种比赛等级标准、各类培训师指导员的等级标准等。可以鼓励地方体育主管部门先行先试并适时推广。

4. 全面推行青少年运动技术等级制度

各个全国性单项运动协会，都要限时推出单项运动青少年运动技能等级制度。出台《青少年运动等级标准》。要鼓励地方体育主管部门先行先试并适时推广。

5. 加大体育文化建设和职业道德建设

市场主体的法治观念、契约精神、经营理念和企业文化存在不少问题。政府的改革不能“一放了之”，需要督促行业协会以多种举措推进职业道德和体育文化建设。

## 加强领导形成合力

1. 各级政府成立领导小组或联席会议定期研究体育产业发展问题

党政领导挂帅，定期召集相关部门研究体育产业发展问题及政策落实情况。

2. 加大宣传力度

中央和地方的宣传部门应该有系统的宣传计划，提高公众对体育活动重要性的认识。还可以通过购买专业宣传服务的形式进行专题宣传，使用新兴网络媒体和传统媒体共同宣传。特别要大力宣传体育的多种功能。除创造经济价值外，体育产业发展还带来多方面的社会价值。体育能够促进公民身心健康，带来愉悦、休闲、满足等精神感受。身心健康能提高劳动生产率和减少医药费用支出，提高生活质量。由于具有这些功能，政府对公共体育设施和人才培养等应该有投入，对体育产业的发展应该有支持和鼓励政策。

## 用好各种创建活动和政策载体

1. 文明城市建设中要落实体育标准并增加新的标准

已经列入的健身要求有区级大型广场文化活动次数、每万人拥有社会体育指导员人数和经常参加体育锻炼人数三项。它们在文明城市建设考核中的作用不够硬，应该严格要求，落实到位。这三项指标已经不适应新形势的要求，应该将全民健身理念宣传引导力度、群众性体育活动开展情况、国民体质监测合格率、人均体育场地面积等指标加进去。

2. 卫生城市建议中要落实体育标准并增加新的标准

现在的标准中，有健康教育、中小学开设健康教育课、医院健康教育、社区和工作场所健康教育、大众传媒健康教育五项指标。显然这些指标已经不能适应新形势要求，应该将群众性体育活动开展普及率及活动时长、国民体质监测合格率、人均体育场地面积等指标加进去。

3. 适时推进健康城市和健康社区创建活动

继续推动健康城市创建活动，适度增加体育健身活动指标所占评比权重。有条件的地区积极推进健康社区、体育生活化街道（乡镇）和体育生活化社区（村）的创建。

4. 将体育相关指标纳入国家统计体系

国家体育总局应联合统计局在《中华人民共和国国民经济和社会发展统计公报》中增加非竞技体育运动数据统计的类别，包括全年体育赛事活动场次、全国体育人口、公民的体育运动频率、城乡各类体育项目的参与人次、国民体质监测数据及变化趋势、体育消费调查等其他各类体育数据。

5. 体育主管部门要放管服相结合

体育主管部门要更多放手具体事务，做好公共服务和宏观引导。充分发挥主管部门的作用，加强体育产业发展战略、规划、政策和标准等的制定和实施，推进体育社会组织改革、体育产业分类标准和统计制度的完善与实施细则、体育产业发展的评价和检测机制等。

## 以试点为重要手段推进工作

加快推进试点工作，积累经验全面推广。过去多年的经验表明，从地方开始试点，取得经验后全面推广，是突破障碍的有效手段，在今后体育产业和体育消费中仍然应该大力提倡。从比较集中的难点热点问题看，以下几个方面的试点可以考虑抓紧推进：体育场馆建设运营综合试点城市；职业体育发展一揽子试点城市和试点联盟；健康城市、健康社区、健康村庄建设试点；学校体育教育改革试点城市、试点学校；青少年体育俱乐部建设运营试点城市、试点社区；医保卡健身延伸使用试点城市等。

# 后 记

本研究是课题组集体研究的成果。现将研究团队主要成员简介如下（按照书中各章的顺序排序）。

江小涓，女，经济学博士，全国人大常委、社会建设委员会副主任委员。清华大学公共管理学院院长，教授，清华大学服务经济与公共政策研究院院长，中国行政管理学会会长。曾在高校、中国社会科学院和政府部门工作多年。主要研究领域为宏观经济、工业经济、服务经济、公共政策、对外开放等。本项课题负责人，撰写本书第一章，合作撰写第十五章。

王雪莉，女，管理学博士，清华大学体育产业发展研究中心主任，清华大学经济管理学院领导力与组织管理系副教授。美国麻省理工学院斯隆管理学院访问学者，美国麻省理工学院斯隆管理学院富布莱特访问研究学者。主要研究体育产业发展、中国式企业管理、战略人力资源、组织变革、企业文化建设等，对于中国企业管理实践有深入的研究。合作撰写本书第二章。

付群，男，清华大学经济管理学院（清华大学体育产业发展研究中心）博士后。合作撰写本书第二章。

白宫鼎，男，清华大学体育产业发展研究中心研究总监。合作撰写本书第二章。

尚华，女，清华大学体育产业发展研究中心研究助理。合作撰写本书第二章。

郑芳，女，经济学博士，教授，博士生导师。美国密歇根大学访问学者，《体育科学》期刊评审专家。专注于体育产业经营与管理、职业体育经济学研究，撰写过教材与专著 7 部，主持过国家级与省部级课题数十项。合作撰写本书第三章。

高进，男，教育学硕士，副教授，硕士生导师，山西财经大学体育学院副院长，爱尔兰科克大学、美国犹他大学访问学者，主要从事体育人文社会学研究。从事高教工作 21 年，发表论文十余篇，参编教材著作 5 部，主持省部级课题 3 项，参与省部级以上课题十余项。合作撰写本书第三章。

杨越，男，经济学博士，国家体育总局体育科学研究所研究员，电子竞技研究室主任。主要研究领域为宏观经济学、体育经济学、奥运经济、体育政策等，杨越也是国际与国内率先进行电子竞技体育产业研究的理论学者，合作撰写本书第四章和第十一章。

王睿，男，管理学博士，应用经济学博士后，副教授，硕士生导师。主要研究领域为体育消费、电子竞技、行为经济等，合作撰写本书第四章和第十一章。

陈伟，男，经济学博士，研究员，国家发展和改革委员会经济体制与管理研究所学术专家委员会副秘书长，浙江清华长三角研究院产城融合研究中心主任，美国康奈尔大学中国经济研究所特聘研究员，联合国教科文组织创意与可持续发展研究中心青年委员。从事经济政策与体制改革研究工作 18 年，主要研究领域为：城镇化、乡村振兴、区域经济和产业经济等。合作撰写本书第五章。

徐军委，男，管理学博士，中国劳动关系学院讲师，兼任存实智库浙江清华长三角研究院产城融合研究中心高级研究员。合作撰写本书第五章。

刘现伟，男，经济学博士，任国家发展和改革委员会经济体制与管理研究所企业研究室主任、研究员。合作撰写本书第五章。

石颖，经济学博士，就职于国家发展和改革委员会经济体制与管理研究所企业研究室。合作撰写本书第五章。

杨永恒，男，博士，清华大学公共管理学院副院长，教授，清华大学中国发展规划研究院执行副院长，清华大学 PPP 研究中心执行主任，清华大学服务经济与公共政策研究院副院长。主要从事发展战略与规划、公共服务与管理、政府绩效评估、公共治理与制度设计等领域的基础理论和应用政策研究。国家社科基金重大项目首席专家和国家优秀青年科学基金获得者。合作撰写本书第六章。

曹蓉，女，硕士，清华大学 PPP 研究中心行业发展部副部长，国家发改委 PPP 专家库专家，注册咨询师（投资），高级工程师，高级项目管理师。参与编写《中国 PPP 专家论道》、银保监会《保险资金参与 PPP 项目运作研究报告》《中国 PPP 年度发展报告》等，参与杭州奥体中心第 19 届亚运会场馆 PPP 项目，北京 2022 年冬奥会国家速滑馆 PPP 项目等。合作撰写本书第六章。

辛洁，男，中金资本董事总经理，中金佳成投资管理有限公司总经理。曾任中金公司首席财务官及管理委员会成员、浙商金汇信托股份有限公司总经理、渣打银行直接投资部董事，拥有 19 年的直接投资和投资银行经验。合作撰写本书第七章。

刘波，男，体育科学博士，教授，博士生导师。清华大学体育部主任，教育部高等院校体育教学指导委员会公体组副组长。主要研究方向为德国体育、体育体制比较和国家体育发展战略。入选教育部新世纪优秀人才支持计划。合作撰写本书第八章。

郭振，男，体育科学博士，清华大学体育部助理教授，博士生导师。清华大学仲英青年学者。主要研究方向为大学竞技体育。合作撰写本书第八章。

傅鸿浩，男，教育学博士，助理研究员，清华大学体育部博士后流动站在站博士后。主要研究青少年体育、体育俱乐部与足球运动发展。合作撰写本书第八章。

高照钰，女，中国社会科学院财经研究院博士后。从事体育经济与管理、公共管理、服务经济等相关研究。合作撰写本书第九章。

杨升平，男，山西财经大学体育学院副教授，浙江大学体育人文社会学博士，主要研究领域：体育竞赛与体育竞赛组织。合作撰写本书第九章。

樊烨，男，中国社会科学院财经研究院博士研究生。撰写本书第十章。

刘佳昊，男，中国社会科学院财经研究院博士研究生。撰写本书第十二章和第十五章。

李锦天，男，清华大学首届苏世民学者，并获得全球领导力硕士学位，现任 CBA 公司董事长助理兼战略发展与球队运营负责人。此前还就职于中国篮球协会任主席助理、NBA 纽约全球总部并负责国际新业务开发等工作。合作撰写本书第十三章。

吕宇然，男，体育管理学硕士，现就职于 CBA 公司战略发展与球队运营部。合作撰写本书第十三章。

唐青，男，河北省体育局党组成员，副局长。主要研究领域和实践工作集中于体育产业组织管理、体育公共政策、群众体育活动管理等。撰写本书第十四章。

研究过程中，高宏先生、侯阁亭先生、靳飞先生、李宁先生、任晓卉女士、王锋先生、徐志豪先生、姚明先生、余星宇先生、张涛先生、赵燕女士、钟秉枢先生等参加了研究报告的讨论，提出过建设性意见，帮助本项研究深化和完善。在此一并致谢。

体育总局体育经济司刘扶民司长、彭维勇副司长、王小朋处长以及其他同志自始至终指导课题研究工作，深度参与问题研讨。没有他们的指导和参与，课题研究的前沿性、针对性、操作性都不可能达到目前水平。

感谢中信出版集团《比较》编辑室出版此书，感谢吴素萍主编积极推动此书出版，感谢责任编辑马媛媛认真负责、细致严谨的工作。

江小涓

2019 年 7 月